Springer-Lehrbuch

Springer-Verlag
Berlin Heidelberg
GmbH

Matthias Lehmann

Absatzwirtschaft

Eine marktorientierte Einführung
für Ökonomen und Juristen

Zweite, überarbeitete Auflage

Mit 126 Abbildungen

Professor Dr. Matthias Lehmann
Universität Trier
Lehrstuhl für Betriebswirtschaftslehre,
insbesondere Betriebswirtschaftliche Steuerlehre
Fachbereich IV: BWL
Universitätsring 15
54286 Trier
Deutschland
lehmann@uni-trier.de

1. Auflage erschien 1998 unter dem Titel
Marktorientierte Betriebswirtschaftslehre

ISBN 978-3-540-44077-2   ISBN 978-3-642-18239-6 (eBook)
DOI 10.1007/978-3-642-18239-6

Die Deutsche Bibliothek – CIP-Einheitsaufnahme
Lehmann, Matthias: Absatzwirtschaft: eine marktorientierte Einführung für Ökonomen
und Juristen / Matthias Lehmann. – 2., überarb. Aufl. – Berlin; Heidelberg; New York;
Hongkong; London; Mailand; Paris; Tokio: Springer, 2003
  (Springer-Lehrbuch)

Dieses Werk ist urheberrechtlich geschützt. Die dadurch begründeten Rechte, insbesondere die der Übersetzung, des Nachdrucks, des Vortrags, der Entnahme von Abbildungen und Tabellen, der Funksendung, der Mikroverfilmung oder der Vervielfältigung auf anderen Wegen und der Speicherung in Datenverarbeitungsanlagen, bleiben, auch bei nur auszugsweiser Verwertung, vorbehalten. Eine Vervielfältigung dieses Werkes oder von Teilen dieses Werkes ist auch im Einzelfall nur in den Grenzen der gesetzlichen Bestimmungen des Urheberrechtsgesetzes der Bundesrepublik Deutschland vom 9. September 1965 in der jeweils geltenden Fassung zulässig. Sie ist grundsätzlich vergütungspflichtig. Zuwiderhandlungen unterliegen den Strafbestimmungen des Urheberrechtsgesetzes.

http://www.springer.de

© Springer-Verlag Berlin Heidelberg 2003
Ursprünglich erschienen bei Springer-Verlag Berlin Heidelberg New York 2003

Die Wiedergabe von Gebrauchsnamen, Handelsnamen, Warenbezeichnungen usw. in diesem Werk berechtigt auch ohne besondere Kennzeichnung nicht zu der Annahme, dass solche Namen im Sinne der Warenzeichen- und Markenschutz-Gesetzgebung als frei zu betrachten wären und daher von jedermann benutzt werden dürften.

Umschlaggestaltung: Erich Kirchner, Heidelberg
SPIN 10890376   43/2202-5 4 3 2 1 0 – Gedruckt auf säurefreiem Papier

Herrn Professor
Dr., Dr. h.c., Dr. h.c., Dr. h.c. Adolf Moxter
in Dankbarkeit gewidmet.

Vorwort

Die Überarbeitung zur zweiten Auflage gleicht einer Rechenschaft des Autors vor sich selbst: Wieviel erweist sich doch einer Verbesserung zugänglich, was für die erste Auflage (1998) als die bestmögliche Textfassung galt! Dieses Buch ist aus dem einführenden Teil der „Grundzüge der Betriebswirtschaftslehre" entstanden, einer Vorlesung für das erste Semester und vor breitgefächertem Hörerkreis, denn zahlreiche Studiengänge ermöglichen bzw. fordern heute „Betriebswirtschaftslehre" als Nebenfach. Auch deshalb wird das Wirtschaften in den Mittelpunkt gerückt, um das wirtschaftende Handeln in seinen sachlich-zeitlichen Zusammenhängen zu beschreiben. Sein Kern ist der Vorgang „Leistung gegen Entgelt" aus der Verbindung von Arbeitsteilung, Geldwährung und gegenseitigem Vertrag. Infolgedessen entwickelte sich das Buch zu einer Grundlegung der marktorientierten Betriebswirtschaftslehre. Während das Prinzip die Beschaffungsmärkte für Arbeit und Kapital mit einschließt, stehen in diesem Buch die Absatzmärkte für Sach- und Dienstleistungen im Mittelpunkt.

Dabei reicht der weitgespannte Bogen vom Bedarf des Nachfragers bis zur Buchhaltung des Anbieters. Der erstgenannte möchte mit Hilfe der erhaltenen Leistung einen Verwendungszweck verwirklichen, während der andere mit Hilfe seines leistungswirtschaftlichen Bemühens gegen Entgelt einen Überschuß (Gewinn, Einkunft, Einkommen) erwirtschaften möchte. Eine deshalb mit der Erfolgsermittlung beauftragte Finanzbuchhaltung muß naheliegenderweise hier an den Geschäftsvorfällen anknüpfen, wenn das erwirtschaftende Handeln und das Abrechnungsverfahren korrespondieren sollen. Diesem Anspruch hat inzwischen Frau Dr. Ursula Müller mit ihrem Lehrbuch zur Finanzbuchhaltung (2001) entsprochen. Das hat die 2. Auflage erheblich entlastet, so daß andererseits der Abschnitt 37 über das „Marktrecht" und der Abschnitt 73 über das unvollkommene Polypol ausgebaut werden konnten.

Das vorliegende Buch ist keine Einführung in die Betriebswirtschaftslehre im Sinne einer Anhäufung von Lernstoff. Vielmehr setzt es den Wunsch um, Grundlinien und Zusammenhänge des gewerblichen Wirtschaftens aufzuzeigen. Das erfordert bei jeder sich bietenden Gelegenheit die Zusammenschau von Rechnen, Planen, Recht und Handeln, ohne dabei über die Details den Faden aus den Augen zu verlieren.

Wie anderenorts üblich, begann auch der Verfasser das Studium der Ökonomie in Frankfurt mit der Finanzbuchhaltung. Das Besondere dieser zweisemestrigen Veranstaltung war der Dozent Dr. Moxter, der dann Semester später als Professor für das Treuhandwesen – ein inzwischen nicht nur abhanden gekommenes Wort – zuständig wurde.

So liegt es nahe, ihm dieses Buch nach vier Jahrzehnten als ein Zeichen der Dankbarkeit aus dem Kreise der ersten Zuhörer und von einem seiner ältesten Schüler zu widmen.

Der Text des Buches ist durchsetzt mit Übersichten, strukturierten Texten und graphischen Ordnungsgefügen. Deren Beweglichkeit zusätzlich zu den endlosen Änderungs- und Ergänzungswünschen seitens des Verfassers und das über mehrere Textfassungen hinweg hat Frau Roswitha Nierhoff – neben dem laufenden Sekretariatsbetrieb – wiederum mit unerschöpflicher Geduld verarbeitet. Für diese unentbehrliche Mitarbeit danke ich herzlich.

Matthias Lehmann							Trier, den 31. Juli 2002

Inhaltsübersicht

Vorwort VII
Inhaltsübersicht IX
Inhaltsverzeichnis XI
Einführung und Überblick 1
10. Was heißt „Wirtschaften in der Entgelt-
    wirtschaft"? 7
20. Das Wirtschaften in den Einzelwirtschaften 35
30. Die Bedeutung der Arbeitsteilung 99
40. Die Kennzeichnung der Märkte:
    Marktverfassungen 151
50. Die Lehre von den wirtschaftlichen Leistungen ... 197
60. Die Teilnahme des Nachfragers am Markt 251
70. Die Teilnahme des Anbieters am Markt 287
Literaturverzeichnis 371
Stichwortverzeichnis 381

Inhaltsverzeichnis

Vorwort VII
Inhaltsübersicht IX
Inhaltsverzeichnis XI

Einführung und Überblick 1
    Zur Konzeption 1
    Zur Vorgehensweise 3

10. Was heißt „Wirtschaften in der Entgeltwirtschaft"? 7

11. Mittel, Zweck und Ziel des Wirtschaftens 9
    11.1 Arbeitseinsatz und Real-Einkommen 10
    11.2 Landwirtschaftliche Produktion und Real-Einkommen 15
    11.3 Erwerbswirtschaftliche Betätigung und Nominal-Einkommen 18
    11.4 Erwerbswirtschaftliche Betätigung und Einkommensbesteuerung 21
    11.5 Wirtschaften gleich Erwirtschaften und Verwenden 26
12. Die Volkswirtschaft eines Staates und ihre Unterteilung in Wirtschaftseinheiten 29
13. Kennzeichnung und Abgrenzung der Wirtschaftseinheiten ... 32

20. Das Wirtschaften in den Einzelwirtschaften 35

21. Die Haushaltswirtschaft als wirtschaftende Einheit 36
    21.1 Die Aufteilung der Haushaltswirtschaft in sechs Bereiche . 37
    21.2 Warum hat sich die Betriebswirtschaft gegenüber der Haushaltswirtschaft verselbständigt? 44

22.	Die Betriebswirtschaft als wirtschaftende Einheit	45
	22.1 Alltägliche Erfahrungen zum Erwerbswirtschaften	46
	22.2 Erwerbswirtschaftliche Betätigungen mittels einer Betriebswirtschaft	48
	22.3 Betriebswirtschaftliche Betätigung als Prozeß	51
	22.4 Ziel, Zweck und Mittel einer betriebswirtschaftlichen Betätigung	53
	22.5 Die Beschreibung der Unternehmung	54
	22.6 Der Betriebsprozeß/Realprozeß und seine Aufteilung in fünf Funktionen	58
	22.7 Fünf Arten von Entscheidungen als Plus-minus-Entscheidungen	61
	22.8 Die Verkettung der fünf Entscheidungsbereiche zum Betriebsprozeß/Realprozeß in aufsteigender Stufenabfolge	64
	22.9 Das betriebswirtschaftliche Wirtschaften als ein Bündel von Merkmalen	66
23.	Erwerbswirtschaftliche Betätigung unter Unsicherheit und mit Risiken	70
	23.1 Die Risiken einer alltäglichen Entscheidung	72
	23.2 Die Risiken einer möglichen selbständigen Berufsausübung	80
	23.3 Existenz-, Entscheidungs- und Handlungsrisiken	87

30.	**Die Bedeutung der Arbeitsteilung**	**99**
31.	Arbeitsteilung: die aufgeteilte Erledigung einer gemeinsamen Aufgabe	100
32.	Zur ersten wissenschaftlichen Beschreibung der Arbeitsteilung	104
33.	Die „interne Arbeitsteilung" in einer Wirtschaftseinheit: Vorteile und Organisationskosten als Nachteile	106
34.	Die „interne Arbeitsteilung": Gemeinschaften und Trennungen	110
35.	Ein Beispiel für die optimale Produktionsmenge	117
36.	Die „externe Arbeitsteilung" zwischen den Wirtschaftseinheiten: Vorteile und Transaktionskosten als Nachteile	123

37. Die „externe Arbeitsteilung" erfordert das Recht der gegenseitigen Verträge 131
    37.1 Gegenseitige Verträge 132
    37.2 Der gegenseitige Vertrag als Abfolge von drei Phasen 135
    37.3 Markthandeln und Marktrecht..................................... 141
38. Arbeitsteilung und die „Theorie der Unternehmung" 145

40. Die Kennzeichnung der Märkte: Marktverfassungen 151

41. Marktstrukturen 153
42. Marktverhalten 155
43. Die Marktbedingungen des vollkommenen Marktes........... 159
44. Unvollkommene Märkte (i.w.S.) 163
45. Informations- und Marktökonomie 165
    45.1 Grundlagen 165
    45.2 Beispiel... 171
    45.3 Zusammenfassung in zwei Abfolgen 177
46. Dynamischer Markt 178
47. Warum erwirtschaften Unternehmen unter Eingehen von Risiken im Regelfall Gewinn? 180
    47.1 Mögliche Gründe für das Erwirtschaften von Gewinn auf unvollkommenen Absatzmärkten.......................... 181
    47.2 Die Merkmale zur Kennzeichnung des Gewinns 186
    47.3 Risiken und Gewinnerzielung 187
    47.4 Risiken und Gewinnerzielung in statischer Situation... 189
    47.5 Risiken und Gewinnerzielung in dynamischer Situation 192

50. Die Lehre von den wirtschaftlichen Leistungen ... 197

51. Aspekte der betriebswirtschaftlichen Leistungslehre 197
    51.1 Bedeutung und mögliche Aufteilungen....................... 198
    51.2 Einführende Kennzeichnung der „Leistung" 207
    51.3 Spezifikationen des „Wirtschaftlichen" 212
    51.4 Die „Leistung" im Verhältnis zu anderen Änderungen....... 213
52. Produkte und Sachleistungen 216

52.1 Die Kennzeichnung des „Gutes".. 216
52.2 Die Produktion eines Gutes:
    die artmäßige Transformation der Rohstoffe 217
52.3 Der Absatz eines Gutes:
    die rechtliche Transformation der Produkte.................... 219

53. Dienstleistungen... 223
    53.1 Beispiele für Dienstleistungen.. 223
    53.2 Auswertung zur beschreibenden Definition der
        Dienstleistungen 225
    53.3 Die Dienstleistung als Geschäftsbesorgung 228

54. Leistungs-Typen, kombiniert aus Vertrag, Produktion
    und Absatz.. 235

55. Leistungs-Arten: mögliche Gliederungen............................ 238
    55.1 Die Gliederung nach der Art der Leistungs-Erstellung....... 238
    55.2 Die Gliederung nach der Verbindung mit dem
        Vertragsrecht 243
    55.3 Die Gliederung nach den Arten der ökonomischen
        Transformation 245
    55.4 Die Gliederung nach der Zugehörigkeit der geänderten
        Merkmale.. 248

60. Die Teilnahme des Nachfragers am Markt 251

61. Vom Bedürfnis bis zur Kauf-Entscheidung......................... 252
62. Produktion und objektiver Wert.. 259
63. Nutzen und subjektiver Wert 260
64. Der Grenzpreis und seine Bestimmungsgrößen................. 263
    64.1 Ein einfaches Modell zur Bestimmung des Grenzpreises ... 264
    64.2 Der Grenzpreis bei Teilnahme an einer Kunstauktion 267
    64.3 Die Differenz zwischen der Grenzpreis-Vorstellung und
        dem dann niedrigeren Kaufpreis 270
    64.4 Die übliche Beschreibung des Konsumentenüberschusses . 272
65. Vertragsabschluß und Preis... 275
66. Das Entstehen ökonomischer Werte 277
    66.1 Der Problembereich und seine Eingrenzung 277

	66.2 Die Geschichte von der Wert-Entstehung in der Küche 278
	66.3 Das Entstehen ökonomischer Werte in der Entgeltwirtschaft 280
67.	Verschiedene Sachverhalte mit der Bezeichnung „Wert" und das sachlich-zeitliche Verhältnis der Begriffe.............. 282

70. Die Teilnahme des Anbieters am Markt................. 287

71. Das Zusammenfinden von Angebot und Nachfrage............ 288
    - 71.1 Die Brücke als Sinnbild der Entgeltwirtschaft................... 288
    - 71.2 Wegweisende Erkenntnisse zur Gegenseitigkeit von Leistung und Entgelt und ihr Aufgehen in der Absatzwirtschaft eines Unternehmens 293
72. Das Monopolpreis-Modell von Cournot............................. 295
    - 72.1 Der ökonomische Sachverhalt und seine Umsetzung in das Monopolpreis-Modell von Cournot 296
    - 72.2 Die Situation des Rechenbeispiels und Übersicht über die rechnerische Abfolge... 299
    - 72.3 Die Durchführung der Preisrechnung............................ 303
73. Absatzpreis-Modelle für das Polypol............................... 307
    - 73.1 Das Absatzpreis-Modell für das vollkommene Polypol...... 308
    - 73.2 Das Absatzpreis-Modell für das unvollkommene Polypol.. 309
    - 73.3 Marktunvollkommenheiten und das darauf aufbauende akquisitorische Potential.. 315
    - 73.4 Zusammenfassende Übersicht über das unvollkommene Polypol.. 319
74. Die mikroökonomische Absatztheorie und ihr Ausbau zur betriebswirtschaftlichen Absatzwirtschaft............................ 322
75. Die Absatzwirtschaft.. 325
    - 75.1 Die Aufteilung des Absatzes in „Vertragsabschluß" und „Absatzleistungsvorgang"... 326
    - 75.2 Neue Definitionen im Bereich der Absatzwirtschaft 328
76. Die Absatzpolitik als der Einsatz der absatzpolitischen Instrumente... 332
    - 76.1 Das absatzpolitische Instrumentarium: traditionell............ 333

	76.2 Die phasen-orientierte Gliederung der absatzpolitischen Instrumente	335
	76.3 Die vertragsverbundene Ordnung der absatzpolitischen Instrumente	337
77.	Das Vertragsangebot und die ihm zugehörenden absatzpolitischen Instrumente	342
	77.1 Leistungs- und Sortimentspolitik	343
	77.2 Nebenleistungen	344
	77.3 Konditionen/sonstige Vertragsmerkmale	345
	77.4 Die Auftragsmenge	345
	77.5 Die Entgelt- bzw. die Preisforderung	347
78.	Das Vertragsangebot als Aufgabe der Preisrechnung	352
	78.1 Die Kennzeichnung des Rechenelements „Erlös" und der wertmäßigen Erlösrechnung mit Hilfe des Cournot-Modells	353
	78.2 Kennzeichnung und Stellung der betriebswirtschaftlichen Preisrechnung	356
	78.3 Ein Beispiel zur Gestaltung der Angebotsbedingungen	360

Literaturverzeichnis **371**

Stichwortverzeichnis **381**

Einführung und Überblick

Zur Konzeption

Dieses Buch bemüht sich um eine marktorientierte Grundlegung der Betriebswirtschaftslehre. Sie folgt aus der Sichtweise, den gegenseitigen schuldrechtlichen Vertrag in den Mittelpunkt zu rücken, weil er die Merkmale des Vorgangs „Leistung gegen Entgelt" rechtlich festlegt. Während das Prinzip für alle Arten von Märkten gilt, mit denen die Unternehmung verbunden ist, wird die Marktorientierung nachfolgend betont als Ausrichtung am Absatzmarkt verstanden.

Seit langem findet das wirtschaftende Handeln in Arbeitsteilung und unter Einsatz von Geld statt. Beidem tragen die lehrbuchüblichen Beschreibungen des Wirtschaftens nicht ausreichend und nicht folgerichtig Rechnung. Das wirtschaftende Handeln zwischen den Wirtschaftseinheiten ist weder mit dem Austauschen von Gütern zutreffend bezeichnet - das wäre *die einzelwirtschaftliche Sicht* in einer Volkswirtschaft ohne Währung - noch besteht das Ziel einer Wirtschaftseinheit darin, Leistungen zu erstellen, um Bedürfnisse anderer zu befriedigen - das ist *die gesamtwirtschaftliche Sicht*, die sich auch in den gängigen Definitionen des Marketing wiederfindet. Damit wird der Aspekt ausgeschaltet, daß die Wirtschaftseinheiten mit ihren Aktivitäten das Ziel verfolgen, einen finanzwirtschaftlichen Überschuß zu erwirtschaften.

Die zentrale Größe, die zugleich die beiden Sichtweisen und damit das einzelwirtschaftliche und das gesamtwirtschaftliche Verständnis vom Wirtschaften verknotet, ist das Entgelt. Dies ist der Geldbetrag, mit dem der Erhalt einer Leistung abgegolten wird. Mit dem erwerbswirtschaftlichen Handeln verfolgt eine Einzelwirtschaft den Zweck, Entgelt-Einnahmen zu erwerben. Die Voraussetzung dafür ist das Abgeben von Leistungen an zahlende Dritte, und das damit verfolgte Ziel ist das Erstreben von (letztlich) Einkommen. Damit erweist sich *die Entgelt-Einnahme als das verbindende Glied* zwischen einerseits den leistungswirtschaftlichen Aktivitäten (einer Einzelwirtschaft), die sich auf das Bewirken von Absatzleistungen konzentrieren, und andererseits der Zielsetzung, einen Überschuß zu erwirtschaften. Diesen benennen wir - vor näherer Kennzeichnung - mit Erfolg/Gewinn/Einnahmenüberschuß/Einkunft/Einkommen mit der Gemeinsamkeit, daß es sich jeweils um einen ermittelten Rechensaldo mit finanzwirtschaftlichem Hintergrund handelt.

Es ist deshalb nur folgerichtig, das Wirtschaften, das durch die Vorgänge „Leistung gegen Entgelt" und durch die Existenz von Märkten in einem Land mit Geldwährung gekennzeichnet ist, als „Entgeltwirtschaft" zu bezeichnen und so die noch immer übliche „Tauschwirtschaft" zu ersetzen.

Der weitgespannte Ausgangspunkt des Buches beginnt mit dem „Wirtschaften" als dem Erstellen und Verwenden von Leistungen. Die Verwendungsart, die Leistungen abzugeben gegen Entgelt, beschreibt den Gesamtbereich der erwerbswirtschaftlichen Betätigungen. Deren Kennzeichnung und Abgrenzung voneinander ist ein bekanntes Problem im Rahmen der Einkommensbesteuerung, welche die Arten der Betätigung anschließend entsprechend der übereinstimmenden Zielsetzung bündelt, Einkunft zu erzielen. Der mittels einer betriebswirtschaftlichen und spezifisch gewerblichen Betätigung erwirtschaftete Gewinn erscheint so im Katalog der sieben „Arten der Einkünfte".

Die Kennzeichnung des betriebswirtschaftlichen Wirtschaftens als eine auf den Erwerb von Entgelt-Einnahmen gegen Abgabe der produzierten Leistungen angelegten Tätigkeit hat - gewissermaßen zwangsläufig - zur Folge, die Betriebswirtschaftslehre dem Planungsprozeß entsprechend mit dem Absatz zu beginnen. Denn der Markt-Vorgang „Betriebsleistungen gegen Entgelt" verbindet zwischen der Zielsetzung „Gewinn" und dem dafür erforderlichen, durchführenden Wirtschaften, das mit der Finanzierung beginnt und mit dem Absatz abschließt. Im Absatzbereich verdichtet sich das Bemühen, Erfolg zu erwirtschaften. Seine Ermittlung setzt hier mit der Rechengröße „Umsatz-Erträge" an und fährt dann fort mit der notwendigen rechnerischen Quantifizierung, ob und wieviel Gewinn erzielt wurde.

Folglich: die „marktorientierte Betriebswirtschaftslehre" beginnt über „das Wirtschaften" kommend mit der Absatzwirtschaft. Sie ist jedoch nicht schon eine „marktorientierte Unternehmensführung",[1] sondern erfordert (nur) die nachdrückliche Berücksichtigung und Einbindung des Abschlusses

---

1 Vgl. so der Anspruch von Meffert (2000) S. 7 f.

der gegenseitigen Verträge. Die Literatur zum Marketing verfährt nicht folgerichtig, wenn sie nicht auf das Vertragsangebot hin konzipiert ist und nicht das eigene Leistungsangebot rechnerisch in das geforderte Entgelt umsetzt. Eine Betriebswirtschaftslehre, die nicht „Leistung gegen Entgelt" und das darauf bezogene Rechnen und Recht in den Mittelpunkt rückt, ist ohne Kompaß unterwegs.

Das Wirtschaften in der Entgeltwirtschaft hat seinen Kern in dem Vorgang „Leistung gegen Entgelt". Beide Begriffe sind in der betriebswirtschaftlichen Literatur wenig üblich, was nicht nur auf die unzureichend folgerichtige Beschäftigung des Faches „Betriebswirtschaftslehre" mit seinen Grundlagen hinweist, sondern auch die Folge hat, daß der Studierende viele Zusammenhänge nicht mit der möglichen und notwendigen Präzision kennenlernt. Das ist notwendig, weil die Verkomplizierung der Ökonomie zunehmend die Fähigkeit erfordert, die sachökonomischen Interdependenzen, Vorgänge und Strukturen zu erkennen. Das Buch vermeidet es, eine Stoffsammlung zum Lernen zu sein und bemüht sich statt dessen, die Zusammenhänge aufzuzeigen und zu Ordnungsgefügen zu verdichten, um das nachvollziehende Verstehen zu ermöglichen.

Zur Vorgehensweise

Das Buch hat sich das Ziel gesetzt, das Erkennen-Lernen zu fördern, d.h. ein Lernen, um daraus Erkenntnisse zu gewinnen. Es beginnt weder mit „Gegenstand und Methoden der Betriebswirtschaftslehre" noch mit dem „Aufbau und der Führung des Betriebes", sondern naheliegenderweise mit dem Ziel des Wirtschaftens, einen Überschuß und letztlich Einkommen zu erwirtschaften.

Abschnitt 10 erklärt vorab das Entstehen von Realeinkommen und dann das Erwirtschaften von Nominaleinkommen in der Entgeltwirtschaft, d.h. mittels Arbeitsteilung und Märkten und unter Einsatz einer Geldwährung.

Abschnitt 20 erläutert das wirtschaftende Handeln sowohl *zwischen* als auch *in* den Wirtschaftseinheiten „private Haushaltswirtschaften" und „Betriebswirtschaften". Die aufgezeigten Unterschiede zwischen ihnen stellen die Besonderheiten der betriebswirtschaftlichen Betätigung heraus und kennzeichnen so die Betriebswirtschaft als Wirtschaftseinheit. Wir befassen uns vorwiegend mit dem betriebswirtschaftlichen Handeln und rücken deshalb den „Betriebsprozeß" in den Mittelpunkt. Dessen fünf Phasen werden zur Abfolge von fünf typischen Plus-minus-Entscheidungen verkettet, um sie als aufsteigende Stufenleiter von der Finanzierung bis zum Erwerb von Entgelteinnahmen darzustellen. Von der obersten Stufe des realökonomischen Bereiches erfolgt der Wechsel in den rechenökonomischen Bereich zwecks Ermittlung des Erfolges aus dem Wirtschaften der Periode.

Übereinstimmend für die beiden Kategorien der Wirtschaftseinheiten wird die erwerbswirtschaftliche Betätigung unter Unsicherheit und mit Risiken beschrieben. Dazu werden die „Entscheidungsrisiken" der Planungsphase mit den „Handlungsrisiken" des Vollzugs und Ablaufes verglichen. Ferner wird das auf Risiken bezogene vorwegnehmende Handeln unterschieden von dem auf eingetretenes Risiko hin reagierenden Handeln.

Abschnitt 30 wendet sich sowohl der Arbeitsteilung in einer Wirtschaftseinheit als auch der Arbeitsteilung zwischen den Wirtschaftseinheiten zu. Bei der erstgenannten, der internen Arbeitsteilung schaffen die gemeinsame Aufgabenstellung und die Organisation ihrer aufgeteilten Erledigung die Wirtschaftsgemeinschaft, während die Verteilung ihres Brutto-Erfolges mit Hilfe rechtlicher Absprachen auf die Beteiligten hin auseinanderstrebt. Bei der zweitgenannten, der externen Arbeitsteilung hingegen schafft erst das Recht die "Gemeinschaft" durch den gegenseitigen Leistungsvertrag, obgleich die Interessen hinsichtlich Leistung und Entgelt entgegengesetzt sind. So werden die beiden Arten der Arbeitsteilung einschließlich des Rechts zur ausgedehnten wenn nicht ausschließlichen Grundlage des Wirtschaftens.

Abschnitt 40 folgt der naheliegenden Erkenntnis, daß sich die externe Arbeitsteilung in der Existenz von Märkten spiegelt, die wir als „Marktverfassungen" unterscheiden. Ursprünglich als Lehre nur von den Marktstrukturen konzipiert, wurde diese durch die Hereinnahme der möglichen Verhaltensweisen zur Marktformenlehre fortentwickelt. Die befruchtende Erweiterung um die Informationsökonomie und um die Handlungsunvollkommenheiten führt dann zu der Lehre von den Marktverfassungen.

Abschnitt 50 schaltet den Akteuren, den Teilnehmern am Markt die Lehre von den wirtschaftlichen Leistungen vor. Die übliche Bezeichnung „Markt-gegenstand" ist an den Gütern mit ihrer speicherfähigen Verwendbarkeit, mithin an den Sachleistungen orientiert und paßt nicht für die Dienstleistungen. Wichtiger ist die Feststellung, daß bei den Dienstleistungen der Abschluß des Absatzvertrages stets vor der Leistungserstellung liegt, so daß diese Konstellation - unter Hinzunahme der kundenwunschabhängigen Güterproduktion - den Regelfall darstellt. Die lehrbuchübliche Behandlung hingegen läßt nicht nur den Vertrag vermissen - hinsichtlich Angebotsplanung, Abschlußentscheidung, Durchführung und Abrechnung -, sondern ist auch der Abfolge „Produktion vor Absatz" und damit der - inzwischen nur noch traditionellen - Marktproduktion des Industriebetriebes verhaftet.

Die Schwierigkeiten, sich von dieser herkömmlichen Vorstellungswelt zu lösen, wird aus der Literatur deutlich. Hier werden die Dienstleistungen noch immer als immaterielle Produkte/Güter zu erklären versucht. Darunter kann man sich ebenso wenig etwas vorstellen wie die ausführlich behandelten Unterschiede in der Produktion dieser beiden Kategorien von Leistungen etwas zur Kennzeichnung von Sachleistung und Dienstleistung - also zu den Absatzleistungsvorgängen - beitragen. Die vom Industriebetrieb mit seinen Produkten herstammende Sicht des Anbieters hat den Blick dafür verstellt, daß bei externer Arbeitsteilung die Leistungslehre für Sach- und Dienstleistungen übereinstimmend vom Leistungsempfänger her zu entwickeln ist. So steht von der Absatzleistung her der Handelsbetrieb neben dem Industriebetrieb, während ihn z.B. Gutenberg wegen der fehlenden Stoffumwandlung zu den Dienstleistungsbetrieben zählt.

Abschnitt 60 behandelt die Teilnahme des Nachfragers am Markt. Die bekannte Unterscheidung zwischen dem Wert der Leistung (für den Abnehmer und Verwender) und dem Preis für die Leistung verbindet sich mit der Aufgabe, bei externer Arbeitsteilung das Entstehen der ökonomischen Werte durch das Handeln von Anbieter und Nachfrager zu erklären.

Das Entscheidungshandeln des Nachfragers wird als Phasenabfolge von Bedürfnis, Wertvorstellung, Grenzpreis, Vertragsabschluß und Erhalt und Verwendung der Leistung beschrieben. Auf diese Weise kann zwischen dem „Nutzenüberschuß" und dem „pagatorischen Konsumentenüberschuß" unterschieden werden als den zwei Konzepten, die das Entscheidungshandeln des Nachfragers erklären sollen.

Abschnitt 70 wendet sich der aktiven Teilnahme des Anbieters am Markt zu. Das zentrale Problem, wie sich Anbieter und Nachfrager bei externer Arbeitsteilung, der damit verbundenen Informationsunsicherheit und -asymmetrie sowie angesichts der entgegengesetzten Interessen trotzdem im Abschluß des gegenseitigen Leistungsvertrages alltäglich zusammenfinden, bedient sich zur Erklärung des Bildes der einbogigen Brücke, deren Bau mit der Institution des gegenseitigen schuldrechtlichen Vertrages als Schlußstein abschließt.

Die Teilnahme des Anbieters am Markt ist als seine Absatzwirtschaft konzipiert. Wie häufig, wird diese von der Mikroökonomie und damit von der Preisbildung her entwickelt. Obgleich die von Gutenberg 1955 eingeführte doppelt geknickte Preis-Absatzmengen-Funktion mehrere (Nach-)Interpretationen erfahren hat, wird die Auswirkung der Unvollkommenheit des Polypols nicht faßbar, weshalb in diesem Buch ein weiterer Erklärungsversuch vorgetragen wird: Der monopolistische Bereich und der Wirkungsbereich des akquisitorischen Potentials decken sich nicht.

Die Absatzwirtschaft eines Anbieters läßt sich aus betriebswirtschaftlicher Sicht als der Einsatz seiner absatzpolitischen Instrumente erklären. Die Marketingliteratur ordnet diese zu einem eher additiven Katalog mit schwacher Systematik. Demgegenüber bietet sich eine erste Zweiteilung dahingehend an, ob das einzelne Instrument zum Bestandteil des Vertragsangebotes wird oder (nur) den Möglichkeitsbereich der Angebotspolitik beeinflußt. Die zweite Aufteilung dann bezieht sich auf das einzelne Angebot als dem Gegenverhältnis von Angebotenem zum geforderten Entgelt. Damit bieten wir dem Leser eine sachlogisch-gestufte Struktur der absatzpolitischen Instrumente. Es liegt nahe, daß das Gegenverhältnis eine wichtige Aufgabe des entscheidungsbezogenen betriebswirtschaftlichen Rechnungswesens darstellt, die wir als „Preisrechnung" behandeln.

Die mit diesem Buch erarbeitete Grundlegung der marktorientierten Betriebswirtschaftslehre stellt auf den im gegenseitigen Vertrag geregelten Vorgang „Leistung gegen Entgelt" ab und vermittelt so den Anstoß, die Allgemeine Betriebswirtschaftslehre folgerichtiger zu konzipieren.

10. Was heißt „Wirtschaften in der Entgeltwirtschaft"?

Wie aller Anfang ist auch der unseres Buches nicht nur schwer, sondern auch gefährlich, denn der Autor muß verhindern, daß der Leser alsbald von seiner Freiheit Gebrauch macht, dieses Buch zu schließen und wegzulegen.

Das erste Kapitel eines Lehrbuches - und damit unserer Abschnitt 10 - ist stets mit der Gefahr verbunden, entweder zu oberflächlich zu bleiben oder zu grundsätzlich zu werden. Der ausgedehnte Bereich des Wirtschaftens indessen und unsere vom Absatzmarkt her konzipierte Einführung in die Betriebswirtschaftslehre erfordern jedoch, die Grundlagen und Grundlinien des Wirtschaftens zu behandeln.

Die Überschrift „Wirtschaften in der Entgeltwirtschaft" entspricht diesem Bemühen: das „Wirtschaften" faßt seine beiden zentralen Aspekte des Erwirtschaftens und des Verwendens zusammen und die wichtige Verwendungsart des Abgebens erstellter Leistungen gegen Entgelt verbindet zur „Entgeltwirtschaft". Dieser Begriff wiederum bündelt die beiden zentralen Aspekte (1) der Arbeitsteilung zwischen den Wirtschaftseinheiten mit der zwangsläufigen Folge, daß (2) der Vorgang „Leistung gegen Entgelt" zum Kern des einzelwirtschaftlichen Wirtschaftens mit seinen zwei Marktseiten wird, was sich in der Aufteilung in Beschaffungs- bzw. Absatzvorgänge niederschlägt. Zu einer Übersicht geordnet:

Wirtschaften in der Entgeltwirtschaft

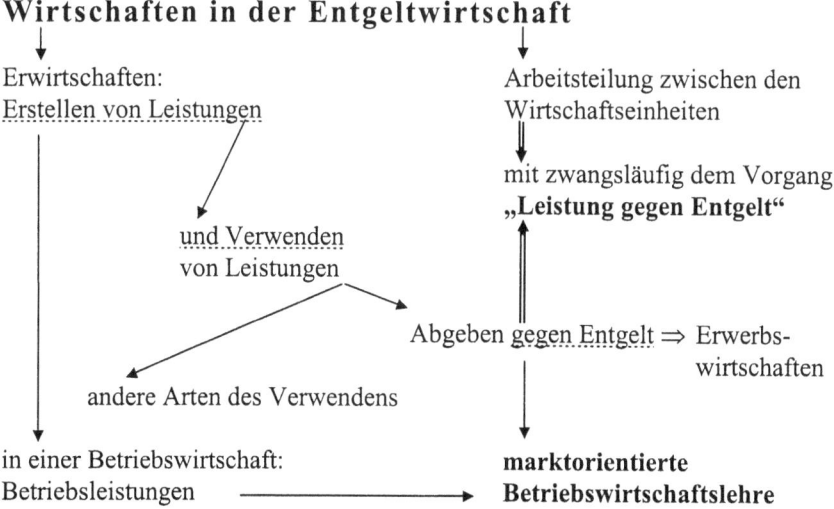

Wie ein Generalschlüssel eröffnet die Überschrift die beiden Möglichkeiten, das Wirtschaften als Gesamt einer Volkswirtschaft unter Einschluß der Entgeltzahlungen zu erklären oder als das Wirtschaften der auf den Erwerb von Entgelt-Einnahmen angewiesenen Einzelwirtschaften. Deren jeweilige erwerbswirtschaftliche Betätigung faßt das Erstellen artspezifischer Leistungen und ihre Abgabe gegen Entgelt zusammen.

Nun erschöpft sich das Wirtschaften nicht - wie skizziert - auf das Erstellen von Leistungen und ihre Verwendung in verschiedenen Arten. Dieser Bereich ist konkret, seine Vorgänge sind faßbar, weshalb wir von Realökonomie sprechen. Überlagert wird diese von zwei dem jeweiligen wirtschaftenden Handeln verbundenen Zielsetzungen:

1. Mit einer erwerbswirtschaftlichen Betätigung wird der Zweck, Entgelt-Einnahmen zu erwerben, verwirklicht mit dem Ziel, auf diese Weise einen Überschuß zu erzielen, den wir vorab mit „Einkunft" oder pauschal mit „Einkommen" bezeichnen.
2. Mit einer verbrauchswirtschaftlichen Betätigung hingegen wird der Zweck verwirklicht, Leistungen zu erstellen oder zu erwerben, um sie konsumtiv zu verwenden. Damit wiederum wird das Ziel verwirklicht, Bedürfnisse zu befriedigen und auf diese Weise Nutzen zu erzielen. „Nutzen" ist die vorab positive Beurteilung und dann die positive Empfindung infolge der Befriedigung eines Bedürfnisses. In seiner Vorwegnahme als „erwarteter Nutzen" (= subjektiver Wert) veranlaßt und steuert er das wirtschaftende Handeln entscheidend.

Ersichtlich ist das Erzielen von Einkommen das Schaffen eines Potentials für künftige Verwendung, vor allem zur Befriedigung künftiger Bedürfnisse. Andererseits weist das Erstreben und Erzielen von Einkommen darauf hin, daß es ein Mehr gegenüber dem Einsatz ist. Damit sind wir gezwungen, im Bereich (zumindest) der erwerbswirtschaftlichen Betätigung zu rechnen. Die Rechenökonomie überlagert gleichfalls die Realökonomie und „degradiert" diese zum bloßen Vollzug der zuvor berechneten und geplanten Entscheidungen. Aus dem Vergleich von „geplant" und „verwirklicht" werden die Abweichungen errechnet als Informationen für Kontroll-Entscheidungen. Und drittens schließt sich an das verwirklichte Wirtschaften das Nachrechnen an, das die erstrebte Erzielung von Einkommen zum erzielten Einkommen rechnerisch quantifiziert. Damit haben wir die dreiteilige Struktur des betriebswirtschaftlichen Rechnens angesprochen: (1) entscheidungsvorbereitendes, (2) handlungsbegleitendes und (3) ergebnisermittelndes Rechnen.

Diese weitgespannten und schwierigen Zusammenhänge erfordern das schrittweise Vorgehen. Dabei führt das Anliegen, die Beziehung zwischen der Ebene des wirtschaftenden Handelns (= Realökonomie) und der Ebene des damit zu verwirklichenden Zieles (= Rechenökonomie) im Auge zu behalten, zu einer ungewöhnlichen Abfolge im Abschnitt 11, der sich der unvermeidbaren Frage annimmt, was denn mit „Wirtschaften" gemeint ist und bezeichnet wird.

Der kurze Abschnitt 12 wendet sich der Unterteilung einer Volkswirtschaft in ihre Wirtschaftseinheiten zu. Sie werden auf ihre Besonderheiten hin gekennzeichnet und so von einander abgegrenzt unbeschadet ihrer Gemeinsamkeit, daß in der jeweiligen Einheit gewirtschaftet wird (= Abschnitt 13).

Naheliegenderweise interessieren uns nachfolgend die beiden Arten der privatwirtschaftlichen Wirtschaftseinheiten. Das ist vorab die (private) Haushaltswirtschaft mit ihrem gemischten Wirtschaften (= Abschnitt 21). Aus ihr heraus hat sich die Betriebswirtschaft verselbständigt. Wir haben diesen Schritt nachvollzogen und behandeln das Wirtschaften in und mittels einer Betriebswirtschaft im Abschnitt 22.

11. Mittel, Zweck und Ziel des Wirtschaftens

Die schrittweise Erklärung von Mittel, Zweck und Ziel des Wirtschaftens ist ebenso notwendig wie schwierig und bedeutet ein Erarbeiten von Erkenntnis-Beiträgen. Der Beginn ist allerdings ungewöhnlich, und doch werden wir den Leser überzeugen, daß das Wirtschaften mit dem Hamstern beginnt. Für diese Tätigkeit gilt die einfache Abfolge von Arbeitseinsatz, Vorratslager und *Real-Einkommen*.

Demgegenüber setzt Robinson neben seiner Arbeitskraft auch Saatgut und „Betriebsmittel" ein und betreibt damit eine landwirtschaftliche Produktion, weshalb die Ernte nicht mit seinem Real-Einkommen gleichgesetzt werden kann, weil eine Mehrzahl von Einsatz-Faktoren die Ernte mitbestimmt haben.

Erst die erwerbswirtschaftliche Betätigung schafft mit den Beträgen der Entgelt-Einzahlungen und -Auszahlungen die Grundlage für die ermittlungsrechnerische Quantifizierung des erzielten *Nominal-Einkommens*. Infolge der Verwendung der Entgeltzahlungsbeträge sprechen wir von positiven bzw. negativen pagatorischen Rechengrößen, mit deren Hilfe das Einkommen ermittelt wird.

Eine zusammenfassende Übersicht über die drei Arten des Erwirtschaftens von Einkommen beschließt den Abschnitt 11.3.

Unter Hinweis auf die Einkommensbesteuerung liegt die Unterscheidung von Arten der erwerbswirtschaftlichen Betätigung einerseits und von Arten der Ermittlung des Einkommens (genauer: der Einkünfte) andererseits nahe. Der Ökonom vermißt im Einkommensteuergesetz allerdings die Folgerichtigkeit zwischen den Merkmalen des Erwerbswirtschaftens und der Art des ermittlungsrechnerischen Vorgehens.

Für den Gesamtbereich des Wirtschaftens bietet sich die Zweiteilung in Erwirtschaften und Verwenden an. Die unterschiedlichen Möglichkeiten, erstellte und erworbene Leistungen zu verwenden, leiten zu den Abschnitten 12 und 13 über.

11.1 Arbeitseinsatz und Real-Einkommen

Auf die bekannte Frage, ob zuerst das Huhn oder das Ei dagewesen ist, wußte bisher nur der Dichter Eduard Mörike die Antwort: es begann mit dem Ei, denn dieses legte der Osterhase. Dem fügen wir hinzu, daß das Wirtschaften mit dem Huhn beginnt, denn es sorgt vor für den Bedarf später und stattet deshalb das werdende Küken mit der Substanz des Eies aus, damit es sein Leben entwickeln kann.

Damit haben wir das erste Stichwort zum Wirtschaften: „Bevorratung" ist die einfachste Form des Wirtschaftens. Sie ist im Bereich der Pflanzen und Tiere weitverbreitet und damit dem geplanten Wirtschaften des Menschen vorgelagert zu finden. „Bevorraten" dient dem Weitergeben und Entwickeln oder dem Fortsetzen von Leben: das Samenkorn und das Vogelei, die Blu-

11. Mittel, Zweck und Ziel des Wirtschaftens

menzwiebel und die Bienenwabe sind Beispiele für das übereinstimmende Prinzip, heute Substanz anzusammeln für einen Bedarf später.

Musterknabe in dieser Hinsicht ist der Hamster. Nicht, weil er aus dem Ergebnis des Bemühens des Landwirts, d.h. eines anderen lebt - das ist ebenfalls unter Menschen weitverbreitet und ein eigenes Stichwort zum Wirtschaften -, sondern weil er in guter Jahreszeit (rastlos) tätig wird, um für schlechte Zeiten vorzusorgen.

Unser Protz wurde nicht nur ins Bild, sondern auch in den Zeitablauf von Gegenwart und Zukunft gesetzt, um eine Vielzahl von Merkmalen des Wirtschaftens anhand dieses einfachen Beispiels aufzuzeigen, die in ihrem sachlich-zeitlichen Gefüge den Zusammenhang der Bevorratung darstellen. Ein „wirtschaftlicher Zusammenhang" ist ein weiteres Stichwort zum Wirtschaften. Er wird nachvollziehbar und einsichtig, wenn wir die bildliche Darstellung „fachkundig" beschreiben:
Ende Juli, in der Zeit des reifenden Weizens im Überfluß, muß sich unser Hamster entscheiden, ob er entweder (1) nichts tut und sein Leben genießt wie die Grille in der bekannten Fabel, oder ob er (2) sich abmüht mit Ernten und Einlagern.

An die zweite Handlungsvariante denkt er überhaupt und erst, wenn er in die Zukunft blickt. Winter und Frühjahr werden Zeiten des Mangels sein, denn die Natur bietet dann dem deutlich knurrenden Magen nichts. Ein Vorratslager ist das geeignete Mittel, um den Überfluß von heute zur Deckung des dringenden Eigenbedarfes künftig einzusetzen. Der Wunsch, dem Hunger in der Zukunft abhelfen zu können, wird folglich zum Plan heute: mittels Bevorratung eine zeitliche Umverteilung von Mitteln vorzunehmen, d.h. die künftige Verfügbarkeit über Weizenkörner heute zu bewerkstelligen. Dem Wunsch und Plan folgt die Notwendigkeit, jetzt tätig zu werden. Die drei Tätigkeiten des Erntens, des Einbringens und des Bevorratens sind Leistungen des Hamsters (hier: im eigenen Interesse). Diese Aktivitäten führt er durch, *um den überspannenden Zweck des Wirtschaftens zu verwirklichen*, der hier konkret angegeben ist, ein Vorratslager für künftigen Hunger und damit für den Bedarf an Nahrungsmitteln anzulegen. Diese drei Aspekte, nämlich Tätigkeiten des Wirtschaftens mittels Leisten bezeichnen wir zusammenfassend mit „leistungswirtschaftliche Aktivitäten".

10. Was heißt „Wirtschaften in der Entgeltwirtschaft"?

Mit seinen leistungswirtschaftlichen Aktivitäten erzielt der Hamster reales Einkommen in Gestalt des Vorratslagers

Ende Juli: reifender Weizen im Überfluß

Winter-Frühjahr: Zeiten des Mangels

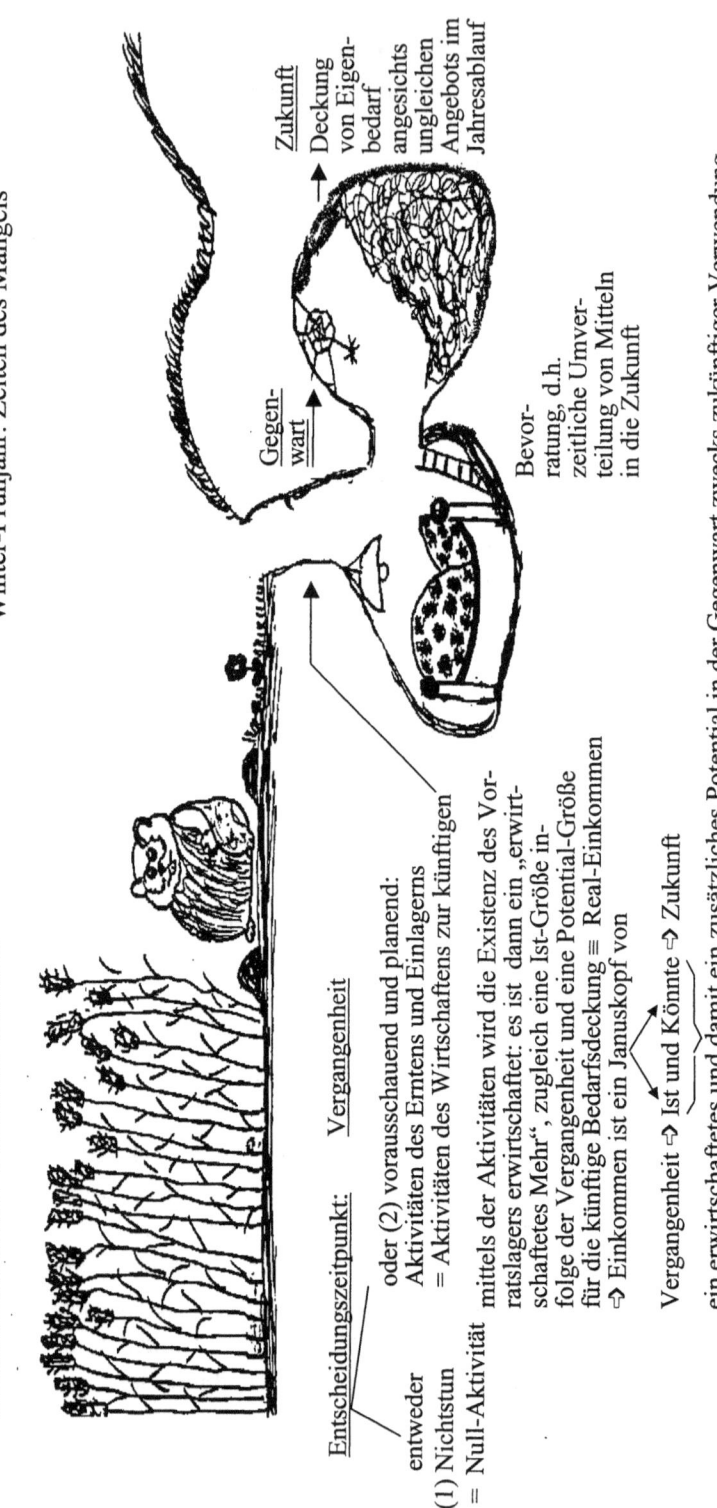

Gegenwart

Zukunft
Deckung von Eigenbedarf angesichts ungleichen Angebots im Jahresablauf

Bevorratung, d.h. zeitliche Umverteilung von Mitteln in die Zukunft

Entscheidungszeitpunkt: Vergangenheit

entweder
(1) Nichtstun
= Null-Aktivität

oder (2) vorausschauend und planend:
Aktivitäten des Erntens und Einlagerns
= Aktivitäten des Wirtschaftens zur künftigen

mittels der Aktivitäten wird die Existenz des Vorratslagers erwirtschaftet: es ist dann ein „erwirtschaftetes Mehr", zugleich eine Ist-Größe infolge der Vergangenheit und eine Potential-Größe für die künftige Bedarfsdeckung = Real-Einkommen
↪ Einkommen ist ein Januskopf von

Vergangenheit ↪ Ist und Könnte ↪ Zukunft

ein erwirtschaftetes und damit ein zusätzliches Potential in der Gegenwart zwecks zukünftiger Verwendung

11. Mittel, Zweck und Ziel des Wirtschaftens

Wir werden sie später als ökonomische Umwandlungen/Transformationen kennzeichnen und damit die abstrakten Zwecke des Leistungswirtschaftens benennen:
1. mit der Aktivität des Erntens wird das Korn auf dem Halm in die Bakkentasche gebracht - ein primär *artmäßiger* Umwandlungsvorgang;
2. mit dem Transport in den Vorratsbau erfolgt ein *räumlicher* Veränderungsvorgang; und
3. mit der Lagerhaltung wird eine *zeitliche* Transformation verwirklicht.

Erst die Abfolge der Aktivitäten - mit denen zugleich die drei Arten einer ökonomischen Transformation verwirklicht werden - realisiert die geplante „Bevorratung" als den Zweck, hier gleichbedeutend das Ziel des Wirtschaftens in unserem Beispiel.

Die gewonnenen Erkenntnisse jedoch beanspruchen weiterreichende Gültigkeit: mit dem Leisten wird jeweils ein Zustand verändert, genauer: ein Merkmal eines Zustands, das neben anderen Merkmalen diesen Zustand beschrieben hat.

Kurz: leistungswirtschaftliche Aktivitäten verändern geplant ein Zustandsmerkmal, wobei diese Änderung (zumindest) im voraus/ex ante positiv eingeschätzt wird.

Auch wenn unser Hamster ohne derartige grundsätzliche Überlegungen den Zweck seines wirtschaftenden Handelns erreicht, ein Vorratslager anzulegen, so können wir daran anknüpfend weitere Erkenntnisse gewinnen.

Mit Hilfe der Bevorratung kann der Hamster pro Erntejahr - das wir vom 1.7. des Jahres bis zum 30.6. des nächsten zählen - eine größere Menge an Korn verbrauchen. Seine beschriebenen leistungswirtschaftlichen Aktivitäten schaffen mit dem Vorratslager eine *zusätzliche Verfügbarkeit/ein zusätzliches Potential an Verwendbarkeit* für das künftige Bedürfnis „Hunger". Das Vorratslager hat mithin zwei Gesichter einem Januskopfe gleich: *von der Vergangenheit her* ist es das Ergebnis des leistungswirtschaftlichen Bemühens, ein dadurch erworbener zusätzlicher Bestand, eine Ist-Größe im gegenwärtigen Betrachtungszeitpunkt. *In Richtung Zukunft* hingegen ist der Bestand eine Möglichkeits-Größe, eine zusätzliche Verwendbarkeit. Damit haben wir den Getreidevorrat im Hamsterbau beschrieben als reales Einkommen des Hamsters aufgrund seines leistungswirtschaftlichen Bemühens.

„Einkommen" ist folglich ein während einer Periode erwirtschaftetes und zusätzliches Potential an Verfügbarkeit über Mittel, um künftigen Bedarf zu decken. Mangels Geld und Rechengrößen sprechen wir davon, daß der Hamster (nur) reales Einkommen erzielt - ebenso wie Robinson auf seiner Insel. Wirtschaften - so können wir zusammenfassen - im Sinne des Erstellens von Leistungen, um Bedürfnisse zu befriedigen, ist ein ganz elementarer Zusammenhang, der nicht erst mit dem geplanten Handeln des Menschen beginnt, geschweige denn mit dem Einführen von Tauschhandlungen oder Geld zwecks Zahlungen zwischen ihnen.

Wenn auch bereits angedeutet, so soll zur Verdeutlichung und abschließend darauf hingewiesen werden, daß sich das Wirtschaften nicht auf das Bilden und Bewahren des Vorratsbestandes beschränkt, sondern darüber hinausgehend auch das Verwenden des Bestandes einbezieht. Er steht „zwei-gesichtig" für das (zurückliegende) Erwirtschaften und das (künftige) Verwenden.

Fassen wir die Erkenntnisse dieses Abschnitts in Punkten zusammen:
1) Der Blick in Richtung Zukunft weist auf künftige Bedürfnisse hin.
2) Zum (Weiter-)Leben und Weitergeben von Leben müssen zumindest die Grundbedürfnisse befriedigt werden.
3) Bedürfnisse werden mittels Verbrauch bzw. Gebrauch von Leistungen befriedigt.
4) Es wird geplant, Leistungen zu erstellen, die geeignet sind, einen Bedarf zu decken und im Wege ihrer Verwendung ein Bedürfnis zu befriedigen.
5) Im einfachsten Fall handelt es sich um Arbeitsleistungen, die erbracht werden. Im Beispielsfall befriedigen die artverschiedenen Arbeitsleistungen nicht unmittelbar dahingehende Bedürfnisse, sondern erwirtschaften ein Vorratslager. In dessen Entstehen hat der Hamster seine Arbeitsleistungen „investiert". Vom Ergebnis her gesehen sind jedoch nur dieselben Getreidekörner zu einem späteren Zeitpunkt verfügbar geworden.
6) Verallgemeinert können wir davon sprechen, daß im Vollzug von leistungswirtschaftlichen Aktivitäten ein gegenwärtiger Zustand - beschrieben mittels Merkmalen - eine geplante und positiv beurteilte Änderung erfährt.
7) Das abstrakte Ziel eines leistungswirtschaftlichen Vollzuges bezeichnen wir als Transformation oder Umwandlung.

8) Im Beispiel erfolgt eine zeitliche Transformation von Bedarfsdeckungsmitteln von der Gegenwart auf die Zukunft.
9) Mit und infolge des entstehenden Vorratslagers schaffen die Arbeitsleistungen (a) etwas Zusätzliches an (b) künftiger Verwendbarkeit, weshalb das Lager (c) einen „Wert" hat.
10) Die mittels Leistungserstellung erwirtschaftete zusätzliche Verfügbarkeit ist gleichbedeutend mit dem Erwirtschaften von Einkommen.
11) Im Beispielsfall ist die zusätzliche Verwendbarkeit infolge des eingebrachten Vorratslagers gleichbedeutend mit unmittelbar erwirtschaftetem Real-Einkommen.
12) Einkommen ist ein erwirtschaftetes und zusätzliches Potential/Verfügbarkeit über Mittel, um künftigen Bedarf zu decken und so Bedürfnisse befriedigen zu können.

11.2 Landwirtschaftliche Produktion und Real-Einkommen

Wir wenden uns mit diesem Abschnitt der Robinson-Wirtschaft zu, um ihre Unterschiede zum vorangegangenen Abschnitt - bloße Bevorratung - und gegenüber dem nachfolgenden Abschnitt - die Entgeltwirtschaft - aufzuzeigen. Robinson betrieb - vor dem Eintreffen von Freitag - eine autarke Ein-Personen-Wirtschaftseinheit, d.h. es gab keine Arbeitsteilung in seinem „Ein-Mann-Betrieb" und es gab keine wirtschaftlichen Außenbeziehungen, also keine Beschaffung und keine Abgabe von Leistungen an eine andere Wirtschaftseinheit, weil er allein war. Folglich gab es auch keine Arbeitsteilung zwischen Wirtschaftseinheiten, die wir später als „externe Arbeitsteilung" ausführlich behandeln (vgl. Abschnitt 36). Ihr verbunden ist das Entstehen von Märkten, das Einführen einer Währung und damit die Existenz von Geld und seine Übertragung zwischen den Marktteilnehmern oder kürzer: Zahlungen. Alles dieses konnte es bei Robinson nicht geben und die vom Schiff mitgebrachten Münzen hatten nur Erinnerungswert. Auch eine bisweilen schwierige Frage kam nicht auf: welchen Preis soll ich denn für eine abzugebende Leistung fordern?

Trotzdem hatte Robinson Aufgaben des Wirtschaftens zu lösen:
(1) sein Tun im Sinne des Erstellens von Leistungen führte zum Entstehen ökonomischer Werte, weil er diese Leistungen „selbst nachfragte", richtiger: zur Deckung von Eigenbedarf erstellte; und

(2) er erzielte Einkommen im Sinne eines Überschusses über den Einsatz, denn anderenfalls und nur aus den natürlichen Ressourcen der Insel hätte er nicht überlebt!

Das ist ebenso einsichtig wie schwierig zu erklären. Denn wir können weder seine Getreideernte noch seine eingelagerten Früchte kurzerhand auf ausschließlich seinen Arbeitseinsatz zurückführen und mit erzieltem realen Einkommen gleichsetzen. Im Gegensatz zum Hamster verwirklicht Robinson mit seinem wirtschaftenden Handeln seine zuvor geplante, d.h. gedanklich vorweggenommene landwirtschaftliche Produktion. „Produzieren" heißt, den Arbeitseinsatz mit dem Verbrauch von Rohstoffen - hier: das Saatgut - verknüpfen zu müssen und zweckmäßigerweise mit dem gleichzeitigen Einsatz von Betriebsmitteln - hier: die Werkzeuge - zu kombinieren. Folglich kann die Ernte nur mit der Kombination dieser drei Einsatz-Faktoren sowie mit dem natürlichen Wachstum und seinen Bedingungen in Zusammenhang gebracht werden. Zum einzelnen Einsatz-Faktor hingegen - z.B. zum Saatgut - läßt sich keine (kausale) Beziehung herstellen. Angesichts der drei Einsatz-Faktoren mit ihren jeweiligen Einsatzmengen und -qualitäten folgt zweierlei:

a) Wir müssen festlegen, in welcher Reihenfolge und mit welchen Beträgen die Einsatz-Faktoren berücksichtigt werden, so daß der „residuale" Faktor den Rest erhält. Wir bezeichnen diese Aufgabe als „die Ermittlung des Überschusses".

b) Mehr oder weniger überzeugend läßt sich eine Variation der Einsatzmenge oder -qualität eines Einsatz-Faktors mit der Änderung des Ausbringungsergebnisses verknüpfen. Diese Überlegungen in einem Zeitpunkt interessieren für die Entscheidungen des wirtschaftenden Handelns als (mögliche) Abfolge von Jahr zu Jahr.

Die beiden Punkte führen zum Rechnen. Wie wir später sehen werden, führt Punkt (a) zum nachvollziehenden Rechnen und Punkt (b) zum entscheidungsbezogenen Rechnen. Nun hatte Robinson allerdings wenig Anlaß zum Rechnen, weil sein Überleben-Wollen vorab das wirtschaftende Handeln und nicht das Rechnen erforderte. Zum anderen fehlte ihm die Möglichkeit, Rechengrößen festzulegen, weil es keine Zahlungen gab.

Folglich stehen wir in der Robinson-Wirtschaft vor einer unlösbaren Aufgabe: Seine Ernte ist angesichts der Mehrzahl eingesetzter Produktionsfaktoren eine Bruttogröße und nicht das reale Einkommen der eingesetzten Arbeitskraft. Das (reale) Einkommen bedarf seiner rechnerischen Ermittlung, jedoch fehlen mangels Zahlungsgrößen die Grundlagen, um Rechengrößen festzulegen.[2]

Bezeichnen wir die Rechengröße für die Ernte mit „Ertrag" und die kürzenden Rechengrößen für die eingesetzten Faktoren mit „Aufwände", so können wir die Überlegungen zu folgender Struktur zusammenfassen:

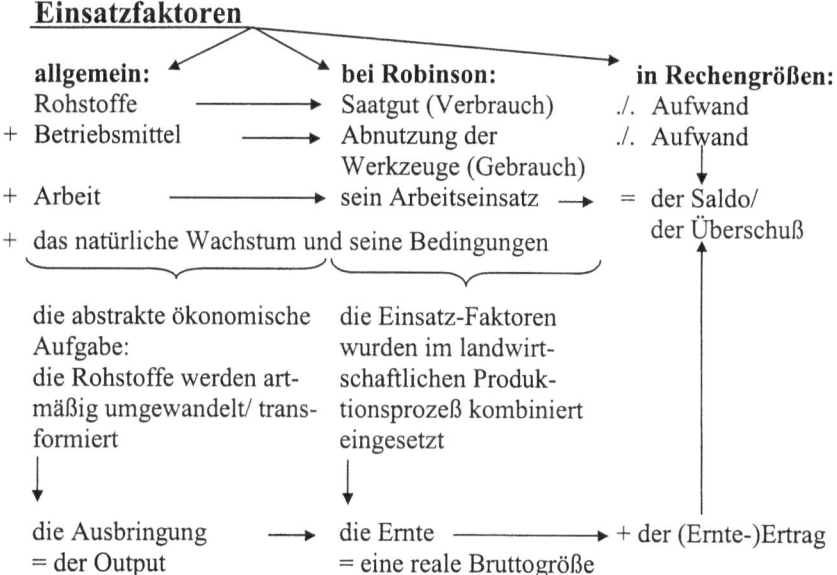

Die mit „Saldo" ausgewiesene Größe ist im Falle eines positiven Vorzeichens der Überschuß und die „Belohnung" für den eigenen Arbeitseinsatz. Obgleich der Überschuß in der Robinson-Wirtschaft nicht rechnerisch quantifizierbar ist, so ist das Erzielen eines Überschusses doch das mit der Durchführung der leistungswirtschaftlichen Aktivitäten - hier zusammengefaßt: das mit der landwirtschaftlichen Produktion - verfolgte *abstrakte Ziel*. „Abstrakt" deshalb, weil der Überschuß ein rechnerisch ermittelter Saldo ist, wobei wir hier offen lassen, welche rechnerische Vorgehensweise gewählt wird und welche Art der möglichen Rechenelemente angesetzt wird. Ob man z.B. für die kürzenden, d.h. negativen Rechengrößen mit Kosten,

---

2   Erst die Existenz der Währung/die Zahlungen geben dem Rechnungswesen eine gesicherte Basis, vgl. Rieger (1928), S. 8.

Aufwänden, Ausgaben oder Auszahlungen rechnet, ist naheliegenderweise mitentscheidend für den als Überschuß errechneten Saldo.

Dieser Abschnitt hat seinen Erkenntnis-Zweck erreicht, wenn wir den Leser überzeugen konnten, daß „Einkommen" primär eine errechnete Größe ist, die den in einer Periode erwirtschafteten Zuwachs an wirtschaftlichem Potential *repräsentieren* soll, über das andererseits disponiert und verfügt werden kann.

Unterstellen wir, daß Robinson eine Vorstellung über den erzielten Überschuß als „Belohnung" für seinen Arbeitseinsatz erlangt hat und damit die zu Punkt (a) formulierte Aufgabe gelöst hat. Bezieht er nun diesen Überschuß auf seine Arbeitszeit des zurückliegenden Wirtschaftsjahres, dann ersieht er seinen „Stundenlohn" und kann ihn der Mühsamkeit seines Arbeitseinsatzes gegenüberstellen. Für anstehende Entscheidungen ist ihm allerdings mit solchen nachträglichen Durchschnittsgrößen nicht geholfen.

Die Überlegung etwa, ob er ein weiteres Stück Land urbar machen und dem Ackerbau zuführen soll, erfordert ein Denken in Änderungen an der Grenze, d.h. in bezug auf den derzeitigen Zustand.

11.3 Erwerbswirtschaftliche Betätigung und Nominal-Einkommen

Kehren wir von Robinsons Ein-Mann-Wirtschaft auf seiner Insel in der Karibik zurück in unser heutiges Wirtschaften, dann fallen uns die folgenden Unterschiede besonders ins Auge:
1. Es gibt extrem ausgeprägte Arbeitsteilungen sowohl innerhalb der Wirtschaftseinheiten als auch zwischen den Wirtschaftseinheiten.
2. Die Wirtschaftseinheiten „öffentliche Haushaltswirtschaften", „Betriebswirtschaften" und „private Haushaltswirtschaften" sind durchweg erkennbar von einander abgegrenzt.
3. Die Produktion von Gütern und der Handel mit Waren ist verallgemeinert zum Erstellen und Abgeben von Leistungen.
4. Neben das Erwirtschaften im Sinne des Erstellens von Leistungen hat sich das Verwenden der Leistungen als gleichbedeutender Bereich des Wirtschaftens entwickelt.
5. Es gibt eine Währung und die Dispositionen über Geld bzw. Rechnungsguthaben führen zu Zahlungen.

11. Mittel, Zweck und Ziel des Wirtschaftens

6. Das erwerbswirtschaftliche Denken wird vom Rechnen unterstützt, indem insbesondere für die Entscheidungen vorausgerechnet und über vollzogenes Wirtschaften abschnittweise abgerechnet wird.
7. Es gibt allerorten Märkte und Marktvorgänge.
8. Mit ihnen ist das Bilden von Preisen verbunden im Streubereich zwischen (generellem) Preissetzen und (fallweisem) Preisverhandeln.
9. Es werden hier jedoch nicht Güter getauscht, sondern entweder Leistungen abgegolten im Wege von Entgeltzahlungen oder es werden Zahlungsansprüche mittels Kapitalzahlungen auf- oder abgebaut.
10. Schließlich fallen die umfangreichen Abgabenzahlungen an die Finanzämter ins Auge.

Naheliegenderweise haben alle Punkte mit dem Wirtschaften zu tun und hängen miteinander zusammen, ohne dies hier auch nur ansatzweise skizzieren zu wollen. Für unsere Überschrift „erwerbswirtschaftliche Betätigung" genügt vorab eine Auswahl, und zwar aus 3. das Erstellen und Abgeben von Leistungen, und aus 9. das Abgelten einer erhaltenen Leistung mittels einer Zahlung - ein Beschaffungsvorgang - bzw. das Erhalten eines Entgelts für eine abgegebene Leistung - ein Absatzvorgang.

Dieser so abgesteckte Bereich mit dem Kern „Leistung gegen Entgelt" deckt sich recht gut mit dem von der Umsatzbesteuerung und dem von der Einkommensbesteuerung erfaßten Bereich, obgleich beide weit davon entfernt sind, diesen ökonomischen Grundsachverhalt zum Ausgangspunkt geordneter Regelsetzungen und nachvollziehbarer Rechtsprechung zu machen – vgl. dann Abschnitt 11.4.

Zur Überschrift des Abschnitts 11 können wir mithin festhalten:

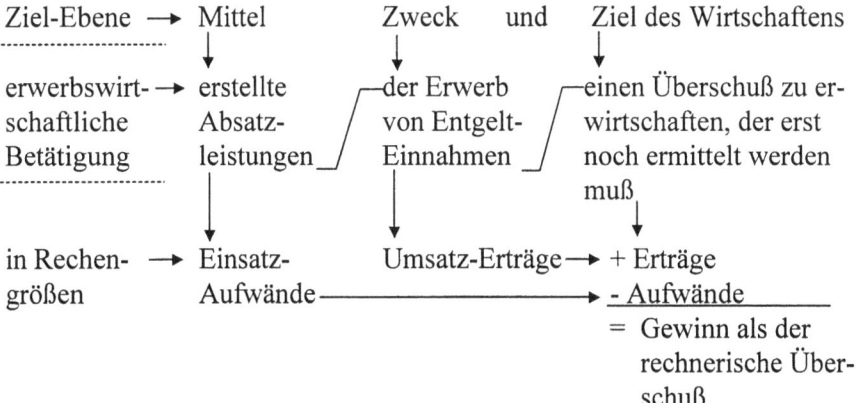

Die drei Abschnitte 11.1 bis 11.3 vergleichen wir in folgender Übersicht:

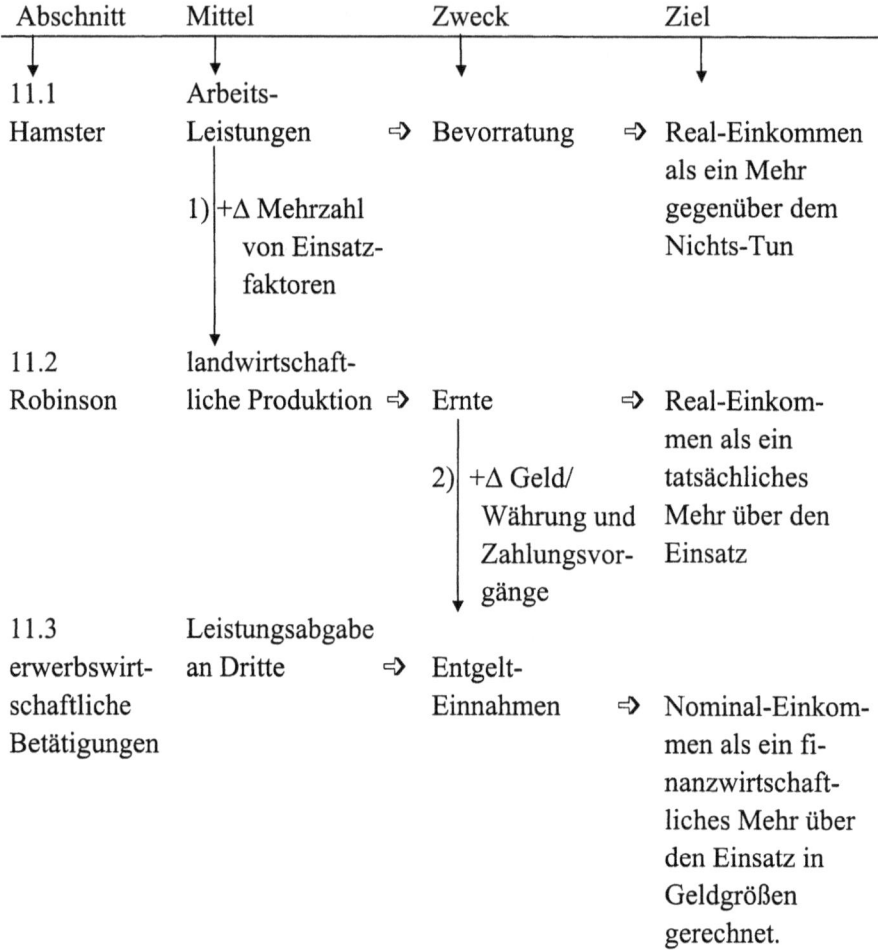

Die beiden ausgewiesenen Differenzen stehen für die hinzukommenden Probleme:
1) Mit der Mehrzahl der Einsatzfaktoren bei der Erstellung von Leistungen ist das Problem der Beteiligung „am Ergebnis" des Produktionsprozesses verbunden.
2) Mit dem Hinzukommen von Geld/Währung ist das Problem der Entgelt-Festsetzung verbunden im Sinne des Herausbildens von Preisen.

11.4 Erwerbswirtschaftliche Betätigung und Einkommensbesteuerung

Der Bereich der erwerbswirtschaftlichen Betätigungen deckt sich recht gut mit dem von der Einkommensbesteuerung erfaßten Bereich.[3] Das Einkommensteuergesetz verlangt nicht nur das Bezahlen der Steuerschuld, sondern vorweg auch das Errechnen des Einkommens, d.h. der Steuerbemessungsgrundlage. Dazu unterscheidet das Gesetz vorab sieben Arten der erwerbswirtschaftlichen *Betätigung*. Für jede ausgeübte Betätigung ist gesondert die *Einkunft* zu ermitteln und daraus ist die *Summe der Einkünfte* zu errechnen, die durch verschiedenen Abzüge zu dem zu *versteuernden Einkommen* fortgerechnet wird.

Zusammengefaßt: die Einkommensbesteuerung verbindet die Herkunft von der einzelnen erwerbswirtschaftlichen Betätigung über die Ermittlung der Einkunft daraus und über die Zusammenfassung zum steuerpflichtigen Einkommen mit der Pflicht der natürlichen Person, die Einkommensteuerschuld zu bezahlen.

Das Einkommensteuerrecht stammt aus dem letzten Drittel des 19. Jahrhunderts und folgt dem Zivilrecht in dessen individualistischen Grundverständnis der natürlichen Person. Infolgedessen ist das Erwerbswirtschaften im Wege eines personenrechtlichen Zusammenschlusses – von der „fortgesetzten Erbengemeinschaft" bis zur Personenhandelsgesellschaft – auch im Einkommensteuergesetz mangelhaft berücksichtigt. Hier wie in anderen Rechtsgebieten streitet die Rechtswissenschaft unter dem Schlagwort „Vielheit oder Einheit" über das Verhältnis des Beteiligten – der natürlichen Rechtsperson – zum personenrechtlichen Zusammenschluss – der erwerbswirtschaftlich tätigen Einheit.

Die Rechtsgemeinschaft erbringt die Leistungen an die Abnehmer und ihr stehen die Entgelteinnahmen zu. Sie wirtschaftet „auf gemeinsame Rechnung" auf der Grundlage des für den Verfolg ihrer erwerbswirtschaftlichen Zwecke zivilrechtlich zum Gesellschaftsvermögen – spezifisch bezeichnet: Gesamthandsvermögen – gesonderten Vermögensgegenstände und Passiva.

---

3 Ausführlicher Lehmann/Moog (1996) S. 25-27.

Der mit dem Wirtschaften erstrebte Überschuß wird als Erfolg/Gewinn im Vollzug der Finanzbuchhaltung ermittelt.

Das Einkommensteuerrecht hingegen verbindet nicht die Rechtsgemeinschaft mit der Gewinn-Ermittlung, sondern knüpft an die Voraussetzung einer „betrieblichen" Betätigung an. Dem folgt die Übersicht, die mit dem entgegengesetzten Ablauf von Planen und Handeln/Vollzug einer erwerbswirtschaftlichen Betätigung beginnt. Der mit der Frage „wer ermittelt was?" angefügte Teil greift den nachfolgenden Ausführungen vor.

11. Mittel, Zweck und Ziel des Wirtschaftens

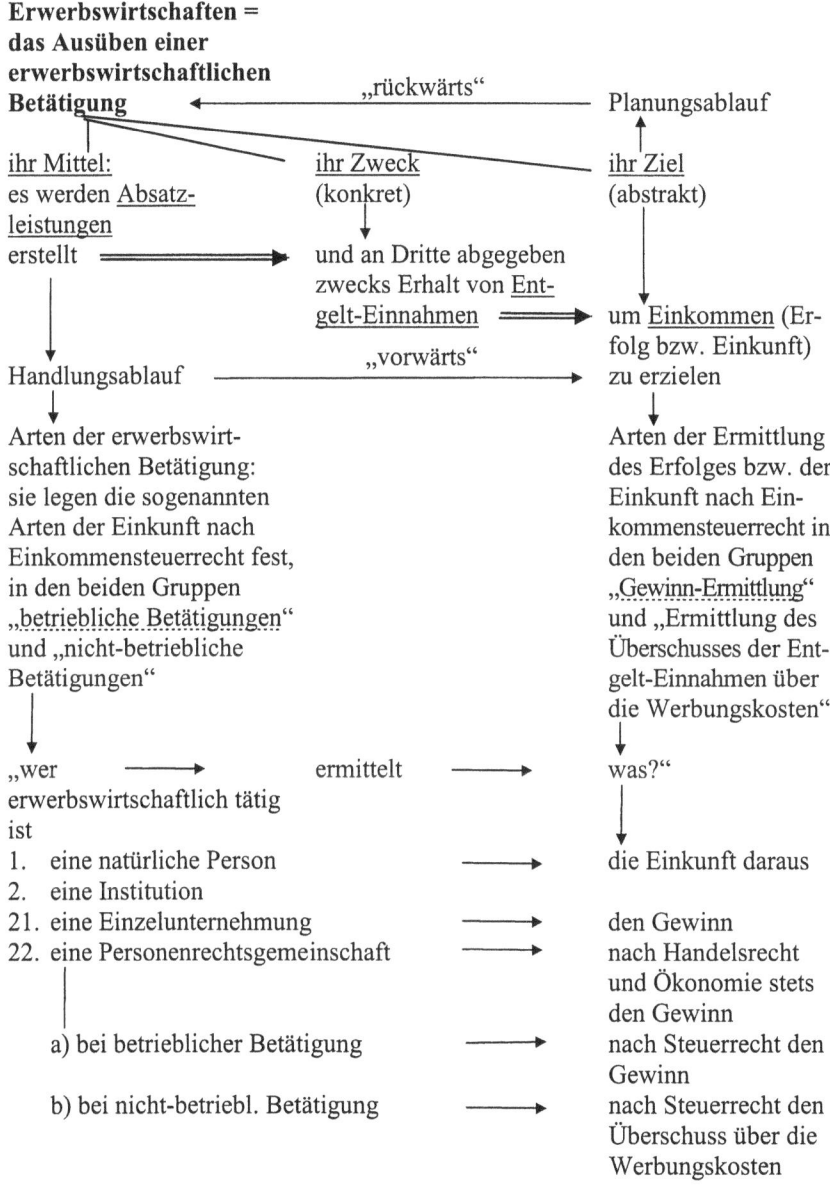

Bevor wir auf die verschiedenen Arten der erwerbswirtschaftlichen Betätigung eingehen, soll ihre Grundstruktur erklärt werden. Mit „erwerbswirtschaftlicher Betätigung" wird der Zusammenhang bezeichnet, daß Leistungen erstellt werden, die an Dritte zwecks Erhalt von Entgelt-Einnahmen abgegeben werden. Dabei erfolgt die Leistungserstellung „in Wiederholungsabsicht" und „nachhaltig", d.h. sie ist mit vorbereitenden Entscheidungen und Maßnahmen - unterschiedlichen Umfanges - verbunden. Die erstellten Absatzleistungen sind (nur) Mittel zum Zweck. Der Zweck ist das Erwerben von Entgelt-Einnahmen, für dessen Verwirklichung das Leisten an Dritte in deren Interesse Voraussetzung ist. Der Zweck einer erwerbswirtschaftlichen Betätigung ist mithin konkret: die Entgelt-Einnahmen sind real faßbar. Das Ziel einer solchen Betätigung hingegen ist abstrakt: mit Hilfe der Zweckverwirklichung, d.h. mittels der erworbenen Entgelt-Einnahmen soll Einkommen erzielt werden. Diese zumindest ungenaue wenn nicht unrichtige Benennung können wir verbessern:

a) mit Hilfe einer Betriebswirtschaft oder/und im Wege des Zusammenschlusses zu einer Erwerbsgesellschaft soll *„Erfolg"/„Gewinn"* erzielt werden;

b) mit einer personenbezogenen erwerbswirtschaftlichen Betätigung hingegen soll *„Einkunft"* erzielt werden.

Auf diese Weise ist klargestellt, daß weder *die ökonomische Institution* „Betriebswirtschaft" noch *die zivilrechtliche Institution* „Gesellschaft" Einkunft, Einkünfte oder gar Einkommen erstreben und erzielen. „Einkunft" je erwerbswirtschaftlicher Betätigung erzielt ausschließlich die natürliche Person und gegebenenfalls als (verfügbar gemachter) Anteil am Erfolg/Gewinn einer Erwerbsgesellschaft, die auf gemeinsame Rechnung am Absatzmarkt tätig ist.

Übereinstimmend bezeichnen Erfolg/Gewinn bzw. Einkunft und Einkommen jeweils einen errechneten *Saldo* (mit positivem oder negativem Vorzeichen), der für die Veränderung der finanzwirtschaftlichen Dispositionsmöglichkeiten als Folge des erwirtschaftenden Handelns während der Periode steht, ohne deshalb auch zugleich als Kassenbestand verfügbar sein zu müssen.

Das rechnerische Vorgehen zur Ermittlung des Saldos ist verschieden möglich und wird vom Einkommensteuerrecht als „Arten der Ermittlung der Einkünfte" bezeichnet. Gemeinsame Grundlage sind jedoch die Beträge der Entgelt-Einzahlungen und -Auszahlungen. Infolgedessen sprechen wir von nominalem oder pagatorischem Einkommen (bzw. Erfolg und Einkunft), weil sich die Rechengrößen von den Beträgen der Entgeltzahlungen herleiten.

Die Arten der erwerbswirtschaftlichen Betätigung nach Einkommensteuerrecht sind in zwei Gruppen geordnet. Diesen sind die beiden wichtigsten Arten der Ermittlung nach unten angefügt. Die Übersicht wird mit der

11. Mittel, Zweck und Ziel des Wirtschaftens

"Fortrechnung" abgeschlossen, welche von der Summe der Einkünfte bis zur Steuerbemessungsgrundlage weiterrechnet.

Betätigung, Ermittlung und Fortrechnung nach EStG:

- land- und forstwirtschaftliche Betätigung
- gewerbliche Betätigung
- selbständige Arbeit

- nicht-selbständige Arbeit
- Kapital übertragen
- zur Nutzung überlassen (= vermieten)
- sonstige Leistungen gegen Entgelt

das ESt-Recht sieht einen Betrieb als die Grundlage der erwerbswirtschaftlichen Betätigung	nicht-betriebliche erwerbswirtschaftliche Betätigungen
↓	↓
wir sprechen von „Betriebswirtschaft" und von Betriebsleistungen, die gegen Entgelt abgegeben werden	wir sprechen von „einfachen Leistungen", die von den Haushaltswirtschaften gegen Entgelt abgegeben werden
↓	↓
aus der Betätigung wird rechnerisch ermittelt der Erfolg = der Gewinn als Saldo aus Σ Erträge ./. Σ Aufwände im Wege der Finanzbuchhaltung	aus der Betätigung wird rechnerisch ermittelt der Überschuß der Entgelteinzahlungen über die Werbungskosten
↓	↓
Gewinn (des Einzel-Unternehmens) = Einkunft (des Einzel-Unternehmers) Σ betriebliche Einkünfte	Werbungskostenüberschuß = Einkunft Σ nicht-betriebliche Einkünfte, auch: Haushalts-Einkünfte

Summe der Einkünfte
./. verschiedene Abzüge
[Sonderausgaben, außergewöhnliche Belastungen, Freibeträge]
= „das zu versteuernde Einkommen"
= die Steuerbemessungsgrundlage
} Fortrechnung

↓
Steuertarif
↓
Einkommensteuerschuld
↓
Zahlung an das Finanzamt

Aus der Sicht der erwerbswirtschaftlichen Betätigungen wären die eingesetzten Vermögensgegenstände und zugehörigen Passiva übereinstimmend bei der Ermittlung zu berücksichtigen. Wenn im Gegensatz dazu das EStG für die Einkünfte aus Kapitalvermögen und aus Vermietung zumindest im Prinzip die Ermittlung des Überschusses der (Entgelt-)Einnahmen über die Werbungskosten vorsieht, so beruht dies auf der überholten Trennung zwischen „Verwalten" und „Veräußern" im Zivilrecht. Anstatt ein einheitliches Ermittlungsrecht zu schaffen, hat der Gesetzgeber hier das „Veräußern" abgetrennt und unter der unsinnigen Bezeichnung „Spekulationsgeschäfte" und neuerdings „private Veräußerungsgeschäfte" (§ 23 EStG) steuerpflichtig gemacht. Zum anderen ist von dem vermeintlichen „Zahlungsprinzip", d.h. dem verrechnen der Zahlungsbeträge zu ihren Zahlungszeitpunkten für das Ermitteln der Einkunft nicht viel übriggeblieben.

11.5 Wirtschaften gleich Erwirtschaften und Verwenden

Die vorangegangenen vier Abschnitte behandelten das Wirtschaften im Sinne des Erwerbswirtschaftens. Der zentrale Vorgang „Leistung gegen Entgelt" ist in diesem Zusammenhang auf „Absatzleistung gegen erhaltenes Entgelt" festgelegt. Damit wäre der Bereich des Wirtschaftens jedoch zu eng abgesteckt.

Erweitern wir deshalb um die Beschaffungsvorgänge, dann können wir nunmehr das marktverbundene Wirtschaften einer Einzelwirtschaft - z.B. einer Betriebswirtschaft oder eines privaten Haushalts - beschreiben, jedoch nicht das Wirtschaften in einer Volkswirtschaft. Aus gesamtwirtschaftlicher Sicht rückt die Entgeltseite der Vorgänge auf den zweiten Rang und folglich die Leistungen in den Vordergrund. Es liegt auf der Hand, das gesamtwirtschaftliche Wirtschaften mit dem Kern „Erwirtschaften und Verwenden" zu kennzeichnen. Erwirtschaften ist in diesem Zusammenhang gleichbedeutend mit dem Erstellen von Leistungen, während sich das Verwenden auffächert nach den möglichen Arten der Verwendung.

Üblicherweise und vordergründig-unzutreffend wird das Verwenden der erstellten Leistungen in die beiden Gruppen „erwerbswirtschaftliches" und „konsumtives" Verwenden der Leistungen unterteilt und mit den Wirtschaftseinheiten „Unternehmen" bzw. „Haushalte" verknüpft. Im Gegensatz

11. Mittel, Zweck und Ziel des Wirtschaftens   27

dazu unterteilt unsere nachfolgende Struktur das Verwenden in die beiden Gruppen „Selbst-Verwendung" und „Abgeben an Dritte". Mit den sich anschließenden Aufteilungen in die produktive oder konsumtive Selbstverwendung bzw. in die unentgeltliche oder entgeltliche Abgabe an Dritte erhalten wir vier Arten der wirtschaftlichen Verwendung erstellter Leistungen. Daraus bilden wir im Abschnitt 13 paarweise Kombinationen, die ihrerseits das Wirtschaften in den Wirtschaftseinheiten präzise kennzeichnen und damit diese voneinander abgrenzen.

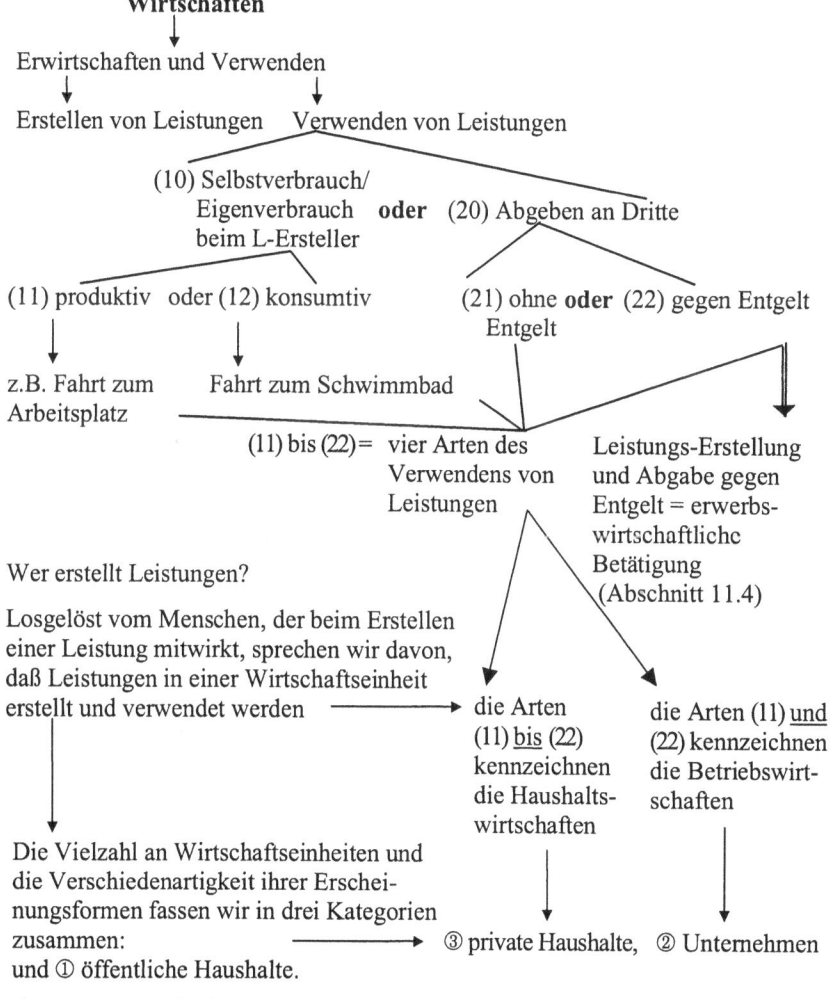

Ihre Summe ergibt das, was man eine „Volkswirtschaft" nennt. Betrachtet man diese „von innen", dann stellt sie sich als das Gesamt des Handelns der Wirtschaftseinheiten dar, während sie „von außen" betrachtet ihrerseits eine Einheit bildet. Diese wird traditionell als „Volkswirtschaft" bezeichnet und wird vorab durch ihre Staatsgrenzen abgegrenzt.

10. Was heißt „Wirtschaften in der Entgeltwirtschaft"?

Mit dem Abschnitt 11 haben wir eine Reihe von Aspekten und Ausprägungen des Wirtschaftens, von möglichen Aufteilungen und Gliederungen des Gesamtbereiches sowie von Ansatzpunkten für das Entwickeln von Strukturen angesprochen. Das „Wirtschaften" ist ersichtlich der ausgedehnteste Betätigungsbereich des Menschen. Die nachfolgende Übersicht verfolgt den „roten Faden" aus dem Abschnitt 11.

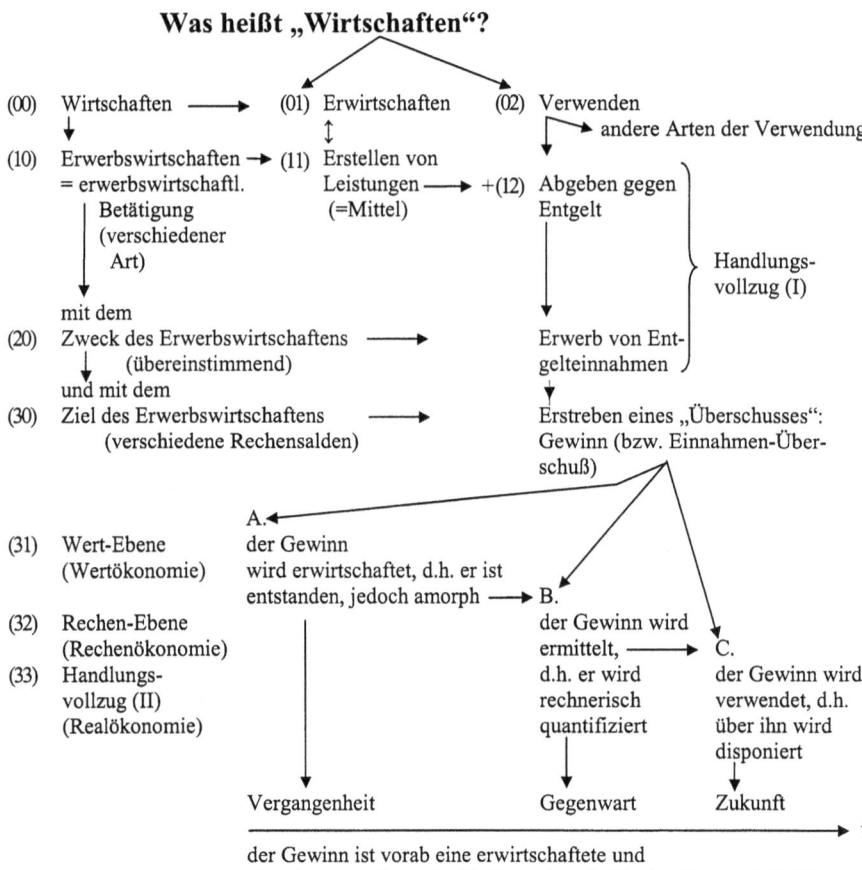

Wenn man „Wirtschaften" erklären und Erkenntnisse über die Zusammenhänge gewinnen möchte, ist es notwendig, die Ausdehnung des Bereiches festzulegen, der betrachtet werden soll. Nach diesem Kriterium des Betrachtungsumfanges unterscheiden wir nachfolgend die mit (1) bis (4) gezählten Möglichkeiten und ordnen ihrer Abfolge unsere Abschnitte zu.

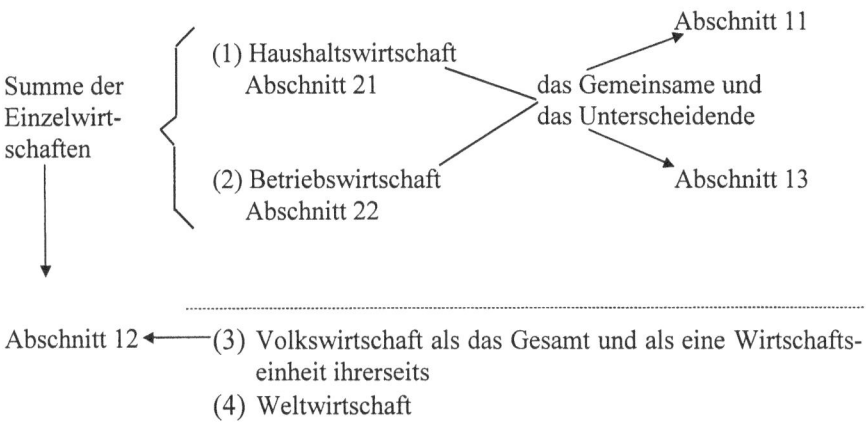

Mit den Abschnitten 11 bis 13 ist das Wirtschaften umfassend aufgezeigt. Mit Abschnitt 21 engen wir auf das gemischte Wirtschaften im privaten Haushalt ein und fügen erst dann das betriebliche Wirtschaften im Abschnitt 22 an.

12. Die Volkswirtschaft eines Staates und ihre Unterteilung in Wirtschaftseinheiten

Das Gesamt des Wirtschaftens in einem Staat bezeichnen wir als seine Volkswirtschaft. Das Wirtschaften in einer Volkswirtschaft erfolgt in sogenannten Wirtschaftseinheiten. Eine Wirtschaftseinheit ist *eine abgegrenzte Zuständigkeit für das Erstellen und Verwenden von Leistungen*. Die Möglichkeit bzw. die Notwendigkeit, Leistungen von anderen Wirtschaftseinheiten erwerben bzw. an diese abgeben zu können, bedeutet, daß Arbeitsteilung in dieser Volkswirtschaft besteht. Infolgedessen sind die Wirtschaftseinheiten durch zwei Prinzipien miteinander verbunden:
1. Zweiseitige Vorgänge „Leistung gegen Entgelt":
   Hier legen beide Seiten übereinstimmend fest, was ein jeder gibt und erhält;
   diesen Bereich der Volkswirtschaft nennen wir „*Entgeltwirtschaft*".
2. Jeweils einseitige Vorgänge der „Leistung" bzw. der „Zahlung":
   Hier ist die Leistungsabgabe an Dritte abgetrennt von dem Erzielen von Entgelt-Einnahmen und wird ersetzt durch Einnahmen aus Steuern.
   Diesen Bereich der Volkswirtschaft nennen wir „*Staatswirtschaft*".

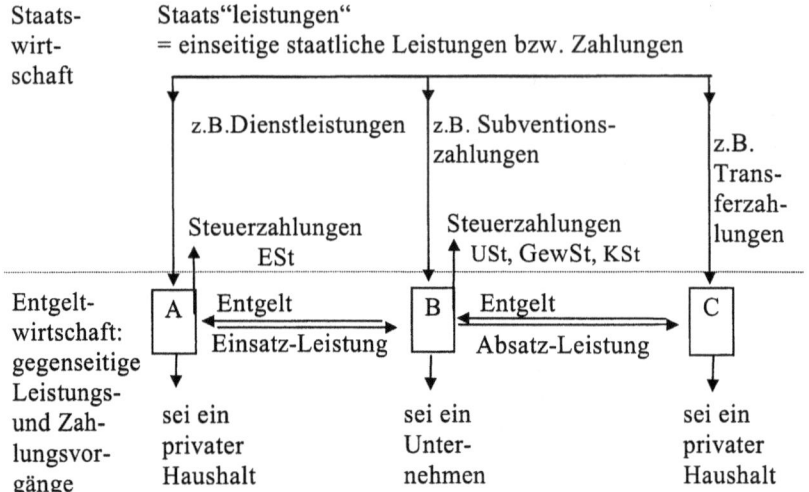

Abkürzungen:
ESt   =   Einkommensteuer der privaten Haushalte
USt   =   Umsatzsteuer der Unternehmen
GewSt =   Gewerbesteuer der gewerblich tätigen Unternehmen
KSt   =   Körperschaftsteuer der Kapitalgesellschaften

Im obigen Schema umfassen die Staats"leistungen" auch einseitige Zahlungen an Dritte, d.h. mit denen nicht empfangene Leistungen abgegolten werden. Wir haben in diesem Sinne Subventionszahlungen an die Wirtschaftseinheit B - angenommen ein Unternehmen - und Transferzahlungen an die Wirtschaftseinheit C - ein privater Haushalt - eingetragen.

Für die nachfolgende Struktur-Übersicht verknüpfen wir die jeweilige Art der Wirtschaftseinheit mit ihrer Zuständigkeit im Sinne des jeweiligen Rechts - öffentliches Recht, Handelsrecht, Familienrecht - und erhalten so die Institutionen. Eine Institution ist in unserem Zusammenhang ein vom Recht abgegrenzter Zuständigkeitsbereich des Wirtschaftens. Diese rechtliche Abgrenzung ist besonders deutlich ausgeprägt, wenn die Institution der Eigentümer von Sachen sein kann. Eine rechtlich nur schwache Abgrenzung ist z.B. das Unternehmen des Einzelunternehmers: es ist nur „ermittlungsrechtlich" abgegrenzt für die Ermittlung des Gewinns nach Steuerrecht.

12. Die Volkswirtschaft eines Staates und ihre Unterteilung 31

Wir unterscheiden drei Arten/Kategorien von Wirtschaftseinheiten in einer Volkswirtschaft:

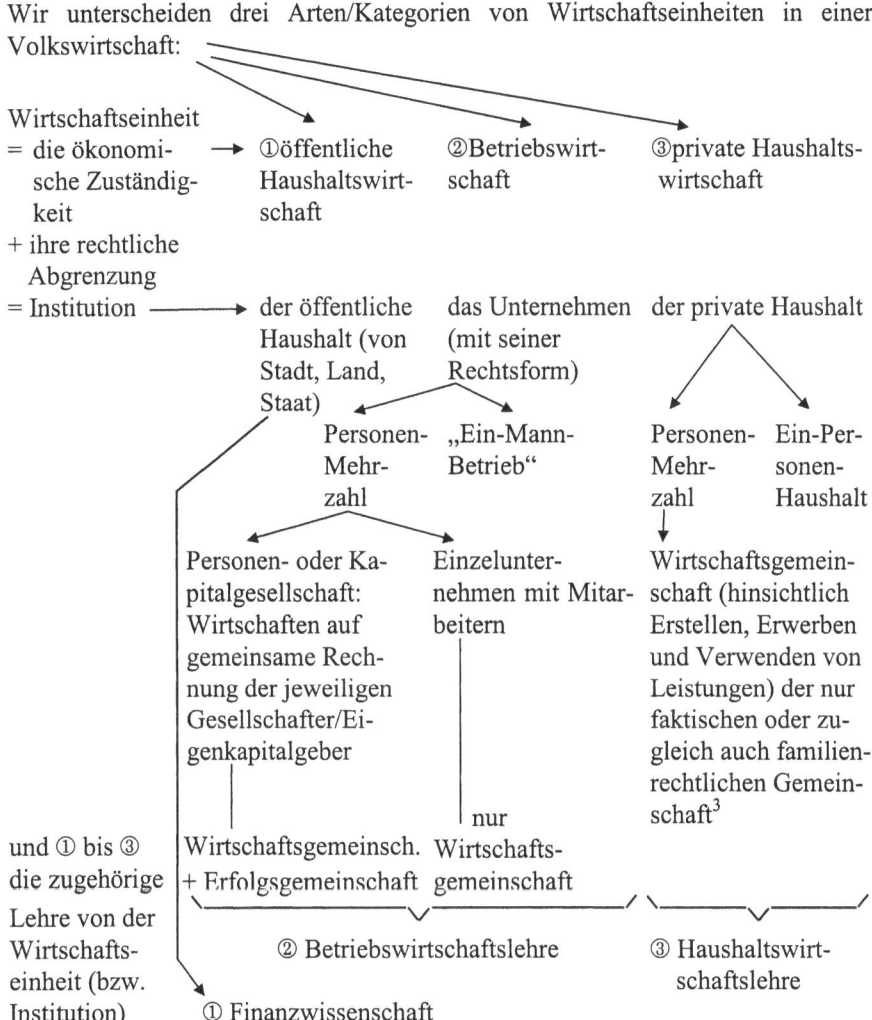

Wie kennzeichnet man nun die drei Kategorien der Wirtschaftseinheiten mit Hilfe von ökonomischen Merkmalen?

---

3 Der Jurist bzw. der Bundesgerichtshof mit Urteil vom 2. Juni 1997 - II ZR 81/96 - ZIP 1997, S. 1453 f. versteht das gemeinsame Nutzen (z.B. eines Wohnhauses) nicht als Wirtschaften, sondern als das Verwirklichen eines ideellen Zwecks!

13. Kennzeichnung und Abgrenzung der Wirtschaftseinheiten

Die drei Wirtschaftseinheiten haben das gemeinsame Merkmal, daß Leistungen erstellt werden. Dieses Merkmal ist mithin ungeeignet, die Wirtschaftseinheiten voneinander zu unterscheiden.[5]

Das differenzierende Merkmal sind die Arten der Verwendung der (selbsterstellten oder fremd-beschafften) Leistungen. Dabei ergibt sich für jede Wirtschaftseinheit eine sie kennzeichnende Verwendungsart (a) und zudem eine zweite Verwendungsart (b), die jedoch nicht spezifisch ist, weil sie jeweils auch bei einer anderen Wirtschafts-Einheit vorkommt. Infolgedessen kennzeichnen erst Kombinationstypen von zwei Verwendungsarten eine jede der drei Kategorien der Wirtschaftseinheiten.

Die nachfolgende Übersicht zeigt die Vorgehensweise und das damit erzielte Ergebnis, nämlich eine sowohl einfache als auch eindeutige Kennzeichnung der drei Wirtschaftseinheiten und damit zugleich ihre Abgrenzung voneinander. Folgerichtig vertreten wir die Meinung, daß die Haushaltswirtschaft eigenständig neben der Betriebswirtschaft besteht und infolgedessen die Haushaltswirtschaftslehre der Betriebswirtschaftslehre nebengeordnet ist.

---

5 Ausführlicher Lehmann/Moog (1996) S. 150-152, S. 157-166; Raffée (1974) 1. Teil C. III. 3 (S. 48-59); Schweitzer, in: Bea/Dichtl/Schweitzer (1997) 1. Kap., Abschn. 2.2 (S. 28-41)

13. Kennzeichnung und Abgrenzung der Wirtschaftseinheiten

Die drei Kategorien der Wirtschaftseinheiten:

Verwenden der Leistungen:	öffentl. Haushaltswirtschaft	Betriebswirtschaft	private Haushaltswirtschaft
a) kennzeichnend: ⇨ und	Abgabe an Dritte ohne Entgelt	Abgabe an Dritte gegen Entgelt	konsumtive Verwendung
b) anderenfalls: ⇨	produktive Verwendung im eigenen Bereich ↑	produktive Verwendung im eigenen Bereich ↑	Abgabe gegen Entgelt ↑
	Verwaltung oder Betrieb, aber keine Betriebswirtschaft: anstelle der Entgelte tritt Finanzierung über Abgaben und Steuern	Betriebswirtschaft ist reine Erwerbswirtschaft	„gemischtes" Wirtschaften in der HW: Verbrauchsbereich, Produktionsbereich, Erwerbsbereich

H. Raffée:
BW und HW sind Einzelwirtschaften
↓
die Lehre davon sei die BWL
d.h. es gibt nur eine Einzelwirtschaftslehre, die von der Erwerbswirtschaft bestimmt wird; die HW ist nur ein Anhängsel der BWL
Ergebnis: Einordnung

                    BW   HW

andere Meinung:[6]

+ BWL   ‖   + HWL

d.h. die Verschiedenheiten führen zu zwei eigenständigen Einzelwirtschaftslehren;
Ergebnis: Nebenordnung

Damit erteilen wir der verbreiteten Meinung, dass die private Haushaltswirtschaft ein Betrieb oder ein Unterfall der Betriebswirtschaft sei, eine ebenso eindeutige Absage wie dem Versuch, sie in die Betriebswirtschaftslehre einzubeziehen.[7] Um diesen Standpunkt zu begründen, skizziert der Abschnitt 21 die Haushaltswirtschaft als selbständige Einheit des Wirtschaftens.

Folglich beendet dieser Abschnitt 13 unser Anliegen, das Wirtschaften in der Entgeltwirtschaft mit seinen wichtigsten Aspekten zu beschreiben. Auf diese Weise haben wir vom Allgemeinen zum Besonderen dem wirtschaftenden Handeln in der Betriebswirtschaft (= Abschnitt 22) vorgearbeitet. Der Leser, der anders und

---

6 Vgl. Lehmann/Moog (1996) S. 165 f.
7 Vgl. so z.B. Lehmer (1993) S. 27-30.

wie üblich das Studium der Betriebswirtschaftslehre mit ihrem Gegenstand und ihren Methoden beginnen möchte, sei auf die überaus gelungene Einführung dieser Art von Schauenberg hingewiesen.[7]

Unsere Abschnitte 11 bis 13 sollen in einer Übersicht zusammengefaßt werden.

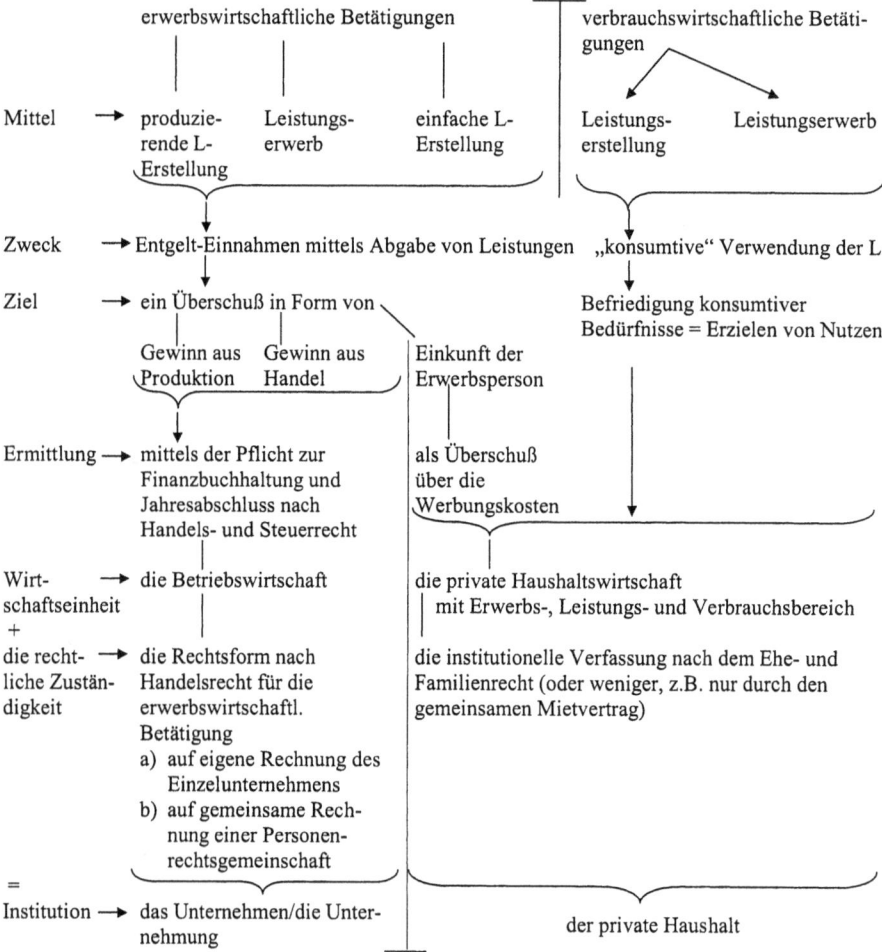

---

7 Schauenberg, in: Vahlens Kompendium der BWL, 4. Aufl. (1998).

20. Das Wirtschaften in den Einzelwirtschaften

Das Gemeinsame dieses Abschnitts ist das wirtschaftende Entscheiden und Handeln unter Unsicherheit und mit Risiken. Das Trennende hingegen sind die beiden Kategorien der ökonomischen Einheiten. Daraus ergeben sich die drei Abschnitte 21 bis 23: Getrennt behandelt wird das Wirtschaften in den beiden Institutionen „Haushalt" und „Unternehmung" und dann für beide gemeinsam die Risiken.

Der Abschnitt 21 über die Haushaltswirtschaft läßt das Handeln zurücktreten gegenüber dem Bemühen, (sechs) Bereiche des Wirtschaftens zu unterscheiden und die Beziehungen zwischen ihnen darzustellen. Damit soll das „gemischte" Wirtschaften betont und den Einseitigkeiten entgegengetreten werden, die die „Haushaltswirtschaft" entweder in der Volkswirtschaftslehre festhalten oder sie in die Betriebswirtschaftslehre hineinziehen möchten.

Der Abschnitt 22 über die Betriebswirtschaft beschreibt zunächst die erwerbswirtschaftliche, spezifisch die betriebswirtschaftliche Betätigung. Sie wird im zweiten Schritt zum „betrieblichen Realprozeß" verengt.

Wir beginnen mit der üblichen Aufteilung des Betriebsprozesses in fünf Phasen. Diese lassen sich naheliegenderweise mit Hilfe der jeweils typischen Art von Entscheidung erklären. Das Gemeinsame dieser fünf Kategorien von Entscheidungen besteht in den jeweils zwei Entscheidungsfolgen mit entgegengesetztem Vorzeichen, weshalb wir von Plus-minus-Entscheidungen sprechen. Das Besondere ist dann die Verkettung der Entscheidungsfolgen, so daß wir den Betriebsprozeß als aufsteigende Stufenabfolge darstellen: der betriebliche Realprozeß wird sinnbildlich zur Treppe, um das Ziel der betriebswirtschaftlichen Betätigung zu erreichen.

Der Abschnitt 23 wendet sich der Unsicherheit und den Risiken zu, mit denen die erwerbswirtschaftlichen Betätigungen verbunden sind. Zu den „Risiken" fehlt es bereits an ordnender Begrifflichkeit und Kennzeichnung – wie so oft bei ökonomischen Problemen, deren Rückrat die zeitliche Dimension ist. Wir beginnen deshalb mit einem alltäglichen Fall-Beispiel, um mit dessen Anschaulichkeit den Leser an der Erkenntnisgewinnung zu beteilgen. Die so gewonnene Struktur wird für die Entscheidung verwendet, ob ein bislang im Arbeitsverhältnis tätiger Bäckermeister sich mit eigener Bäckerei selbständig machen soll. Im dritten Durchgang erfolgt dann die Verallgemeinerung zur Ordnungsstruktur der Risiken.

21. Die Haushaltswirtschaft als wirtschaftende Einheit

Wir hatten den privaten Haushalt als eine Institution bezeichnet, d.h. als einen auch rechtlich abgegrenzten Zuständigkeitsbereich, wobei der Ökonom die Zuständigkeit für das Wirtschaften im Auge hat.[1]

Bei der Kennzeichnung und Abgrenzung des „Haushalts" im vorigen Abschnitt blieb unberücksichtigt, wieviel Personen zu einem Haushalt gehören. Wenn wir den Haushalt, die Haushaltswirtschaft und die Haushaltswirtschaftslehre als eigenständige und nebengeordnete Abfolge gegenüber dem Unternehmen, der Betriebswirtschaft und der Betriebswirtschaftslehre hervorgehoben haben, so folgt die überzeugende sachliche Begründung erst jetzt nach: die „eigentlichen Probleme" des Haushalts beginnen, wenn er als Einheit (Institution) eine Mehrzahl von Personen zusammenfasst, vgl. Abschnitt 12. Daraus entsteht der Schwebezustand zwischen der Einheit der Institution und der Vielheit der Personen. Die Vielzahl der Betrachtungsweisen bei den Soziologen, bei den Ökonomen und bei den Juristen und die vielen Fehlschlüsse sind die Folge davon, daß man die Überlegungen ohne Nachdenken mit der Einheit oder mit dem Schwebezustand oder mit dem einzelnen Mitglied der Haushaltsgemeinschaft beginnt.

Diese Gemeinschaft ist in jedem Fall eine Lebensgemeinschaft, konkret als Wohngemeinschaft faßbar. Sie ist in der Regel auch eine Wirtschaftsgemeinschaft, denn strenge Trennung bei allen wirtschaftlichen Vorgängen und Zuständen wäre allerdings ein Widerspruch zur Lebensgemeinschaft. Aus der Sicht des Rechts besteht die Lebens- und Wirtschaftsgemeinschaft als (1) Ehe, (2) Familie, (3) Nichtehe und (4) andere Formen. Die vermögensrechtliche Seite der Wirtschaftsgemeinschaft der Ehe bezeichnet man als das „eheliche Güterrecht" und unterscheidet die „Zugewinngemein-

---

1 Dementsprechend die Bezeichnungen „Haushaltswirtschaft" oder „Haushaltsökonomik" als Fachdisziplin der umfassenden „Haushaltswissenschaft".

21. Die Haushaltswirtschaft als wirtschaftende Einheit

schaft" als den gesetzlichen Güterstand von der „Gütertrennung" und der „Gütergemeinschaft" als vereinbarten Güterständen. Eine ökonomische Analyse zeigt jedoch, daß das Zivilrecht die „Zugewinngemeinschaft" nur als Addition der beiden Ehegatten konzipiert hat.[3] Hier wie auch sonst - z.B. im Einkommensteuerrecht - ist der Jurist nicht in der Lage, die rechtlichen Regeln von der Wirtschaftsgemeinschaft her zu entwickeln und festzulegen.

Bevor man sich mit der Wirtschaftsgemeinschaft von Ehe und Familie befaßt, muß vorab das Wirtschaften in der Haushaltswirtschaft beschrieben werden.[4]

21.1 Die Aufteilung der Haushaltswirtschaft in sechs Bereiche

Naheliegenderweise stellen wir ein „gemischtes" Wirtschaften in der Haushaltswirtschaft fest. Die beiden Kategorien „Erstellen von Leistungen" und „Verwenden von (selbsterstellten oder fremdbezogenen) Leistungen" sind der zentrale Ausgangspunkt aller Überlegungen. Er führt zu den drei Bereichen des wirtschaftenden Handelns, die mit den Leistungen zu tun haben - vgl. die den Abschnitt abschließende Übersicht:

(10) Im Leistungsbereich werden Leistungen erstellt. Deshalb ist die Haushaltswirtschaft jedoch kein Betrieb/keine Betriebswirtschaft, wie die betriebswirtschaftliche Literatur vorschnell meint.[5] Weder werden die Leistungen ausschließlich zur Deckung von Eigenbedarf erstellt noch sind die gegen Entgelt abgegebenen Leistungen auch produzierte Leistungen.

Im Abschnitt 11.4 haben wir die nicht-betrieblichen erwerbswirtschaftlichen Betätigungen kennengelernt: Arbeit, Finanzieren und zur Nutzung überlassen sind „einfach erbrachte" Leistungen. Im Gegensatz zu den produktionsprozess-bewirkten Leistungen führt die Abgabe einfacher Leistungen gegen Entgelt nicht zur Ausgliederung aus der Haushaltswirtschaft.

---

3 Ausführlicher Lehmann (ZfbF 1989).
4 Vgl. R. von Schweitzer (1991) und für Fortgeschrittene Seel (1991).
5 M. Schweitzer (in: Bea/Dichtl/Schweitzer 1997, S. 28-41) bezeichnet den Haushalt als „Betrieb der Eigenbedarfsdeckung". Lehmer (1993) übernimmt den Ausdruck „kleine Fabrik", der bereits den Bereich der Leistungserstellung unzutreffend versteht und die anderen Bereiche des Wirtschaftens im Haushalt nicht berücksichtigt.

Folglich ergibt sich: einfache Leistungen gehen in (20) den Verbrauchsbereich oder (30) in den Erwerbsbereich, produzierte (Sach- und Dienst-) Leistungen hingegen decken ausschließlich eigenen Bedarf.

Leistungen werden erstellt entweder zum alsbaldigen Selbstverbrauch, d.h. zur Deckung von Eigenbedarf der Haushaltsmitglieder oder in Form von Gütern zur Nutzung im Zeitablauf (z.B. die Eigenleistungen beim Bau des Eigenheims). Aber auch beim Eigenverbrauch läßt sich häufig unterscheiden, ob er gegenwärtigen konsumtiven Bedürfnissen dient oder z.B. als „Ausbildung" einem investivem Umweg über das sogenannte Humanvermögen. Während das Einkommensteuerrecht und das Rentenbeitragsrecht später sorgfältig den „Ertrag" aus solchen Human-Investitionen erfassen, wird der „Aufwand" dafür als privates Vergnügen und gleich einer Reise nach Mallorca behandelt.

(20) Im Verbrauchsbereich werden - einfache oder produzierte – selbsterstellte und fremdbezogene Leistungen konsumtiv verbraucht bzw. (bei Nutzungsgütern) gebraucht. Dabei läßt sich der „produktive" Verbrauch - z.B. der Zutaten usw. für das Backen des Kuchens - von dem konsumtiven Verbrauch des Produkts - dem Vertilgen des Kuchens - unterscheiden. Beim Erwerb eines Buches etwa wird die Ausgabe als „Konsumausgabe" eingeordnet, während die Verwendung zwischen Lesevergnügen, Ausbildung, bloße Verfügbarkeit für später und Verschenken streut.

(30) Im Erwerbsbereich werden Leistungen gegen Entgelt abgegeben. Trotzdem wird daraus keine Betriebswirtschaft, denn es handelt sich nicht um produzierte, sondern nur um (31) einfache Leistungen, die gegen den Erwerb von (41) Entgelteinnahmen abgegeben werden: Arbeitsleistungen mittels Arbeitsvertrag, Nutzungsüberlassung mittels Vermietvertrag und Kapitalhingabe mittels Finanzierungsvertrag.[6] Für die Einkommensteuer werden daraus die zugehörigen (61) Einkünfte ermittelt. Dabei zählt die erste Ziffer den Bereich und die zweite verfolgt den Weg (01) für an Dritte abgegebene einfache Leistungen.

Mit (02) ist in der abschließenden Übersicht die selbständige erwerbswirtschaftliche Betätigung eines Haushaltsmitgliedes durchgezählt. Sie be-

---

6 Zum Angebot von Arbeit und Kapital im Rahmen der Theorie des Haushalts vgl. z.B. Luckenbach (1975).

deutet eine betriebliche Betätigung. Die gegenüber der Haushaltswirtschaft eigenständige Betriebswirtschaft ist deshalb in der graphischen Struktur darunter gesetzt. Mit Arbeit, Finanzieren, Risiko-Übernahme und Haftung erbringt der Haushalt Einsatzleistungen an die Betriebswirtschaft. Das – nur schwach ausgeprägte – Recht des Einzelunternehmens läßt jedoch keine Entgeltzahlungen zu. Infolgedessen ist der ermittelte Gewinn ein (unsicheres) „Brutto-Entgelt" für das Bündel der Einsatzleistungen seitens des Einzelunternehmers. Der Gewinn ist als Zubuchung auf dem Eigenkapitalkonto eingetragen und geht mit (62) in die Steuererklärung weiter. Die davon unabhängigen Zahlungen zwischen Haushalt und Unternehmen werden unter (42) im Finanzbereich erfaßt: „Entnahmen" und „Einlagen" sind erfolgsneutral verbuchte Eigenkapitalvorgänge.[7]

Analog ließe sich ein Haushaltsmitglied mit (03) als Beteiligter an einer Personengesellschaft und mit (04) als Anteilseigner einer Kapitalgesellschaft darstellen. Worauf es ankommt: übereinstimmend werden vom Hauhalt einfache Leistungen an die ökonomische und – unterschiedlich – rechtlich zum Unternehmen verselbständigte Betriebswirtschaft erbracht. Nicht übereinstimmend, vielmehr verschiedenartig setzt das Einkommensteuerrecht diese Leistungsbeziehungen des Haushalts zu einer Betriebswirtschaft hin in das Ermittlungsrecht um:

a) für den Einzelunternehmer gibt es keinen Einkunftsbereich neben dem Gewinnbereich des Einzelunternehmens,

b) für den Personengesellschafter gibt es den eigenständigen betrieblichen Einkunftsbereich (mit dem Sonder-Betriebsvermögen und der personengebundenen Gewinn-Ermittlung) neben der Betriebswirtschaft und Gewinn-Ermittlung der Gesellschaft, und

c) für den Anteilseigner einer Kapitalgesellschaft gibt es für jede Leistungsbeziehung eine eigene Einkunftsermittlung (des jeweiligen Überschusses über die Werbungskosten).

Der Leser ersieht daraus zum einen, dass das Einkommensteuerrecht wenig von Ökonomie versteht, denn in den Konstellationen a) bis c) ist die übereinstimmende Grundlage die Eigenkapitalgeber-Position des Haushaltsmitglieds. Zum anderen wird deutlich, dass die private Haushaltswirtschaft verkannt wird, wenn sie entweder zum „Betrieb zur Eigenbedarfsdeckung" oder zur „Verbrauchswirtschaft von fremdbezogenen Leistungen" verengt

---

7 Zur finanzwirtschaftlichen Seite der Haushaltswirtschaft vgl. Schmölders (1969).

wird. Jeweils fehlen die beiden anderen Bereiche des Entgelt-Erwerbs und der Entwicklung des Humanvermögens.

Die nachfolgende Übersicht ordnet die bisherigen Überlegungen und faßt sie zur „Basis-Entscheidungssituation" der privaten Haushaltswirtschaft zusammen. Unter Rückgriff auf den zeitlichen Aspekt muß entschieden werden, wie die Zeit „verwendet" wird, welchen Aktivitäten sie „gewidmet" wird. Die Zeit als der abstrakte gemeinsame Nenner aller wirtschaftlichen Aktivitäten steht stellvertretend für die Entscheidungen, wie man die persönlichen, finanziellen und güterbedingten Möglichkeiten nutzt.

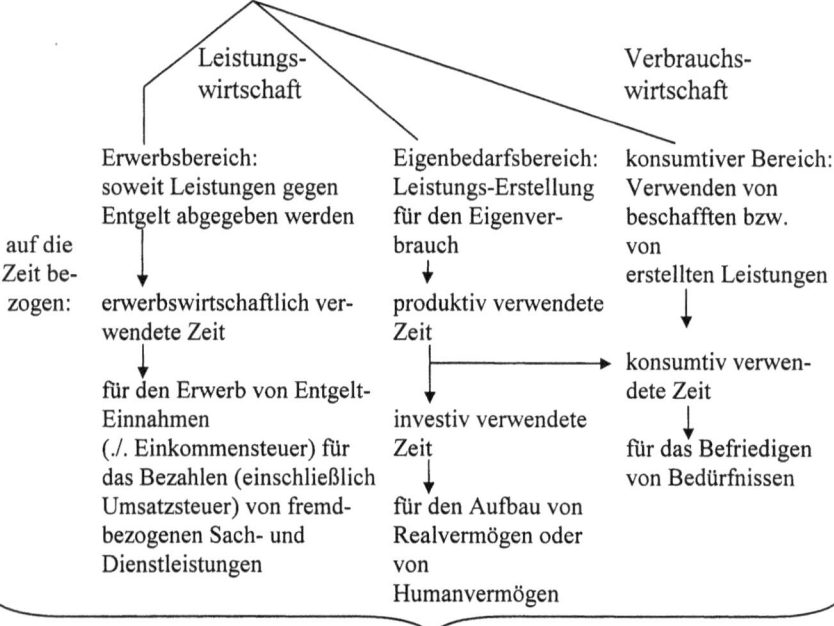

die Basis-Entscheidungssituation der privaten Haushaltswirtschaft als Einpersonen-Haushalt bzw. als Wirtschaftsgemeinschaft hinsichtlich (a) Erwerb, (b) Leistungserstellung für den Eigenbedarf und hinsichtlich (c) des konsumtiven Verbrauchs bzw. Gebrauchs von (fremdbezogenen und selbsterstellten) Leistungen

Das nachfolgende Schema stellt das Wirtschaften im Haushalt als einen (allerdings unvollständigen) Kreislauf dar. Die Haushaltswirtschaft wird in ihre (10) Leistungswirtschaft und ihre (20) Verbrauchswirtschaft unterteilt. Leistungen können einfach-erbrachte oder produktionsprozeß-bewirkte Leistungen sein. Nur einfache Leistungen gibt die Haushaltswirtschaft im

Vollzug ihrer (30) erwerbswirtschaftlichen Betätigung ab, und zwar entweder (31) direkt an Dritte gegen Entgelt oder (32) an eine Betriebswirtschaft gegen Erwartung von Gewinn bzw. - bei mehrpersonalem Erwerbswirtschaften auf gemeinsame Rechnung - Gewinnanteil. Der Haushalt erzielt hier (62) betriebliche Einkunft. Infolge der Zubuchung des Gewinns bzw. des Gewinnanteils auf das Eigenkapitalkonto in der Betriebswirtschaft folgt aus der betrieblichen Einkunft keine Gewinnauszahlung. Der finanzielle Zugang beim Haushalt wird nur als (42) der Saldo von Entnahmen abzüglich Einlagen faßbar. Bei nicht-betrieblicher erwerbswirtschaftlicher Betätigung werden (41) Entgelt-Einzahlungen erworben. Rechnerisch gekürzt um die sogenannten Werbungskosten erzielt der Haushalt mit dem Saldo (61) Einkunft aus Arbeit bzw. aus Vermietung bzw. aus Kapitalüberlassung (= nicht-betriebliche Einkünfte).

Das Schema gibt vom **(40) Finanzbereich** ausgehend drei Arten der Geldverwendung an. Während üblicherweise die Beschaffung von Sach- und Dienstleistungen als „Beschaffungsbereich" in den Vordergrund gerückt wird, teilt unser Schema in die Beschaffung von Leistungen im erwerbswirtschaftlichen Zusammenhang einerseits und für konsumtive Zwecke andererseits auf. Der (20) Verbrauchsbereich faßt seinerseits die fremdbezogenen Leistungen mit den selbsterstellten (einfachen bzw. produzierten) Leistungen zusammen, die für die konsumtive Verwendung verbraucht bzw. gebraucht werden, gezählt mit (21) bis (23).

Ein weiterer Pfeil verbindet vom (40) Finanzbereich zum **(50) Vermögensbereich**, ohne die Spar-Entscheidung als das Verbindungsglied zwischen diesen beiden Bereichen hervorzuheben. Der Leser ersieht daraus, daß die hier verwendete Gliederung des Wirtschaftens nach Bereichen die Zuordnung der Entscheidungen nach sich zieht.

Nicht jeder Haushalt lebt finanziell aus dem Erzielen von Entgelt-Einnahmen. Es soll hier der Hinweis genügen, daß (40) der Finanzbereich möglicherweise staatliche Transferzahlungen oder (gesetzliche oder freiwillige) Unterhaltszahlungen oder Renteneinzahlungen erhält. Auch der Verkauf von Sachvermögen oder die Umwandlung von Nominalvermögen (z.B. Aktien, festverzinsliche Papiere, Investmentanteile) führt zu Einzahlungen.

Bereiche und Aktivitäten der privaten Haushaltswirtschaft

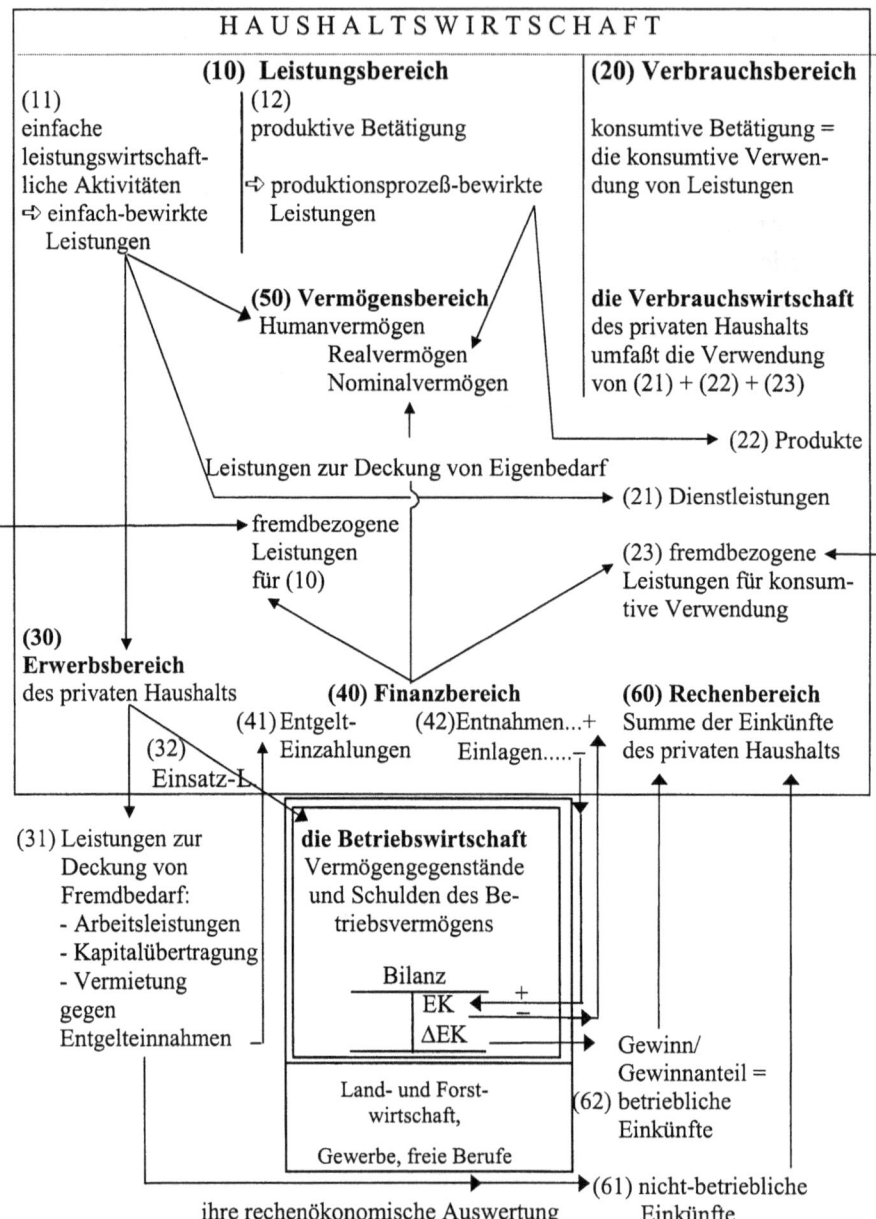

21. Die Haushaltswirtschaft als wirtschaftende Einheit

Es war unser Anliegen, die Haushaltswirtschaft mit dem Schema als ein Ordnungsgefüge von sechs Bereichen darzustellen, um dann die wichtigsten wirtschaftlichen Vorgänge des Haushaltswirtschaftens einzutragen und so die Vernetzung zwischen den Bereichen rasch nachvollziehbar zu zeigen.

Gehören einem Haushalt mehrere Personen an, dann wird seine Haushaltswirtschaft zur Wirtschaftsgemeinschaft:

1) Zumindest der Verbrauchsbereich wird davon betroffen, also die konsumtive Verwendung von beschafften und selbsterstellten Leistungen.
2) Bei zwei Erwachsenen wird in der Regel auch die Leistungs-Erstellung für den Eigenbedarf geändert: wir können von einer internen Arbeitsteilung sprechen, die zugleich eine Spezialisierung hinsichtlich der Erledigung der Teilaufgaben des Haushaltswirtschaftens bedeuten wird. Alltägliche Erfahrung erhält hier die Bezeichnung „Organisation" im Sinne der fallweisen Absprache, wer welche Aufgabe erledigt, bzw. der generellen Regelung, wer für die Erledigung welcher Aufgaben zuständig ist.
3) Bei zwei Erwachsenen und weiteren versorgungsbedürftigen Haushaltsmitgliedern wird häufig auch die erwerbswirtschaftliche Betätigung betroffen.[8] Das Hinzukommen von Kindern erfordert art-spezifische Ausgaben bei oft zugleich verringerten Einkunfts-Einnahmen. Der „Wert" der letzten/ marginalen Geldeinheit des Familienbudgets steigt dann scharf an. Ohne Rücksicht darauf - und deshalb höchst unsozial - zieht die Umsatzbesteuerung stets 16% (in Hundert) davon ab. Die Kinder sind mangels Wahlrecht politisch ohne Bedeutung und die Familien sind im politischen Raum nicht organisiert, weshalb die ständigen Verteilungskämpfe häufig zu ihrem Nachteil ausgehen.[9]

Die fehlende politische Bedeutung der Familie hat ein ökonomisches Pendant. Während der Beamte auf jeden Fall (wegen seines Gehaltes) zur volkswirtschaftlichen Wertschöpfung beiträgt, liegen die (direkten und mittelbaren) Arbeitsleistungen zugunsten der Kinder außerhalb der statistischen Erfassung. Die Pflegeleistung beispielsweise der Krankenschwester zählt, die der Mutter nicht![10]

---

8 Von Zameck (1997) behandelt zwar „Ehepaarmodelle" (S. 59-71), jedoch keine Wirtschaftsgemeinschaften mit Kindern.
9 Eine Übersicht gibt z.B. Steffens/Boland-Mayat (1994).
10 Vgl. von Zameck (1997) S. 29.

Unter dem Bereich „Haushaltswirtschaft" weist das vorstehende Schema in kleinem Format „die Betriebswirtschaft" aus. Warum führt die Produktion von Leistungen, die gegen Entgelt an Dritte abgegeben werden, zur Ausgliederung aus der Haushaltswirtschaft und zur Verselbständigung zu einer eigenständigen Wirtschaftseinheit und arteigenen Kategorie der Institutionen?

21.2 Warum hat sich die Betriebswirtschaft gegenüber der Haushaltswirtschaft verselbständigt?

Historisch gesehen, war das betriebswirtschaftliche Wirtschaften, d.h. das landwirtschaftliche bzw. das handwerkliche Produzieren ein Bereich der Haushaltswirtschaft.[11] Xenophon (430 bis 354 a.D.) führte nicht nur die 10000 griechischen Söldner aus dem Zweistromland über das Gebirge an das Schwarze Meer, sondern berichtete auch in seiner „Anabasis" darüber.[12] Später verfaßte er auf seinem Landgut im anmutigen Tal des Alpheios das Buch „Oikonomikos", d.h. „Vom Hauswesen". Damit begründete er die Lehre von der Haushaltswirtschaft in dem obigen umfassenden Verständnis.[13] Davon aktuell geblieben ist die Lehre vom subjektiven Wert der Güter und von der arbeitsteiligen Leistungserstellung seitens der Ehegatten.[14] Abgetrennt hingegen wurde die marktbezogene Produktion und zur Betriebswirtschaft verselbständigt. Diese Entwicklung hatte zwei Ansatzpunkte.

---

11 Vgl. Tschammer-Osten (1973).
12 Vgl. zuletzt Otto Lendle, Die Söldner des Kyros, Darmstadt 1999.
13 Vgl. Tschammer-Osten (1973) S. 19-21; R. von Schweitzer (1991) S. 51-53.
14 Vgl. z.B. Methfessel (1994).

22. Die Betriebswirtschaft als wirtschaftende Einheit   45

Zwei Aspekte führten zur Ausgliederung[15] und Verselbständigung:

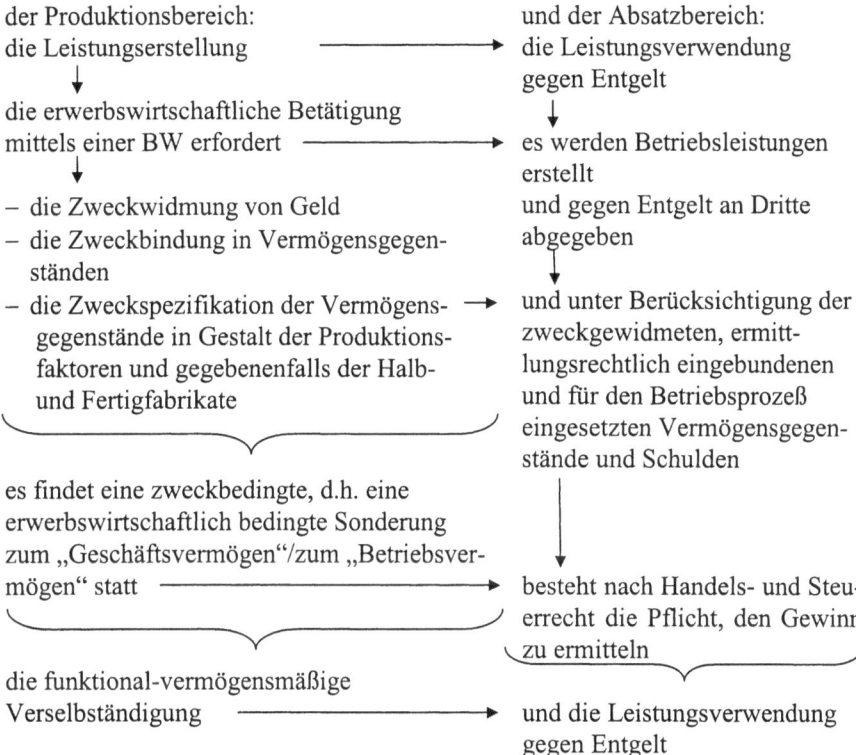

haben die Heraustrennung der Betriebswirtschaft aus der Haushaltswirtschaft bewirkt und das betriebswirtschaftliche Rechnungswesen begründet.
Ersichtlich ist das Kind „Betriebswirtschaft" der Mutter „Haushaltswirtschaft" längst über den Kopf gewachsen!

22. Die Betriebswirtschaft als wirtschaftende Einheit

Vergleichbar mit Abschnitt 21 steht nicht die Beschreibung der Institution im Vordergrund, sondern die Gesamtaufgabe einer Betriebswirtschaft. Deren Erledigung durch eine betriebswirtschaftliche Betätigung wird zunächst hinsichtlich Ziel, Zweck und Mittel geordnet und beschrieben. Auf diese

---
15 Als Aspekt angesprochen bei Bouffier (1950) S. 6.

Weise wird die Betätigung zum „Betriebsprozeß" verdichtet. Wir teilen ihn wie üblich nach fünf Funktionen des wirtschaftenden Handelns auf in fünf Teilbereiche. Diesen gehört eine jeweils typische Art von Entscheidung zu: Finanzieren, Investieren, Beschaffen, Produzieren und Absetzen - insoweit traditionelles Gedankengut der Bücher zur Allgemeinen Betriebswirtschaftslehre. Das Besondere beginnt mit dem Hinzufügen der jeweils zwei Entscheidungsfolgen mit entgegengesetztem Vorzeichen. Dadurch haben wir fünf typische „Plus-minus-Entscheidungen", deren Verkettung nicht nur die Beziehungen zwischen den fünf Funktionen und Teilbereichen des Wirtschaftens herstellt, sondern darüber hinaus *eine „Stufenleiter" der betriebswirtschaftlichen Betätigung* darstellt, wenn diese ihren Zweck verwirklicht, Entgelte zu erwerben als der ersten Voraussetzung, im Vollzug des Wirtschaftens auch einen Überschuß (Gewinn, Erfolg) zu erwirtschaften.

22.1 Alltägliche Erfahrungen zum Erwerbswirtschaften

Wir sitzen auf der Grazer Hütte (1.896 m) bei der verdienten Erbsensuppe mit Hartwurst. Ein Bergsteiger, der gerade vom Gipfel des Preber herabgekommen ist, erklärt uns seine Lebenserfahrungen, die auch für das Wirtschaften gelten:

1. „Ohne Fleiß kein Preis." Wegen eines erstrebten Vorteils sind Nachteile in Kauf zu nehmen.
2. „Wer nicht wagt, der nicht gewinnt." Die Nachteile liegen zeitlich vor den erst noch erwarteten/zumindest erhofften Vorteilen. Zu einem gegebenen Zeitpunkt sind deshalb die Nachteile „sicherer" als der erstrebte Vorteil. Die Mühe und die Ausgaben hat man, auch wenn sich die Erträge nicht einstellen. Der Spruch „ohne Fleiß kein Preis" verschweigt dem Bergsteiger also, daß der Fleiß auch umsonst sein kann, weil ihm Wolken die Sicht nehmen oder gar ein Wettersturz den Weg abschneidet.
3. „Sich regen bringt Segen." Der erstrebte „Preis" ist nur der Zweck, aber hinter der Verwirklichung dieses Zwecks steht das eigentliche Ziel. Der erreichte Gipfel, Sonnenschein und Aussicht sind ihrerseits nur Voraussetzungen für das Gipfelerlebnis, das sich in die bleibende Erinnerung fortsetzt.

Diese Erkenntnisse unseres Bergsteigers sind unmittelbar einsichtig. Wir wenden sie deshalb kurzerhand auf die Ökonomie an: die erwerbswirtschaftliche – und damit spezifisch auch die betriebswirtschaftliche – Betätigung läßt sich aufs erste als das Verhältnis von zwangsläufigen Nachteilen infolge erstrebter Vorteile beschreiben.

Das wirtschaftende Handeln ist final orientiert: um Zwecke zu verwirklichen, sind Nachteile in Kauf zu nehmen. Die erstrebten Vorteile und Nachteile benennen wir für die drei Leitsätze etwas konkreter und reihen sie in der Abfolge ihrer inhaltlichen Verschiedenheiten.

Die erwerbswirtschaftliche Betätigung als das Verhältnis von zwangsläufigen Nachteilen infolge erstrebter Vorteile

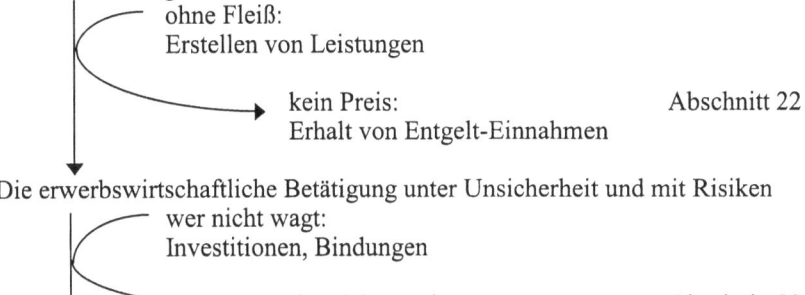

    ohne Fleiß:
    Erstellen von Leistungen

      kein Preis: Abschnitt 22
      Erhalt von Entgelt-Einnahmen

Die erwerbswirtschaftliche Betätigung unter Unsicherheit und mit Risiken

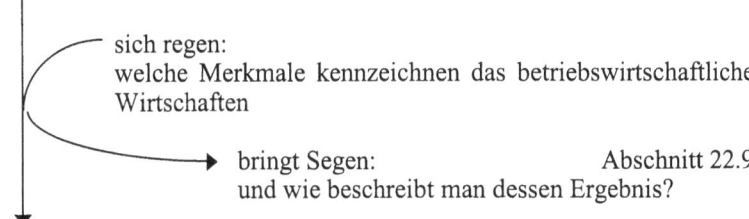

    wer nicht wagt:
    Investitionen, Bindungen

      der nicht gewinnt: Abschnitt 23
      der gewinnbringende Umsatz (Volumen,
      Struktur) ist unsicher

Das betriebswirtschaftliche Wirtschaften als ein Bündel von Merkmalen

    sich regen:
    welche Merkmale kennzeichnen das betriebswirtschaftliche
    Wirtschaften

      bringt Segen: Abschnitt 22.9
      und wie beschreibt man dessen Ergebnis?

Die Verwirklichung der Zielsetzung von Betriebswirtschaften:
Warum erwirtschaften Unternehmen unter Eingehen von Risiken im Regelfall Gewinn (und bisweilen Verlust)?
Diese Frage läßt sich nicht unmittelbar aus dem betriebswirtschaftlichen Handeln heraus beantworten. Vielmehr verlangt sie, daß wir den Absatzmarkt im Sinne der Verfassung dieses Marktes - d.h. Struktur, Verhaltensweisen und Unvollkommenheiten - einbeziehen; vgl. Abschnitt 47. Mit dem „Markt" wird die nicht bzw. wenig bzw. nicht ausschließlich beherrschte ökonomische Umwelt des Unternehmens berücksichtigt gleich dem Wetter beim Bergsteigen oder bei der landwirtschaftlichen Produktion[16].

---

16 „Wir pflügen und wir streuen
  den Samen auf das Land,
  doch Wachstum und Gedeihen
  liegt nicht in unsrer Hand."   Matthias Claudius (1740-1815).

22.2 Erwerbswirtschaftliche Betätigungen mittels einer Betriebswirtschaft

Bislang war die Betriebswirtschaft als Wirtschaftseinheit neben anderen und nach Hinzufügen der Rechtsform als Institution mit der Bezeichnung „das Unternehmen/die Unternehmung" erwähnt worden (Abschnitt 12). In Abgrenzung zu anderen Wirtschaftseinheiten haben wir die Betriebswirtschaft als reine Erwerbswirtschaft bezeichnet mit dem Stichwort, daß Leistungen ausschließlich gegen Entgelt an Dritte abgegeben werden (Abschnitt 13). Ihre Ausgliederung aus der Haushaltswirtschaft erfordert eine Beschreibung von Ziel, Zweck und Mittel des betriebswirtschaftlichen Handelns, die einerseits der Verselbständigung zur Wirtschaftseinheit Rechnung trägt aber andererseits berücksichtigt, daß die Betriebswirtschaft „lediglich" die mehr oder weniger voluminös geratene erwerbswirtschaftliche Betätigung natürlicher Personen verwirklicht.

Wenn wir die Selbständigkeit der Betriebswirtschaft mit dem Hinweis verdeutlichen, daß sie die von ihr produzierten Leistungen - deshalb: die Betriebsleistungen - als Absatzleistungen an die Abnehmer erbringt, dann scheiden dafür die natürlichen Personen aus, auf deren Rechnung die Betriebswirtschaft wirtschaftet. Wir bezeichnen jene als die „Eigenkapitalgeber", um so den gemeinsamen Nenner zu haben für
1) den Einzelunternehmer einer Einzelunternehmung,
2) den Gesellschafter einer Personengesellschaft - insbesondere offene Handelsgesellschaft (OHG) und Kommanditgesellschaft (KG) - und
3) den Anteilseigner einer Kapitalgesellschaft - insbesondere Gesellschaft mit beschränkter Haftung (GmbH) und Aktiengesellschaft (AG).

Auch wenn die Leistungsbeziehung zwischen der natürlichen Person und der Betriebswirtschaft mehr umfaßt als die Hingabe von Eigenkapital, so handelt es sich aus der Sicht der Betriebswirtschaft doch stets um Einsatz-Leistungen. So gehören beispielsweise die Arbeitsleistungen des Einzelunternehmers - d.h. die von ihm betriebene „Führung der Geschäfte" - der Beschaffungs- und Einsatzseite der Betriebswirtschaft zu. Im Regelfall sind deshalb die Arbeitseinsatzleistungen des Einzelunternehmers art-verschieden von den Absatzleistungen seiner Betriebswirtschaft.[17]

---

17 Das ist anders bei den „durchgehenden Dienstleistungen" eines Rechtsanwaltes oder Arztes in bezug auf seine Praxis (= seine Betriebswirtschaft) oder eines Handwerksmeisters, der Reparaturen durchführt. Aus ökonomischer Sicht ist jedoch auch hier die dienstleistende

22. Die Betriebswirtschaft als wirtschaftende Einheit

Um das betriebswirtschaftliche Wirtschaften zu kennzeichnen, geben wir eine sich verengende Abfolge an:

Wirtschaftendes Handeln:	>	erwerbswirtschaftliche Betätigungen:	>	betriebswirtschaftliche Betätigungen:	>	gewerbliche Betätigung:
das Erstellen von Leistungen oder/und das Verwenden von Leistungen in verschiedenen möglichen Arten		das Erstellen von Leistungen und spezifisch das Abgeben gegen Entgelt		spezifisch die Produktion von (= Betriebs-) Leistungen und das ausschließliche Abgeben gegen Entgelt		insbesondere die auf die Vielzahl/Massenhaftigkeit der Absatzleistungen hin organisierte arbeitsteilige Leistungserstellung führt zur Gewerblichkeit der erwerbswirtschaftlichen Betätigung.

Die übliche Betriebswirtschaftslehre läßt die landwirtschaftliche und freiberufliche Betätigung zur Seite und befaßt sich nur mit der gewerblichen Betätigung und engt zumeist auch diese noch auf die Produktion von Gütern ein. Gemeinsam gilt jedoch, daß „Betriebsleistungen" die mittels Produktion in einer Betriebswirtschaft zwecks Absatz erstellten Güter und Dienstleistungen sind. Dabei hat der „Absatz" die zentrale Stellung:

Sachziel	⇨	Entgeltziel	⇨	Formalziel
Produktion: Leistungs-Erstellung		Absatz: Leistungen gegen Entgelt-Einnahmen		Rechnungswesen:
Aufwand	⇨	Umsatz-Ertrag	⇨	Erfolg, Gewinn

Die übliche Reihenfolge nimmt den leistungswirtschaftlichen Ablauf: Beschaffung ⇨ Produktion ⇨ Absatz zur Grundlage ihrer Ausführungen.
Von der Zielsetzung („Erfolg") und der Zwecksetzung („Entgelt-Einnahmen") der erwerbswirtschaftlichen Betätigung herkommend beginnen wir umgekehrt mit dem Absatz:

Person der Erfüllungsgehilfe der Betriebswirtschaft. Auf Rechnung der Betriebswirtschaft besorgt sie das Geschäft für den Auftraggeber/für den Kunden; vgl. Abschnitt 53.3.

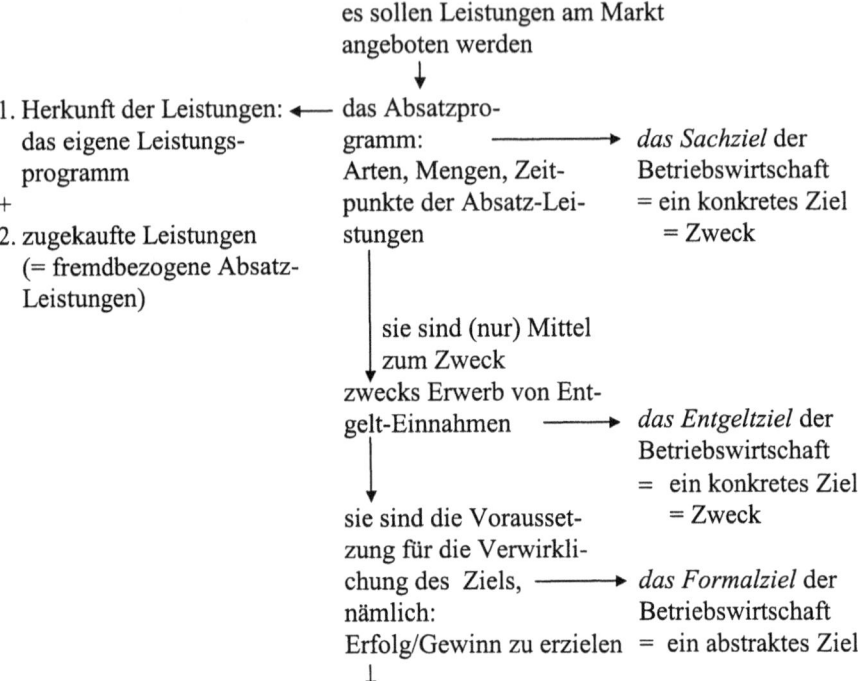

das Ausmaß der Verwirklichung des Formalziels durch das erwerbswirtschaftliche Handeln läßt sich nur rechnerisch ermitteln/feststellen, d.h. die Erfolgs-/Gewinn-Ermittlung ist die (3) rechnerische Quantifizierung der (2) Verwirklichung des (4) Formalziels durch das (1) Wirtschaften während der Periode; oder etwas anders formuliert: der erwirtschaftete Gewinn ist nicht als solcher erfaßbar, sondern muß rechnerisch ermittelt werden.

Dieser skizzierte Handlungsablauf ist das verwirklichende, das durchführende Wirtschaften. Von der Zielsetzung herkommend, ist ihm das sogenannte *vorbereitende Wirtschaften* vorgelagert, das wir mit den beiden Stichworten „Planung" und „Organisation" vorab zweiteilen können. Die Planung ihrerseits ist wiederum eine zusammenfassende Bezeichnung für das ökonomische Denken, die Information über die Entscheidungsmöglichkeiten, das Vorausrechnen, das auswählende Entscheiden und Planen im Sinne der Vorgabe für das Durchführen der entschiedenen Handlungsmöglichkeit.

Demgegenüber ist die „Organisation" der konkrete Teil des vorbereitenden Wirtschaftens: die Betriebswirtschaft muß als ökonomische Institution eine auf Dauer angelegte Struktur haben und wird unter Einbezug der Rechtsform - gewissermaßen das Rechtskleid der Betriebswirtschaft - zur Unternehmung.

22.3 Betriebswirtschaftliche Betätigung als Prozeß

Aus dem Bereich der verschiedenen Arten der erwerbswirtschaftlichen Betätigung grenzen wir die betriebswirtschaftlichen heraus und engen wie üblich auf die gewerbliche Betätigung ein.

Jede erwerbswirtschaftliche Betätigung läßt sich als Ablauf, als Prozeß darstellen mit zumindest drei Phasen auf zwei Ebenen. Das Ziel des Wirtschaftens, das Planen und Rechnen gehören der „abstrakten Ebene" zu, während das plan-verwirklichende, wirtschaftende Handeln der konkreten, der „realökonomischen" Ebene zugehört.

Wir betrachten nun die betriebswirtschaftliche Betätigung als Prozeß und gliedern diesen in drei Phasen und zwei Ebenen. Vom Zeitablauf her unterscheiden wir die Phasen:

„Denken" - „Handeln" - „Erfolg",

und vom Sachzusammenhang her unterscheiden wir die Ebenen:
I. Meta-Ebene, Planungs-Ebene, rechenökonomischer Bereich,
II. Handlungs-Ebene, realökonomischer Bereich.

Das betriebswirtschaftliche Wirtschaften = die betriebswirtschaftlichen Prozesse laufen auf diesen beiden Ebenen ab:

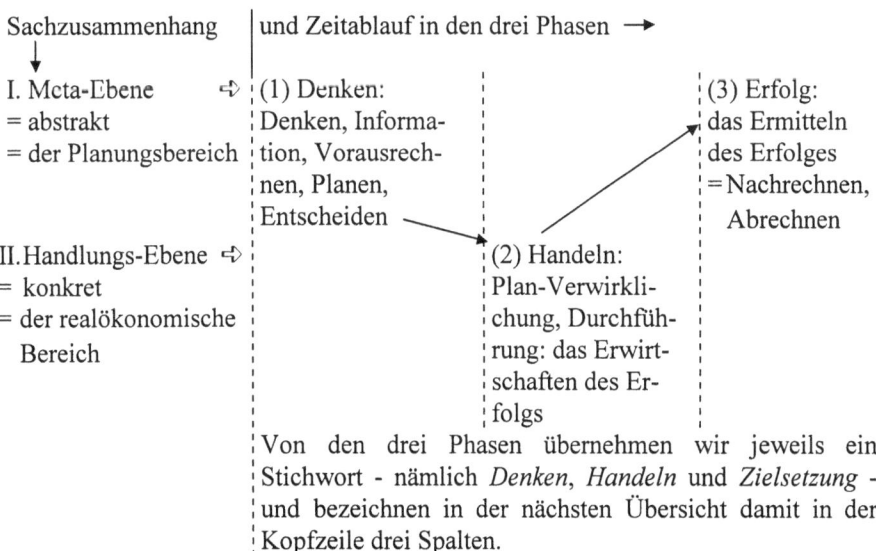

Von den drei Phasen übernehmen wir jeweils ein Stichwort - nämlich *Denken*, *Handeln* und *Zielsetzung* - und bezeichnen in der nächsten Übersicht damit in der Kopfzeile drei Spalten.

Die beiden Ebenen des Wirtschaftens setzen wir mit „rechenökonomisch" und „realökonomisch" ins Verhältnis. Auf diese Weise können wir zum einen die Aufgaben des betriebswirtschaftlichen Rechnungswesens festlegen und zum anderen einen ersten Blick auf den Betriebsprozeß/den Realprozeß werfen, der später in den Abschnitten 22.6 bis 22.8 in den Mittelpunkt der Betrachtung gerückt wird.

„Betriebswirtschaftliche Betätigung" im Ablauf bedeutet:

```
                                                          ökonomische
                                                          Zielsetzung
                                                              ↓
              ökonomisches      ökonomisches
              Denken     →      Handeln        →         erzielter
                ↓                                        Gewinn/Erfolg
rechen-       Informieren
ökonom.       Voraus-Rechnen   begleitendes Rechnen      Nach-Rechnen
Bereich       Planen                                     = rechnerische
              Plan-Entscheidung                          Quantifizierung
                           ↓                             des Erfolges

                              Plan-Vollzug:        → Erfolgsverwirklichung
                              das betriebliche Ge-       (amorph)
realökono-    der             schehen/die Summe
nomischer     Betriebs-       der Vorgänge:             Dokumentation
Bereich       prozeß/         Finanzierung  ⎫
              der Real-       Investition   ⎪ Wirt-
              prozeß in       Beschaffung   ⎬ schaften  Erfassen der Ge-
              5 Phasen        Produktion    ⎪ während   schäftsvorfälle im
                              Absatz        ⎭ der       Wege ihrer Verbu-
                                              Periode   chung

                              Leistungs-    Leistungs-
                              Erstellung    Vermarktung → um Gewinn/Erfolg
                                                           zu erzielen
                              Sachziel      Entgeltziel  = Formalziel
                              die beiden konkreten Zwecke einer
                              erwerbswirtschaftlichen Betätigung
```

Der zeitliche Ablauf ist auf den beiden Ebenen gegenläufig. Von der in der Zukunft liegenden, durch das Wirtschaften zu verwirklichenden Zielsetzung her geht es von rechts nach links. Dem folgt der nächste Abschnitt 22.4 mit Ziel, Zweck und Mittel einer betriebswirtschaftlichen Betätigung. Das wirtschaftende Handeln aber vollzieht sich vorwärts arbeitend auf der realökonomischen Ebene von links nach rechts. Diese tatsächliche Vorgangsab-

22. Die Betriebswirtschaft als wirtschaftende Einheit

folge bezeichnen wir wie üblich als „Betriebsprozeß" und behandeln ihn im Abschnitt 22.6.

22.4 Ziel, Zweck und Mittel einer betriebswirtschaftlichen Betätigung

Das Ziel einer betriebswirtschaftlichen Betätigung/die Zielsetzung einer Betriebswirtschaft besteht darin, Gewinn zu erwirtschaften. „Gewinn" ist vorab ein errechneter Saldo. Wie aus der Buchhaltung bekannt, heißen die positiven Rechenelemente „Erträge" und die negativen Rechenelemente „Aufwände". So wie diese Rechengrößen die rechnerisch quantifizierten positiven bzw. negativen Wirkungen des wirtschaftenden Handelns zum Ausdruck bringen, so repräsentiert der Rechensaldo „Gewinn" das erwirtschaftete/erzielte Mehr, den Überschuß über den Einsatz auf der rechnerischen Grundlage von Ertrag und Aufwand. Den „Gewinn" findet man weder auf dem Bankkonto der Unternehmung noch ist der Gewinn Ausdruck einer Vermögensmehrung und er ist auch streng vom „Einkommen" zu unterscheiden. Erst die Verbindung mit einer Person wandelt den *Gewinn* zur „betrieblichen Einkunft" des Einzelunternehmers, erst die Aufteilung und persönliche Zurechnung transformiert den *Gewinnanteil* zur betrieblichen Einkunft des an einer Personengesellschaft Beteiligten bzw. erst die *Ausschüttung* des Gewinns an die Anteilseigner an einer Kapitalgesellschaft (= insbesondere Gesellschaft mit beschränkter Haftung und Aktiengesellschaft) läßt daraus Einkunft aus Kapitalvermögen werden.

Im Haushalt werden dann die Einkünfte aus verschiedenen (gleich- oder verschiedenartigen) „Quellen" zur Summe der Einkünfte addiert und zum „Einkommen" der Haushaltsgemeinschaft (im Verständnis des Einkommensteuerrechts) fortgerechnet; vgl. Abschnitt 11.4.

Der Zweck einer betriebswirtschaftlichen Betätigung verwirklicht sich darin, Entgelt-Einnahmen zu erwerben. „Erwerbswirtschaften" stellt auf diesen Erwerb von Entgelten ab, deshalb wird die erwerbswirtschaftliche Betätigung ausgeübt.

Die Mittel einer betriebswirtschaftlichen Betätigung sind infolgedessen die Absatzleistungen, welche seitens der Betriebswirtschaft erbracht werden müssen, damit die Abnehmer das zuvor vereinbarte Entgelt bezahlen. Die erforderlichen Absatzleistungen werden in der Regel selbsterstellt/produziert oder ergänzend (bzw. beim Handelsbetrieb ausschließlich) fremdbezogen, d.h. gegen Entgelt von anderen Produzenten beschafft. Beschaffung, Produktion und Absatz werden üblicherweise mit dem Begriff „Leistungsprozeß" zusammengefaßt. In diesem Sinne können wir formulieren, dass die Absatzleistungen das mittels der produktiven/leistungswirtschaftlichen Aktivitäten verwirklichte Sachziel sind.

Die Abfolge von Ziel - Zweck - Mittel mit der Festlegung auf Gewinn - Entgelt-Einnahmen - Absatzleistungen ist *logisch-zwangsläufig*, wenn man davon ausgeht, daß das wirtschaftende Handeln geplant angelegt ist auf das Verwirklichen von (konkreten) Zwecken hin, um auf diese Weise einen - erst nachfolgend und rechnerisch zu quantifizierenden - Überschuß/Gewinn zu erzielen. Damit deutet sich an, daß *die sachlich-zeitliche Abfolge umgekehrt beginnt*:

Das wirtschaftende Handeln *mündet* in dem Erstellen von Absatzleistungen (= Mittel), um sie an Dritte abzugeben zwecks Erwerb von Entgelt-Einnahmen (= Zweck), um aus den Umsatz-Erträgen abzüglich den zugerechneten Aufwänden - die rechnerisch für das Eingesetzte, d.h. für das Verbrauchte bzw. Gebrauchte stehen - einen positiven Saldo zu errechnen, der als Gewinn oder Erfolg (= Ziel) bezeichnet wird und für die Verbesserung der ökonomischen Situation steht.

Wir ersetzen deshalb die vom Ziel her logische Abfolge auf der Ebene des Planens durch die sachlich-zeitliche Abfolge des verwirklichenden Handelns, wenn wir den Geschehensablauf in der Betriebswirtschaft in den Mittelpunkt rücken; Abschnitte 22.6 bis 22.9. Bevor wir uns diesem sogenannten Betriebs- oder Realprozeß zuwenden, soll das „Gehäuse" dieses Ablaufes, nämlich „die Unternehmung" skizziert werden.

22.5 Die Beschreibung der Unternehmung

Wir hatten die Betriebswirtschaft im Abschnitt 13 als „reine Erwerbswirtschaft" bezeichnet und ihren Kern mit der „Abgabe von Betriebsleistungen an Dritte gegen Entgelt" knapp beschrieben. Dieser Abschnitt gibt eine kurze Übersicht über die Struktur einer Betriebswirtschaft.

22. Die Betriebswirtschaft als wirtschaftende Einheit

Als Einstieg verwenden wir die Formel: Betriebswirtschaft + Rechtsform = Unternehmung. Obgleich sich die Lehre auf die Betriebswirtschaft bezieht, verwendet die Literatur durchweg den „mageren" Begriff „Betrieb", ohne den Unterschied zur Betriebswirtschaft zu erklären.[18] Für uns haben Betrieb und Betriebswirtschaft die Produktion von (= Betriebs-)Leistungen gemeinsam und unterscheiden sich bei der Abgabe „ohne Entgelt" bzw. „gegen Entgelt". Maßgebendes Merkmal der „Betriebswirtschaft" ist also der Erwerb von Entgelt-Einnahmen[19], mithin die Verwirklichung des Zwecks. Die weitergehende Unterscheidung ergibt sich dann von der verfolgten Zielsetzung her, die ihre Ausprägung in der Entgeltpolitik findet.

Normalerweise soll die Entgeltpolitik die Zielsetzung „Gewinn" verwirklichen, aber auch die „Deckung der vollen Kosten" als Zielvorgabe für die kommunale Abwasserbeseitigung oder auch nur die teilweise Deckung der Kosten durch die Erträge aus den „unzureichenden" Entgelt-Einnahmen des städtischen Theaters nimmt diesen Einrichtungen/Institutionen nicht den Charakter einer Betriebswirtschaft. Die Betriebswirtschaft und damit die Betriebswirtschaftslehre wird durch das Vorhandensein der Entgelt-Einnahmen-Seite festgelegt und nicht von deren Ausprägung als Ausdruck der verfolgten Zielsetzung.

Fassen wir zusammen:
1) Betrieb = Produktionswirtschaft = Produktion von Betriebsleistungen; die jeweiligen Arten bringen das Leistungsprogramm zum Ausdruck;
2) Betriebswirtschaft = Betrieb + Abgeben der Betriebsleistungen gegen Entgelt; die jeweilige Entgeltpolitik bringt die verfolgte Zielsetzung zum Ausdruck;
3) Unternehmen = Betriebswirtschaft + Rechtskleid; die jeweilige Rechtsform bringt insbesondere die Eigenkapitalfinanzierung als Rechtsverhältnis zum Ausdruck.

Die Rechtsform als das Rechtskleid der Betriebswirtschaft vermittelt die rechtliche Zuständigkeit insbesondere für

---

18 Vgl. z.B. Loitlsberger (2000) S. 3-6.
19 Sie fehlen in der Literatur, wenn diese versucht, Betrieb, Betriebswirtschaft, Unternehmung, Erwerbswirtschaften und Gewinnerzielung zu kennzeichnen und abzugrenzen - deshalb naheliegenderweise ohne überzeugende Ergebnisse, vgl. z.B. nur Wöhe (2000) S. 2-4.

1. die Finanzierungsvorgänge
2. die Arbeits- und Dienstverträge
3. die anderen schuldrechtlichen Verträge
4. die steuerrechtlichen Pflichten.

Unsere Ausführungen beachten die Rechtsform nur selten. Wir benötigen jedoch die *rechtliche Fähigkeit*, gegenseitige Verträge abschließen zu können, wenn wir Absatz und Beschaffung behandeln. Mithin fällt der Blick vom Standpunkt außerhalb zuerst auf die Unternehmung, während vom Standpunkt des Erwirtschaftens und damit von innen heraus das Recht an den Rand gerät.

In diesem Sinne ist die nachfolgende Übersicht über die „Unternehmung" konzipiert:

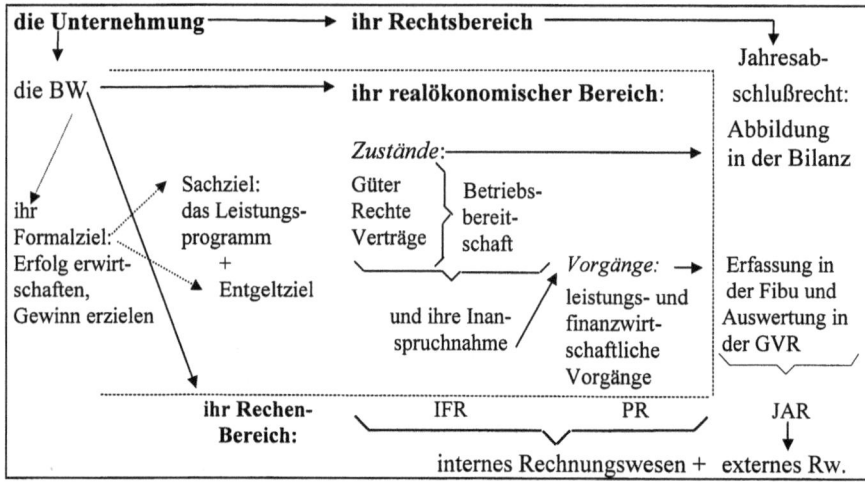

Legende:
IFR = Investitions- und Finanzierungs-Rechnungen
PR = Planungs-Rechnungen = entscheidungsbezogene Rechnungen bei gegebenen Beständen an Gütern, Rechten und Verträgen
GVR = Gewinn- und Verlust-Rechnung
JAR = Jahresabschluß-Rechnung, umfassend GVR (für Vorgänge) und Bilanz (für Zustände)
Rw. = Rechnungswesen

Diese Übersicht weist drei Bereiche aus:
a) Den realökonomischen Bereich des wirtschaftenden Handelns mit seinen beiden Stichworten „Vorgänge" und „Zustände".
b) Den Rechenbereich in der Drei-Teilung mit
   (1) Investitions- und Finanzierungs-Rechnungen zur Vorbereitung von Entscheidungen über (aktivische bzw. passivische) Kapitalbindung, d.h. über die Änderung der Zustände/Bestände;
   (2) Planungs-Rechnungen zur Vorbereitung von Entscheidungen über die Verwendung, insbesondere über die Nutzung von Beständen (= Nutzungsgüter, Rechte, Verträge), und mit
   (3) der Jahreserfolgsrechnung. Zur Ermittlung des erwirtschafteten Gewinns erfaßt die Finanzbuchhaltung laufend die zu Geschäftsvorfällen aufbereiteten Vorgänge[20] und ergänzt deren Erfolgsbeiträge um die rechnerischen Auswirkungen des Abbildens von Zuständen als Bestandsgrößen in der Bilanz.
c) Den Rechtsbereich, der hier nur mit dem Jahresabschlußrecht angesprochen wird. Das Recht hat sich zu einer umfassenden - und bisweilen erdrückenden - Bedeutung für das Unternehmen entwickelt. Das wird durch die nachfolgende Aufzählung betont:
   (1) Gesellschaftsrecht
       mit den einzelnen Rechtsformen - im HGB, GmbHG und AktG geregelt - und den Verbundformen - insbesondere als Konzern oder als Kooperation - und mit dem Recht der Unternehmensverfassung (Betriebsverfassungsgesetz und Mitbestimmungsgesetz) sowie dem handelsrechtlichen Jahresabschlußrecht;[21]
   (2) Arbeitsrecht
       mit dem Arbeitsvertragsrecht und Tarifvertragsrecht;
   (3) Wirtschaftsrecht
       mit dem Schuldvertragsrecht, Preisrecht, Wettbewerbsrecht (vgl. Abschnitt 37) und mit dem Handelsrecht sowie dem Umweltrecht;
   (4) Steuerrecht
       mit den Verkehrsteuern (Umsatz- und Verbrauchsteuern), den Erfolgsteuern (Gewerbeertrags-, Körperschaft- und Einkommensteuer) sowie dem vorgelagerten Erfolgsermittlungsrecht.

---

20 Dazu ausführlich Lehmann/Moog (1996) S. 395-410 und im Lehrbuch zur Finanzbuchhaltung U. Müller (2001), Abschnitt 20.
21 Die Rechtsbereiche (1) bis (3) faßt Schünemann (1998) S. 13-16 unter der Bezeichnung „Wirtschaftsprivatrecht" zusammen.

Die Beschreibung der Betriebswirtschaft einerseits mit ihren Verknüpfungen zum Recht und andererseits in ihrer Vernetzung mit dem betriebswirtschaftlichen Rechnungswesen stellt das Wirtschaften in die Mitte. Dieses wird zweigeteilt in die *Betriebsbereitschaft* als die zusammenfassende Bezeichnung für das vorbereitende Wirtschaften bis zum jeweiligen Betrachtungszeitpunkt und in den Betriebsablauf. Eine andere Sichtweise faßt das Gesamt zum *Realprozeß* zusammen, der dann in die Vorgänge: Finanzierung, Investition, Beschaffung, Produktion und Absatz unterteilt wird.

22.6 Der Betriebsprozeß/Realprozeß und seine Aufteilung in fünf Funktionen

Das wirtschaftende Handeln kann naheliegenderweise nach vielen Kriterien und damit jeweils anders eingeteilt werden. Ein solches Ordnungsbemühen ist stets mit dem Wunsch verbunden, Erkenntnisse zu gewinnen und Zusammenhänge zwischen den Bestandteilen des Geordneten festzustellen. Die Elemente und die (möglichen) Beziehungen zwischen ihnen fassen wir mit der Bezeichnung „Ordnungsgefüge" zusammen.

Wenn wir uns nachfolgend auf das Gliedern des Geschehensablaufes in einer Betriebswirtschaft beschränken, so finden wir eine sehr übliche Einteilung in fünf Teilbereiche des betriebswirtschaftlichen Wirtschaftens. Wir können auch so formulieren, daß die Gesamtaufgabe einer Betriebswirtschaft in fünf Teilaufgaben/Funktionen unterteilt werden kann. Die wirtschaftlichen Aktivitäten, die Entscheidungen und Handlungen also erhalten dann die Bezeichnung der jeweiligen von ihnen erfüllten Aufgabe.

Die fünf Teilbereiche des faßbaren, realen Wirtschaftens bilden zwei Gruppen. Unterschieden werden auf diese Weise: Die drei leistungswirtschaftlichen Funktionen Absatz, Produktion und Beschaffung, und die beiden finanzwirtschaftlichen Funktionen Investition und Finanzierung.

Die Verwirklichung einer Funktion, das Erfüllen einer Aufgabe also bezeichnen wir als Prozeß. Damit sind wir „mitten im wirtschaftlichen Leben", d.h. bei den Entscheidungen und Handlungen, Vorgängen sowie Ereignissen des Ablaufes in einer Betriebswirtschaft. Das Gesamt bezeichnen wir als „Betriebsprozeß", der wie folgt unterteilt wird:

22. Die Betriebswirtschaft als wirtschaftende Einheit 59

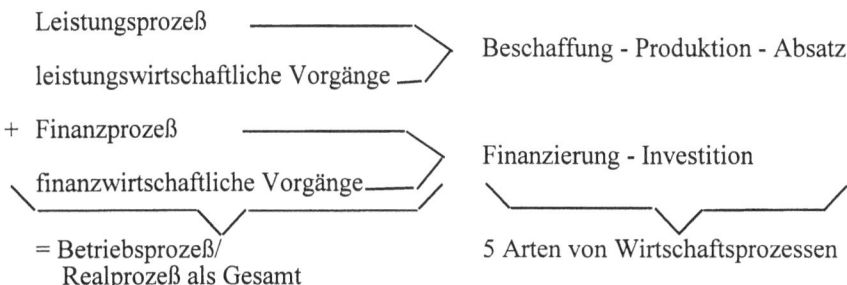

Diese Einteilung finden wir in beinah jedem Lehrbuch zur Allgemeinen Betriebswirtschaftslehre.[22] Nach dem Handlungsablauf müßte es allerdings mit dem Finanzprozeß in der Reihenfolge „Finanzierung" - „Investition" beginnen, um dann erst die drei leistungswirtschaftlichen Teil-Aufgaben anzuschließen.[23] *Ersichtlich stände so der „Absatz" am Schluß - während wir mit ihm beginnen!* Bezogen auf den tatsächlichen Ablauf des Wirtschaftens, d.h. auf den Betriebsprozeß arbeiten wir uns von hinten nach vorn zur Finanzierung voran.[24] Entsprechend der Zielsetzung, Gewinn zu erzielen, beginnt die Erklärung des tatsächlichen Wirtschaftens mit dem Absatz, mit seinem Kern-Vorgang „Leistung gegen Entgelt". Die Entgelt-Einnahme ist die Zweckverwirklichung des realökonomischen Wirtschaftens und verbindet mit dem entsprechenden Rechenelement „Umsatz-Ertrag" zu dem rechenökonomischen Bereich, der mit der Gewinn-/Erfolgsermittlung und folglich mit der rechnerisch quantifizierten Zielverwirklichung abschließt. Das wirtschaftende Handeln zwecks Gewinn-Erzielung und das rechnerische Nachvollziehen zum dadurch erzielten Gewinn hin sind über *das Gelenk „Entgelt"-„Ertrag"* sachgerecht miteinander verbunden.

Die Lehrbücher zur Allgemeinen Betriebswirtschaftslehre hingegen verbinden nicht das Wirtschaften über den Absatz mit dem Abrechnen, sondern setzen dem Wirtschaften das „Bilanzieren" reichlich zusammenhanglos zur Seite. Wie sich der Leser (meist mit wenig Begeisterung) an sein erstes Semester mit der „Finanzbuchhaltung" erinnern kann, wurde dort die Buchführung aus der Eröffnungsbilanz abgeleitet.[25] Rechengrößen, die einen

---

22 Allerdings ist „Bd. 3: Leistungsprozeß" der „Allgemeinen Betriebswirtschaftslehre" von Bea/ Dichtl/Schweitzer (1996) unrichtig bezeichnet, weil auch der Finanzprozeß behandelt wird.
23 Mit dieser Folgerichtigkeit für die Finanzbuchhaltung U. Müller (2001) 2. und 3. Teil.
24 Diese Abfolge „rückwärts" findet sich nur bei Göppl/Zoller, Bd. 1 (1988), jedoch ohne irgendeine Erklärung.
25 Vgl. zuletzt Eisele, HWU 2002, Sp. 221-226.

Stichtagszustand abbilden, sind Grundlage und Ausgangsgrößen für ein Konzept, das mit Vermögensmehrungen und Vermögensminderungen der Bestandsgrößen argumentiert. Mit dem rechnerischen Erfassen des Wirtschaftens in die Rechengrößen „Aufwand" und „Ertrag" hat das bilanzielle Denken in Änderungen von Bestandsgrößen nur den formalen Abschluß in der zweifach ausgewiesenen Gewinngröße - der Doppik entsprechend - gemeinsam.[26]

Die Überlegungen der Abschnitte 22.4 und 22.6 fassen wir zu einer Übersicht zusammen:

die Blickrichtung auf der Ebene der Zielsetzung, Erfolg zu erzielen:
die gedankliche, rechnerische und planerische Konzeptionierung
des betriebswirtschaftlichen Wirtschaftens vom Ziel her

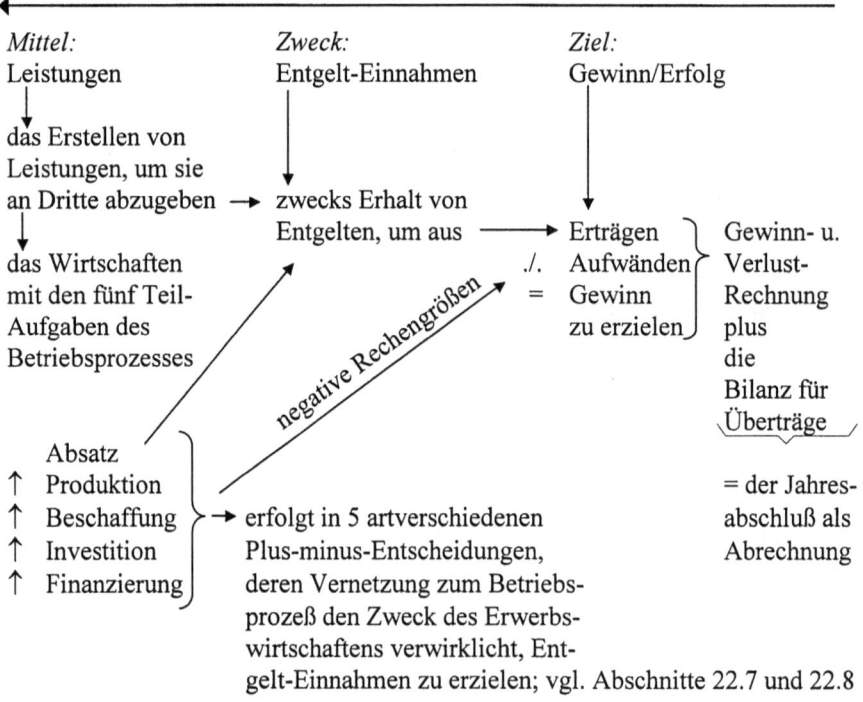

Handeln, um Erfolg zu erwirtschaften
        plus Rechnen, um den Erfolg daraus zu ermitteln
die Blickrichtung auf der Ebene des wirtschaftenden Vollzuges, der Zweck-Verwirklichung und der Ziel-Erreichung des betriebswirtschaftlichen Wirtschaftens

---

26 Zuletzt Lehmann, HWU 2002, Stichwort „Erfolgsermittlung".

22.7 Fünf Arten von Entscheidungen als Plus-minus-Entscheidungen

Eine Möglichkeit, wirtschaftliche Entscheidungen zu beschreiben, besteht in der Kennzeichnung, daß sie Vorteil und Nachteil in sich und untrennbar vereinen. Da eine solche Entscheidung von dem mit ihr erstrebten Vorteil ausgelöst wird und den in Kauf zu nehmenden Nachteil erst zur unvermeidlichen Folge hat, sprechen wir kurz von „Plus-minus-Entscheidungen". Eine solche Entscheidung hat sowohl eine positiv beurteilte und zugleich eine negativ beurteilte Entscheidungsfolge. Sie steht für die schlichte Erkenntnis: „nichts ist umsonst" - in einer Entscheidung verbunden.

Anders formuliert: die eine und identische Entscheidung hat jeweils zwei Entscheidungsfolgen mit umgekehrtem Vorzeichen, weshalb P. Riebel[27] vom „Identitätsprinzip" (anstelle des „Verursachungsprinzips") spricht. Die Gegenläufigkeit von erstrebtem „plus" und dafür hinzunehmendem „minus" als Folgen aus jeweils derselben Entscheidung beschreibt vorab die Entscheidungen des wirtschaftenden Handelns. Diesen Aspekt verwenden wir nachfolgend, um die fünf typischen Arten von Entscheidungen zu kennzeichnen, mit deren Vollzug die fünf Teil-Aufgaben/Funktionen des Betriebsprozesses erfüllt werden. Auf diese Weise erhalten die fünf Teilbereiche des betriebswirtschaftlichen Wirtschaftens jeweils ein „Gegenverhältnis" hinzugefügt: das jeweils Eingesetzte/das Hingegebene steht zeitlich vorweg gegen das jeweils Erstrebte/das (hoffentlich) Erhaltene. So wird z.B. „Beschaffung" ergänzt um (hingegebenes) Entgelt gegen (erhaltene) Einsatz-Leistungen.

Die Besonderheit der zwei Entscheidungsfolgen mit entgegengesetztem Vorzeichen aus einer typischen Entscheidung verwenden wir im nächsten Schritt - Abschnitt 22.8 - zur Verkettung. So wird die (+) erhaltene Einsatzleistung der Beschaffungs-Entscheidung zum (-) des Verbrauchs bzw. Gebrauchs der Produktions-Entscheidung. Auf diese Weise wird der Betriebsprozeß als die Verkettung der fünf Bereichs-Entscheidungen von der Finanzierung aufsteigend bis zum Absatz dargestellt. Die sachlich-zeitliche Abfolge im Betriebsprozeß als dem Gesamt wird somit als Verkettung von Entscheidungen über ihre Plus-minus-Folgen vermittelt.

---

27 Riebel (1994, „Fragwürdigkeit des Verursachungsprinzips") S. 67-79, Erstveröffentlichung 1969.

(1) Finanzierung: Geld gegen Kapitalverpflichtung
Um Geld für die Betriebswirtschaft/Unternehmung zu erhalten, muß man sowohl die Rückzahlung als auch ein Entgelt für deren „Stundung" in Form von Zins bzw. Gewinn(ausschüttung) in Aussicht stellen. „Kapitalverpflichtung" meint, daß ein Betrag über die Zeit bis zur künftigen Rückzahlung besteht in dem Sinne, daß die Betriebswirtschaft Fremdkapital rechtlich bzw. Eigenkapital ökonomisch schuldet gegenüber dem Kapitalgeber. „Kapital" ist in diesem Zusammenhang und aus der Sicht der Unternehmung *passivisch* zu verstehen im Sinne von beabsichtigter Rückzahlung. „Kapital" kann jedoch aus der Sicht der Unternehmung auch *aktivisch* verstanden werden im Sinne von noch ausstehender Entbindung/Freisetzung/Rückgewinnung eingesetzten Geldes.

Zusammenstellung:

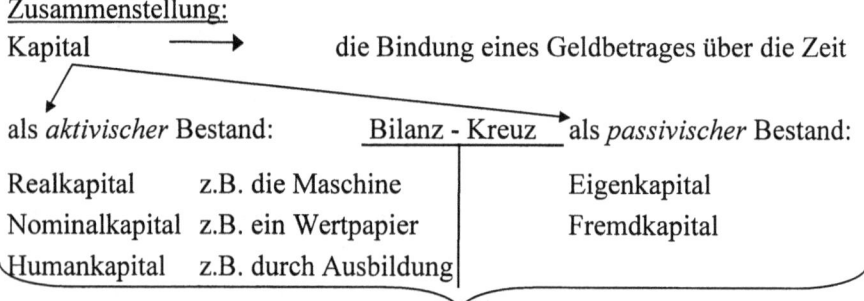

in das Rechnungswesen übertragen, folgt die „kapitalwirtschaftliche Deutung" der Aktiv- und der Passivposten der Bilanz.[28]

(2) Investition: Potentialfaktor gegen Entgelt
„Potentialfaktoren" sind Gebrauchsgüter (insbesondere Maschinen, Betriebsvorrichtungen), Nutzungsgüter (z.B. Grundstück, Patent) und die Arbeitskraft. Die „Bindung" liegt entweder in der Beschaffung zu Eigentum oder im Abschluß des langfristigen Vertrages (Miet- oder Leasingvertrag, Arbeitsvertrag). Kennzeichnend für „Investition" ist die „Bindung von Geld" über die Zeit (= aktivische Kapitalbindung) in der Erwartung der Rückgewinnung des Geldbetrages (= Amortisation, Kapitalfreisetzung). Um Beschaffen zu können, muß Geld für die Betriebswirtschaft/Unternehmung verfügbar sein, folglich ist (1) „Finanzierung" die Voraussetzung für (2).

---

28 Vgl. le Coutre (1933) S. 422-427. Auf diese Weise kann von der Deutung der Bilanzbestände her – als zum Stichtag gebundenes Kapital – erklärt werden, warum vorausgehend in der Finanzbuchhaltung die Beträge der Anschaffungspreise verbucht werden. Dieser zentrale Punkt ist eine Schwachstelle der Literatur zu den Bilanztheorien.

(3) Beschaffung: Einsatz-Leistungen gegen Entgelt

Um die Einsatz-Leistungen/die Produktionsfaktoren zu erhalten, müssen Entgelt-Ausgaben in Kauf genommen werden. Anders formuliert: Wir haben Beschaffungsleistungen gegen Entgelt-Ausgaben auf der input-Seite der Betriebswirtschaft und Absatzleistungen gegen Entgelt-Einnahmen auf der output-Seite: auf beiden Seiten gilt das „Entgeltprinzip". Das Erwerbswirtschaften findet in der „Entgeltwirtschaft" statt[29] und weder in der „Tauschwirtschaft"[30] noch in der „Geldwirtschaft".[31]

(4) Produktion: Betriebsleistungen gegen Einsatzfaktoren

„Produktionsfaktoren"/Einsatz-Leistungen werden verknüpft in einem Prozeß eingesetzt, um Betriebsleistungen zu erstellen. Dieser Prozeß wird deshalb als „Faktor-Kombinationsprozeß" bezeichnet. Um produzieren zu können, müssen Einsatz-Leistungen verfügbar sein, folglich sind (2) und (3) die Voraussetzungen für (4).

(5) Absatz: Entgelt gegen Betriebsleistungen

Um Entgelt-Einnahmen zu erhalten, müssen Absatzleistungen abgegeben werden. „Betriebsleistungen" sind vom Betrieb erstellte Produkte, fremdbezogene Güter (= Handelswaren) und/oder erstellte Dienstleistungen. „Absatz" bedeutet die Vermittlung von Betriebsleistungen an die Abnehmer/Leistungsempfänger. Produkte/Handelswaren werden im Absatzvorgang zu „Sachleistungen". Bei den Dienstleistungen überdecken sich häufig der Vorgang der Leistungserstellung mit dem Absatzvorgang. „Entgelt" in Geld ist der Geldbetrag/der Preis/die Ausgabe des Leistungsempfängers zwecks Erhalt der Leistung. Der Leistende wird „entgolten"/„abgegolten", er er-

---

29 Vgl. so bereits Rieger (1928) S. 6-12. Seine Bezeichnungen schwanken allerdings zwischen Tauschen und Geldwirtschaft (S. 183: „Wir leben in einer Geldwirtschaft."). Deutlich wird jedoch, daß die fallweise Relation zwischen zwei Gütern und das Bilden von Marktpreisen für eine Mehrzahl gleicher Produkte und für eine Mehrzahl von Nachfragern nicht vergleichbar sind. Die Existenz der Währung ist somit nicht nur die technische Voraussetzung (S. 9), sondern darüber hinaus ein Einflußfaktor der Preisbildung.
30 Vgl. so z.B. Güth (1996) oder D. Schneider (1997) S. 321-325. Eine mit den Entgeltausgaben verbundene Mikrotheorie findet sich hingegen bei von Stackelberg (1951). Dem folgte der Verfasser und verknüpfte bereits in seiner Dissertation (1975) den Güterzugang mit dem Geldabgang zur Grundlage der Haushaltstheorie. Auf diese Weise ließ sich zeigen, daß (1) die Nachfragefunktion des Haushalts nach einem Gut von seinem Budget abhängig ist, daß (2) die üblichen Indifferenzkurven bei Preisänderungen von den Preisen abhängig sind, daß (3) Wert des Gutes und Preis für das Gut naheliegenderweise zweierlei sind und daß dementsprechend (4) die Zeitpräferenz mit dem Zeitpunkt des Nutzens aus der Verwendung des Gutes verbunden ist, während der Zinssatz mit dem Entgeltbetrag und dem Zeitpunkt seiner Zahlung verknüpft ist; vgl. Lehmann (1975) S. 183-186, S. 198-206, S. 28-38, sowie S. 99 ff., S. 139 ff. und S. 168 ff.
31 So H.-D. Deppe (1989) S. V.

wirbt die Entgelt-Einnahme. Um Absatzleistungen abgeben zu können, müssen Betriebsleistungen erstellt werden, folglich ist (4) „Produktion" die Voraussetzung für (5).

22.8 Die Verkettung der fünf Entscheidungsbereiche zum Betriebsprozeß/Realprozeß in aufsteigender Stufenabfolge

Es ist unmittelbar einsichtig, daß die fünf betriebswirtschaftlichen Funktionen und die ihnen entsprechenden Teilbereiche des wirtschaftenden Handelns nicht einfach gereiht sind, sondern daß dahinter sowohl ein zeitlicher Aspekt im Sinne von Abfolge und ein sachlicher Aspekt im Sinne von Voraussetzung und Folge stehen. In diesem Abschnitt 22.8 soll die noch engere Verbindung zwischen den Teilbereichen aufgezeigt werden im Sinne einer *Verkettung* der fünf typischen Plus-minus-Entscheidungen. Daraus ergibt sich eine Darstellung des Betriebsprozesses, die man als *Stufenleiter des betriebswirtschaftlichen Wirtschaftens* benennen kann. Wegen des zeitlichen Aspekts des Betriebsprozesses muß es von links nach rechts gehen und Aufsteigen muß die Stufung, weil von der letzten Stufe des realökonomischen Bereiches, d.h. von den vereinnahmten Entgelten der Schritt in den rechenökonomischen Bereich erfolgt. Das Abrechnen, also die Ermittlung des Gewinns/Erfolgs ist die abstraktere ökonomische Betätigung gegenüber dem wirtschaftenden Handeln. Die Rechenökonomie muß deshalb in der graphischen Darstellung oberhalb der Wirtschaftsprozesse liegen.

Die Verkettung zwischen den typischen Entscheidungen der Teilbereiche ist mit gestrichelten Pfeilen eingetragen; sie verlaufen vom „plus" einer niedrigeren Stufe zum „minus" einer höheren Stufe. Dieser Vorzeichenwechsel weist auf eine wichtige Eigenschaft wirtschaftlicher Entscheidungen und Handlungen hin: Wirtschaften bedeutet Umwandeln/Transformieren. Es geht um „stirb und werde" und nicht um Werte- oder Kapitalflüsse oder Güter- und Geldströme, wovon die Lehrbücher zur Allgemeinen Betriebswirtschaftslehre schreiben, um alsbald die Ausführungen zur Kennzeichnung des Wirtschaftens abzuschließen.

22. Die Betriebswirtschaft als wirtschaftende Einheit

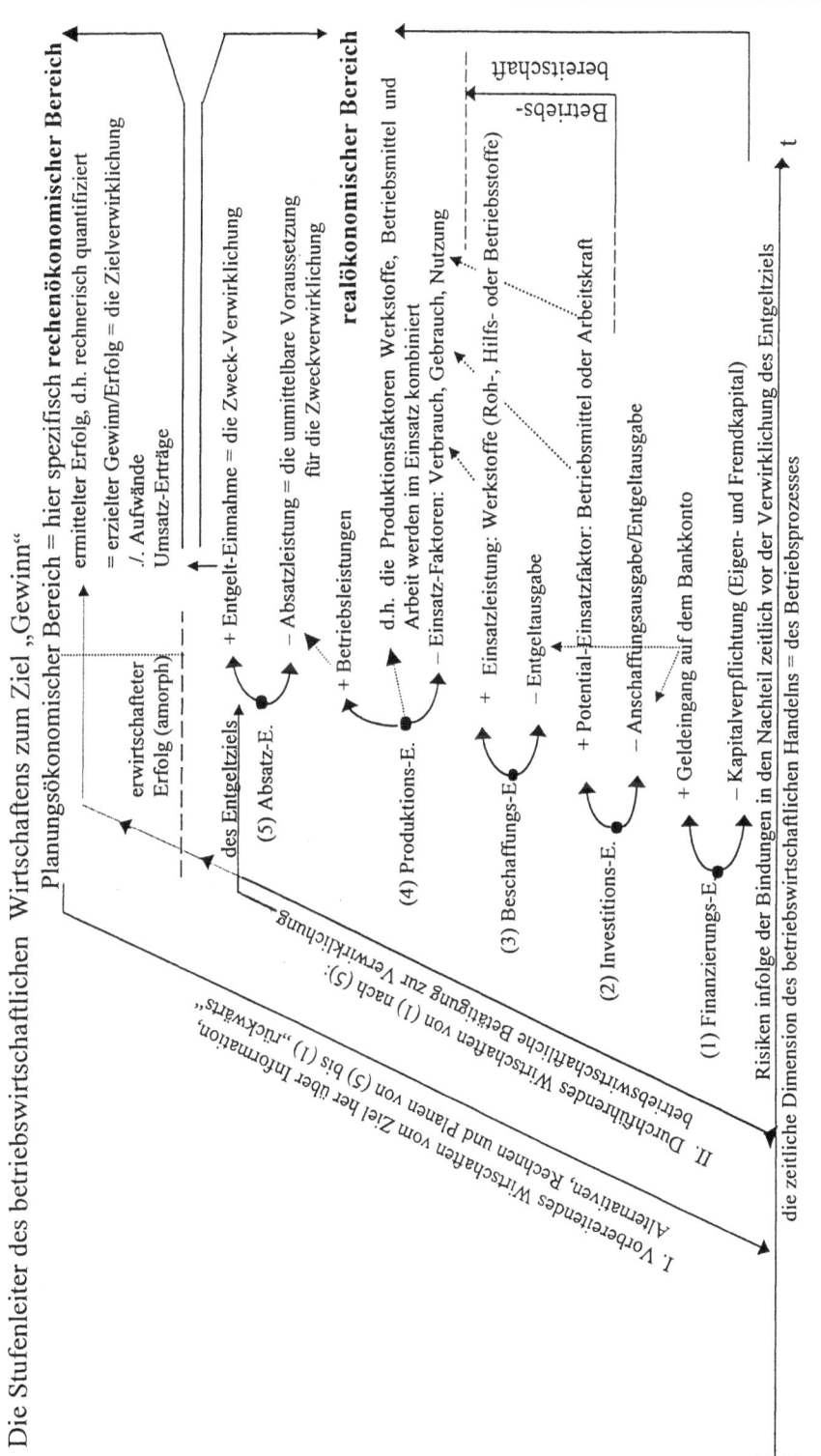

Die Stufenleiter des betriebswirtschaftlichen Wirtschaftens zum Ziel „Gewinn"

Ist im vorangehenden Schaubild das wirtschaftende Handeln aufsteigend ausgerichtet auf die Verwirklichung des Zwecks, Entgelt-Einnahmen zu erwerben/das Entgeltziel zu verwirklichen, so ist es andererseits überlagert von dem „vorbereitenden Wirtschaften", das von dem Ziel, Gewinn/Erfolg zu erzielen, seinen Ausgang nimmt. Die Literatur spricht kurzerhand von *der Meta-Ebene*, um hier den Informations-, Rechen- und Planungsprozeß anzusiedeln, der das ausführende Handeln vorwegnehmend überlagert. Diese *planerische Vorwegnahme* „degradiert" das wirtschaftende Handeln zur bloßen Ausführung mit Abweichungen gegenüber dem Geplanten. Schließt sich darüber hinausgehend der Planung auch gleich eine *„organisatorische Vorwegnahme"* an, dann wird die Durchführung der wirtschaftlichen Aktivitäten zum automatischen Ablauf oder gar zur Erledigung durch einen Automaten: die „menschenleere Fabrik".

Der Überschrift nach sollte Abschnitt 22 die Betriebswirtschaft als wirtschaftende Einheit vorstellen und hat sie ausschließlich als betriebswirtschaftliche Betätigung und diese zum Betriebsprozeß verdichtet erläutert, d.h. (a) die Vorgänge beschrieben, (b) die sie auslösenden typischen Entscheidungen benannt und (c) als Plus-minus-Entscheidungen charakterisiert und sie (d) schließlich zu einer aufsteigenden, auf das Ziel der Betriebswirtschaft hin orientierten Stufenabfolge verkettet. Wirtschaften - das sollte auf diese Weise deutlich werden - hat mit Vorgängen zu tun, während ökonomische Zustände teils Voraussetzung, teils Folge der Entscheidungen sind, die das wirtschaftende Handeln auslösen.

Ergänzend gab Abschnitt 22.5 eine kurz gehaltene Übersicht über die Betriebswirtschaft im Sinne der wirtschaftenden Einheit, die als Institution „Unternehmung" auf Dauer angelegt ist und deshalb als Strukturgefüge von Zuständen und Beständen verstanden werden kann bei einer Zeitpunkt-Betrachtung.

22.9 Das betriebswirtschaftliche Wirtschaften als ein Bündel von Merkmalen

Wir beschreiben abschließend das betriebswirtschaftliche Wirtschaften als ein Bündel von Merkmalen, wobei jedes Merkmal einen eigenen Aspekt des Wirtschaftens vertritt. Dazu verwenden wir die bisherigen Überlegungen

22. Die Betriebswirtschaft als wirtschaftende Einheit

und die Anregungen aus dem Aufsatz von W. Mag (DBW 1988). Der nachfolgende Katalog von Merkmalen ist wie folgt untergliedert:

(0) bis (2) sind drei Merkmale spezifisch des bwl. Wirtschaftens,
(3) bis (7) sind fünf Merkmale des Wirtschaftens allgemein,
(8) bis (10) sind drei Merkmale spezifisch der volkswirtschaftlichen Sicht.

Der Katalog der Merkmale des Wirtschaftens umfaßt elf Merkmale:
(0) Das Formalziel des bwl. Wirtschaftens: Gewinn/Erfolg erwirtschaften,
(1) das Prinzip des betriebswirtschaftlichen Wirtschaftens: es werden Betriebs-Leistungen erstellt und gegen Entgelt abgegeben, sowie
(2) die Durchführung des betriebswirtschaftlichen Wirtschaftens: der Einsatz wird mit Hilfe des Produktionsprozesses in den Output = in Betriebs-Leistungen transformiert.
Zusammengefaßt: Es werden (2) Leistungen produziert und (1) gegen Entgelt abgegeben, um (0) Gewinn/Erfolg zu erzielen.
(3) Die Voraussetzung dazu: die erforderliche Bindung in die Nachteile (= Ausgaben und Ausgabenverpflichtungen) liegt vor der Verwirklichung der erstrebten Vorteile.
(4) Die Verwirklichung erfolgt mittels „Plus-minus-Entscheidungen": bei diesen typisch ökonomischen Entscheidungen sind jeweils vorteilhafte und nachteilige Entscheidungsfolgen in einer Entscheidung verknüpft,
(5) deren Bezugsobjekte Leistungen und/oder Zahlungen sind.
(6) Das Wirtschaften erfolgt unter Beschränkungen:
 - beim Input nicht vermeidbare Kosten/letztlich Auszahlungen
 - Kapazitäten beschränken den Output
 - der Absatz (Preise, Mengen) werden von der Entgeltbereitschaft der Kunden sowie von den Verhaltensweisen der Konkurrenten begrenzt.
(7) Das Wirtschaften hat i.d.R. zwischen Wahlmöglichkeiten/Alternativen zu entscheiden, um die einzelnen Aufgaben im Rahmen des Betriebsprozesses durchzuführen.
(8) Das Disponieren über knappe Güter im Hinblick auf ihre direkte oder indirekte Verwendung zur Befriedigung menschlicher Bedürfnisse,
(9) die Allokation = die Widmung knapper Güter (Geld, Zeit, Ressourcen) auf Verwendungsarten, und
(10) das Denken in Mängeln, Bedarfen und in Bedarfsdeckung.

Die Merkmale (0) bis (7) werden nun zu einem Gefüge strukturiert, das die Zusammenhänge zwischen den Merkmalen erfasst. Infolgedessen werden sie umsortiert nach ihrer Zugehörigkeit zu A. Ziel bzw. B. Entscheiden bzw. C. Handeln. Die klein geschriebenen Zahlen geben den Weg durch die Übersicht an:

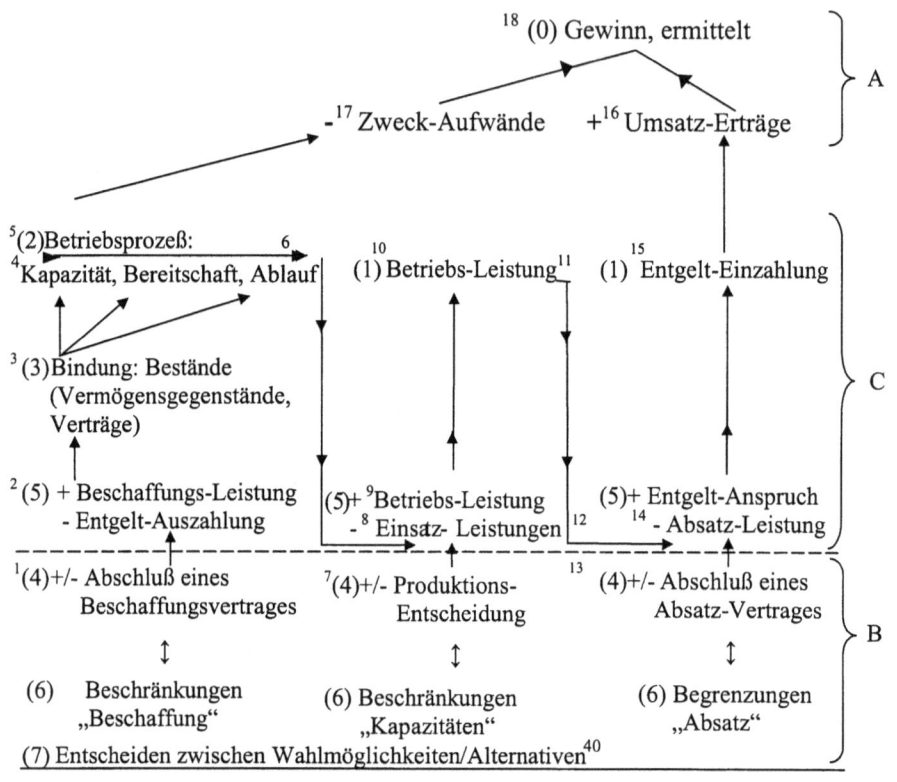

⁴⁰ W. Mag (DBW 1988) hat nur (2), (6) und (7) plus volkswirtschaftliche Merkmale und zudem keine Ordnung der Merkmale auf Zusammenhänge hin.

Die Klammern am rechten Rand fassen drei Bereiche mit den zugehörigen Merkmalen zusammen, und zwar

A. der Zielbereich mit Merkmal (0),

B. der Entscheidungsbereich mit den Merkmalen (4), (6) und (7),

C. der Handlungs- oder Realprozeß-Bereich mit den Merkmalen (5), (3), (2) und (1).

Von der Abfolge her hätte die Graphik A. Ziel, B. Entscheiden, C. Handeln zeigen müssen. Der Wunsch jedoch, vom Handeln über Erträge und Aufwände zur Ziel-Verwirklichung zu verbinden, hatte die Folge, den Entscheidungsbereich nach unten zu stellen.

22. Die Betriebswirtschaft als wirtschaftende Einheit

An die Erklärung des betriebswirtschaftlichen Erwerbswirtschaftens schloß sich in der ersten Auflage dieses Lehrbuches der umfangreiche Abschnitt an über „die Erfassung der betriebswirtschaftlichen Betätigung mittels doppelter Buchungssätze". Damit sollte die marktorientierte Grundlegung der Betriebswirtschaftslehre fortgesetzt werden in die ihr adäquat konzipierte Abrechnungstechnik. Deren Aufgabe besteht darin, das erwirtschaftete Ergebnis rechnerisch zum erzielten Erfolg/Gewinn zu quantifizieren.

In der Abfolge beginnt dies mit den Plus-minus-Entscheidungen, die in Geschäftsvorfälle umgesetzt werden. Ein Geschäftsvorfall schließt mit einem erfolgsneutralen oder mit einem erfolgswirksamen doppelten Buchungssatz ab. Für den letztgenannten Fall hat der Geschäftsvorfall eine negative bzw. eine positive Wirkung des Wirtschaftens zahlenmäßig festgelegt unter Rückgriff auf den Betrag einer Entgelt-Auszahlung bzw. – Einzahlung. Damit ist das Rechnen mit Aufwand bzw. Ertrag als eine von der Leistungswirtschaft herkommende pagatorische Erfolgsrechnung erklärt.

Von diesem gewonnenen Erkenntniszusammenhang her ist es ein Leichtes, die Lehrbücher zur Finanzbuchhaltung einer grundsätzlichen und vernichtenden Kritik zu unterziehen betreffend ihre nichtssagende Erklärung des erfolgswirksamen doppelten Buchungssatzes.

Es war nur folgerichtig, daß U. Müller auf der Grundlage ihrer Dissertation, die mit dem Konstrukt „Geschäftsvorfall" und dem Ausweis von Ertrag und Aufwand zu tun hatte, ihr Lehrbuch zur Finanzbuchhaltung in der beschriebenen Vorgehensweise vom wirtschaftenden Handeln her konzipierte. Damit war die Gegenposition zur Lehrbuchliteratur, die mit der Bilanz und den zirkularen Bestandskonten-Buchungen auch für die Erfolgsvorgänge beginnt, profiliert. Nach Vorliegen dieses Lehrbuches zur Finanzbuchhaltung kann unsere Einführung in die marktorientierte Betriebswirtschaftslehre um den Abschnitt über das ihr entsprechende Abrechnungssystem gekürzt werden.

23. Erwerbswirtschaftliche Betätigung unter Unsicherheit und mit Risiken

So alltäglich das „Wirtschaften" ist, so schwierig erweist es sich doch, den Kern zu treffen und knapp und präzise zu kennzeichnen. Ebenso verhält es sich mit dem „Risiko". Folglich bemüht sich dieser Abschnitt um eine Übersicht, um die damit gewonnenen Erkenntnisse in entsprechend genauere Formulierungen umzusetzen.

Wir erhalten auf diese Weise sieben Risiko-Bezeichnungen in einem sachlich-zeitlichen Ordnungsgefüge. Es unterscheidet mit „vor" bzw. „ nach der Plan-Entscheidung in t_E" vorab zwei grundsätzlich verschiedene Risiko-Situationen:

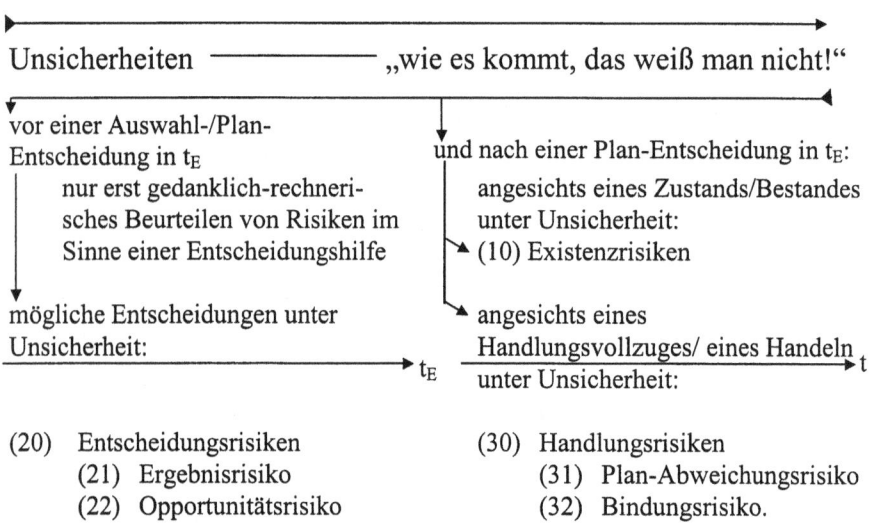

Als erstes ersehen wir sofort, daß die Unsicherheit der Zukunft allein zu keinem Risiko führt. Sie muß auf etwas bezogen werden, um „relevant" zu werden, d.h. um so ein Risiko entstehen zu lassen. Die Bezugsobjekte unterteilen wir einerseits in „Zustände/Bestände" - um dann von (10) Existenzrisiken zu sprechen - und andererseits in „Entscheidungssituationen" und in „Handlungsabläufe", um ihnen die (20) Entscheidungsrisiken bzw. die (30) Handlungsrisiken anzuschließen.

Die „*Existenzrisiken*" betreffen eine Person oder eine Sache und bezeichnen die Gefahren, daß ein schädigendes Ereignis eintritt. Die Schadensgefahr ist die *einseitig-negative* mögliche Veränderung gegenüber dem gegenwärtigen Zustand und wird zum Anlaß, einen Versicherungsvertrag abzuschließen.

Demgegenüber sind die „*Entscheidungsrisiken*" zweiseitig angelegt: der mittels der Entscheidung angestrebte Vorteil ist nicht sicher. Wer den Lottoschein abgibt, verknüpft die sichere Auszahlung jetzt mit der (nur vagen) Hoffnung auf eine Einnahme später. Ein damit sehr vergleichbares Beispiel für das „*Ergebnisrisiko*" ist die Entscheidung, Aktien zu erwerben.

Das *Opportunitätsrisiko* resultiert aus der Verknüpfung von zwei Handlungsmöglichkeiten in einer Entscheidungssituation. Beispielsweise darf man sich zwischen festem oder variablem Zinssatz bei der Aufnahme eines Darlehens entscheiden. Das Risiko im Entscheidungszeitpunkt t_E folgt aus der unbekannten Entwicklung des Marktzinssatzes. Die Entscheidung für den festen Zinssatz verhindert den Nachteil bei steigendem und den Vorteil bei sinkendem Marktzinssatz. Die Entscheidung für den variablen Zinssatz bringt den Nachteil bei unerwartet steigendem und den Vorteil bei unerwartet sinkendem Zinssatz. Die beiden Alternativen kehren Vorteil und Nachteil nur jeweils um, ohne an dem Risiko selbst etwas ändern zu können.

Die *Handlungsrisiken* beziehen sich auf die Situation nach der Entscheidung. Jedoch ändert nicht schon die Entscheidung selbst auch bereits die Risiko-Situation wie jeder für den Gang zum Standesamt nachvollziehen kann. Erst die getroffene Entscheidung zuzüglich der Entwicklung im Zeitablauf danach läßt die Handlungsrisiken gegenüber dem Beurteilungsstand vor t_E entstehen. Mit dem *Plan-Abweichungsrisiko* bezeichnen wir insbesondere die negativ beurteilte Abweichung gegenüber der Erwartung, die der Entscheidung in t_E zugrunde lag: „Stets findet Überraschung statt – da, wo man's nicht erwartet hat" (Wilhelm Busch). Der Plan-Abweichung und ihren Auswirkungen schließt sich die Frage an, ob eine Anpassung möglich ist. Die *Anpassungsfähigkeit* angesichts einer Plan-Abweichung steht im Gegenverhältnis zur ökonomischen oder/und rechtlichen *Bindung* durch die vorangegangene Entscheidung. Häufig verspricht ex ante eine strengere Bindung den größeren Vorteil, z.B. die Entscheidung für eine hochspezialisierte und deshalb stückkosten-niedrige Maschine. Eine Abweichung später von der erwarteten Auslastung verbindet die dann erforderliche Anpassung mit der zum Entscheidungszeitpunkt t_E vorausbedachten Anpassungsfähigkeit.

Um hinsichtlich der angesprochenen Risiken die Bausteine und ihre komplizierten Beziehungsverhältnisse zu erklären, unternehmen wir drei Durchgänge. Vorab beschreiben wir die genannten Risiken als die alltägliche Erfahrung anhand eines Beispiels außerhalb der Ökonomie (Abschnitt 23.1). Dann bedenken wir die Entscheidungssituation eines Bäckermeisters, ob er sich selbständig machen soll. Zum einen sind hier die beiden Alternativen vor t_E deutlich ausgeprägt und zum anderen der danach mögliche Handlungsvollzug im Falle einer positiven Entscheidung in t_E (Abschnitt 23.2). Der dritte Abschnitt 23.3 verallgemeinert die Erklärung der sieben genannten Risiken und ihre Beziehungen zueinander.

23.1 Die Risiken einer alltäglichen Entscheidung

Die obige Übersicht unterteilt mittelbar nach dem Zeitablauf und unmittelbar nach der Situation: Vor einer Auswahl-/Plan-Entscheidung sprechen wir von „Entscheidungsrisiken". Mit der aus der Entscheidung folgenden Festlegung werden daraus die „Handlungsrisiken". Vor der Entscheidung bestehen die Risiken noch nicht, man denkt jedoch infolge unvollständiger Information und angesichts der Unsicherheit der Zukunft darüber nach. Die so erkannten und gegebenenfalls rechnerisch quantifizierten „Entscheidungsrisiken" dienen der Beurteilung der zugehörigen Handlungsmöglichkeit, ob man diese oder eine Alternative wählen oder gar nichts entscheiden soll. Erst mit dem Beschluß und dem Beginn der Entscheidungsdurchführung wandelt sich die bislang gedanklich-mögliche Risikosituation um in die der tatsächlichen Risiken, die mit dem Handlungsvollzug, d.h. mit der Durchführung der Entscheidung verbunden sind.

Nehmen wir an, die Entscheidung, einen Spaziergang zu unternehmen, möge davon abhängen, ob es regnen wird. Zu unserer betrachteten möglichen Aktivität „Spaziergang" formulieren wir keine Alternative. Wir vermeiden damit eine Wahl-Entscheidung zwischen zwei sich ausschließenden Aktivitäten und vereinfachen so das Entscheidungsproblem zu einer Ja-Nein-Entscheidung für den Spaziergang. Hinter diesen zwei möglichen Entscheidungen stehen die drei nachfolgenden Konstellationen (1) bis (3). Sie kombinieren die Erwartung (α) – Regen bzw. kein Regen – mit der Beurteilung des Risikos (β), durchnäßt zu werden. Ob das störende Ereignis „Regen" eintritt, können wir nicht beeinflussen, jedoch sind die vorbeugenden Überlegungen und Maßnahmen (a) bis (c) möglich. Erst einschließlich der so möglichen Reduktion des Risikos im Sinne der Nachteils-Gefahr kann dieses gegen den erwarteten Vorteil aus der Aktivität abgewogen werden, um das Nein bzw. das Ja zu entscheiden. Ein alltäglich bewältigtes Problem erweist sich bei seiner Analyse als kompliziert und müßte so gesehen zur Entscheidungslosigkeit und Passivität eines Oblomow führen. [32]

(1) Wir entscheiden uns für das Nein, also für das Unterlassen des Spaziergangs, wenn zweierlei zusammenkommt:
 (α) Wir erwarten, daß es Regen geben wird. Das ist die Prognose über das (nicht beinflußbare) künftige Geschehen.
 (β) Wenn wir zugleich auf einem Spaziergang sind, werden wir in einen Regenschauer oder –guß geraten.

Das erwartete Ereignis (Regen) und seine negativ beurteilte Wirkung (durchnäßt) bestimmen das Unterlassen. Das Risiko (β) wird infolge der negativen Erwartung (α) nicht weitergehend hinsichtlich Art und Ausmaß durchdacht.

(2) Wir entscheiden uns ebenfalls für das Nein, wenn die folgenden zwei Aspekte zusammen kommen:
 (α) Wir erwarten (zwar), daß es nicht regnen wird.
 (β) Das Ausmaß der Befürchtung jedoch, daß es auch anders kommen kann und wir auf dem gewünschten Spaziergang naß werden, führt (trotzdem) zum Nein.

Hier dominiert das bedachte und beurteilte Risiko (β) die positive Erwartung (α) als das Ergebnis einer Abwägung zwischen dem erwartungsgemäß möglichen Vorteil und dem mit der Entscheidung zugleich in Kauf zu nehmenden Nachteil. Das Nein zur möglichen Aktivität vermeidet die mit ihr verbundene Gefahr. Wir sprechen von Risiko-Vermeidung, hier: durch Unterlassen der Entscheidung.

---

32 Romanfigur und Roman (1859) von Iwan Gontscharow (1812-1891).

(3) Umgekehrt entscheiden wir uns für den Spaziergang bei der folgenden Konstellation:
 (α) Wir erwarten, daß es nicht regnen wird.
 (β) Wir akzeptieren, daß es auch anders kommen kann, daß dem erstrebten Vorteil (aus dem Spaziergang) ein möglicher Nachteil (infolge des Naßwerdens) gegenübersteht.[33]

Wie bei (2) ist abzuwägen, jedoch überkompensiert bei (3) der erwartungsgemäß mögliche und erstrebte Vorteil den zwangsläufig in Kauf zu nehmenden Nachteil.

Nun ist das Ausmaß dieses Nachteils weder im voraus bekannt noch ist es unabänderlich:
(a) Wir erwägen Vorsichtsmaßnahmen – wie die Mitnahme eines großen Regenschirmes –, welche die Schadensgefahr herabsetzen. Falls dann so entschieden wird, sprechen wir von Risikopolitik.
b) Wir überschlagen, ob man im Falle des einsetzenden Regens den Handlungsvollzug „Spaziergang" abändern könnte. Wenn die Bindung in den Entscheidungsvollzug – im Gegensatz zum Kletterer in der Bergwand – gering ist, also Anpassen oder Beenden leicht möglich ist, dann setzt das die bedachte Gefahr herab und erleichtert die Entscheidung für das Ja.
(c) Gleicherweise wirken hinzugefügte Dispositionen, welche spezifisch die Anpassungsfähigkeit erhöhen für den Fall des Eintretens von Abweichungen gegenüber dem Erwarteten, das mit der Ja-Entscheidung zum Plan wird/zum Soll-Maßstab für den sich anschließenden Vollzug der Entscheidung. Derartige Dispositionen gehören zu den risikopolitischen Möglichkeiten.

---

33 Wenn wir den Spaziergang durch den Erwerb einer Aktie ersetzen und für den Regen das Sinken des Börsenkurses, dann sind die möglichen Entscheidungs-Konstellationen (1) bis (3) sogleich ein ökonomisches Entscheidungsproblem geworden. Der „Erwerb einer Aktie" paßt jedoch nicht für die nachfolgende Überlegungen (a) bis (c).

23. Erwerbswirtschaftliche Betätigung unter Unsicherheit und mit Risiken

Zu einer Übersicht zusammengefaßt:

Erwartung	Beurteilung	Entscheidung
(α) „Regen erwartet"	+(β) Schadensgefahr daraus	→ (1) kein Spaziergang
(α) „kein Regen" erwartet	+(β) das Risiko/die Schadensgefahr dominiert	→ (2) kein Spaziergang: die das Risiko vermeidende Entscheidung
(α) „kein Regen" erwartet	+(β) das Risiko/die Schadensgefahr wird überkompensiert vom erwarteten Vorteil	→ (3) Spaziergang: die Entscheidung für die Aktivität unter Inkaufnahme des Risikos

Überlegungen (a) bis (c), wie dem wider Erwarten eintretenden Schadensereignis „Regen" begegnet werden könnte: sie reduzieren die Schadensgefahr als Bestimmungsgröße der Entscheidung (2) versus (3).

Unsere Überlegungen möchten zweierlei verdeutlichen:

1. Die bedachte Konstellation „Spaziergang plus einsetzenden Regen" läßt sich hinsichtlich der Gefahr *nur einschließlich* (a) bis (c) zutreffend beurteilen und zur Ja-Nein-Entscheidung betreffend die ins Auge gefaßte Aktivität umsetzen. Das betrifft die Konstellationen (2) und (3).

Im Falle der Entscheidung für den Spaziergang erwarten wir, daß es nicht regnet – vgl. (3)-α. Die Gefahr, daß (trotzdem) der Regen einsetzt, bezeichnen wir als das Plan-Abweichungsrisiko. Es trägt der Erfahrung Rechnung, daß zum (wirtschaftenden) Vollzug im Zeitablauf Datenänderungen und Erwartungsabweichungen hinzukommen.

2. Unsere Beschreibung möchte auch zeigen, daß das Plan-Abweichungsrisiko (nach t_E) gegenüber dem Ergebnisrisiko (vor t_E) durch die getroffene Entscheidung zwar spezifiziert und fixiert, jedoch zunächst nur fortgesetzt

wird. Es ist weder arteigen anders noch überraschend neu, d.h. bislang im vorausgegangenen Ergebnisrisiko unbedacht.

Der Unterschied liegt darin, daß die Literatur das Ergebnisrisiko nur aus dem Zusammenspiel von möglichen Entscheidungen und möglichen Entwicklungen der Zukunft beschreibt. Das trifft beispielsweise für den Erwerb von Aktien zu, weil danach das wirtschaftende Handeln im Zeitablauf als Vollzug eines Planes fehlt. Fassen wir demgegenüber zusammen, daß Vorausdispositionen und Anpassungsfähigkeiten hinsichtlich möglicher Plan-Abweichungen die Risiken des (wirtschaftenden) Vollzugs verringern und so die Entscheidung in t_E über die Alternativen beeinflussen. Diese Überlegungen setzen wir in eine Übersicht um.

23. Erwerbswirtschaftliche Betätigung unter Unsicherheit und mit Risiken 77

Eine Entscheidungssituation (in t_o) möge sein:

(10) das Nicht-Entscheiden, das Unterlassen der möglichen Aktivität
(20) die <u>mögliche Entscheidung und die Unsicherheit der Zukunft</u>:

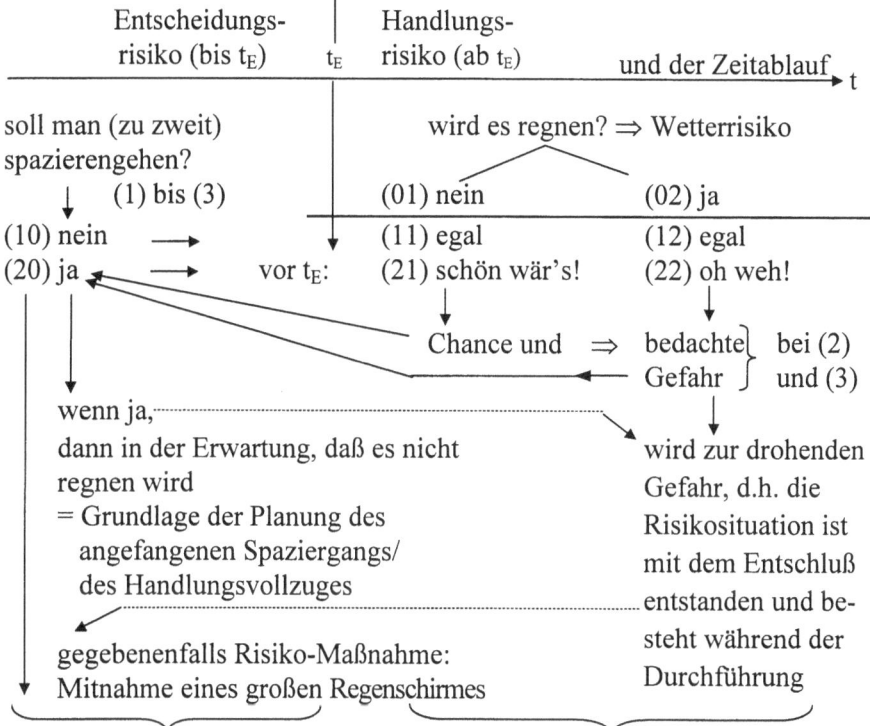

Die Möglichkeit, daß es regnen wird, bestimmt im ersten Schritt die Entscheidung mit, ob man im Hause bleibt oder spazieren geht – Konstellation (1) und (2) versus (3). Die Risikosituation „Spaziergang plus Regen" ist noch rein gedanklich und wirkt so auf die zu treffende Entscheidung ein – gegensätzlich bei (2) versus (3).

Mit der Entscheidung/mit dem Entschluß für den Spaziergang wird die bisher nur bedachte Gefahr zur möglichen Abweichung von der Erwartung, daß es nicht regnen wird. Diese Erwartung liegt der Entscheidung für den Plan zugrunde, spazieren zu gehen. Folglich sind die mögliche „Erwartungs-Abweichung" bzw. „Plan-Abweichung" der entscheidende Anknüpfungspunkt für die Handlungsrisiken.

Ein Handlungsrisiko entsteht, wenn
(1) die Unsicherheit der Zukunft mit
(2) einer Entscheidung verbunden wird.

Das Handlungsrisiko besteht danach
(a) infolge des Planvollzuges/des Handlungsablaufes, weil
(b) die Möglichkeit besteht, daß die Verwirklichung der Zukunft zu einer Abweichung vom Geplanten führt.

Folglich können wir das Handlungsrisiko beschreiben:
Es ist die entscheidungsbedingte Festlegung angesichts der Gefahr, d.h. der Möglichkeit, daß ex ante negativ beurteilte Abweichungen gegenüber den Planungsdaten der gewählten Alternative eintreten können.

Nun liegt die nächste Frage und Überlegung auf der Hand, ob und wie sich die möglichen Plan-Abweichungen bereits im voraus im Entscheiden und Handeln niederschlagen, indem Maßnahmen der Anpassungsfähigkeit, d.h. Möglichkeiten der künftigen Anpassung zum einen bereits die Auswahl-Entscheidung in t_E mitbestimmen bzw. zum anderen dort sogleich mitdisponiert werden. Naheliegenderweise nimmt man in unserem Beispiel einen großen Regenschirm mit und ist auf diese Weise im voraus entschieden risiko- weil anpassungsfähig. Anderenfalls möchte man die Entwicklung während des Handlungsvollzuges/Spaziergangs abwarten und möchte erst bei sich abzeichnender Plan-Abweichung reagieren, z.B. Umkehren oder Unterstellen. Ohne derartige Überlegungen einer vorwegnehmenden oder erst reagierenden Anpassung bleibt die Variante, daß unsere Spaziergänger den bisherigen Plan auch unter erschwerten Bedingungen unverändert verwirklichen würden. Das sind zusammengefaßt vier Varianten des Handelns: antizipieren, revidieren, reagieren und nicht-reagieren.

Die verschiedenen Möglichkeiten, sich im voraus mit dem Risiko zu befassen, bezeichnen wir als die risikopolitischen Entscheidungen. Überwiegend beziehen sie sich auf die negativen Risikoverwirklichungen, setzen jedoch sehr unterschiedlich an, wie die knappe Zusammenstellung zeigt.

„Risikopolitische Entscheidungen" sind die folgenden Arten von möglichen Entscheidungen in Verbindung mit dem Entscheidungsfeld in t_o

1) Verringerung des Erwartungswertes des Schadens:
   Verringerung der Eintritts-Wahrscheinlichkeit: Wachhund,
   Verringerung der Schadensauswirkung: Feuerlöscher;
2) risikobegrenzende Regelungen:
   Beschränkung der Haftung auf den eingesetzten Betrag,
   Mischung der Risiken, z.B. bei Wertpapieren - nicht alles auf eine Karte setzen;
3) „Risiko-Verteilung" im Wege einer Vereinbarung (z.B. Bürgschaft) oder im Wege einer Verschiebung qua Handeln („Überwälzung");
4) Maßnahmen in t_o, welche die Anpassungsfähigkeit im Ereignisfall begründen = Bereitschaft angesichts der Unsicherheit, z.B. Mitnahme des Regenschirms;
5) Abschluß eines Versicherungsvertrages mit der Folge einer Schadensausgleichszahlung im Schadensfall.

Schneidet man von der risiko-begründenden Entscheidung ab und engt man auf die negativen Abweichungen ein, dann betrachtet man die Bestandsrisiken und erwägt die Möglichkeiten, auf eine Schadensminderung hinzuwirken oder aber einen Schadensausgleich im Wege einer Zahlung zu erhalten, indem man zuvor einen Versicherungsvertrag abgeschlossen hat. Mit ihrer Orientierung am Schaden verwendet die Versicherungstheorie deshalb den einseitigen Risikobegriff, während insbesondere die Finanzierungstheorie von dem beidseitigen Risikobegriff ausgeht im Sinne der Streuung der Handlungsergebnisse. Der beidseitige Risikobegriff ist dem wirtschaftenden Handeln verbunden. Mit diesem wird ein Vorteil/Chance zu realisieren erstrebt, was nicht nur mit Einsatz - im Sinne der Plus-minus-Entscheidungen - verbunden ist, sondern auch mit der Unsicherheit, daß entweder der Einsatz höher/niedriger wird als zuvor kalkuliert oder daß der Vorteil geringer/höher ausfällt als in Rechnung und

Planung veranschlagt. Kurz: man kann die gesehene Chance nicht von der beschriebenen Streuung der Erfolgsgrößen trennen.

23.2 Die Risiken einer möglichen selbständigen Berufsausübung

1. Der frischgebackene Bäckermeister Herr Oberkoxholt ist bislang im ungekündigten Arbeitsverhältnis tätig. Er könnte seinen Meisterbrief im Wohnzimmer aufhängen und seine Ersparnisse von 100.000 € - angelegt in festverzinslichen Wertpapieren zu 6% Zinsertragssatz - auf der Sparkasse lassen und sein Arbeitsverhältnis fortsetzen.[34]
Bis zur nächsten Steueränderung[35] sieht seine ökonomische Situation p.a. so wie bisher aus:

	brutto	steuerpfl.
Brutto-Arbeitslohn	35.000	35.000
aus Kapitalvermögen	6.000	2.900
Summe	41.000	37.900
./. Einkommensteuer		5.870
= Netto-Verfügungsbetrag		35.130

2. Andererseits erwägte Herr Oberkoxholt schon länger, ob er sich nach bestandener Meisterprüfung mit einem Bäckereigeschäft selbständig machen soll. Er wäre dann auf eigene Rechnung betrieblich-gewerblich tätig. Grundlage seiner erwerbswirtschaftlichen Betätigung ist eine Betriebswirtschaft mit der Produktion von Backwaren und deren Verkauf im angeschlossenen Ladengeschäft.
In der Kleinstadt Z. bietet sich die Gelegenheit, ein solches Bäckereigeschäft zu kaufen, das der Inhaber altersbedingt abgeben möchte. Dessen Steuerberater gibt die Zahlen des letztes Jahres an:

(1) Umsatz-Erlöse, d.h. die Erträge aus den vermarkteten Leistungen (einschließlich Handelswaren) = die Zweck-Erträge	125.000
(2) die Betriebskosten/die Zweck-Aufwände einschließlich Gewerbesteuer	./. 75.000
(3) Betriebserfolg/Gewinn (vor ESt)	= 50.000

---

34 Der Vergleich berücksichtigt nicht die Sozialversicherungen infolge des Arbeitsverhältnisses bzw. die privaten Versicherungen bei selbständiger Berufstätigkeit.
35 Den Einkommensteuer-Beträgen liegt die Splittung-Tabelle für 2002 zugrunde, BStBl. I, 2001, S. 635 (S. 648 ff.).

23. Erwerbswirtschaftliche Betätigung unter Unsicherheit und mit Risiken

Herr Oberkoxholt überschlägt: Sein Finanzvermögen von 100.000 € ist für die Bezahlung des Kaufpreises einzusetzen, so daß die Zinseinnahmen von 6.000 € wegfallen. Zudem entfällt natürlich sein Arbeitslohn aus dem bisherigen Angestelltenverhältnis. Würde er wie sein Vorgänger ebenfalls den Gewinn von 50.000 € erzielen, müßte er 9.514 € Einkommensteuer bezahlen,[36] so daß ihm netto 40.486 € verbleiben würden. Derzeit hat er - wie unter Nr. 1 errechnet - netto 35.130 €. Damit steht er vor der Frage, ob die Differenz von netto 5.356 € es lohnt, das vergleichsweise sichere Einkommen aus dem Angestelltenverhältnis aufzugeben in der Erwartung, als selbständiger Bäcker ein um diesen Betrag höheres aber insgesamt unsicheres Einkommen zu erzielen.

3. Seine Ehefrau fragt ihn, wo denn das Risiko zu sehen sei und in der Rechnung berücksichtigt werde. Das Geschäft könne doch auch besser als bisher gehen oder auch schlechter infolge zusätzlicher Anbieter oder der sich weiterhin ändernden Einkaufsgewohnheiten der Ortsbevölkerung.

---

36 Dem Betrag der Einkommensteuer liegen die Angaben zugrunde: verheiratet, seine Ehefrau erzielt derzeit kein pagatorisches Einkommen, kein Kind. Von Kirchensteuer und Solidaritätszuschlag wurde abgesehen.

Der Innungsmeister hilft mit Erfahrungswerten für „guten" bzw. „schlechten Geschäftsgang" weiter. Der jeweilige Gewinn ist entscheidend davon bestimmt, wie sich der Zweckaufwand im Verhältnis zum Umsatz verändert. Gemeinsam erstellen die beiden daraufhin die folgende Übersicht:

(1) möglicher Geschäftsgang	(2) Wahrscheinlichkeit	(3) Erfolgsgrößen	(4) gewichtet vor ESt	(5) Einkommensteuer von (3)	(6) gewichtet nach ESt
„gut"		150.000			
		./. 85.000			
⇨	0,10	+ 65.000	= 6.500	(14.588)	5.041
			↓	= 22,44%	
„normal", d.h. wie bisher		125.000			
		./. 75.000			
	0,50	+ 50.000	= 25.000	(9.514)	20.243
			↓	= 19,03%	
„schlecht"		100.000			
		./. 70.000			
⇨	0,40	+ 30.000	= 12.000	(3.706)	10.518
	1,00			= 12,35%	
Erwartungswerte	⇨		43.500	7.698	35.802

In der dritten Spalte stehen drei Umsatzgrößen und der zugehörige Zweckaufwand. Es bleibt ungesagt, ob der Innungsmeister hiermit seine Erfahrung für unterschiedliche Betriebsgrößen - gemessen am Jahresumsatz - angesetzt hat oder für verschiedene Beschäftigungsgrade derselben Bäckerei. Das erste ist eine alternative Betrachtung, das zweite eine sukzessive im Sinne von sich änderndem Umsatz und jeweiliger Änderung des Zweckaufwands. Für die Überlegungen zur Risikosituation des Handlungsvollzuges kommt nur die sukzessive Sichtweise für die eine gegebene Betriebswirtschaft in Frage. Die angegebenen Zahlen für den Aufwand bei drei Beschäftigungs-Niveaus verdecken dann aber die wichtigen Aspekte der vorausgedachten Anpassungen:

(1) Welcher Art sind die Anpassungsmaßnahmen,
(2) von welcher Ausgangssituation ist die Änderung in welche Richtung erfaßt worden,
(3) sind die bei rückläufiger Beschäftigung verminderten Kosten auch relevante vermiedene Kosten oder nur Rechenvorgänge auf dem Papier,
(4) sind Kosten der Anpassung berücksichtigt worden?

Mit anderen Worten: Die mögliche Entscheidung für die Alternative „Bäckerei" muß für ihre rechnerische Vorwegnahme, um den Erwartungswert und das Ergebnisrisiko zu quantifizieren, eine Annahme darüber treffen, auf welche Umsatz-Erwartung hin geplant werden würde. Erst darauf bezogen sind Angaben zu den Punkten (1) bis (4) möglich, die ihrerseits Voraussetzung dafür sind, den Gewinn einer anderen planabweichenden Umsatz-Situation zu ermitteln. Mithin: Dem Erwartungswert EW_o - im Beispiel 43.500 vor Einkommensteuer - liegt die bestimmte Planvorgabe (von hier drei möglichen) hinsichtlich des Umsatzes von 125.000 zugrunde. Auf sie bezieht sich das Zahlenwerk der möglichen Ergebnisse/Gewinne, das zum Ergebnisrisiko im Sinne des Streubereiches weiterverrechnet wird. Die Situation ist kein Streubereich isolierter möglicher Ergebnisse wie bei Lotterie und Aktienkauf, denen nur noch die subjektiven Einzelwahrscheinlichkeiten hinzugefügt werden. Vielmehr sind die verschieden möglichen Gewinne aus der Bäckerei abhängige Größen von dem vorgegebenen, geplanten Umsatz. Gibt man z.B. die „normale" Umsatz-Situation (mit 125.000 Umsatz und 75.000 Zweckaufwand) vor, dann beziehen sich darauf vorab die Ermittlung der möglichen Gewinne im Sinne abhängiger Größen und die Errechnung des Erwartungswertes des Gewinns, und dann - bei der Entscheidung für das Bäckereigeschäft - die Plan-Vorgaben für den Entscheidungsvollzug und die ihm verbundenen möglichen Plan-Abweichungen.
In unserem Beispiel ist das Ergebnis dieser Rechnerei sehr ernüchternd hinsichtlich des beabsichtigten Vorhabens, denn der Erwartungswert nach Steuern ist mit $EW_{os} = 35.802$ geringfügig höher als die bisherige Situation nach Steuern mit 35.130. Die hier nachvollziehbaren Gründe - bezogen auf die bisherige, d.h. die „normale" Situation mit 40.486 nach Steuern - sind:

a) Gewinnzuwachs und Gewinnrückgang sind ungleich. Wäre der Umsatz um 25.000 höher - guter Geschäftsgang anstatt nur „normal" -, dann wäre der Gewinn um 15.000 höher. Wäre der Umsatz jedoch um 25.000 niedriger - schlechter Geschäftsgang anstatt wenigstens „normal" -, dann wäre der Gewinn um 20.000 niedriger. Der Grund: der Zweckaufwand geht langsamer zurück als er zunimmt.

b) Die künftige Entwicklung wird mit 0,40 Wahrscheinlichkeit nachdrücklich für den Umsatzrückgang eingeschätzt gegenüber dem Umsatzanstieg mit nur 0,10 Wahrscheinlichkeit.

c) Dem angestellten Bäcker bleiben die 3.100 der Kapitaleinnahmen ohne Steuerbelastung, während sie als entsprechender Ertrag des Eigenkapitals Bestandteil des Gewinns aus dem Bäckereibetrieb sind und so normal besteuert werden. Die - sachlich unbegründete - Steuerfreiheit bringt dem angestellten Bäcker einen Vorteil von 894,- an ersparter Einkommensteuer.

4. Der Bäckermeister laut Meisterbrief fertigt sich die folgende Ergebnis-Übersicht an:

	Arbeitsverhältnis	Bäckerei bei Sicherheit	Bäckerei bei Unsicherheit
brutto vor ESt	41.000	50.000	43.500
netto nach ESt	35.100	40.486	35.802

So gerechnet, spricht das zu erwartende finanzielle Ergebnis dagegen, sich selbständig zu machen. Auch seine Ehefrau legt für diese Möglichkeit kein gutes Wort ein. Andererseits kann sie mit den Wahrscheinlichkeiten nichts anfangen, die der Innungsmeister in die Rechnung einbrachte. Natürlich könnte das Bäckereigeschäft wie bisher weitergehen, vielleicht auch den Umsatz steigern, „aber 100 mal starten wir doch nicht! Wenn wir diese Bäckerei übernehmen, gibt es danach tatsächlich nur eine Entwicklung! Und was wird, wenn der Umsatz nicht den Erwartungen entspricht, sondern darunter liegt?"

Dem stimmt ihr Schwager zu. Der Erwartungswert des Gewinns mit 35.802 € - wegen der Vergleichbarkeit netto nach Einkommensteuer errechnet - sei eine Rechengröße, ein gewogener Durchschnitt. Der Streubereich der möglichen Gewinne beschreibe das Ergebnisrisiko. Mehr sei nicht möglich. Die nachhaltige Diskussion zwischen den Drei verdeutlicht jedoch, daß die Möglichkeit des „schlechten Geschäftsgangs" mit dem zugehörig erwarteten Gewinn von 30.000 € so nicht vollständig beschrieben ist. Würde dieser Fall eintreten, müßte eine „Anpassungsentscheidung" getroffen werden. Wollte der Bäcker dann wieder in ein Arbeitsverhältnis wechseln, müßte zuvor über das weitere Schicksal der Bäckerei entschieden werden. Beispielsweise (a) der Verkauf an einen Dritten bringe wegen der dann schlechteren Umsatz-Erwartungen nicht den Kaufpreis von heute ein, weshalb der mögliche Veräußerungsverlust als ein zusätzliches Risiko zu berücksichtigen sei. Die Fortsetzung des Geschäftsbetriebes mit so mäßigem Gewinn von etwa 30.000 € lasse (b) die „Opportunitätskosten" gegenüber dem Verdienst aus einem Arbeitsverhältnis anwachsen.[37] Wollte man jedoch bei so schlechtem Geschäftsgang (c) mit Hilfe von Investitionen eine Verbesserung versuchen, müsse man Fremdkapital aufnehmen und die Zinsen dafür würden den erhofften Gewinnzuwachs aufzehren. Das Stichwort „Fremdkapital" bringt den Bäcker darauf, daß eine stille Liquidation der Bäckerei nicht ausreichen könnte, alle Schulden zu tilgen, so daß auch nach Betriebsbeendigung (d) noch belastende Zahlungen als Teil des Risikos der Entscheidung heute zu berücksichtigen seien. Der Wunsch, sich mit einer Bäckerei selbständig zu machen, wird für die anstehende Entscheidungsmöglichkeit entschieden abgetan und der Meisterbrief im Wohnzimmer aufgehängt.

Wir aber ziehen aus dieser Erörterung den Schluß, daß das üblicherweise errechnete Ergebnisrisiko bestenfalls für die Entscheidung hilft, welche Aktien man erwerben will. Für die Entscheidung über eine Alternative mit sich anschließendem, aktiv zu betreibendem Handlungsvollzug hingegen läßt sich damit allein wenig anfangen. *Es muß ebenfalls mitberücksichtigt werden, was beim Eintreten negativer Plan-Abweichungen unternommen werden könnte:* Anpassungsmöglichkeiten dort erfordern teilweise im voraus Maßnahmen, mit denen Anpassungsfähigkeit begründet wird für den möglichen „Anpassungsbedarf" später.

Abschließend geben wir Voraussetzungen an, deren Zusammenkommen die behandelten Risiken beschreiben:
(1) Unsicherheit der Zukunft: „Wie es kommt, das weiß man nicht!"

---

37 ...so daß erst die Beendigung des Bäckereigeschäfts den Gewinn bringt! Vgl. die tiefsinnige Argumentation in der Novelle „Rothschilds Geige" von Anton Tschechow (1860-1904).

(2) Die Entscheidungssituation in t_0 ist gegeben mit:
A(1) Fortsetzen des Arbeitsverhältnisses, oder
A(2) Beenden des Arbeitsverhältnisses, d.h. Aufgeben einer vorteilhaften Position, um in selbständiger Berufsausübung ein Bäckereigeschäft zu betreiben; diese Entscheidung bindet seine Arbeitskraft und seine privaten Ersparnisse, erfordert gegebenenfalls die Aufnahme von Fremdkapital und den Abschluß eines Arbeitsvertrages für das Ladengeschäft; zusammengefaßt: eine entscheidungsbedingte Festlegung infolge von Investitionen und Vertragsabschlüssen.

(3) Die mit zwei Handlungsmöglichkeiten beschriebene Entscheidungssituation in t_0 ist mit den Entscheidungsrisiken verbunden: die unsicheren Gewinne bei der Bäckerei (= *Ergebnisrisiko*) und der Verzicht auf das Arbeitsverhältnis (= *Opportunitätsrisiko*). Letztgenanntes wäre folglich gering, wenn der Bäcker derzeit arbeitslos wäre.

(4) Mit der Entscheidung für A(2) beginnt der Handlungsvollzug in Gestalt des Bäckereigeschäfts im Zeitablauf, gemessen an den Erwartungen, die zu Planvorgaben/Sollgrößen für die Verwirklichung werden.

(5) Die möglichen Abweichungen vom Geplanten sind Auswirkungen von Ereignissen im jeweiligen Ablauf der unsicheren Zukunft zur bekannten Gegenwart.

(6) Der Handlungsvollzug der zurückliegend getroffenen Entscheidung für A(2) ist so dem *Plan-Abweichungsrisiko* verbunden.

(7) Das Verwirklichen eines geringeren Umsatzes als erwartet war als Möglichkeit und mit dem zugehörig geringen Gewinn im Ergebnisrisiko *vor* der Entscheidung berücksichtigt. *Danach* gehörte diese Möglichkeit zum Plan-Abweichungsrisiko für den Handlungsablauf von A(2). Der nun tatsächliche Eintritt dieser bislang bloßen Möglichkeit führt zu der Frage „was tun?"

(8) Neben der Hinnahme als Gegebenheit (= Nicht-Reaktion) bildet sich das Entscheidungsfeld für die zu treffende Anpassungsentscheidung heraus. Die Anpassungsfähigkeit, d.h. der mögliche Handlungsbereich für Anpassungen ist mitbestimmt von vorausschauend in der Vergangenheit disponierten Maßnahmen der Anpassungsfähigkeit.

(9) Sowohl die Anpassungskosten als auch eine trotzdem nicht ausgleichbare Minderung des bislang erwarteten Gewinns treten als *Bindungsrisiko* erst bei einer Risiko-Betrachtung in das Bewußtsein, die über das Ergebnisrisiko hinausgehend den Handlungsvollzug aufbereitet.

(10) Annäherungen an diese Erweiterung des Risiko-Bereiches werden z.B. unter der wenig präzisen Bezeichnung des „Abbaues fixer Kosten" im Sinne von Reaktion oder den sogenannten risikopolitischen Maßnahmen im Sinne von Antizipation behandelt. Versteht man eine betriebswirtschaftliche Betätigung insgesamt als risikoverbundenen Handlungsvollzug, dann schließt sich ihr das Konkursrisiko und das Risiko der persönlichen Haftung des Einzelkaufmanns bzw. des Personen-Gesellschafters an.

23.3 Existenz-, Entscheidungs- und Handlungsrisiken

Mit diesem Abschnitt wird der Versuch unternommen, den Bereich „Risiken" zu ordnen. Der Begriff „Risiko" gleicht einem Chamäleon. Seine Kennzeichnung beginnt mit dem Stichwort „*Unsicherheit*". Daran knüpft die Überlegung an, daß man hinsichtlich einer gegenwärtigen Situation häufig *unzureichend informiert* ist - es liegt Ungewißheit vor - und daß man hinsichtlich der Zukunft nicht weiß, „was sie bringt", „wie es kommen wird". Es liegt nahe, hier von der „Ereignis-Unsicherheit" zu sprechen und diese von der „Ergebnis-Unsicherheit" zu unterscheiden. Die infolge der möglichen Ereignisse unsicheren Ergebnisse einer möglichen Entscheidung fassen wir unter der Bezeichnung „Streubereich der möglichen Ergebnisse" zusammen. Wenn wir zu jedem Ergebnis-Wert die subjektive Wahrscheinlichkeit für das Eintreten dieser Variante hinzufügen, läßt sich mittels jeweiliger Multiplikation und anschließender Addition der Erwartungswert (Ew_0) des Streubereiches als der gewogene Mittel- oder Durchschnittswert errechnen. Der Streubereich selbst läßt sich rechnerisch-mathematisch auf unterschiedliche Weise quantifizieren, d.h. messen.

Die Unsicherheit der Ergebnisse ist ein wichtiger Aspekt einer Entscheidung unter Unsicherheit, es fehlt dabei jedoch die für den Ökonomen unverzichtbare Verknüpfung mit dem Einsatz: z.B. der Arbeitseinsatz im Hinblick auf die erhoffte Examensnote oder der Kapitaleinsatz hinsichtlich der unsicheren Ergebnissse/Einnahmen später. Auf diesen Einsatz bezogen sprechen wir von Gewinnaussichten einerseits und Verlustgefahren andererseits. Sind diese rechnerisch faßbar, so erhalten wir einerseits den Erwartungswert für den Gewinn und andererseits den Erwartungswert für den Verlust. Den positiven

Saldo aus beiden Erwartungswerten bezeichnen wir als die Chance/die Erfolgsaussicht einer Handlungsmöglichkeit. Sie ist gleich der Differenz zwischen dem Erwartungswert (EW_o) der Ergebnisgrößen und dem in Geldeinheiten gerechneten Einsatz (A_o).
Das Verhältnis der Bezeichnungen geben wir der Einfachheit halber graphisch an:

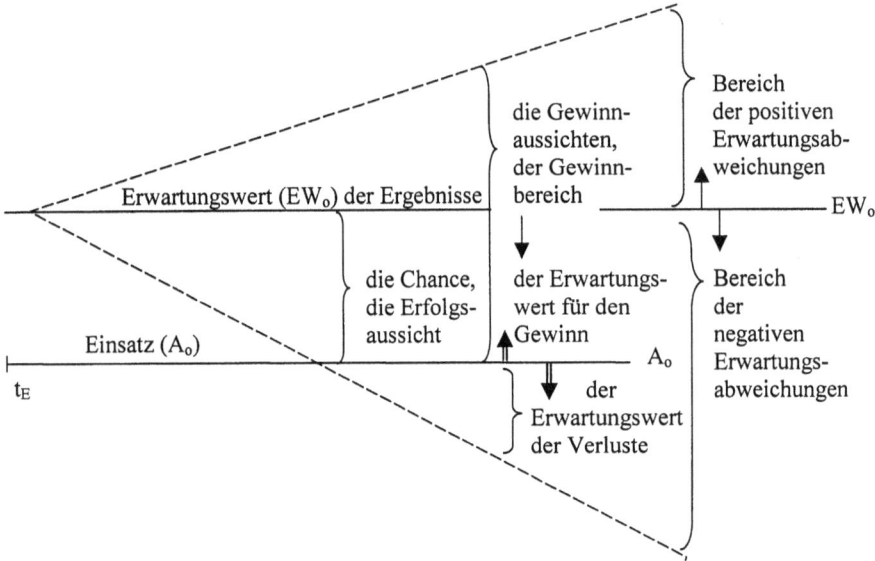

Zusammengefaßt: für die Risiken gibt es zwei verschiedene Bezugsgrößen. Auf den Erwartungswert (EW_o) bezogen wird die Streuung der möglichen Ergebnisse betrachtet, auf den Geldeinsatz (A_o) bezogen werden die möglichen Gewinne bzw. Verluste betrachtet und zur Chance saldiert. Bezeichnen wir dies als den *sachlichen* Aspekt der Risikenproblematik, dann können wir den *zeitlichen Aspekt* hinzufügen. Er war bereits mit der Dreiteilung angesprochen worden: jeweils die Risiko-Situation für (10) einen Bestand, (20) vor einer Entscheidung und (30) nach einer Entscheidung während ihres Handlungsvollzuges. Infolge von zwei Unterteilungen folgen daraus insgesamt fünf Arten mit den folgenden Bezeichnungen:

(10) Existenzrisiken,

(20) Entscheidungsrisiken,
    (21) Ergebnisrisiko,
    (22) Opportunitätsrisiko,

(30) Handlungsrisiken
(31) Plan-Abweichungsrisiko,
(32) Bindungsrisiko.
Neben der Beschreibung zur Kennzeichnung und Unterscheidung der Risiko-Arten sind die Gemeinsamkeiten zu beachten und die sachlich-zeitlichen Zusammenhänge herauszuarbeiten. Das Ergebnis ist ein „Ordnungsgefüge", das in der abschließenden Übersicht dargestellt wird.

Wenn wir uns bemühen, einen möglichst umfassenden Überblick über die Risiken zu geben, müssen wir mit dem Entschluß beginnen, das Licht der Welt erblicken zu wollen. Denn damit beginnen die der menschlichen Existenz verbundenen Risiken. Trotzdem wird man die Gruppe der (10) Existenzrisiken von den (20) Entscheidungsrisiken abtrennen. Auch die Entscheidung etwa, ein Eigenheim zu erwerben, macht die Gefährdungen des nachfolgenden Bestandes z.B. die Gefahren von Gebäudebrand, Sturm und Wasser nicht zu Entscheidungsrisiken. Diese Risiken der bloßen Existenz im Sinne von Bestand und Zustand werden also abgetrennt von der Entscheidung verstanden, die den Bestand/Zustand begründet/zur Folge hat. Ersichtlich sind es auch nicht Risiken im Sinne beidseitiger Abweichungen, sondern einseitig Ereignisse/Abweichungen mit negativen Folgen, als Schäden bezeichnet. Von Bedeutung sind die Möglichkeiten, sich gegen derartige Schäden mehr oder weniger gut versichern zu können bzw. - ex post - sich versichert zu haben.

Die Frage, ob und wie man einen vermögenswerten Bestand versichert, ist naheliegenderweise eine ökonomische Entscheidung, die zu den sogenannten risikopolitischen Entscheidungen gehört.[38] Das „*risikopolitische Entscheidungsfeld*" - kürzer: die Risikopolitik einer Person bzw. Wirtschaftseinheit - seinerseits umfaßt deshalb auch die Existenzrisiken. Ihre Versicherbarkeit also und die sich daran anschließende Entscheidungsmöglichkeit „Versicherung: ja - nein" verbindet demnach die Existenzrisiken dem Gesamtbereich „Risiken" im Sinne von unsicheren Ergebnissen des (Nicht-) Handelns.
Wie anderweit häufig, ist auch die scharfe Abgrenzung zwischen Existenz- und Entscheidungsrisiken nicht möglich. Die Forderung eines Unternehmens z.B. aus einer Lieferung oder sonstigen Leistung ist ein vermögenswerter Zustand, der gegen das „Risiko"/den Vermögensschaden infolge des Ausfalls der Forderung versichert werden kann. Isoliert gesehen, ist das Forderungsausfall-

---

[38] Ausführlicher dazu Lehmann u.a. (1997) S. 54-65.

Risiko ein Bestandsrisiko/-gefahr. Als Folge des Vorgangs „Leistung gegen (nicht sofort bezahltes) Entgelt" jedoch kann man es ebensogut den (20) Entscheidungs- und (30) Handlungsrisiken zuordnen.

Die nachfolgende Übersicht zur Struktur der Gefahr enthält deshalb mit Punkt ⑥ die Möglichkeit, die Entscheidungsabhängigkeit der zukünftigen Situation, die von einer Schadensgefahr bedroht wird, zu berücksichtigen.

Die Struktur der „Gefahr"

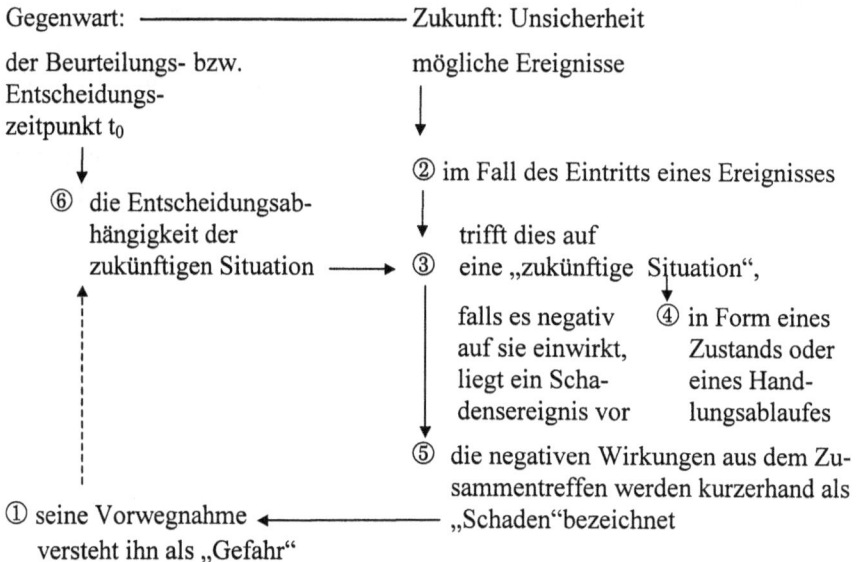

⑦ „Gefahrenpolitik" in t_0 (üblicherweise: „Risikopolitik"), d.h. welche Entscheidungen sind betreffend ②, ③, ⑤ möglich, um im Ergebnis den Schaden (netto) gering zu halten.

Die nächste Übersicht „Risiko und Gefahr" setzt (10) die Existenzrisiken unter (20) die Entscheidungsrisiken. Diese sind im negativen Bereich zum einen mit den „Abweichungsgefahren" – bezogen auf den Erwartungswert (EW_0) – und zum anderen mit den „Verlustgefahren" – bezogen auf den Einsatzbetrag (Ao) – verbunden. Den Existenzrisiken hingegen gehören die Bezeichnungen „Bestandsgefahren"/„Schadensgefahren" zu. Das folglich gemeinsame Stichwort „Gefahr" ist nunmehr der Anknüpfungspunkt vorwegnehmender Dispositionen, die als gefahrenpolitische – üblicherweise: risikopolitische – Maßnahmen bezeichnet werden.

Risiko und Gefahr

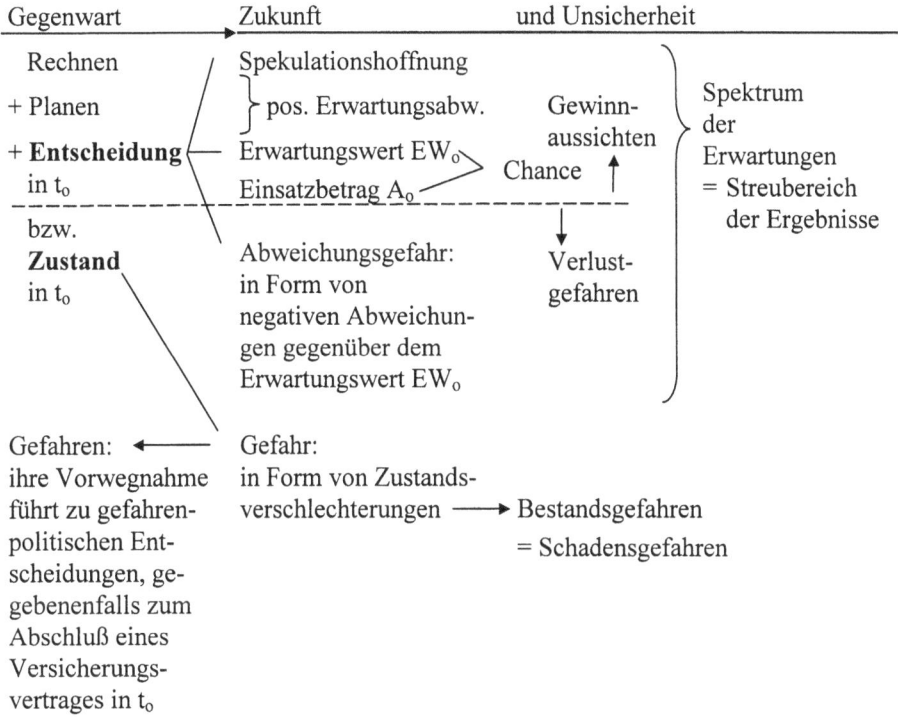

Die Gruppe der (20) Entscheidungsrisiken soll nun präziser gekennzeichnet werden:
1. Grundlage ist eine Entscheidungssituation, auf t_0 indiziert.
2. Sie ist durch ein „Entscheidungsfeld" konkret festgelegt. Das Entscheidungsfeld stellt die - nach Vor-Auswahl - ernsthaft in Erwägung gezogenen Handlungsmöglichkeiten zusammen und fügt die in der Regel gegebene „Null-Aktivität" für das (jedenfalls derzeitige) Nicht-Entscheiden hinzu.
3. Das als möglich angesehene/das erwartete Ergebnis der einzelnen Handlungsmöglichkeit ist mehr oder weniger unsicher. Wir sprechen von einem Streubereich der für möglich angesehenen Ergebnisgrößen und folgen der üblichen Vorgehensweise, daraus unter Ansatz subjektiver Wahrscheinlichkeiten den Erwartungswert für das Ergebnis der jeweiligen Handlungsmöglichkeit auszurechnen.
4. Somit können wir vorab festhalten, daß sich das so beschriebene Entscheidungsrisiko auf die Abweichungen vom Erwartungswert für das Ergebnis bezieht und deshalb präzise als Ergebnisrisiko bezeichnet wird. Angesichts

der Unsicherheit wird der Erwartungswert als Ergebnis „erwartet", man ist sich jedoch bewußt, daß ein anderes Ergebnis möglich ist. Ex ante gehen also mögliche Erwartungswert-Abweichungen in die Entscheidung darüber ein, welche Handlungsmöglichkeit des Entscheidungsfeldes verwirklicht werden soll. Ex post handelt es sich um eine tatsächliche, realökonomische Größe, z.B. Menge, Preis, Umsatz, Lohnkosten usw.

5. Auch wenn der Erwartungswert (EW_o) eine errechnete Größe ist, läßt sich das darauf bezogene Ergebnisrisiko als ein realökonomisches Risiko bezeichnen. Die Abfolge „Unsicherheit – unsichere Ereignisse – unsichere Ergebnisse – verrechnet zum Erwartungswert dieser möglichen Ergebnisse" endet vor der Saldierung mit dem Einsatz. Wir sehen es deshalb als zweckmäßig an, das „Erfolgsrisiko" davon zu unterscheiden. Es meint den Streubereich der möglichen Gewinne und Verluste, bezogen auf den Einsatz A_o.

6. Dementsprechend benennen wir die positive Differenz zwischen dem „Einsatz" in Geldgrößen (A_o) - z.B. bei Finanz-Investitionen der Anschaffungspreis (AP) für das Kapitalrecht - und dem höheren Erwartungswert für das Ergebnis (= Aktienkurs bei Verkauf später) als „Chance" der betrachteten Handlungsmöglichkeit. Diese (subjektiv gesehene) Chance ist der Saldo aus den Gewinnaussichten und den Verlustgefahren, ist mithin die Erfolgsaussicht der betrachteten Entscheidungsmöglichkeit und Aktivität.

7. Zusammenstellung zur Übersicht:

(10) Bestandsrisiken
    unsichere Schadensereignisse → Schadensgefahren:
        streuende Schadensbeträge
        = Schadensrisiko

(20) Entscheidungsrisiken
    (21) Ergebnisrisiko:
        unsichere Ergebnisse → unsichere Erträge und Aufwände haben unsichere Gewinne und Verluste zur Folge, saldiert zum unsicheren Erfolg
        = Erfolgsrisiko.

    (22) Opportunitätsrisiko:
        nachfolgend beschrieben

8. Der bekannten Erfahrung, daß man „hinterher klüger" ist, entspricht vor der Entscheidung das sogenannte Opportunitätsrisiko. Maßgebend dafür ist der Vergleich der betrachteten Handlungsmöglichkeit (mit ihrem unsicheren Ergebnis) mit den anderen Handlungsmöglichkeiten (mit deren jeweilig unsicheren Ergebnis), wie sie im Entscheidungsfeld zusammengestellt sind.

9. Im Nachhinein und z.B. angesichts des abgestürzten Aktienkurses ist die rückwärts gerichtete Überlegung wenig hilfreich, daß man mit einer anderen Entscheidung in t_E oder der Nicht-Entscheidung sich jetzt besser stehen würde. Es mag wehmütig stimmen, daß man auf das falsche Pferd gesetzt hat.

10. Das in der betrachteten Alternative/Handlungsmöglichkeit angelegte Ergebnisrisiko und das ihrem Entscheidungsfeld in t_0 verbundene Opportunitätsrisiko dieser Alternative lassen sich übereinstimmend als Entscheidungsrisiken bezeichnen. Das zugehörige Stichwort „Erwartungswert-Abweichungen" stellt auf den unsicherheitsbedingten Streubereich der möglichen Ergebnisse ab und mißt in den möglichen Differenzen gegenüber dem Erwartungswert das Ergebnisrisiko der Entscheidung für diese Alternative. Setzt man die möglichen Ergebnisse als Rechengrößen, d.h. als „Erträge" an und kürzt sie um den Aufwand, der den Einsatz rechnerisch vertritt, dann kommen wir zum Erfolgsrisiko der betrachteten Handlungsmöglichkeit.

Die vorausgehend erklärten Entscheidungsrisiken bestimmen mit, ob und wie man sich entscheidet. Ihrer Bezeichnung entsprechend werden sie vor der Entscheidung bedacht. Dazu wird jeweils unterstellt/fingiert, daß die betrachtete Alternative verwirklicht wird. Die gesehene Chance und die dazu erforderliche Entscheidung sind bekanntlich zweierlei: „und was man wünscht, das muß man erst noch wagen."[39]

Damit sind wir auf dem Weg zum Standesamt: die Stunde dort wandelt das bisherige ex-ante-Risiko der Entscheidungssituation um in das ex-post-Risiko des zeitablaufverbundenen Vollzuges. Der Unterschied gehört zur alltäglichen Erfahrung: vor und nach der Entscheidung sind die beiden Risiko-Situationen einerseits sehr verschieden und sind doch andererseits miteinander vernetzt.[40]

---

39 Aus dem Gedicht „Entschluß" (1814) von Joseph von Eichendorff (1788-1857).
40 Vernetzung bei gleichzeitiger Trennung in „vor der Entscheidung" und „nach der Entscheidung" haben wir bereits zur Kennzeichnung des Verhältnisses von Investitionsrechnen und Planungs-

Die Auswahl-Entscheidung aus dem Entscheidungsfeld zu t_0 (einschließlich der Null-Aktivität) wurde getroffen und in t_E auf dem Standesamt in die gegenseitige Bindung umgesetzt, veranlaßt von der „Chance", die es im Zeitablauf zu verwirklichen gilt. Haben wir das Risiko vor der Entscheidung mit dem Stichwort „Erwartungswert-Abweichung" verbunden, so ist das Risiko nach der Entscheidung mit der „Plan-Abweichung" verknüpft. Die sachlich-zeitliche Interdependenz zeigt sich darin, daß die möglichen Plan-Abweichungen im Wege ihrer Antizipation in die Entscheidungsrisiken der betrachteten (und dann ausgewählten) Handlungsmöglichkeit einbezogen werden und so bereits vor der Entscheidung beurteilt worden sind. Umgekehrt sind die möglichen Plan-Abweichungen ersichtlich nicht „vergangenheitslos", denn aus den Vorstellungen *vor* der Entscheidung *werden danach* Erwartungen, Vorgaben, Geplantes, der Plan.

Mit der Auswahl-Entscheidung also, d.h. mit der Entscheidung in t_E für die Handlungsmöglichkeit, die verwirklicht werden soll, verengen sich die zuvor bedachten Entscheidungsrisiken auf die mit der gewählten Handlungsmöglichkeit verbundenen (30) Handlungsrisiken. Für diese gilt das Stichwort „Plan-Abweichungen": Die Gegebenheiten, Vorstellungen und Erwartungen zu der in t_E entschiedenen Handlungsmöglichkeit werden nun als die Grundlage für die Planung ihrer Verwirklichung verstanden. Darauf bezogen lassen sich die Plan-Abweichungen zwischen dem Soll - der Planung - und dem Ist - der Verwirklichung im Zeitablauf - festlegen.

Erst hier beim Handlungsvollzug und angesichts möglicher negativer Erwartungs- und Plan-Abweichungen hat die Definition ihren Platz, daß Risiko „die Gefahr des Misslingens" ist.

Die negative Plan-Abweichung gibt den Anstoß dazu, die Möglichkeiten einer (folglich: reagierenden) Anpassungs-Entscheidung zu erforschen.[41] Die Anpassungsmöglichkeiten stehen im Gegenverhältnis zu der Bindung infolge der in t_E getroffenen Entscheidung. Bindung hindert hier und ist nachteilig, wenn

---

rechnen (= kurzfristiges entscheidungsbezogenes Rechnen) verwendet; vgl. Lehmann/Moog (1996) S. 41-47.
41 Ausführlicher Lehmann/Moog (1996) S. 60-66. Es kennzeichnet das übliche Denken in Zuständen, wenn M. Schmidt die Anpassungsfähigkeit mit der Bestandssicherung verbindet, während die Störung des geplanten Handlungsvollzuges der Ausgangspunkt ist; vgl. M. Schmidt (1987) S. 47 ff.

sich nach dem Entscheidungszeitpunkt t_E infolge von Ereignissen und Änderungen Abweichungen gegenüber dem Geplanten ergeben, die sich negativ auswirken, so daß der aus dem Handlungsvollzug verwirklichte Erfolg geringer ist als der in t_E erwartete.

Die Bindung durch die vorangegangene Entscheidung wird zum Bindungsrisiko, wenn nach t_E günstigere Handlungsmöglichkeiten hinzukommen und auf diese hin keine Anpassung möglich ist. Im umgekehrten Fall bei sich verschlechternden Entscheidungsbedingungen schützt die Bindung aus der Vergangenheits-Entscheidung z.B. in Form eines Vorratsbestandes, eines Vertrages oder eines Rechtes.

Ein Beispiel vermittelt die verwickelten Zusammenhänge sicher nachvollziehbarer. Der Eigenheimbewohner bestellt im Regelfall wegen des Preisvorteils bei größerer Bestellmenge im jeweiligen Zeitpunkt nur einmal im Jahr Heizöl „bis zum Volltanken". Ob der Preis vom jeweiligen Bestelltermin gesehen steigen oder fallen wird, weiß man im Juni ebensowenig wie im August. Ist der Tank gefüllt, nützt der später gefallene Heizölpreis nichts und der Ärger über die zu frühe Entscheidung hilft ebenfalls nicht weiter. Es ist unbegründet, von der eingetretenen Entwicklung her rückblickend von einer Fehlentscheidung oder gar von einem Irrtum zu sprechen. Entscheidung und ihr Vollzug haben mit dem vollen Heizöltank eine vollständige Bindung zur Folge, die einer Anpassungsentscheidung zum Wahrnehmen der günstiger gewordenen Handlungsmöglichkeit im Wege steht. Demnach ist der Handlungsvollzug *im Zeitablauf* die Voraussetzung, um die Anpassungsfähigkeit zu prüfen zwecks einer Anpassungsentscheidung bei negativen Abweichungen gegenüber den Plandaten bzw. bei verbesserten Handlungsmöglichkeiten.

Das Bemühen, mittels Fließtext einen Überblick über den Bereich „Risiken" zu geben, läßt sich im Wege der Übersicht verbessern. In der Waagrechten liegt ihr der Zeitablauf (nach rechts) zugrunde, so daß die Gruppe der (20) Entscheidungsrisiken vor der Gruppe der (30) Handlungsrisiken zeitlich versetzt eingetragen werden kann. Beide Gruppen sind zweigeteilt: (21) bzw. (31) stellt isoliert auf die betrachtete bzw. die entschiedene Handlungsmöglichkeit ab, während (22) bzw. (32) sie jeweils mit einem Entscheidungsfeld verbindet.

Der Bereich der „Risiken"

Risiken: ex ante — im Zeitablauf nach der Entscheidung in t_E — **ex post: Risiko-Verwirklichung**

im Zeitpunkt t_0 vor der Entscheidung
(↔ Alternativität)

($\leftrightarrow$ Sukzessivität) → die Ergebnis-Situation → das subjektive Urteil

(10) Existenzrisiken/Schadensgefahren infolge möglicher *Abweichungen vom Erwartungswert* möglicher Bestandes/Zustandes, sie bestehen

Ereignis mit Schadensfolge ist eingetreten

„Pech gehabt!" bzw.: „zum Glück versichert!"

(20) Entscheidungsrisiken, sie sind zu beurteilen: sie sind jeweils einer Entscheidungs-/ Handlungsmöglichkeit in t_0 verbunden im Sinne möglicher *Abweichungen vom Erwartungswert* des Ergebnisses

a) Ergebnis oberhalb des EW_0 — „Glück gehabt!"
b) im Bereich der „Chance" — „okay!"
c) unterhalb des Anschaffungspreises (AP), d.h. ein verwirklichter Verlust — „Pech gehabt!"

(21) *Ergebnisrisiko* der betrachteten Handlungsmöglichkeit im Sinne ihres unsicheren/ streuenden Handlungsergebnisses um den Erwartungswert herum: Gefahren angesichts der Chance (=EW_0 ./. AP)

(22) *Opportunitätsrisiko* aus dem Vergleich (in t_0) mit einer Alternative des Entscheidungsfeldes; Einbezug von risikopolitischen Entscheidungsmöglichkeiten, z.B. Maßnahmen des Schutzes gegen Gefahren oder des Schadensausgleiches (mittels Abschluß eines Versicherungsvertrages)

ex post gesehen, hätte eine andere Entscheidung in t_E ein besseres Ergebnis ergeben

„Reue" im Hinblick auf die in t_E getroffene Auswahl-Entscheidung: „auf das falsche Pferd gesetzt"

(30) Handlungsrisiken, sie bestehen: die Gefahr des Mißlingens des Handlungsvollzuges der in t_E getroffenen Entscheidung infolge von *Plan-Abweichungen*

a) positiv beurteilte Plan-Abweichungen — „erfreuliche Entwicklung"
b) negativ beurteilte Plan-Abweichungen — „enttäuschende Entwicklung"

(31) *Plan-Abweichungsrisiko* bei der Durchführung aus möglichen (negativ beurteilten) Abweichungen vom Geplanten infolge von Daten-Änderungen und Erwartungsabweichungen (z.B. $+\Delta e$ bzw. $-\Delta x$)

(32) *Bindungsrisiko* infolge der fehlenden Möglichkeit, mittels Anpassung eine *günstigere* Situation oder Handlungsmöglichkeit zu verwirklichen, die sich erst nach t_E ergibt, bzw. infolge der Notwendigkeit, die Bindung zuvor zu beseitigen

die Anpassungs-Entscheidungssituation: erneute Planung und (reagierende) Anpassungs-Entscheidung, Anpassungsvorgang und Vollzug des neuen Planes
(vgl. Abschnitt 72.3)

Bindungen können schützen oder hindern je nach der Beurteilung der Änderungen

das Verhältnis zwischen Entscheidungs- und Handlungsrisiken im Sinne der Antizipation von (30) in (20) einerseits und im Sinne der Bedeutung der „Vergangenheit" mit (20) für die „Gegenwart" mit (30) andererseits

Damit soll dem Leser eine vom Zeitablauf und Sachzusammenhang her bestimmte Ordnungsstruktur an die Hand gegeben werden.[42]

Wie stets, gibt es andere Meinungen. Verbreitet ist die Aufteilung in „Entscheidungen bei Risiko" und „Entscheidungen bei Unsicherheit".[43] Im ersten Fall sind dem Entscheidenden die Wahrscheinlichkeiten für die möglichen Ergebnisse bekannt, im zweiten nicht. Der Unterschied ist im Bereich des wirtschaftenden Entscheidens und Handelns durchweg nicht greifbar und verbraucht den zentralen Begriff „Risiko" für eine Ausnahmesituation.

Zum anderen beschränkt sich die Literatur darauf, die möglichen Zustände der Umwelt mit den möglichen Aktivitäten zu einer Matrix zu verknüpfen, welche die zugehörenden Ergebnisse zeigt.[44] Das eignet sich für den Erwerb von Wertpapieren, aber nicht für das erwerbswirtschaftliche Handeln als der geplante Vollzug im Zeitablauf. Dieser ist Grundlage und Voraussetzung, um Anpassungsfähigkeit und Anpassung in das Problemfeld „Risiken" einzufügen.

---

42 Hinweis: Entscheidungsrisiken und die Auswahl-Entscheidung gehören der alternativen Betrachtungsweise zu, während die Handlungsrisiken und die Anpassungs-Entscheidung der sukzessiven Betrachtungsweise zugehören; vgl. dazu Lehmann/Moog (1996) S. 462-72.
43 Vgl. z.B. Wöhe (20. Aufl. 2000) S. 157 f. (Stichwort „Entscheidungsregeln"); Bea/Dichtl/Schweitzer, Bd. I (7. Aufl. 1997) S. 395-401; Bamberg/Coenenberg 9. Aufl. 1996) S. 17, 66, 105.
44 Vgl. z.B. Bamberg, HWU 2000, Stichwort „Unsicherheitstheorie".

30. Die Bedeutung der Arbeitsteilung

„Arbeitsteilung" bezeichnet die alltägliche Erfahrung, daß eine „gemeinsame Aufgabe" von einer Mehrzahl von „Zuständigkeiten" erledigt wird. Dies sind im einfachsten Fall mehrere Personen, die z.B. das Gesamt der in einem privaten Haushalt anstehenden Arbeiten auf die Haushaltsmitglieder verteilen zwecks Erledigung. Die Gesamtaufgabe der Institution „Haushalt" wird nun im Wege einer *„internen Arbeitsteilung"* erledigt.

In gleicher Weise wird die von einer Betriebswirtschaft/Unternehmung zu besorgende Gesamtaufgabe ab dem Zwei-Personen-Betrieb in interner Arbeitsteilung erledigt, z.B. die vom Ehepaar betriebene Gastwirtschaft, Bäckerei, Landwirtschaft usw.

Noch umfassender wird die „Volkswirtschaft" eines Staates als eine Gesamtaufgabe verstanden. Sie wird gleichfalls arbeitsteilig durchgeführt, und zwar von „Wirtschaftseinheiten". Das ist der Oberbegriff für private Haushalte und Unternehmen - die nur einen oder eine Mehrzahl von Menschen in jeweils *einer* Zuständigkeit für das Wirtschaften zusammenfassen - sowie für öffentliche Haushalte.

Weil diese Wirtschaftseinheiten einer Volkswirtschaft über die Vorgänge „Leistung gegen Entgelt" miteinander verbunden sind, sprechen wir im Hinblick auf die Volkswirtschaft von *„externer Arbeitsteilung"*. Das Entgelt führt *zur Trennung in zwei* Zuständigkeiten für das Wirtschaften.

Sowohl die interne als auch die externe Arbeitsteilung sind mit Vorteilen und Nachteilen verbunden. Diese Vorteile machen sich vorab die Einkommensteuer auf der Erwerbsseite und die Umsatzsteuer auf der Verwendungsseite zunutze, was die „Nachbarschaftshilfe" und die Selbsterledigung im privaten Haushalt tendenziell vorteilhafter werden läßt.

Trotz dieser zweiseitigen Besteuerung der dem Haushalt verbundenen Vorgänge und den Nachteilen der Arbeitsteilung in einer Wirtschaftseinheit bzw. zwischen den Wirtschaftseinheiten überwiegen die Vorteile „per Saldo". Naheliegenderweise befaßt sich dieser Abschnitt 30 nicht mit der Arbeitsteilung selbst, sondern mit ihren Folgen, mit ihren Wirkungen. Dazu gehört als erstes die Kernfrage, die sich jeder Wirtschaftseinheit stellt: in welchem Umfang werden Leistungen erstellt entweder für den eigenen oder/und für fremden Bedarf bzw. werden Leistungen nachgefragt. Im Abschnitt 35 wird diese Problemstruktur anhand eines Rechenbeispiels verfolgt.

Die konsequente Unterscheidung zwischen „interner" und „externer Arbeitsteilung" führt mit Abschnitt 33 und 34 zu den Wirtschaftseinheiten (Unternehmen und Haushalte) einerseits und mit Abschnitt 36 zu den Märkten andererseits. Die externe Arbeitsteilung/das Marktgeschehen erfordert zur Funktionsfähigkeit insbesondere die Existenz des Rechts der gegenseitigen Verträge. Der Kennzeichnung und Stellung des „Vertrages" - mit seinen Phasen Vorbereitung, Abschluß und Durchführung - wendet sich der Abschnitt 37 zu. Die Berücksichtigung des Vertrages in Planung, Entscheidung, Durchführung und Abrechnung der betriebswirtschaftlichen Betätigung ist nicht zuletzt ein besonderes Anliegen dieser marktorientierten Grundlegung der Betriebswirtschaftslehre.

Der abschließende Abschnitt 38 versucht eine knapp gehaltene Integration der internen und externen Arbeitsteilung zur sogenannten „Theorie der Unternehmung".

31. Arbeitsteilung: die aufgeteilte Erledigung einer gemeinsamen Aufgabe

Die wissenschaftliche Erkenntnis der seit je geübten Arbeitsteilung gehört zu den wichtigsten Bausteinen der Wirtschaftswissenschaften (Volkswirtschaftslehre, Betriebswirtschaftslehre und Haushaltswirtschaftslehre). Die Arbeitsteilung hat zwei Seiten. *Zum einen* wird eine (Gesamt-)Aufgabe des wirtschaftenden Handelns als eine Mehrzahl von Teilaufgaben gesehen (z.B. „Geschirrabwasch" und „Abfall-Entsorgung") bzw. in Teilaufgaben zerlegt. *Zum anderen* erfolgt angesichts einer Mehrzahl von Personen bzw. Wirtschaftseinheiten eine „Zuweisung" der Erledigung der Teilaufgaben. Diese „Zuweisung" kann einerseits fallweise oder generell geregelt sein und wird andererseits angeordnet oder abgesprochen oder selbstgewählt sein - stets folgt daraus die Zuständigkeit einer Person bzw. einer Wirtschaftseinheit für die Erledigung einer (Teil-)Aufgabe in einer Gesamtaufgabe des

Wirtschaftens. Diese vorab zugewiesene ökonomische Zuständigkeit des einzelnen Beteiligten wird ergänzt um die möglichen Aspekte auch einer organisatorischen oder/und einer abrechnenden oder/und einer rechtlichen Zuständigkeit.

Alle vier Merkmale zusammengenommen kennzeichnen das einpersonale Wirtschaften zur abgegrenzten Wirtschaftseinheit des „Ein-Mann-Betriebes", zutreffender bezeichnet: der Ein-Personen-Wirtschaftseinheit.

Der Leser erkennt sofort die Varianten, wenn sich *zwei* Personen unter einem Merkmal vereinen:
1) *Aufgabengemeinschaft* bei der arbeitsteiligen Erledigung der einen Aufgabe durch beide;
2) *Zuständigkeitsgemeinschaft*, wenn beide für die Erledigung der einen Aufgabe (nur) zuständig sind, es jedoch offenbleibt, wer tätig wird (z.B. „job sharing" als Arbeitsvertrag);
3) *Erfolgsgemeinschaft*, wenn sich beide in das errechnete Ergebnis des Wirtschaftens bzw. in den Verbrauch bzw. Gebrauch des Erworbenen teilen;
4) *Rechtsgemeinschaft* mit den Aspekten der Handlungs-, Vermögens- und Haftungsgemeinschaft.

Die vier aufgezeigten Aspekte: Aufgabenerledigung, organisatorische Zuständigkeit, Erfolg und rechtliche Zuständigkeit i.w.S. lassen sich also mit der Unterscheidung „eine Person" bzw. „Personenmehrzahl" verbinden. Fügen wir nun noch die Zweiteilung „gesamtwirtschaftliche" bzw. „einzelwirtschaftliche Sicht" hinzu, dann können wir die externe bzw. die interne Arbeitsteilung einer Volkswirtschaft wie folgt beschreiben:

Beziehen wir die „Aufgabengemeinschaft" auf die gesamtwirtschaftliche/ volkswirtschaftliche Aufgabe, dann erfolgt die Erledigung durch Wirtschaftseinheiten, die jeweils hinsichtlich Organisation, Erfolg und Recht selbständig sind, zu diesen drei Punkten also nicht eine Gesamtgemeinschaft bilden. Wir bezeichnen diese Konstellation *als externe Arbeitsteilung zwischen den Wirtschaftseinheiten* (einer Volkswirtschaft), die mit dem Entstehen bzw. Bestehen von Märkten sowie mit dem Recht der zweiseitigen Verträge verbunden ist. Externe Arbeitsteilung, Märkte und die vertraglichen Vorgänge „Leistung gegen Entgelt" betonen nur unterschiedlich, was wir mit der *Bezeichnung „Entgeltwirtschaft"* kurz und knapp zusammenfassen. Aus der Sicht der Wirtschaftseinheiten stellt sich die externe Arbeitsteilung so dar, daß die eine Wirtschaftseinheit eine Leistung erstellt und eine andere Wirtschaftseinheit die erworbene Leistung verwendet (durch Nutzung, Gebrauch bzw. Verbrauch oder durch Wiederveräußerung).

Interne Arbeitsteilung bezieht sich auf eine mehrpersonale Wirtschaftseinheit. Sie ist von ihrem ökonomischen Aufgabenbereich her eine Aufgabengemeinschaft. Handelt es sich dabei um eine Erwerbswirtschaft, dann führt die interne Arbeitsteilung zum Entstehen von Unternehmen, vgl. Abschnitt 34. Die arbeitsteilige Erledigung der gemeinsamen Aufgabe erfolgt hier in der Regel mit Hilfe der Mitarbeiter, die mit einem Arbeitsvertrag je beteiligte Person dem Unternehmen verbunden sind. Der Vertrag sondert die Punkte 2) bis 4) in die Rechtsbeziehung zwischen Arbeitgeber und Arbeitnehmer und grenzt sie so vom Unternehmensbereich ab.

Wenn die erwerbswirtschaftliche Aufgabengemeinschaft auch zu 2) bis 4) als Gemeinschaft des Rechts konzipiert wird, dann spricht man – die Beteiligten zusammenfassend – von einer Personen- bzw. Kapitalgesellschaft. Worauf es ankommt: die arbeitsteilige Erledigung der von der Wirtschaftseinheit her gesehen gemeinsamen Aufgabe bedarf (auch) der rechtlichen Regelung der Beziehungen zwischen den *in* der Wirtschaftseinheit tätigen Menschen. Dabei unterscheidet die rechtlich gefaßte Wirtschaftsgemeinschaft die Mitarbeiter im Arbeitsvertrag von den Beteiligten im Gesellschaftsvertrag.

Die Rechtsform für die private Haushaltswirtschaft mit mehreren Personen entstammt i.d.R. dem Ehe- und Familienrecht. Anderenfalls stützt sich die Gemeinschaft auf den gemeinsamen Mietvertrag oder sogar nur auf die faktische Wohn- und Lebensgemeinschaft.

Der gemeinsame ökonomische Nenner der externen und internen Arbeitsteilung liegt in dem Verwirklichen von Spezialisierungs-Vorteilen: Zum einen sind die Fähigkeiten und die Möglichkeiten von Natur aus, über die Ausbildung und über andere Faktoren für die leistungswirtschaftliche Betätigung der Menschen verschieden, zum anderen begünstigt die wiederholte Erledigung derselben Teilaufgabe eine rationelle/effiziente Abwicklung.

Andererseits führt die Arbeitsteilung zum Entstehen besonderer Kosten mit dem Oberbegriff „Koordinationskosten": der *externen* Arbeitsteilung folgen die *Transaktions*kosten *zwischen* den Wirtschaftseinheiten, der *internen* Arbeitsteilung folgen die *Organisations*kosten *in* der produktiven *Mehr*-Personen-Wirtschaftseinheit. Eine Zusammenfassung, die zugleich vorgreift, möchte eine Übersicht vermitteln:

Arbeitsteilung (als Vorgang) besagt, daß die Erledigung einer Aufgabe auf eine Mehrzahl verteilt wird. Arbeitsteilung (als Zustand) ist die aufgeteilte Erledigung einer gemeinsamen Aufgabe.

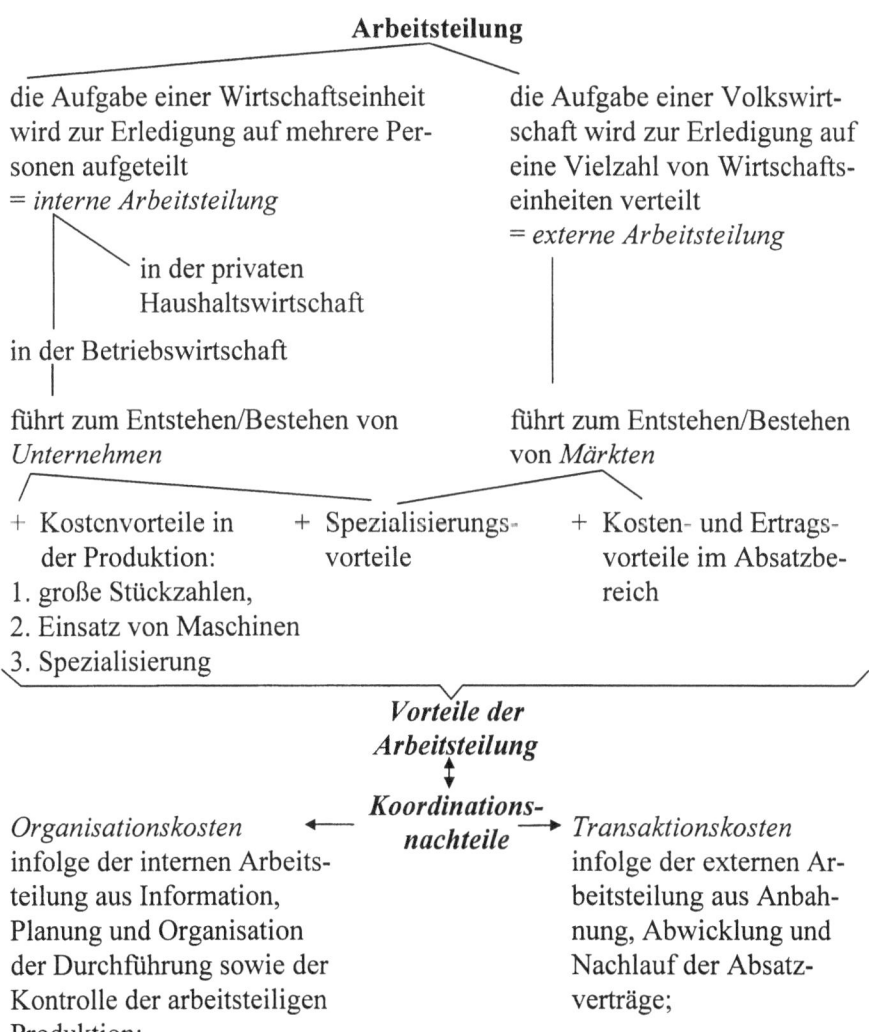

die interne Arbeitsteilung ist weisungsverbundenes Handeln zwischen hierarchisch-geordneten Zuständigkeiten, vgl. Abschnitt 33.

die externe Arbeitsteilung ist marktverbundenes Handeln zwischen nebengeordneten Zuständigkeiten, vgl. Abschnitt 36.

32. Zur ersten wissenschaftlichen Beschreibung der Arbeitsteilung

Nunmehr bringen wir die erstmalige Beschreibung der Arbeitsteilung aus dem Jahre 1776 von Adam Smith. Die eingefügten Zählziffern stehen jeweils für einen im Text angeführten Aspekt der Arbeitsteilung. Die gefundenen neun Aspekte werden anschließend als Zusammenhang geordnet.

Adam Smith[1], Die Vorzüge der Arbeitsteilung

Die Arbeitsteilung dürfte die produktiven Kräfte der Arbeit mehr als alles andere fördern und verbessern. Das gleiche gilt wohl für die Geschicklichkeit, Sachkenntnis und Erfahrung, mit der sie überall eingesetzt oder verrichtet wird.

Wir wollen daher als Beispiel die Herstellung von Stecknadeln wählen, ein recht unscheinbares Gewerbe, das aber schon häufig zur Erklärung der Arbeitsteilung diente. Ein Arbeiter, der noch niemals Stecknadeln gemacht hat und auch nicht <u>dazu angelernt</u>(6) ist (erst die Arbeitsteilung hat daraus <u>ein selbständiges Gewerbe</u>(1) gemacht), so daß er auch mit den dazu <u>eingesetzten Maschinen</u>(2) nicht <u>vertraut</u>(6) ist (auch zu deren Erfindung hat die Arbeitsteilung vermutlich Anlaß gegeben), könnte er, selbst wenn er sehr <u>fleißig</u>(7) ist, täglich höchstens eine, sicherlich aber keine zwanzig Nadeln herstellen. Aber so, wie die Herstellung von Stecknadeln heute betrieben wird, ist sie nicht nur als Ganzes ein selbständiges Gewerbe. Sie zerfällt vielmehr in eine Reihe <u>getrennter Arbeitsgänge</u>(3), die zumeist zur <u>fachlichen Spezialisierung</u>(5) geführt haben. Der eine Arbeiter zieht den Draht,

---

1 Adam Smith, Der Wohlstand der Nationen. Eine Untersuchung seiner Natur und seiner Ursachen, 1. Aufl. 1776, 5. Aufl. 1789. Aus dem Englischen übertragen von Horst Claus Recktenwald, München 1978, S. 10 f.

32. Zur ersten wissenschaftlichen Beschreibung der Arbeitsteilung

der andere streckt ihn, ein dritter schneidet ihn, ein vierter spitzt ihn zu, ein fünfter schleift das obere Ende, damit der Kopf aufgesetzt werden kann. Auch die Herstellung des Kopfes erfordert zwei oder drei getrennte Arbeitsgänge.
Das Ansetzen des Kopfes ist eine eigene Tätigkeit, ebenso das Weißglühen der Nadel, ja, selbst das Verpacken der Nadeln ist eine Arbeit für sich. Um eine Stecknadel anzufertigen, sind somit etwa 18 verschiedene <u>Arbeitsgänge</u>(3) notwendig, die in einigen Fabriken jeweils <u>verschiedene Arbeiter besorgen, während in anderen ein einzelner zwei oder drei</u>(4) davon ausführt. Ich selbst habe eine kleine Manufaktur dieser Art gesehen, in der nur 10 Leute beschäftigt waren, so daß einige von ihnen zwei oder drei solcher Arbeiten übernehmen mußten. Obwohl sie nun sehr arm und nur recht und schlecht mit dem nötigen Werkzeug ausgerüstet waren, konnten sie zusammen am Tage doch etwa 12 Pfund Stecknadeln anfertigen, wenn sie sich einigermaßen <u>anstrengten</u>(7). Rechnet man für ein Pfund über 4000 Stecknadeln mittlerer Größe, so waren die 10 Arbeiter imstande, täglich etwa 48000 Nadeln herzustellen, jeder also ungefähr 4800 Stück. Hätten <u>sie indes alle einzeln und unabhängig</u>(8) voneinander gearbeitet, noch dazu <u>ohne besondere Ausbildung</u>(5), so hätte der einzelne gewiß nicht einmal 20, vielleicht sogar keine einzige Nadel am Tag zustande gebracht. Mit anderen Worten, sie hätten mit Sicherheit nicht den zweihundertvierzigsten, vielleicht nicht einmal den vierhundertachtzigsten Teil von dem produziert, was sie nunmehr infolge einer sinnvollen <u>Teilung und Verknüpfung der einzelnen Arbeitsgänge</u>(9) zu erzeugen imstande waren.
In jedem anderen Handwerk und Gewerbe wirkt sich die Arbeitsteilung oder Spezialisierung ähnlich wie in diesem doch recht unbedeutenden Erwerbszweig aus, wenn auch in vielen von ihnen der gesamte Produktionsablauf nicht so stark zerlegt und <u>auf einzelne Verrichtungen</u>(3) zurückgeführt werden kann. Sobald aber die Teilung der Arbeit in einem Gewerbe möglich ist, führt sie zu einer entsprechenden Steigerung ihrer Produktivität. In diesem Vorteil dürfte der Grund zu suchen sein, daß es überhaupt zu verschiedenen <u>Gewerben</u>(1) und <u>Berufen</u>(5) kam. Auch ist die Spezialisierung gewöhnlich in Ländern am weitesten fortgeschritten, die wirtschaftlich am höchsten entwickelt sind.

Die Zählziffern bedeuten:
(1) Die Arbeitsteilung im Bereich der Güterproduktion verselbständigt sie aus den Haushaltswirtschaften heraus zu selbständigen Betriebswirt-

schaften. Das bedeutet externe Arbeitsteilung zwischen den Wirtschaftseinheiten und zugleich die Produktion in großen Stückzahlen.

(2) Diese lohnen die Entwicklung bzw. die Anschaffung von Maschinen/Betriebsmitteln. Man kann dies einerseits als interne Arbeitsteilung zwischen Mensch und Maschine bezeichnen oder als Substitution von Arbeitseinsatz durch den Einsatz von Maschinen.

(3) Die Aufteilung der vom jeweiligen Produkt bestimmten Fertigungsaufgabe in Teilaufgaben zwecks arbeitsteiliger Erledigung und

(4) das Ausmaß/der Grad der Zerlegung wird verbunden mit der Zuweisung auf die Arbeiter entsprechend

(5) ihren unterschiedlichen Fähigkeiten, Fertigkeiten und ihrer Ausbildung.

(6) Zudem wird das Arbeitsergebnis mitbestimmt von den Lern- und Übungseffekten infolge der Wiederholung der Tätigkeiten, und schließlich

(7) von der Motivation des Mitarbeiters.

(8) Die Effizienz der internen Arbeitsteilung, gemessen als der Stückkosten-Vorteil gegenüber dem „Ein-Mann-Betrieb" folgt aus den großen Stückzahlen - Punkt 1 -, aus dem Einsatz von Maschinen - Punkt 2 - sowie aus der Spezialisierung bei den Arbeitern - Punkte 3 bis 7 zusammengefaßt.

(9) Die Effizienz der internen Arbeitsteilung wird z.T. wegkompensiert durch die anfallenden Kosten der Koordination der arbeitsteiligen Produktion im Wege der Information, der Planung, der Organisation, der Durchführung und der Kontrolle.

Die neun im Text angeführten Aspekte der Arbeitsteilung lassen sich also zu einem überzeugenden Sachzusammenhang verknüpfen.

33. Die „interne Arbeitsteilung" in einer Wirtschaftseinheit: Vorteile und Organisationskosten als Nachteile

„Interne Arbeitsteilung" bezieht sich auf die Erledigung der Gesamtaufgabe, für die eine Wirtschaftseinheit als solche zuständig ist, durch eine Mehrzahl von Personen, die der Wirtschaftseinheit zugehören. Wegen der Verbindung mit dem Recht ersetzen wir die „Wirtschaftseinheit" durch ihre jeweilige „Institution" - vgl. Abschnitt 12 - und sprechen nachfolgend von dem Unternehmen bzw. von dem (privaten) Haushalt.

Wir beschreiben die „interne Arbeitsteilung" in drei Schritten, die sie zugleich als sachlich-zeitliche Abfolge gliedert:

(10) Es beginnt mit dem „institutionellen Aspekt": die Institution im Einzelfall (Unternehmung, Haushalt) faßt bestimmte Personen für eine bestimmte Gesamtaufgabe des Wirtschaftens zusammen.

(20) Personenzahl und Gesamtaufgabe vorgegeben, ist letztere (21) in Teil-Aufgaben aufzuteilen und diese sind (22) an die Personen zwecks Erledigung der Arbeit zuzuweisen. Das Ergebnis ist (23) die Zuständigkeit einer Person für die Erledigung einer Teil-Aufgabe.

Der beschriebene Vorgang ist dem Leser aus der Haushaltswirtschaft bekannt und seinen Ablauf im Sinne des Setzens einer generellen Regel oder des fallweisen Entscheidens - und dieses einseitig oder gemeinsam - kann er sich anhand der Teil-Aufgabe „wer mäht den Rasen?" in das Gedächtnis zurückrufen.

In den Unternehmen wird die Teil-Aufgabe zum „Arbeitsplatz", und dieser wird dann mit dem Mitarbeiter besetzt. Das ist allerdings leichter hingeschrieben als getan: denn die Aufgabenzuweisung bzw. die Stellenbesetzung verwirklicht die „Spezialisierung", die neben der einfachen Aufgaben-Aufteilung (wegen ihres Umfanges auf mehrere Personen) die interne Arbeitsteilung kennzeichnet. Die „Spezialisierung" zieht gewissermaßen die leistungswirtschaftlichen Konsequenzen aus der Verschiedenheit der Fähigkeiten, des Könnens, der Motivation und der Ausbildung der Menschen.

(30) Die Spezialisierung, die mit der Aufgabenzuweisung vollzogen wird, ist (32) eine Vorwegnahme der Erledigung der Teil-Aufgaben. Bezeichnungen wie rationelle, effektive, ergiebige oder motivierte Erledigung der anstehenden Aufgaben versuchen, die vorteilhaften Wirkungen der internen Arbeitsteilung infolge der Spezialisierung auszudrücken. Hinzu kommen (31) die vorteilhaften Wirkungen aus der bloßen Aufteilung: die Wiederholungshäufigkeit erhöht sich dadurch und führt zu Lern- und Übungseffekten.

Naheliegenderweise ist die interne Arbeitsteilung keine unerschöpfliche Quelle effektiverer Aufgaben-Erledigung: so erwies sich z.B. die Fließband-Arbeit als Maximum, aber nicht als das Optimum.

Die nachfolgende Übersicht über die Aspekte der internen Arbeitsteilung bildet mit den *durchgezogenen* Linien die Struktur, und zwar einerseits von

(20) der Gesamtaufgabe und von (30) ihrer Erledigung her und andererseits mit Hilfe (01) der „Aufteilung" und (02) der „Verknüpfung". Die so gewonnenen vier Aspekte der internen Arbeitsteilung sind mittels der *gestrichelten* Pfeile als sachlich-zeitliche Abfolge verbunden. Diese umfaßt vier Stichworte: Teilung, Zuweisung, Spezialisierung, Erledigung.

(10) die Institution im Einzelfall
  mit ihrer Gesamtaufgabe und ihrer Personenzahl sind vorgegeben

(20) die Gesamtaufgabe einer Institution (Unternehmung, Haushalt)
  mit (01) der Aufteilung und mit (02) der Verknüpfung
    die gemeinsame Aufgabe aus der Sicht aller Mitarbeiter

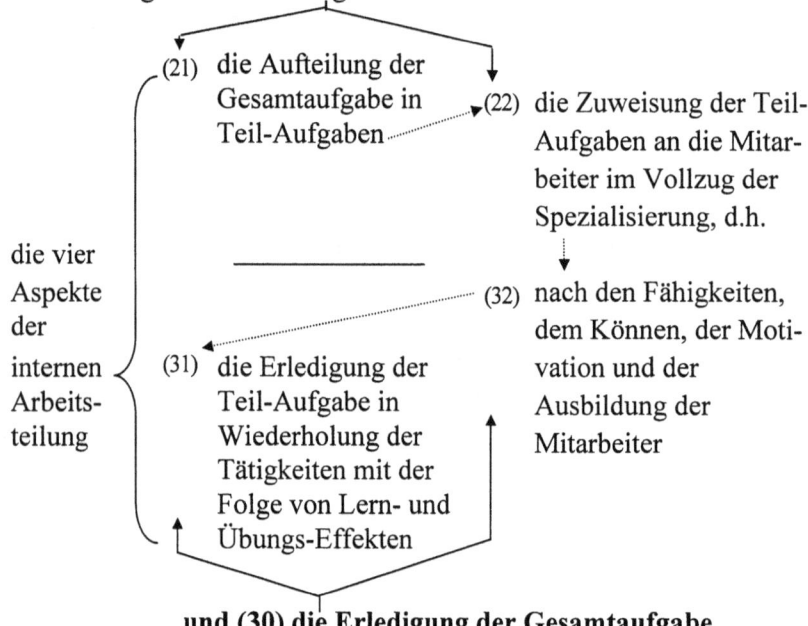

und (30) die Erledigung der Gesamtaufgabe

33. Die „interne Arbeitsteilung" in einer Wirtschaftseinheit

Naheliegenderweise ist eine vorgenommene Arbeitsteilung kein einmaliger Vorgang mit dauerhaftem Ergebnis. Änderungen gehen von seiten der Gesamtaufgabe der Wirtschafteinheit einerseits und von den Mitarbeitern andererseits aus. Von größerer Bedeutung sind die strukturellen Änderungen der Arbeitsteilung, die mit dem Stichwort „Substitution der Arbeit durch die Technik" bezeichnet werden. Grundlage ist der „technische Fortschritt" – in der Unterteilung in Verfahrens- und Produktfortschritt –, ergänzt um Änderungen der Organisation – in der Aufteilung in Struktur- und Ablauf-Organisation. Eine derartige Entwicklung schafft i.d.R. Verteilungsspielraum, um die quantitativ meßbare bzw. die qualitative Wohlfahrt der Beteiligten zu erhöhen:
1) der Arbeitslohn wird erhöht
2) die Absatzpreise werden gesenkt
3) der Gewinn der Unternehmung ist höher
4) die Arbeitszeit wird verkürzt
5) die Arbeitsbedingungen werden verbessert
6) die Produktqualität wird verbessert.

Eine strukturelle Änderung betreffend die privaten Haushalte besteht in der Abnahme selbsterstellter respektive in der Zunahme der fremdbezogenen Leistungen. Dadurch erhöht sich der Grad der externen Arbeitsteilung in einer Volkswirtschaft. Parallel dazu verläuft die Tendenz, das durch die haushaltswirtschaftliche Betätigung erwirtschaftete Real-Einkommen zu ersetzen durch das erwerbswirtschaftlich erzielte Nominal-Einkommen. Wie eingangs erwähnt, partizipiert der Fiskus daran mit der Einkommensteuer und mit der Umsatzsteuer zweifach.

Wenn wir die Belastung des erzielten Einkommens durch die Einkommensteuer mit der Belastung des für Konsumzwecke verwendeten Einkommens durch die Umsatzsteuer zusammenfassen, ergibt sich für ein Beispiel:
(1) ein Teilbetrag des zu versteuernden Einkommens sei   145,00
(2) die Belastung durch die Einkommensteuer betrage 20% ./. 29,00
(3) danach verbleibt ein Netto-Verfügungsbetrag von   = 116,00
(4) der Ladenpreis einer Ware betrage 116,-
(5) davon muß der Verkäufer als Umsatzsteuer an das Finanzamt abführen   ./. 16,00
(6) der Netto-Warenwert ist mithin   = 100,00

Ergebnis: Von dem erzielten Einkommen von 145,00 gehen 29,00 plus 16,00 an das Finanzamt und es verbleiben nur 100,- als (Netto-) Entgeltbetrag für den Erwerb einer Leistung. Die steuerliche Belastung auf der Erwerbs- und auf der Verwendungsseite erreicht zusammengefaßt 31,03% von oben. So ergiebig die Arbeitsteilung zwischen den Wirtschaftseinheiten sein mag - der Staat nimmt den zwangsläufigen Vorgang „Leistung gegen Entgelt" zum Anlaß, zweimal und unter verschiedenen Namen kräftig zuzugreifen.

34. Die „interne Arbeitsteilung": Gemeinschaften und Trennungen

Die vorausgegangenen Überlegungen zur Arbeitsteilung innerhalb einer Wirtschaftseinheit setzen eine Mehrzahl beteiligter Personen voraus. Das Erledigen der gemeinsamen Aufgabe vereint sie, während sie das Interesse an der Verteilung des erwirtschafteten Ergebnisses trennt, unterstützt von den vorausgehend vereinbarten rechtlichen Regeln. Wir erörtern diese Aspekte an dem Beispiel „interne Arbeitsteilung in einer Gastwirtschaft."

Seit der Dichter Ludwig Uhland (1787-1862) am 27.11.1811 hier verweilt und sein neuestes Gedicht vorgetragen hatte, wurde das „Waldhörnle" umbenannt in das Gasthaus „Zum Weißen Hirschen". Derzeit führen es die Eheleute A und B, und die Schwägerin C arbeitet mit.

Somit ist im Sinne von oben (10) die Gesamtaufgabe von der Gastwirtschaft her – mit der Breite ihres Leistungsprogramms und dessen Produktionstiefe – und die Personenmehrzahl gegeben. Wie die nachfolgenden Graphiken zeigen, ist auf diese Weise ein Gemeinschaftsbereich beschrieben, den wir als (20) Aufgabengemeinschaft und – nach Zuweisung – als (30) Erledigungsgemeinschaft konkret benennen können. Damit ist eine rein wirtschaftliche, präziser: eine ausschließlich realökonomische Gemeinschaft bezeichnet. Darauf bezogen, ist die Schwägerin C Mit-Arbeiterin im Sinne des Wortes: sie hat die Teil-Aufgaben Nr. 5 und 6 zur Erledigung zugewiesen erhalten und für die Aufgabe Nr. 4 ist eine „Zuständigkeitsgemeinschaft" mit B vereinbart worden.

Ihr Mit-Arbeiten bezieht sich auf das Erledigen der Gesamtaufgabe der Institution „Betriebswirtschaft". Die Gesamtaufgabe einer Betriebswirtschaft hatten wir auf den Betriebsprozeß verdichtet – vgl. Abschnitt 22 – mit dem Zweck, Entgelt-Einnahmen zu erwerben. Wir können deshalb (10) + (20) + (30) unter der Bezeichnung „Zweckgemeinschaft" oder (Erwerbs-)Wirtschaftsgemeinschaft zusammenfassen. Wegen ihrer Arbeitsleistungen gehören die Mitarbeiter zu dieser Zweckgemeinschaft: sie wirken mit in der Verwirklichung des Zwecks der Betriebswirtschaft, Entgelt-Einnahmen zu erwirtschaften.

Die Trennung beginnt vom Wirtschaften her gesehen bereits mit dem Übergang in den rechenökonomischen Bereich. Von der Zielsetzung ihrer erwerbswirtschaftlichen Betätigung her gehört die Schwägerin nicht zur „Erfolgsgemeinschaft", sondern sie hat sich mittels des vereinbarten Arbeits-Entgelts davon abgesondert. Zivilrechtlich wird die Trennung mit dem Abschluß des Arbeitsvertrages vollzogen. Er trennt nicht nur das Arbeits-Entgelt als fixiertes Voraus aus dem (Brutto-)Erfolg der betriebswirtschaftlichen Betätigung in Form der Gastwirtschaft ab, sondern auch von der Rechtsform – in unserem Beispiel liegt die Gesellschaft des bürgerlichen Rechtes nahe –, welche die Betriebswirtschaft zum Unternehmen ergänzt. Anders formuliert: wegen seiner Arbeitsleistungen gehört der Mitarbeiter zur Wirtschafts-/Zweckgemeinschaft, wegen seines vereinbarten Arbeitsentgeltes jedoch weder zur Erfolgsgemeinschaft[2] noch zu der (Personen- bzw. Kapital-)Gesellschaft. Die gegenüber der jeweiligen „Rechtsform" umfassendere Rechtsgemeinschaft, die auch die Arbeitnehmer einschließt, wird als „Unternehmensverfassung" bezeichnet und eine über das Arbeitsentgelt hinausgehende Zahlung als „Erfolgsbeteiligung".

In der nachfolgenden Übersicht, die die verschiedenen Gemeinschaften ins Verhältnis setzt, kommt die „Rechtsform" zweimal vor: in (10) als die rechtliche Komponente der erwerbswirtschaftlichen Institution „Unternehmung" und unter (50) als der personenrechtliche Zusammenschluß mit dem übereinstimmenden Ziel, „Einkünfte" zu erzielen. Mit anderen Worten: die jeweilige Rechtsform als Bestandteil der (realökonomischen) Wirtschaftsgemeinschaft verengt sich auf die Gesellschafter betreffend die Verwirklichung des Zieles „Erfolg"/Gewinn, weshalb wir hier von der (rechenökonomischen) Zielgemeinschaft sprechen.

---

2   Im Hinblick auf das Arbeitsentgelt ist die Betriebswirtschaft/Unternehmung keine „Institution der Einkommensbildung", wie Loitlsberger (2000) S. 3 f. ausführt; S. 551-566 unter der anderen Bezeichnung „Wertschöpfung".

Die Gemeinschaften unterscheiden sich in rechtlicher, realökonomischer und rechenökonomischer Hinsicht:

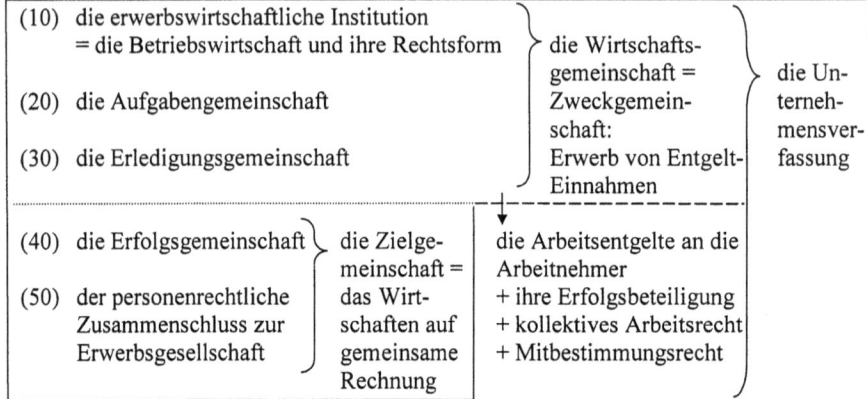

Diese Übersicht wenden wir nun auf unsere Gastwirtschaft an, in der die drei Personen A und B (zugleich Ehepaar) und C als Mitarbeiterin tätig sind.

34. Die „interne Arbeitsteilung": Gemeinschaften und Trennungen 113

Die Arbeitsteilung im Gasthaus „Zum Weißen Hirschen"

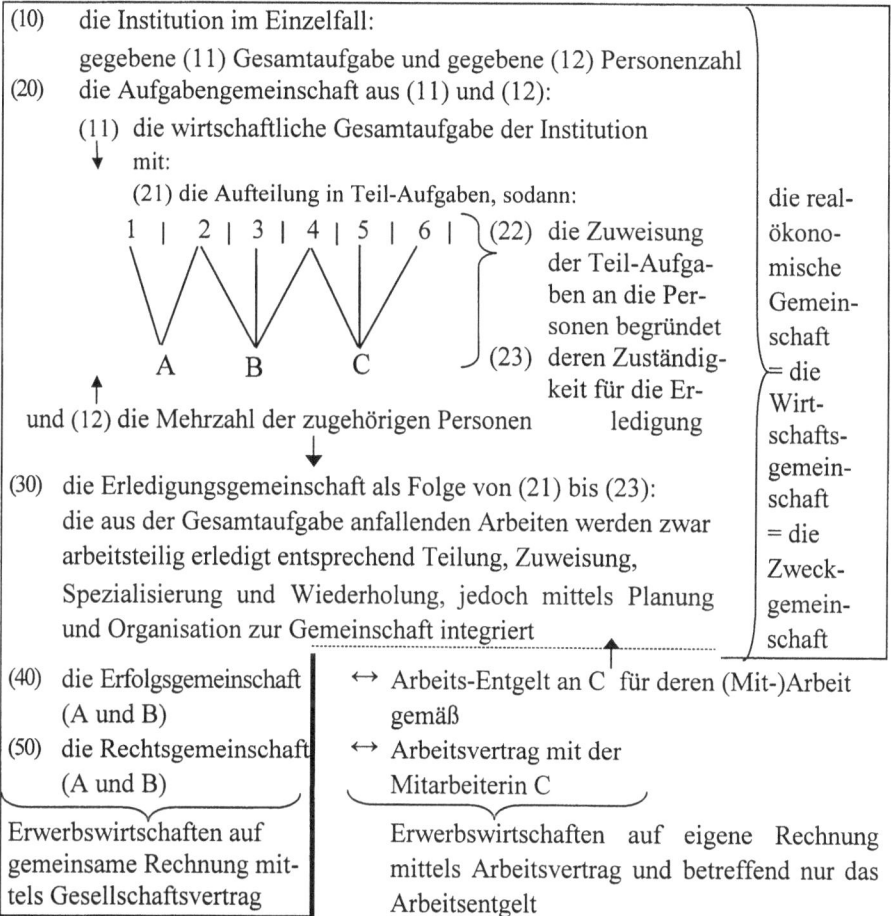

Kurz: die Schwägerin C ist erwerbswirtschaftlich tätig *auf eigene Rechnung mittels Arbeitsvertrag*. A und B bilden infolge des Eheschlusses vorab eine familienrechtliche Rechtsgemeinschaft. Zumindest das Finanzamt interessiert sich jedoch weitergehend für die rechtliche Gestaltung des Erwerbswirtschaftens der Eheleute. Nehmen wir an, daß die beiden in steuerlicher Unschuld eine Gesellschaft des bürgerlichen Rechts vereinbart haben. Im Kommentar zu § 705 BGB liest man,[3] daß A und B damit einen Vertrag abgeschlossen haben, mit dem ein gemeinsamer Zweck verfolgt und erreicht werden soll. Setzen wir für diesen Zweck den Erwerb von Entgelt-Einnah-

---

3 Palandt, Bürgerliches Gesetzbuch (54. Aufl. 1995), Anm. 3, 14 bis 16 zu § 705 BGB.

men mittels Abgabe von Betriebsleistungen,[4] so kennzeichnet dies nur den Zweck der Betriebswirtschaft, aber nicht unter Ausschluß der Mitarbeiter den Zweck der Personengesellschaft. Auch hier kommt der Jurist nicht zurecht. Die Erwerbsgesellschaft und damit der „Zweck der Gesellschaft" aus der Sicht der Gesellschafter wird erst auf der rechenökonomischen Ebene greifbar als das „Wirtschaften auf gemeinsame Rechnung".[5] Also: weder „das gemeinsame Wirtschaften" noch „die Wirtschaftsgemeinschaft" kann mit der Personengesellschaft gleichgesetzt werden, sondern erst die Zielsetzung, Gewinn zu erwirtschaften.[6] Das Ziel des einzelnen Beteiligten ist mit dem Anteil am Gewinn oder mit dem Erzielen von betrieblicher Einkunft bezeichnet. Während der Jurist von dem „gemeinsamen Interesse" der Gesellschafter spricht, muß es zutreffend heißen: das übereinstimmende Interesse der Einkunftserzielung.

In unserer graphischen Darstellung beginnt die Gesellschaft des bürgerlichen Rechts als der rechtliche Zusammenschluß von A und B erst mit (40) der Erfolgsgemeinschaft.

Hinsichtlich ihrer (Arbeits-)Einsatzleistungen bilden A, B und C die leistungswirtschaftliche Gemeinschaft, um die gemeinsame Aufgabe „Gastwirtschaft" in arbeitsteiliger Weise zu erledigen. Mit der Zahlung von Entgelt an C infolge des Arbeitsvertrages beginnt die Trennung. Erst das als Lohn-Aufwand verrechnete Entgelt ergibt den Saldo „Erfolg", der mit der Rechtsgemeinschaft/Personengesellschaft (A und B) verknüpft werden kann. Also: die Personengesellschaften sind Wirtschaftsgemeinschaften einschließlich der Mitarbeiter und sind hinsichtlich der Gesellschafter erst und nur Erfolgsgemeinschaften.

---

4   Präziser wird man „das Betreiben eines Erwerbsgeschäfts" nicht kennzeichnen können, das als maßgebend angesehen wird für die Unterscheidung zwischen wirtschaftlichem bzw. ideellem Zweck, der mit der Gesellschaft verfolgt wird.
5   Ausführlicher Lehmann (SteuerStud 1988) S. 332 f.
6   Das weiterreichende Nichtverständnis dieser Zusammenhänge zeigt das Urteil des BGH vom 2.6.1997 - II ZR 81/96 (KG) - ZiP 1997, S. 1453 f. Ob die Gesellschaft des bürgerlichen Rechts ein Erwerbsgeschäft betreibt oder das Nutzen von Wohnungs-Eigentum durch die Gesellschafter, sind übereinstimmend jeweils eine wirtschaftliche Betätigung auf gemeinsame Rechnung. Daran kann die Unterscheidung zwischen „wirtschaftlichem" und „ideellem Zweck" nicht verankert werden, wie schon die wirtschaftliche Nähe zwischen Vermieten und Selbernutzen eines Eigenheims in Gesamthands-Eigentum zeigt. Der BGH identifiziert „wirtschaftlich" mit dem engeren „erwerbswirtschaftlich" und definiert dieses einmal realökonomisch und ein andermal rechenökonomisch (S. 1454 l.Sp.).

34. Die „interne Arbeitsteilung": Gemeinschaften und Trennungen

Der Ermittlung des erwirtschafteten Gewinns folgen seine gesonderte Feststellung und seine Aufteilung nach, die jeweils bei A und bei B getrennt zu „gewerblicher Einkunft" in Höhe des Anteils am Gewinn führt. Im Wege der „gemeinsamen Veranlagung" der Eheleute erfolgt später wieder die Addition. Die Rechtsgemeinschaften - Ehe und Erwerbsgesellschaft - genügen dem Einkommensteuerrecht nicht! Der Steuerjurist spaltet erst und addiert dann wieder, weil er mit der „Gemeinschaft" nicht zurecht kommt.

Somit können wir als Erkenntnis festhalten, daß *die interne Arbeitsteilung* zwar zu einer realökonomischen Gemeinschaft führt, die jedoch mittels Arbeitsvertrag, anderer gegenseitiger Verträge und gesellschaftsrechtlicher Vereinbarungen auf die Mit-Arbeiter (im ökonomischen Sinne) hin kanalisiert wird. Angesichts der unerschöpflichen Fülle der Gestaltungsmöglichkeiten bleibt als gemeinsamer Nenner der Schwebezustand der „nicht-vollständigen Trennung".

Die externe Arbeitsteilung kommt umgekehrt von den zwei getrennten Zuständen her und führt deshalb im gegenseitigen Vertrag zur „nicht-vollständigen Gemeinschaft". Anders formuliert: Bei der internen Arbeitsteilung schafft die Realökonomie die Gemeinschaft, die mit Hilfe rechtlicher Regeln auf die Beteiligten hin auseinanderstrebt. Bei der externen Arbeitsteilung hingegen schafft das Recht die Gemeinschaft trotz der entgegengesetzten ökonomischen Interessen der Beteiligten.
Diese Kennzeichnung beschreibt die interne und externe Arbeitsteilung als umgekehrte Verhältnisse von Ökonomie und Recht wie folgt:

die interne Arbeitsteilung:

zusammen genommen eine nicht-vollständige Trennung
- a) das arbeitsteilige Wirtschaften im Vollzug der Gesamtaufgabe bildet die Gemeinschaft, von uns als Wirtschafts- oder Zweckgemeinschaft bezeichnet
- b) das (Vertrags-)Recht (in Varianten) trennt dann auf die Beteiligung am Brutto-Ergebnis hin

die externe Arbeitsteilung:

zusammen genommen eine nicht-vollständige Gemeinschaft
- b) der zweiseitige und gegenseitige Vertrag begründet die (halbherzige) Gemeinschaft, als Vertragsgemeinschaft zu bezeichnen
- a) das Wirtschaften ist getrennt und auf zwei Wirtschaftseinheiten/Rechtszuständigkeiten mit entgegengesetzten Interessen aufgeteilt

Aus dem Vergleich ersehen wir:
1. Bei beiden Konstellationen geht der Verlauf vom Wirtschaften zum Recht, von a) nach b).
2. Bei den beiden Konstellationen unterscheidet sich das Wirtschaften mit den Stichworten „gemeinsam" bzw. „getrennt".
3. In Umkehrung dazu trennt das Recht im ersten Fall und vereint im zweiten Fall.
4. Resultierend ist die interne Arbeitsteilung mit der Wirtschaftsgemeinschaft und dem trennenden Recht beschrieben, während die externe Arbeitsteilung die Rechtsgemeinschaft des Vertrags erfordert bei getrenntem Wirtschaften.[7]

Ersichtlich wird die zunächst nur ökonomisch betrachtete Arbeitsteilung einschließlich des verteilenden bzw. des verbindenden Rechts zur ausgedehnten wenn nicht ausschließlichen Grundlage des Wirtschaftens.

Nach den bisherigen Überlegungen bezeichnen wir mit der „internen Arbeitsteilung" das Aufteilen einer gemeinsamen Gesamtaufgabe und das Zuweisen der Teil-Aufgaben unter Verwirklichung der Spezialisierung auf die der Institution (Unternehmen, Haushalt) zugehörenden Personen zwecks Erledigung. Die interne Arbeitsteilung erhöht die Effektivität, was man als Senkung der Produktionskosten pro Stück anschaulicher bezeichnen kann. Andererseits erfordert die Arbeitsteilung *die Organisation* zwischen den an der Gesamtaufgabe Beteiligten. Zur Organisation gehören zum einen der Aufbau der Unternehmung i.S. der Struktur der Arbeitsplätze und zum anderen die Regelung der Abläufe. Diese sich laufend wiederholenden Aufgaben umfassen:
– die Planung der Verteilung der anstehenden Arbeit zwecks arbeitsteiliger Erledigung,
– die Zuweisung der Arbeit an den Einzelnen,
– die Information für den Beginn und Ablauf,
– die Abstimmung während des Ablaufes,
– die Anreiz- und Sanktionsregeln für ablauf-organisationsgerechtes Verhalten.

Die Theorie setzt zwei Aussagen ein, die beide zwischen dem *alternativ höheren* Grad der internen Arbeitsteilung einerseits und dem davon abhängi-

---

7 Diese Konstellation wird symbolisch mit der einbogigen Brücke dargestellt und im Abschnitt 71.1 erklärt.

gen und jeweils zugehörigen Betrag der Stückkosten andererseits verbinden. Es müssen also die Kosten bei jedem Grad der Arbeitsteilung (im voraus oder im nachhinein) zu Kosten je Stück/je Leistungseinheit umgerechnet werden. Das Niveau der Stückkosten bildet folglich alternativ wählbare Grade der Arbeitsteilung ab und nicht eine Änderung an der Grenze.

Die beiden Aussagen sind:
1. mit weitergehender Arbeitsteilung *nimmt der Zuwachs* an Effektivität/ nimmt die Verringerung der Stückkosten *ab*,
2. mit weitergehender Arbeitsteilung *nimmt der Zuwachs* der Organisationskosten je Stück gerechnet *zu*.

So beschrieben, läßt die Addition der beiden Kurven ein Stückkosten-Minimum erwarten: der stückkosten-minimierende Grad der internen Arbeitsteilung soll auf diese Weise zumindest nachvollziehend erklärt werden.

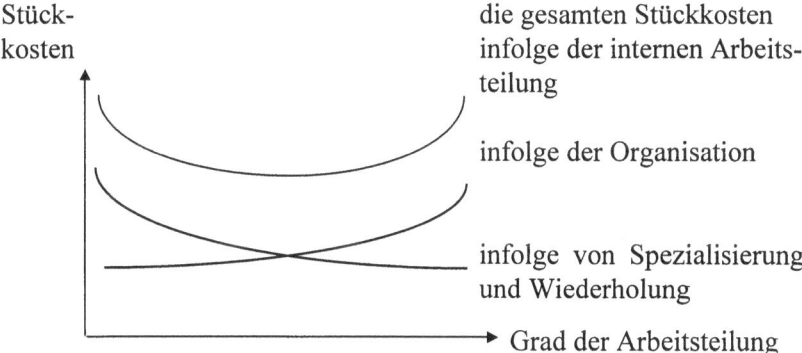

Es wird darüber hinaus und vorausgehend empfohlen, denjenigen Grad der Arbeitsteilung zu verwirklichen, der die geringsten Stückkosten zur Folge haben wird.

35. Ein Beispiel für die optimale Produktionsmenge

Obwohl unsere fortgeschrittene arbeitsteilige Wirtschaft nur noch wenige Beispiele für die nachfolgende Fragestellung bietet, wollen wir ihr in diesem Abschnitt anhand eines Rechenbeispiels nachgehen, um Grundsätzliches zu erläutern.

Wir können uns eine Wirtschaftseinheit vorstellen, die zumindest Haushaltswirtschaft ist, weil Bedarf an Leistungen besteht, die für konsumtive Zwecke verwendet werden sollen. Zur Deckung des Bedarfes können die

Leistungen entweder zum Einkaufspreis (e) von einer anderen Wirtschaftseinheit beschafft oder selbst erstellt werden. Produziert unsere Wirtschaftseinheit den eigenen Bedarf selbst, dann fallen sogenannte fixe Produktionskosten an. Deshalb überlegt unsere Wirtschafteinheit, ob über den Eigenbedarf hinaus weitere Leistungen erstellt und an andere Wirtschaftseinheiten zum Verkaufspreis (p) abgegeben werden sollen. Die Entscheidungssituation lautet mithin: entweder (1) Fremdbezug des eigenen Bedarfs vom Beschaffungsmarkt oder (2) Produktion des Selbstbedarfes und vielleicht darüber hinaus (3) für die Belieferung des Absatzmarktes.

Das Beispiel vernachlässigt die mögliche interne Arbeitsteilung. Es möchte (lediglich) aus der rechenbar gemachten Entscheidungssituation heraus feststellen, ob unsere betrachtete Wirtschaftseinheit aus den ökonomischen Bedingungen heraus „externe Arbeitsteilung" verwirklicht, indem sie entweder als Nachfrager für den Eigenbedarf oder als Anbieter ihres „Produktionsüberschusses" einen Marktvorgang auslöst.

Aus dem Nebeneinander von (1) Fremdbezug, (2) Eigenbedarfsproduktion und (3) Marktbelieferung muß eine Abfolge für das rechnerische Vorgehen gefunden werden. Dazu stellen wir vorab die Bestimmungsgrößen der drei Handlungsmöglichkeiten zusammen. Ihre Abhängigkeiten untereinander legen dann die Abfolge fest und ihr entsprechend rechnen wir das Beispiel durch.

Es bedeuten:

x_S = die gewünschte Menge des Selbstbedarfs, alternativ variabel

x_M = die zu optimierende Menge der Marktbelieferung

x_P = die Produktionsmenge ($x_S + x_M$)

$K_{fix(P)}$ = 10,- die fixen Kosten der Produktion, sobald $x_P > 0$

$K_{fix(M)}$ = 3,- die fixen Kosten des Absatzes, sobald $x_M > 0$

k_v = 1,20 die variablen Produktionskosten je Stück, auch: die Stück-Einzelkosten

k_T = $f(x_M)$, die variablen Absatz- oder Transaktionskosten, ansteigend wegen des zunehmenden Markt-Widerstandes

p_M = $f(x_M)$, der Absatzpreis, fallend mit der abzusetzenden Menge x_M; er ist jeweils für alle Einheiten gleich, d.h. es gibt keinen differenzierten Angebotspreis

$p_M \cdot x_M$ = $f(x_M) \cdot x_M$ ist der Umsatz, die Summe der erzielten Entgelte.

35. Ein Beispiel für die optimale Produktionsmenge

Die Abfolge für das rechnerische Vorgehen ergibt sich aus den Abhängigkeiten zwischen den drei Handlungsmöglichkeiten (1) Fremdbezug, (2) nur Produktion des Eigenbedarfes und (3) darüber hinaus auch zur Belieferung des Absatzmarktes.

Letzteres lohnt nur, wenn vor Berücksichtigung der fixen Produktionskosten ein positiver Marktbeitrag erzielt wird. Dazu müssen wir die optimale Preis-Absatzmengen-Konstellation p_M^*, x_M^* ermitteln.

Bleibt ein Überschuß aus der Belieferung des Absatzmarktes, so verringert dieser die fixen Kosten der Produktion und damit die Gesamtkosten der Eigenfertigung des Selbstbedarfes. Abhängig von dessen gewünschter Stückzahl können wir nun mit den Ausgaben für den Fremdbezug des Eigenbedarfes vergleichen.

Die Abfolge als Übersicht:

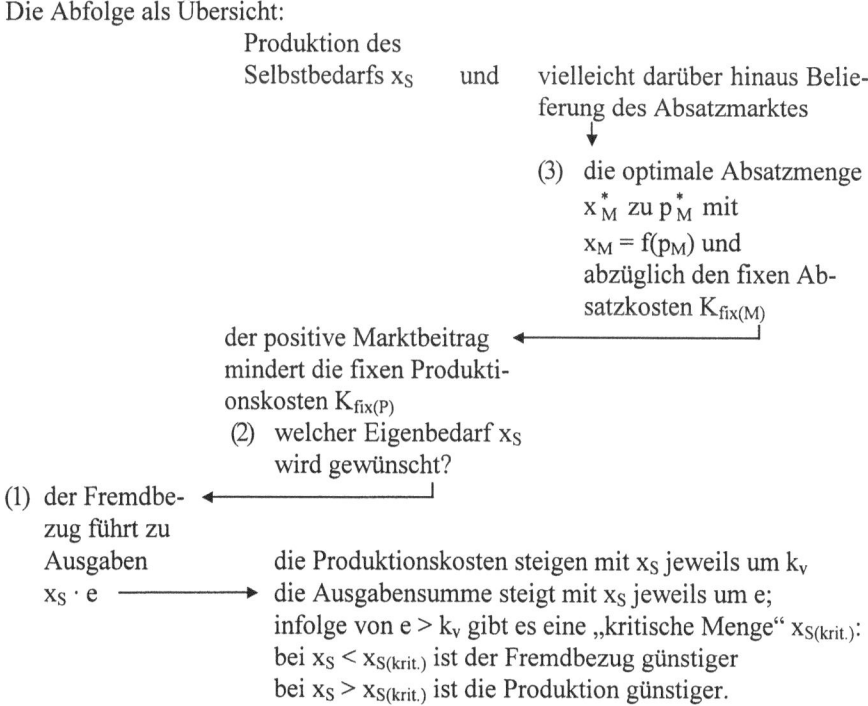

In der nachfolgenden graphischen Darstellung ist dieser Zusammenhang mit Zählziffern rasch nachvollziehbar. Man kann nicht nur die Wirkung alternativer Werte für die Bestimmungsgrößen (e, k_v, Marktbeitrag, $K_{fix(P)}$) auf die kritische Menge $x_{S(krit.)}$ feststellen, sondern auch den Unterfall der Produktion nur des Eigenbedarfes ohne Marktbelieferung eintragen (ab der zweiten kritischen Menge rechts in der Graphik).

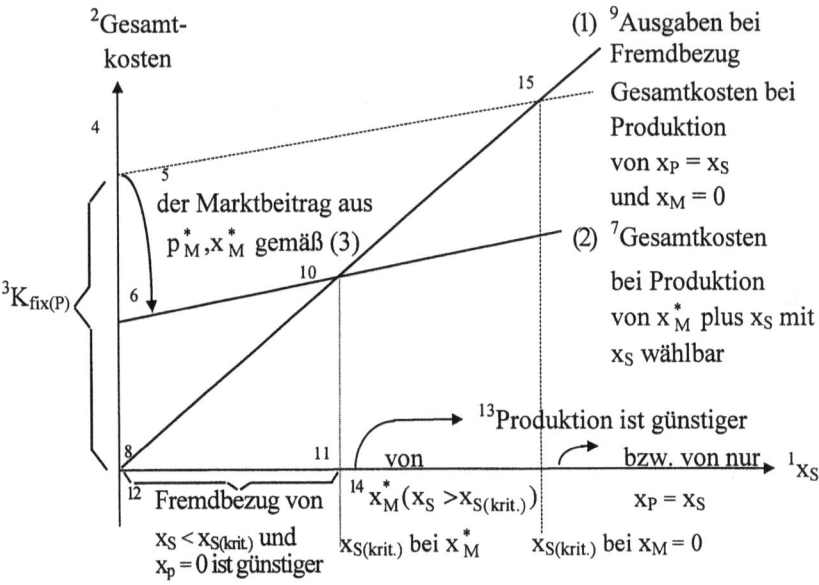

Marktproduktion und -belieferung:

	1	2	3	4	5
Markt-Absatzmenge x_M					
$[p = f(x_M)$	5,35	5,20	5,05	4,90	4,75]
$U = f(x_M) \cdot x_M$	5,35	10,40	15,15	19,60	23,75
./. variable Kosten $k_v = 1,20$	./. 1,20	./. 2,40	./. 3,60	./. 4,80	./. 6,00
[var. Absatzkosten k_T	./. 1,70	./. 2,00	./. 2,40	./. 2,90	./. 3,40]
./. var. Absatzkosten kum.	./. 1,70	./. 3,70	./. 6,10	./. 9,00	12,40
= Deckungsbeitrag	2,45	4,30	5,45	5,80	5,35
./. fixe Absatzkosten	-3,00	-3,00	-3,00	-3,00	-3,00
= Marktbeitrag (brutto)	-0,55	+1,30	+2,45	+2,80	+2,35
				x_M^* und p_M^*	

Der maximal erzielbare Marktbeitrag *brutto vor fixen Produktionskosten* wird bei $x_M^* = 4$ Stück erreicht und beträgt 2,80; das ist der maximale Beitrag der Marktbelieferung zur Deckung der fixen Kosten für die Produktion des Selbstbedarfes.

35. Ein Beispiel für die optimale Produktionsmenge

Selbstbedarfsproduktion:

Die fixen Produktionskosten $K_{fix(P)} = 10{,}00$ werden von dem Marktbeitrag von 2,80 insoweit gedeckt. Für die Kosten des Eigenbedarfs verbleiben somit noch 7,20 und die jeweiligen variablen Kosten. Die Summe wird dann mit den Ausgaben $x_S \cdot e$ bei Fremdbezug verglichen.

Eigenbedarfsmenge x_S	1	2	3	4
fixe Produktionskosten, Saldo	7,20	7,20	7,20	7,20
variable Kosten $x_S \cdot k_v$	1,20	2,40	3,60	4,80
(01) Gesamtkosten bei Produktion für Markt- und Eigenbedarf	8,40	9,60	10,80	12,00
(02) Gesamtkosten bei Produktion nur für den Eigenbedarf, d.h. wegen $x_M = 0$ entfällt der Marktbeitrag von 2,80.	11,20	12,40	13,60	14,80

Die Entscheidung für die jeweils günstigere Lösung:

Sie hängt zum einen von der gewünschten Stückzahl des Selbstbedarfs x_S ab, zum anderen von der Höhe des Beschaffungspreises (e) im Falle des Fremdbezuges. Wir geben deshalb die Variante (10) mit $e = 5{,}00$ und die Variante (20) mit $e = 4{,}00$ vor. Zu erwarten ist, daß der Fremdbezug bei geringen Eigenbedarfsmengen die günstigere Lösung darstellt.

Stückzahl des Selbstbedarfs x_S, variabel	1	2	3	4
(10) **Variante (1) mit e = 5,-** Kosten bei Fremdbezug zu e = 5,-	5,00	10,00	15,00	20,00
(11) Kosten bei Eigenfertigung *mit* Marktbelieferung $x_M^* = 4$	8,40	9,60	10,80	12,00
Kosten bei Fremdbezug zu e = 5,-	5,00	10,00	15,00	20,00
(12) Kosten bei Eigenfertigung *ohne* Marktbelieferung $x_M = 0$	11,20	12,40	13,60	14,80
(20) **Variante (2) mit e = 4,-** Kosten bei Fremdbezug zu e = 4,-	4,00	8,00	12,00	16,00
(21) Kosten bei Eigenfertigung *mit* Marktbelieferung $x_M^* = 4$ St.	8,40	9,60	10,80	12,00
Kosten bei Fremdbezug zu e = 4,-	4,00	8,00	12,00	16,00
(22) Kosten bei Eigenfertigung *ohne* Marktbelieferung $x_M = 0$	11,20	12,40	13,60	14,80

Erkenntnisse:

a) Wie schon aus der graphischen Darstellung bekannt, ist der Fremdbezug bei geringen Eigenbedarfsmengen x_S die günstigere Handlungsweise.

b) Ab welcher Menge x_S die Produktion für Eigen- und Marktbedarf günstiger wird, hängt naheliegenderweise von der Höhe des Beschaffungspreises (e) ab, wie der Vergleich zwischen (11) und (21) bzw. zwischen (12) und (22) zeigt, wenn nur der Eigenbedarf produziert wird.

c) Ebenfalls einsichtig ist die Feststellung, daß die Produktion für Eigen- und Marktbedarf - wegen des positiven Marktbeitrags - bei geringeren Eigenbedarfsmengen x_S günstiger wird als der Fremdbezug verglichen mit der Produktion nur für den Eigenbedarf, vgl. (11) mit (12) bzw. (21) mit (22).

Verbinden wir zunächst Punkt c) mit unserer Erfahrungswelt, so sind die gemischt-wirtschaftenden Wirtschaftseinheiten selten geworden: Produktion sowohl für den Eigenbedarf als auch für die Vermarktung war früher weit verbreitet und für die vielen kleinen landwirtschaftlich tätigen Wirtschaftseinheiten geradezu typisch. Wir hatten bereits im Abschnitt 21.2 darauf hingewiesen, daß sowohl die Spezifikation beim produktiv eingesetzten Vermögen als auch die Rationalisierung der Vermarktung von Betriebsleistungen zur Herauslösung und Trennung der Betriebswirtschaft von der Haushaltswirtschaft geführt haben.

Entfällt nun die Belieferung des Marktes, so wird - wie unter Punkt c) festgehalten - die Produktion für den Eigenbedarf vergleichsweise teuer und lohnt gegenüber dem Fremdbezug erst wieder bei größeren Eigenbedarfsmengen. Dem steht die Entwicklung zu kleineren Haushalten entgegen.

Ein weiterer Grund für die Tendenz zum Fremdbezug von Betriebsleistungen ist dem Punkt b) verbunden: gegenüber den vergleichsweise niedrigen Beschaffungspreisen ist die Eigenproduktion „zu teuer". Die Unternehmen als Anbieter spezialisieren sich und erreichen damit hohe Stückzahlen. Diese lasten nicht nur vorhandene „Fixkosten-Positionen" besser aus, sondern lohnen auch den Einsatz von Maschinen anstelle von Mitarbeitern (= stückkosten-veranlaßte Substitution zwischen den Einsatzfaktoren) sowie die Anwendung von rationelleren Fertigungsverfahren (= technischer Fortschritt bei den Produktionsverfahren). Trotz der hohen Absatzkosten (Transaktionskosten) und trotz des zweimaligen fiskalischen Zugriffs im Wege von

Einkommen- und Umsatzsteuer - vgl. den Abschluß von Abschnitt 33 - überkompensieren die Stückkosten-Verringerungen aus der Arbeitsteilung diese ihre Nachteile. Somit können wir als Ergebnis unseres Beispiels festhalten, daß bei den zu produzierenden Leistungen (= Betriebsleistungen) die *institutionelle* Arbeitsteilung zwischen den Haushalten und den Unternehmen einerseits und zwischen den Unternehmen selbst andererseits aus den Vorteilen der internen und externen Arbeitsteilung resultiert, die ihre in Kosten ausgedrückten Nachteile überkompensiert.

36. Die „externe Arbeitsteilung" zwischen den Wirtschaftseinheiten: Vorteile und Transaktionskosten als Nachteile

Die „*externe Arbeitsteilung*" in einer Gesamtwirtschaft/Volkswirtschaft kann man mit verschiedenem Schwerpunkt erklären:

(1) i.S. von *Aufgaben-Teilung und Spezialisierung*: Fähigkeits- und Qualifikationsunterschiede zwischen den leistungserstellenden Wirtschaftseinheiten legen die Spezialisierung (und als Folge den nachfolgenden Austausch) nahe;

(2) i.S. von *Verteilung der Gesamtaufgabe*, eine konsumtiv verwendbare Leistung zu erstellen: diese übliche, volkswirtschaftliche Sicht verteilt die Erledigung einer Sachaufgabe auf mehrere Unternehmen/Rechtszuständigkeiten, z.B. Korn-Mehl-Brot;

(3) i.S. der *Trennung* zwischen Leistungs-Erstellung und Leistungs-Verwendung: der eine erstellt eine Leistung auf seine Rechnung und ein anderer verwendet diese Leistung auf eigene Rechnung; „verwendet" heißt verbraucht/gebraucht/nutzt/weiterveräußert.

Diese dritte Sicht der externen Arbeitsteilung ist die Grundlage der Entgeltwirtschaft: wenn dem Erbringen der Leistung in den anderen Zuständigkeitsbereich hinein eine Einnahme gegenübersteht, haben wir den die Entgeltwirtschaft kennzeichnenden Gegenlauf von Leistung gegen Entgelt.

Dieser Grundgedanke, die externe Arbeitsteilung sachgerecht auf die Entgeltwirtschaft hin zu definieren, soll nachfolgend verdeutlicht werden. Zugleich möchten wir die trennende Wirkung des Abgeltens, des gegenläufigen Entgeltvorgangs zeigen und auf diese Weise ein Merkmal der Entgeltwirtschaft betonen.

Dazu bilden wir drei Fall-Konstellationen:
bei (a) findet der Leistungsvorgang zwischen zwei Menschen statt,
bei (b) findet er - eingeschränkt - zwischen zwei Wirtschaftseinheiten/Institutionen/Rechtszuständigkeiten statt, und
bei (c) findet er - erneut eingeschränkt - gegen Entgelt statt.

Der Fall (a) ist die gemeinsame und damit die umfassende Grundlage, daß ein Mensch für einen anderen eine Leistung erbringt. Wenn beispielsweise die ältere Schwester dem Bruder bei einer Schulaufgabe hilft oder die Mutter das kranke Kind pflegt, dann fehlen diesen Leistungsvorgängen die Merkmale des Rechts und des Abrechnens und der gegenläufige Entgeltvorgang.

Die Ehe ist als Rechtsgemeinschaft (des Familienrechts) und als Wirtschaftsgemeinschaft für das „laufende Erwerbs- und Verwendungswirtschaften" konzipiert. Dem steht nicht entgegen, daß der Gärtner A als Eigentümer des Grundstücks (I) und sein Ehegatte B als Eigentümerin des Nachbargrundstücks (II) im Grundbuch eingetragen sind. Nutzt nun der Gärtner für seine erwerbswirtschaftliche Betätigung mittels der Betriebswirtschaft das Grundstück seiner Ehefrau ohne Pachtvertrag und ohne Entgelt mit, dann ist dies Folge und Ausdruck des Gemeinschaftsgedankens der Eheleute. Um das nicht vereinbarte Entgelt wird der Gewinn aus dem Gärtnereibetrieb höher ausgewiesen. Das Finanzamt hingegen setzt sich über das trennende Eigentumsrecht der Ehefrau hinweg und weitet im Vollzug eines fiskalisch motivierten Rechtsmißbrauches die Ehegemeinschaft zur Erwerbsgemeinschaft „Gärtnerei" aus. Die Frau wird einkommensteuerlich wie die Gesellschafterin einer Personengesellschaft behandelt und hat deshalb mit ihrem Grundstück steuerliches Betriebsvermögen selbst dann, wenn ihr mangels Vereinbarung mit ihrem Ehemann kein Anteil am Gewinn als betriebliche Einkunft zugerechnet werden kann. Die überraschende Folge aus der vertragslosen Mitbenutzung ihres Grundstücks durch das Einzelunternehmen ihres Ehemannes: der Gewinn aus der Veräußerung ihres Grundstücks ist einkommensteuerpflichtig.

Unser Beispiel gehört von der Gemeinschaft her zum Fall (a), von den beiden Grundstückseigentümern her zu (b). Da die Einkommensbesteuerung grundsätzlich die Erwerbstätigkeit des einen Ehegatten zur Ermittlung der von ihm daraus erzielten Einkunft fortsetzt und die Ehe frühestens mit der

Addition der Einkünfte im Vollzug der gemeinsamen Veranlagung zwecks Festsetzung der (wieder trennbaren!) Steuerschuld der Eheleute beginnen läßt, straft das Steuerrecht die gemeinschaftlich denkenden Eheleute und verlangt den trennenden Abschluß eines Pachtvertrages zwischen ihnen, wenn die *normalen* steuerlichen Rechtsfolgen eintreten sollen (hier: Privatvermögen der Ehefrau und damit keine Besteuerung des Gewinns infolge der Veräußerung des Grundstücks).

Das fehlende Entgelt, weil der Leistungsvorgang im Rahmen einer Wirtschaftsgemeinschaft erfolgt, bringt nicht nur die Steuerjuristen, sondern auch die Spezialisten des Familienrechts durcheinander und auf abwegige Konstruktionen.[8]

Außerhalb der Rechts- und Wirtschaftsgemeinschaft der Ehe wird die Beurteilungsfähigkeit der Steuerjuristen nicht überzeugender: Wenn beispielsweise die Tante die Handwerker-Rechnungen für ihren Neffen bezahlt, während dieser den dadurch ausgebauten Dachstock vermietet, dann soll weder die Tante - mangels Einnahmen - noch der Neffe - mangels Ausgaben - Werbungskosten im Rahmen der Ermittlung ihrer Einkünfte verrechnen dürfen. Der endlose Streit in Literatur und Rechtsprechung erkennt nicht, daß es auf die Zahlungen gar nicht ankommt. Entscheidend sind die Handwerker-Leistungen als Einsatz-Leistungen, damit der Neffe Mieteinnahmen erwerben kann. Folglich ist der Verbrauch bzw. Gebrauch der Leistungen - „bewertet" mit den Beträgen der Rechnungen, welche die Tante bezahlte - als Werbungskosten gegen die Erträge aus den Mieteinnahmen bei dem Neffen zu verrechnen.

Im Fall (b) erfolgt ein Leistungsvorgang zwischen zwei Wirtschaftseinheiten/Institutionen/Rechtszuständigkeiten. Das Fehlen des Entgelts ist nicht die Folge eines (Verwendungs-)„Wirtschaftens aus einem gemeinsamen Topf" bzw. eines (Erwerbs-)„Wirtschaftens auf gemeinsame Rechnung",

---

8 Dazu gehören die „unbenannten Zuwendungen" und die Schenkungsteuer bei bestehender Ehe einerseits und der Zugewinnausgleich und die Erbschaftsteuer beim Tod des erstversterbenden Ehegatten andererseits. Die „unbenannten Zuwendungen" gehen auf die Arbeit von Lieb (1970) zurück, der die vorausgehende und entscheidende Frage offen läßt, wie der Zugewinnausgleich zu anderer Aufteilung gelangen würde, wenn die Leistungen des anderen Ehegatten abgegolten worden wären. Es bleibt unentdeckt, daß ein Scheinproblem behandelt wird, weil der Zugewinn je Ehegatte ermittelt und die Differenz zwischen den Zugewinnen ausgeglichen wird anstatt den Zugewinn der bisherigen Ehegemeinschaft zu ermitteln und hälftig aufzuteilen; vgl. dazu Lehmann (ZfbF 1989).

sondern hat andere Gründe. Das Recht bezeichnet den Fall (b) als „Zuwendung" (bzw. spezifisch als „Schenkung") im Nicht-Erwerbsbereich. Im Erwerbsbereich führt das fehlende Entgelt ebenso wie das unangemessen zu niedrige oder zu hohe Entgelt zu Problemen, denen die finanzgerichtliche Rechtsprechung mit einer Mehrzahl von Konstrukten beizukommen versucht. Das bekannteste ist die „verdeckte Gewinnausschüttung".[9]

Wie zu erwarten, läßt sich auch zwischen den Fällen (b) und (c) kein scharfer Strich ziehen. Die Zwischenformen möchten wir mit „Gutschrift" bezeichnen, weil weniger als die Entgelt-Zahlung - Fall (c) - jedoch mehr als gar nichts - Fall (b) - erfolgt.

Wenn z.B. die vier Personen A bis D einen Gesellschaftsvertrag abschließen, um damit eine offene Handelsgesellschaft (OHG) zu gründen, und D sich im Gesellschaftsvertrag verpflichtet, sein bebautes Grundstück als Einlage/Beitrag in das Gesellschaftsvermögen einzubringen, dann verbucht dieses zunächst die Verpflichtung des D als Berechtigung:

„Konto Forderungen auf ausstehende Einlagen
an Konto Eigenkapital D".

Wenn D später den Eigentumswechsel vollzieht, wird ein Aktivtausch gebucht:

„Konto Grundstück und Konto Gebäude
an Konto Forderungen auf ausstehende Einlagen".

Worauf es in unserem Zusammenhang hier ankommt: Der Leistung des D steht kein Entgelt gegenüber, sondern *lediglich die Gutschrift* auf seinem Eigenkapitalkonto. Der Gesellschafter hat sich zwar vollständig und endgültig von seinem Eigentumsrecht an dem Grundstück getrennt, die Personengesellschaft jedoch nicht ihrerseits von ihm als Leistendem im Wege der abgeltenden Entgelt-Zahlung. Statt dessen steht die „Gutschrift" zu Buche entsprechend dem Eigenkapitalfinanzierungsverhältnis, das als Dauerrechtsverhältnis mit dem Gesellschaftsvertrag abgeschlossen wurde.

Wir können festhalten: wird die Entgelt-Zahlung ersetzt durch eine entsprechende Gutschrift, dann steht dem abgeschlossenen Leistungsvorgang eine

---

9 Vgl. Lehmann/Kirchgesser, DB 1994. Nur erst zaghaft erkennt die finanzgerichtliche Rechtsprechung, daß eine Differenz im gegenseitigen Vertrag mit einem Gesellschafter vorliegt und nicht das (verdeckte) Ausschütten von Gewinn seitens der Kapitalgesellschaft, i.d.R. einer GmbH.

Fortsetzung aus dem Entgeltvorgang gegenüber. In unserem Beispiel wird die erbrachte Leistung nun auf Rechnung der Personengesellschaft verwendet (genutzt bzw. gebraucht oder veräußert) und in der Buchhaltung fortgeführt und abgerechnet ohne Unterschied gegenüber einem Erwerb gegen Entgelt-Zahlung. Die gesellschaftsrechtliche Einlage gegen Gutschrift auf dem Eigenkapital-Konto gehört zur externen Arbeitsteilung, ist ein Leistungsvorgang zwischen zwei Rechtszuständigkeiten und zwischen zwei Abrechnungsbereichen. Hingegen wird der gegenläufige Entgeltvorgang ersetzt durch den Beginn einer Eigenkapital-Finanzierung im Dauerrechtsverhältnis der Gesellschafter-Beteiligung.

Erst der Fall (c) beschreibt die uneingeschränkte Grundlage der Entgeltwirtschaft: einerseits sind Leistungs-Erstellung und Leistungs-Verwendung auf zwei Rechtszuständigkeiten/Wirtschaftseinheiten/Abrechnungseinheiten verteilt und andererseits bedeutet der gegenläufige Entgeltvorgang den Wechsel des Geldbetrages in die Rechtszuständigkeit des Leistenden. Bei den Dauerrechtsverhältnissen führt jedoch das Abgelten nicht auch zur Beendigung der ökonomischen und rechtlichen Beziehungen.

Damit infolge der externen Arbeitsteilung der Austausch besser zuwege kommt/reibungsloser vonstatten geht, führt der Staat zweierlei ein:
(1) Geld/eine Währung,
   so daß nunmehr Leistung gegen Geld „getauscht" wird in der „Entgeltwirtschaft", und nicht „Leistung und Gegenleistung" (Sichtweise des Juristen) in der „Tauschwirtschaft" (Sichtweise des Volkswirts!), und
(2) Schuldvertragsrecht,
   damit zuvor und vorab die Leistung als die Pflicht bzw. das Entgelt als die Berechtigung aus der Sicht des Anbieters und umgekehrt das Entgelt als die Pflicht bzw. die Leistung als die Berechtigung aus der Sicht des Nachfragers festgelegt werden können, aus zwei Gründen:
   a) der zeitlich zuerst Leistende kann sicher sein, daß auch der andere dann seine Verpflichtung erfüllt, und
   b) im voraus ist der Rahmen abgesteckt für den Fall nachfolgenden Streites.

Die Bedeutung der Währung für das Wirtschaften zu erarbeiten gehört zu den Aufgaben der Volkswirtschaftslehre[10]; das Recht der gegenseitigen Ver-

---

10 Für das Geld/die Währung werden die drei Funktionen „Zahlungsmittel", „Wertaufbewahrung" und „Recheneinheit" unterschieden.

träge hingegen wird im nächsten Abschnitt 37 ausführlicher berücksichtigt. Zuvor müssen wir kurz darauf eingehen, daß die Vorteile auch der externen Arbeitsteilung nicht ohne Nachteile verwirklicht werden können. Die Spezialisierung zwischen den Wirtschaftseinheiten/Institutionen hat die zwangsläufige Folge des Vorgangs „Leistung gegen Entgelt". Dieser kommt jedoch weder bis zum Vertragsabschluß kostenlos zustande noch läßt sich die Vertragsabwicklung kostenlos durchführen. Das ganze „Drumherum" um die zentralen Teilvorgänge „Absatzleistung" und „Entgelt-Zahlung" faßt man unter der Bezeichnung „Transaktion" zusammen.

Wir unterteilen sie in drei Phasen, um die realökonomischen Komponenten zu ordnen. Die Literatur geht sehr rasch auf deren negative Wirkungen über, die als *Transaktionskosten* bezeichnet werden. Für die ökonomische Theorie handelt es dabei um einen wichtigen Begriff, für die betriebswirtschaftlichen Entscheidungsprobleme ist damit wenig gewonnen. Das hat verschiedene Gründe, die anhand der Komponenten in der ersten Spalte der Zusammenstellung aufgezeigt werden können.

Die Transaktion umfaßt drei Phasen und viele Komponenten:

10. bis zum Vertragsabschluß	20. die Abwicklung	30. den Nachlauf
11. *Geschäftsanbahnung*: unsichere und asymmetrische Information zwischen den Beteiligten, Beratung, Kundenbesuch, Entwurfsarbeiten	21. der Vollzug des Absatzvertrages/die Organisation der Abwicklung: Versand/ Transport bzw. Anreise zum Ort der Leistungs-Erbringung	31. Bearbeitung von Reklamationen
12. *Rechnen* hinsichtlich des Angebots	22. Kontrolle der Abwicklung	32. Nachbesserungen
13. *Rechtsfragen*: die Aufteilung des Vorgangs auf zwei Personen/Rechtszuständigkeiten läßt wegen jeweils eigener Interessen (⇨ Prinzipal-Agenten-Theorie) eigene Risiken auftauchen	23. Kontrolle des Vertragspartners, insbesondere bei Dauerrechtsverhältnissen	

36. Die „externe Arbeitsteilung" zwischen Wirtschaftseinheiten 129

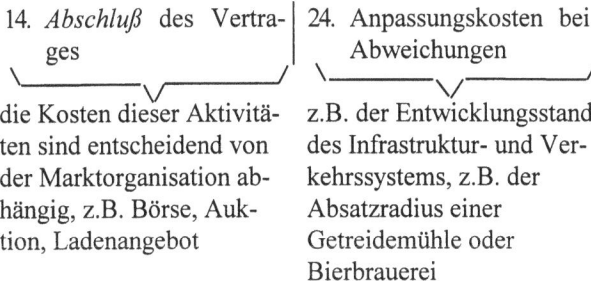

14. *Abschluß* des Vertrages	24. Anpassungskosten bei Abweichungen
die Kosten dieser Aktivitäten sind entscheidend von der Marktorganisation abhängig, z.B. Börse, Auktion, Ladenangebot	z.B. der Entwicklungsstand des Infrastruktur- und Verkehrssystems, z.B. der Absatzradius einer Getreidemühle oder Bierbrauerei

Punkt 11 spricht die Geschäftsanbahnung an: ein alltägliches Geschehen, das im Grenzfall mit dem ersten Kontakt zwischen Anbieter und Nachfrager beginnt. Informationen des einen über den anderen fehlen oder sind unzureichend: es besteht die sogenannte Informations-Unsicherheit. Sie verbindet sich mit der ungleichen (asymmetrischen) Information zur „Informationsökonomie"; vgl. Abschnitt 45. Diese befaßt sich mit den Problemen und Fragen angesichts der eigentlich erstaunlichen Feststellung, daß trotz der unzureichenden und/oder ungleichen Information täglich unzählige Rechtsvorgänge (Verpflichtungen, Berechtigungen), Leistungsvorgänge (Sach- und Dienstleistungen) und Zahlungsvorgänge (Entgelt- bzw. Kapitalzahlungen) zustande kommen. Die Transaktion i.e.S. tritt folglich hinter der Informationsökonomie zurück.

Punkt 12 weist auf das Angebotsrechnen hin. Das Leistungsangebot, die Entgeltforderung und die rechnerische Integration von beiden bezieht sich im Regelfall auf eine Mehrzahl von Angeboten/Offerten und auf einen damit überplanten Angebotszeitraum. Infolgedessen wird der „Ereignisgehalt" der einzelnen Transaktion in die Planung vorweggenommen. Die „Transaktion" verblaßt dadurch (insoweit) zum bloßen Plan-Vollzug, für den der Ökonom das geringere Interesse hat.

Punkt 13 weist auf die besondere Aufgabe des zweiseitigen Vertrages hin, die Risiken zu regeln, die sich aus den gegenläufigen Interessen und der Unsicherheit ergeben, weil trotzdem fortlaufend unzählige Verträge abgeschlossen werden müssen. Auch eine sorgfältige Analyse des rechtlichen Instrumentariums und der Rechtslage entsprechend Rechtsprechung und Literatur führt ohne die Aufbereitung der ökonomischen Grundlage nicht weiter.[11]

---

11 Vgl. die umfangreiche Monographie „Risiko als Vertragsgegenstand" von Martin Henssler, Tübingen 1994.

Die „Absatzrisiken" werden häufig als zwangsläufig und damit als kalkulatorische Risiken verstanden. Sie sind der Vielzahl der Absatzvorgänge und nicht der einzelnen Transaktion verbunden.

Punkt 14 schließlich - der Abschluß des Vertrages - kann der beinah bedeutungslose Vollzug sein - beispielsweise die Barzahlungsverkäufe einer Bäckerei - oder das Ergebnis eines angestrengten Bemühens - z.B. beim Anlagenbau.

Zusammengefaßt: Die Vernetzung hinsichtlich Informationsunsicherheit, Verhaltens- und Ereignisrisiken sowie die Mehrzahl von Angeboten als das Bezugsobjekt der Entscheidungsrechnung und Planung nehmen in die Vorbereitungsphase bis zum Abschluß des einzelnen Vertrages soviel vorweg, daß dem Vertragsvollzug im Regelfall wenig eigenständige Bedeutung belassen wird, so daß „Transaktion" und „Transaktionskosten" eher praktische Benennungen sind als Konzepte, die mit einem faßbaren Inhalt festgelegt sind und zu Kostengrößen quantifiziert werden können. Die Aufgabe, den Absatzvorgang bis zum Vertragsabschluß vorzubereiten, stellt sich nicht angesichts der Transaktionskosten als Folge, sondern zuvor als Ausgestaltung der Angebotspolitik- vgl. dazu Abschnitt 77. Die Klammer, welche die Spalten mit den Punkten 11 bis 14 zusammenfaßt, verweist zusätzlich auf die Abhängigkeit von der Marktorganisation. Wenn beispielsweise der Kunsthändler K. überlegt, ob er ein Gemälde mit fünf Koester-Enten[12] über sein Ladengeschäft oder über eine Auktion in München oder Köln verkauft, dann läßt sich das unter „Absatzpolitik", jedoch nicht unter „Transaktionskosten" behandeln.

---

12 Alexander Koester (1864-1932) hatte sich auf Gemälde mit Enten spezialisiert. Die Preise für seine Bilder im Kunsthandel verhalten sich proportional zur Zahl der Enten und erfordern deshalb wenig eigenes Beurteilungsvermögen und überzeugen schließlich auch den unschlüssigen Käufer.

37. Die „externe Arbeitsteilung" erfordert das Recht der gegenseitigen Verträge

Dieser Abschnitt wendet sich einer unabdingbaren Voraussetzung zu für das Funktionieren der „externen Arbeitsteilung": wir benötigen das Recht der gegenseitigen Berechtigung und Verpflichtung, das man kurz als „Leistungsvertragsrecht" bezeichnen sollte.

In diesem Sinne können wir formulieren:[13] Der gegenseitig Beschaffungsvertrag berechtigt den Nachfrager dahingehend, daß der Anbieter eine Teil-Aufgabe des Wirtschaftens für ihn erledigt, während sich der Leistungsempfänger im Gegenzug zur Zahlung des Entgelts verpflichtet. Umgekehrt berechtigt der gegenseitige Absatzvertrag den Anbieter auf das Entgelt hin, weil er sich verpflichtet, eine Teil-Aufgabe im Interesse des Nachfragers zu erledigen. Diese Beschreibung gilt einsbesondere auch für die Dienstleistungen, die wir im Abschnitt 53.3 folgerichtig als die Besorgung eines Geschäftes kennzeichnen.

Ein Blick auf das Recht der gegenseitigen Verträge soll erklären, warum wir in diesem Abschnitt vom „gegenseitigen Leistungsvertrag" sprechen. Die einfache Bezeichnung „Vertrag" ist zu weit und würde z.B. auch den (Personen- bzw. Kapital-)Gesellschaftsvertrag einschließen. Dies wäre wegen des „Eigenkapitals" zutreffend, wenn wir Finanzierungsverträge behandeln wollen. Das Adjektiv „zweiseitig" ist ebenfalls zu weit, weil wir „Schenkung" und „Zuwendung" ausschließen möchten. Die Festlegung auf die Vorgänge „Leistung gegen Entgelt" erfordert zweckmäßigerweise, andere derartige gegenseitige Verträge durch den Zusatz „Leistungs"-Verträge abzutrennen. Der Sache nach sind das vor allem die Finanzierungsverträge und zumindest aus praktischen Gründen die Arbeitsverträge. Die Gemeinsamkeit des marktorientierten Entscheidens berücksichtigen wir durch das Unterscheiden von drei entsprechenden Märkten in einer Übersicht, die diesen Abschnitt abschließt.

Naheliegenderweise folgt keine (skizzenhafte) Einführung in das Recht der gegenseitigen Verträge,[14] sondern nur (1) die grundsätzliche Kennzeichnung und (2) die Stellung des Abschlusses eines gegenseitigen Vertrages als

---

13 Angeregt durch stud. jur. Isabel Frey im WS 2001/02.
14 Vgl. dazu z.B. Schünemann (1998) S. 107-202.

Knoten im Fluß der betriebswirtschaftlichen Betätigung. Der abschließende dritte Punkt ordnet das Vertragsrecht in das umfassendere „marktbezogene Recht" ein und verbindet dieses mit dem Markthandeln.

37.1 Gegenseitige Verträge

Der Jurist spricht vom „Schuldvertragsrecht" und sieht damit die jeweilige Verpflichtung zur Leistung des Anbieters bzw. zum Entgelt des Abnehmers, anstatt den Zweck des zweiseitigen rechtsgeschäftlichen Handelns zu betonen: das Erlangen der jeweiligen Berechtigung auf das Entgelt seitens des Anbieters bzw. auf die Leistung seitens des Abnehmers. Kurz: es müßte „Berechtigungsvertragsrecht" oder neutral „Leistungsvertragsrecht" heißen. Das Fehlverständnis entspricht der verbreiteten Sicht der Ökonomen, die mit den Ausgaben und Kosten anfangen anstatt mit dem Zweck des erwerbswirtschaftlichen Handelns, nämlich Entgelt-Einnahmen zu erwerben.

Der Jurist definiert: *der Vertrag* ist ein Rechtsgeschäft, um ein Schuldverhältnis zu begründen - das umfaßt die einseitigen, zweiseitigen und die gesellschaftsrechtlichen Verträge (und schließt den Eheschluß nicht aus). Für unsere Zwecke ist daher die einengende Definition wichtig: der *gegenseitige Vertrag* ist ein zweiseitiges vollständiges Rechtsgeschäft, um ein zweiseitiges Schuldverhältnis zu begründen. Anbieter und Nachfrager verpflichten sich mit dem Abschluß eines gegenseitigen Vertrages wechselseitig, d.h. im Gegenverhältnis von Leistung und Gegenleistung.

Folglich kann der Jurist *den Abschluß* des Vertrages definieren: Der gegenseitige Schuldvertrag stellt die Einigung dar infolge übereinstimmender Willenserklärungen zwischen den beiden Vertragspartnern dahingehend, daß die notwendig beiderseitigen Verpflichtungen in dem gegenseitigen Abhängigkeitsverhältnis stehen, daß sie jeweils die Berechtigung des anderen sind. Diese Erklärung ist jedoch unbefriedigend. Es *genügt nicht*, wenn man sagt: ich verpflichte mich, weil auch der andere sich verpflichtet – das deckt vor allem den Abschluß eines Gesellschaftsvertrages (= kausale Sichtweise). Vielmehr muß deutlich werden: ich verpflichte mich gegenüber dem anderen, *damit* auch er sich mir gegenüber verpflichtet.

Diese Formulierung ist die finale Sichtweise auf der Seite des sich gegenseitigen Verpflichtens. Jedoch ist damit weder der Zweck noch der Inhalt des vertragsverbundenen Entscheidens und Handelns am Markt angesprochen.

Die vom Juristen verwendeten Begriffe „Gläubiger" und „Schuldner" einerseits und „Leistung" und „Gegenleistung" andererseits sind zu unspezifisch, um den gegenseitigen Leistungsvertrag in der Entgeltwirtschaft zu erklären. Wir sprechen demgegenüber vom Nachfrager, der mit Hilfe eines Beschaffungsvertrages eine Leistung erwerben möchte unter Inkaufnahme, dafür das Entgelt bezahlen zu müssen. Umgekehrt möchte der Anbieter mit Hilfe eines Absatzvertrages die Entgelt-Einnahme erwerben unter Hinnahme der Pflicht, dafür eine Leistung erbringen zu müssen.

Folglich haben wir vorab vom jeweiligen Zweck des vertragsabschließenden Handelns her die beiden Beteiligten aus ihrer jeweiligen Schuldnerrolle – die sie der Jurist spielen läßt – in ihre gewünschte Gläubigerrolle wechseln lassen!

Der Ökonom sieht
1) die beiden Beteiligten mit ihren gegensätzlichen Motiven/Beweggründen des Entscheidens, versteht
2) den Vertrag als den rechtlichen Ring, als die harten Schalen-Hälften, und vollzieht ihn
3) mit den beiden gegenläufigen Vorgängen „Leistung" und „Entgelt".

Somit haben wir die Grundlagen geschaffen, um „die externe Arbeitsteilung und das Vertragsrecht", d.h. um das marktbezogene Handeln in der Entgeltwirtschaft für die beiden richtungsverschiedenen Konstellationen eines Leistungsvertrages zu erklären.

α) Der gegenseitige Vertrag als Beschaffungsvertrag für den Nachfrager:
① Um die gewünschte Leistung zu erhalten, muß der Nachfrager
② gegenüber dem Anbieter
③ dahingehend berechtigt werden, und dies
④ mittels des Eingehens der Verpflichtung,
⑤ infolgedessen das Entgelt zu bezahlen,
⑥ gegenüber dem Leistenden.

Wir setzen diese Abfolge ① bis ⑥ für den Abschluß eines Beschaffungsvertrages in eine Graphik um:

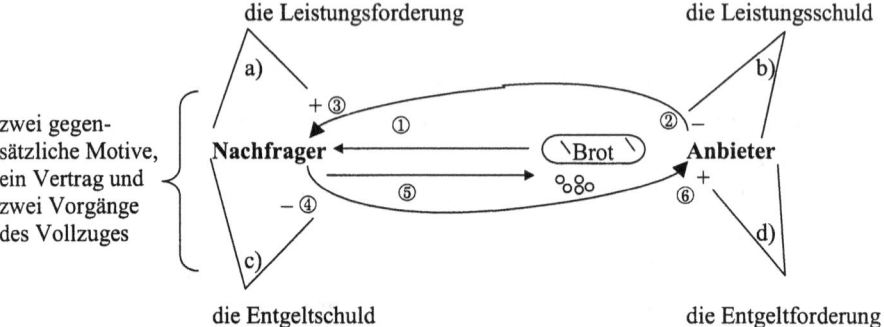

β) Der gegenseitige Leistungsvertrag als Absatzvertrag für den Anbieter:
① Um das gewünschte Entgelt zu erhalten, muß der Anbieter
② gegenüber dem Nachfrager
③ dahingehend berechtigt werden, und dies
④ mittels des Eingehens der Verpflichtung,
⑤ infolgedessen die vereinbarte Leistung zu erbringen,
⑥ gegenüber dem Abnehmer.

Der gemeinsame ökonomische Nenner ist der wert-schaffende Leistungsvorgang zwischen dem leistungserstellenden Anbieter und dem leistungsempfangenden Nachfrager – vgl. α)① und β)⑤ sowie Abschnitt 66.

Der jeweilige Zweck hinsichtlich der Leistung – Beschaffung bzw. Absatz – veranlaßt den Vertragsabschluß. Nach dem Abschluß bestehen a) bis d) als der Zustand des „schwebenden Geschäfts". Der Vollzug des Vertrages verwirklicht dann den beabsichtigten Zweck. Dementsprechend definiert der Ökonom: der zweiseitige Vertrag ist die auf zwei Personen/Rechtszuständigkeiten verteilte und vorab rechtlich orientierte Planung und dann rechtlich fixierte Durchführung des Vorgangs „Leistung gegen Entgelt". Damit wird zum einen der Inhalt des Rechtsgeschäfts mit seinen beiden artverschiedenen Komponenten benannt und es werden zum anderen die beiden ebenen-verschiedenen Phasen der (Vertrags-)Planung und der (Vertrags-)Durchführung unterschieden.

Die Abfolge ① bis ⑥ beschreibt das finale Verständnis des Abschlußes eines Leistungsvertrages auf der Seite des jeweils verfolgten Zwecks, α) die

Leistung bzw. β) das Entgelt zu erhalten. Mit dem beabsichtigten und dann erfolgten Vertragsabschluß wird der Vertragsinhalt festgelegt und mit dem Vertragsvollzug werden die beiden Vorgänge, d.h. der Leistungsvorgang und der Entgeltvorgang rechtlich begleitet. In der Entgeltwirtschaft ist der gegenseitige Leistungsvertrag nur das allerdings unentbehrliche Mittel, um die Zwecke, um die gegenläufigen Vorgänge „Leistung gegen Entgelt" zuwege zu bringen – vgl. Abschnitt 71.1. Dem genügt das juristische Verständnis mit seinem „Schuldrechtsverhältnis" und „Schuldvertragsrecht" nicht, denn das Sich-Verschulden ist nur die unvermeidbare Folge des Zwecks des Handelns, berechtigt zu werden. Ebenso unbefriedigend ist das betriebswirtschaftliche Verständnis, wenn es den Einsatz der absatzpolitischen Instrumente nicht auf das Vertragsangebot und die Angebotspolitik hin orientiert - vgl. Abschnitt 76.

Aus der Sicht des jeweils einen der beiden Beteiligten ist der Abschluß eines gegenseitigen Leistungsvertrages eine Plus-minus-Entscheidung – wie im Abschnitt 22.7 konzipiert: dem Erstrebten fügt sich das Inkaufzunehmende saldierend hinzu, jedoch überwiegt zumindest ex ante der Vorteil der verfolgten Zweck-Komponente.

37.2 Der gegenseitige Vertrag als Abfolge von drei Phasen

Der Abschluß eines gegenseitigen Vertrages zwecks Beschaffung bzw. Absatz ist ein Knoten im ökonomischen Planen, Entscheiden und Handeln - und findet in den Lehrbüchern zur ABWL keine Erwähnung!
Die nachfolgende Übersicht fügt eine vom Vertragsrecht ausgelöste Phase dazwischen, so daß wir (1) die Planung, (2) den schwebenden Vertrag und (3) die wechselseitige Erfüllung unterscheiden. Mit anderen Worten: (1) Die Planung steht für das ökonomisch Beabsichtigte, Kalkulierte und Gewollte, (2) der Vertrag steht für das dementsprechend rechtlich Vereinbarte und (3) der Vollzug steht für das Tatsächliche. Auf dieser Grundlage lassen sich Unsicherheit, Risiken (ex ante) und Abweichungen (ex post) sowohl innerhalb eines jeden der drei Bereiche als auch zwischen jeweils zwei Phasen erörtern.

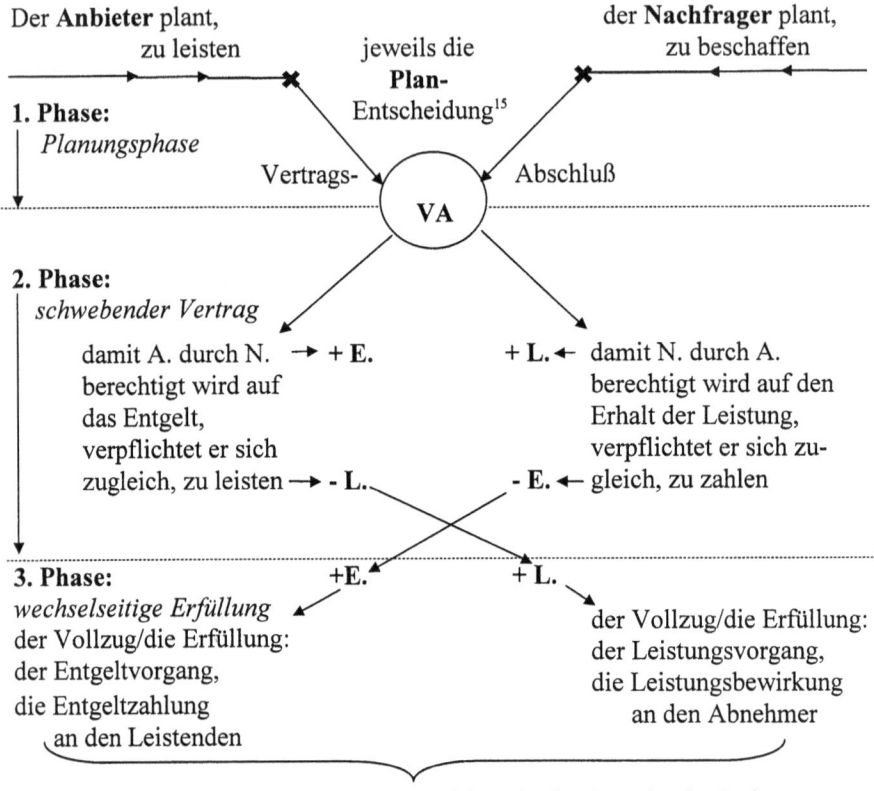

realökonomische Vorgänge = „Realakte" in der Sprache des Juristen

Auch zeigt die Übersicht, daß das Vertragsrecht allgemein bzw. der Vertragsabschluß im Einzelfall nicht nur zwischen Anbieter und Nachfrager steht, sondern auch zwischen Planung und Durchführung bei jeder der beteiligten Parteien.

Der Vertragsabschluß zeitigt mithin die zur 2. Phase eingetragenen *vier Rechtsfolgen bzw. die beiden Rechtsvorgänge der dritten Phase*, die wir mit „Leistungsbewirkung" und „Entgelt-Zahlung" bezeichnen. Jeder Vorgang entpflichtet jeweils auf einer Seite und entrechtet auf der anderen Seite.[16]

Diese Überlegungen lassen sich unter Rückgriff auf die Graphik mit Hilfe doppelter Buchungssätze nachvollziehen – hier für den Nachfrager: Infolge des Vertragsabschlusses bucht er die 2. Phase:

---

15 Vgl. Schneeweiß (1991) S. 8.
16 Vgl. dazu Kosiol (1972) S. 133-141.

(1) Forderung (L.)   an Verpflichtung (E.)

Die Erfüllung des Vertrages – die 3. Phase – geht hinsichtlich der Leistungsbewirkung in den Buchungssatz

(2) Zugang der Leistung   an Forderung (L.)

und hinsichtlich der Entgelt-Zahlung in den Buchungssatz

(3) Verpflichtung (E.)   an Konto „Bank" über.

So verfahren, bilden die Buchungssätze (1) bis (3) die drei Rechtsereignisse ab. Die Verkürzung zur praktischen Handhabung, erst und nur die Erfüllung zu buchen, entbehrt der Folgerichtigkeit und Logik.[17]

1. Das Verhältnis zwischen Anbieter und Nachfrager beginnt mit dem Vertragsangebot

Der Jurist spricht einerseits vom Vertragsangebot/von der Offerte/vom Vertragsantrag und andererseits von der Vertragsannahme/vom Akzept. Der Ökonom versteht immer den Anbieter als den Leistungsanbieter und den Nachfrager als den Leistungsnachfrager (= Entgeltzahler), der Jurist hingegen läßt beim Vertragsangebot *den Rollentausch* zwischen Anbieter und Nachfrager zu:

1) das (verbindliche) Angebot: der Nachfrager
   der Anbieter ist willig, sich   - nimmt das Vertragsangebot
   rechtlich dahingehend zu   (unverändert) an
   binden, daß er eine Leistung   - oder er lehnt es ab
   erbringt, um das im Angebot   - oder er läßt es infolge
   genannte Entgelt zu erhalten   Nichtäußerns verfallen

2) das unverbindliche Angebot:
   der Anbieter fügt eine Freizeichnungsklausel hinzu: „Lieferung freibleibend"/„ohne Obligo",

3) *die Aufforderung* an einen Interessenten, seinerseits ein Angebot abzugeben, z.B. für das im Schaufenster Gezeigte, für das im Inserat (in der Rubrik „Antiquitäten" häufig) Beschriebene, für das in der Auktion Hochgehaltene!

Diese Konstellation wird von den Versicherungsunternehmen mißbraucht:

---

[17] Vgl. dazu U. Müller (1992) S. 19-32.

der Nachfrager (aus ökonomischer Sicht) wird in die rechtliche Situation des Anbieters eines Vertragsabschlusses gedrängt zu unverständlichen Vertragsbedingungen, die das Versicherungsunternehmen im eigenen Interesse formuliert hat und dem Versicherungsnehmer „in den Mund legt".

2. Im „Vertragsabschluß" kreuzen sich Absatz und Beschaffung der beiden Beteiligten

Infolgedessen sind „primär" und „sekundär" vertauscht: der Anbieter ist primär am Entgelt und sekundär an der dafür zu erbringenden Leistung interessiert; für den Nachfrager gilt die Umkehrung.

Beim **Anbieter**	Beim **Nachfrager**
ist das Entgelt das Zielobjekt der Planung	ist die zu beschaffende Leistung wegen ihrer Verwendbarkeit bzw. wegen der beabsichtigten Verwendung das Zielobjekt der Planung
und die zu erbringende Leistung ist die notwendige Voraussetzung, „um ..."	und der zu zahlende Preis ist der zwangsläufige Nachteil, „weil..."
auf der Absatzseite ist das Entgelt der Anknüpfungspunkt des Wirtschaftens: es beginnt mit der Entgelt-/Preispolitik des Anbieters	auf der Beschaffungsseite ist die Beschaffungsleistung der Anknüpfungspunkt des Wirtschaftens: es beginnt mit dem Verwenden-Wollen der Einsatzleistung
das auf die Entgeltforderungs-Entscheidungen hin bezogene Rechnen	das auf die Verwendungs-Entscheidungen hin bezogene Rechnen
betriebswirtschaftliches Preisrechnen	1. Investitionsrechnungen 2. Planungsrechnungen für Beschaffungsentscheidungen.

Ein Blick in die Literatur bestätigt für die linke Spalte weder die primäre Orientierung des Anbieters am Entgelt noch die Folgerung auf die Preisrechnung hin. Vielmehr stehen die Leistungs-Erstellung und das Leistungsangebot im Vordergrund und dementsprechend die Kostenrechnung, die bestenfalls in einer kostenorientierten Preiskalkulation mündet. Eine das Gegenverhältnis von Leistungs-Angebot und Entgelt-Forderung in den Mittelpunkt rückende Preisrechnung ist hingegen unbekannt; vgl. Abschnitt 78.2.

3. Die Bezeichnung der Vertragskomponenten mit „Leistung und Gegenleistung"

Der Jurist bezeichnet mit „Leistung" (i.w.S.) bzw. mit „Gegenleistung" sowohl die Nichtgeld-Leistung (= die Sachleistung bzw. die Dienstleistung) als auch jedwede Zahlung.[18] Bei allem Verständnis für einen gemeinsamen Nenner - aber damit wird nur ein Durcheinander erzeugt!

Wir unterscheiden erstens nach dem Gegenstand/Inhalt des Vorgangs zwischen Leistung (i.e.S.) stets im Sinne des Nichtgeld-Vorgangs und Entgelt als einer speziellen Kategorie der Zahlungsvorgänge. Wir unterscheiden zweitens nach der Bewegungsrichtung der Leistung zwischen Beschaffung und Absatz.

Infolgedessen gehören zusammen:

Wir können damit auch diejenigen zweiseitigen Verträge beschreiben, bei denen Geld nicht zum Entgelt gehört, sondern das Mittel ist für eine spezifische ökonomische Aufgabe/Funktion, z.B. bei der Schenkung und insbesondere bei den sogenannten Finanz-Dienstleistungen. Hier ist das Geld (lediglich) das Bezugsobjekt, um die ökonomischen Funktionen des Finanzierens bzw. des Versicherns zu verwirklichen.

Z.B. der Darlehensvertrag:

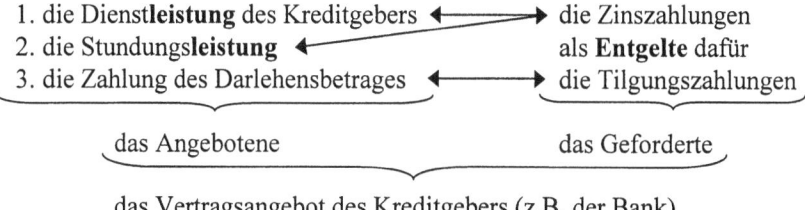

Diese kleine Struktur unterscheidet auf der linken Seite mit 1. und 2. zwei art-verschiedene Leistungen und auf der rechten Seite zwei kategorie-verschiedene Zahlungen, nämlich Entgeltzahlung und Kapitalzahlung. Wieviel verständlicher wäre das Umsatz- und Einkommensteuerrecht, wenn wenigstens der Steuerjurist Leistung, Entgelt und Kapital-(= Finanz-)Zahlung zu unterscheiden wüßte!

Also: „Zahlungen" sind bei uns keine Leistungen, und wir unterscheiden nach ihrer ökonomischen Einbindung folgende Arten der Zahlung: Entgeltzahlung - Finanzierungszahlung - Ausgleichszahlung - Steuerzahlung - Zuwendungszahlung - Haftungszahlung - Unterhaltszahlung.

Mit der Zahlung wechselt ein Geldbetrag/ein monetärer Verfügungsbetrag in eine andere Rechtszuständigkeit. Erst der jeweilige Rechtsgrund bzw. der ökonomische Zusammenhang führen zur Unterscheidung mit den vorgesetzten Worten, die jedoch keine Eigenschaft der Zahlung benennen.[19] So selbstverständlich der Buchhalter die unterschiedlichen Zahlungen zu verbuchen weiß, so gern vermeidet der Jurist die Festlegung, indem er stets und in allen Fällen das Wort „Leistung" verwendet.

4. Die Gewichtsverschiebung zwischen Ökonom und Jurist

Für den Ökonomen steht die Aufgabe im Mittelpunkt: Wie erreiche ich als Anbieter, daß der Interessent/der Nachfrager den angebotenen Vertrag auch abschließt und damit bei mir zum Abnehmer wird? *Die zentrale Aufgabe ist mithin die Angebotspolitik*, d.h. das im Vertragsangebot „Angebotene im Gegenverhältnis zum Geforderten". Der Jurist im Studium beginnt frühestens mit dem Vertragsabschluß und befaßt sich insbesondere mit den Störungen beim Vollzug des Vertrages. Dazu bietet sich die Unterscheidung an in Verträge mit einmaligem Leistungsvorgang bzw. mit zeitlich gestrecktem Leistungsvorgang gegenüber den sogenannten Dauerrechtsverhältnissen (Arbeit, Finanzierung, Miete, Leasing, Versicherung u.a.).

Erst die Berufspraxis verdeutlicht dann auch dem Juristen, wie wichtig das Recht in der Phase der Planung und Gestaltung ist. Hier wird das Recht mit den Entscheidungen vorwegnehmend angewendet[20] und nicht – dem üblichen Verständnis entsprechend – auf Sachverhalte bereits erfolgten Geschehens.

---

18 Vgl. z.B. Schünemann (1998) S. 132.
19 Ebenso wenig ist das Fehlen des Entgelts eine Eigenschaft der Leistung, wie es die Bezeichnungen „unentgeltliche Leistung" oder „Preis der Leistung" vortäuschen

37.3 Markthandeln und Marktrecht

Das Wirtschaften zwischen den Wirtschaftseinheiten hatten wir als „externe Arbeitsteilung" in einer Volkswirtschaft bezeichnet. Deren Kehrseite sind Marktvorgänge, die das Recht der gegenseitigen Verträge benötigen. Das Wirtschaften zwischen den Wirtschaftseinheiten konkretisiert sich infolgedessen zum Abschließen und Vollziehen von Verträgen.

Unter Berücksichtigung ökonomischer und rechtlicher Verschiedenheiten bietet es sich an, (zumindest) zwischen Leistungs-, Finanzierungs- und Arbeitsverträgen und die zugehörigen Märkte zu unterscheiden. Nun sind die Leistungs-, Kapital- und Arbeitsmärkte nicht einfach nur die Summe der zugehörigen Verträge. Es müssen Rechtsvorschriften hinzukommen, die von vornherein den möglichst reibungslosen Ablauf des Markgeschehens sicherstellen, d.h. die die Funktionalität und Effektivität des jeweiligen Marktes bewirken. Die gemeinten Zusammenhänge sollen in einer graphischen Struktur dargestellt werden. Ihre vier Spalten stehen für die Phasen eines Ablauf-Zusammenhangs:
(1) Wer entscheidet und
(2) handelt vertragsrechtlich
(3) betreffend welchen Gegenstand des Vertrages und damit
(4) am jeweils zugehörigen Markt.

---

[20] Zur Methodik dieser „antizipierenden Rechtsanwendung" vgl. z.B. Vogel (1998) S. 184-193.

Markthandeln und Marktrecht

Betriebswirtschaftslehre und Recht ⟶ „Marktrecht"

Vertragsrecht

(1) **die Akteure:** die privatwirtschaftlichen Wirtschaftseinheiten, die am Marktgeschehen teilnehmen:
 ① der private Haushalt
 ② die Unternehmung

(2) Gegenstand der Entscheidung und Instrument des Handelns am Markt: **der Vertrag**

das vertragsrechtlich eingekleidete Entscheiden und Handeln der Marktteilnehmer miteinander

(3) die verschiedenen Märkte unterteilt nach den Vertragsobjekten/ **Marktgegenständen**
 a) Finanzen: Geld und Kapital
    Eigenkapital
    Fremdkapital
 b) Leistungen:
    Produkte als Sachleistungen produzierte bzw. einfache Dienstleistungen
 c) Arbeit
    Arbeitsbereitschaft und Arbeitsleistungen

„Lenkungsrecht"

(4) Rechtsvorschriften zur Gewährleistung der **Funktionsfähigkeit** des jeweiligen Marktes: der Ablauf des Marktgeschehens resultiert aus dem Zusammenspiel der Marktverhaltensweisen mit den ökonomischen und rechtlichen Marktbedingungen

Volkswirtschaftslehre und Recht
die „Märkte" und das Recht der Marktverfassungen werden von der Volkswirtschaftslehre beansprucht! Hinzu kommen die Rechtsgebiete des staatlichen Handelns:
Recht der öffentlichen Haushalte, Steuerrecht, Transferrecht für soziale Leistungen, Subventionsrecht und anderes

Das „Marktrecht" will diejenigen Rechtsvorschriften zusammenfassen, die das Zustandekommen und den Vollzug der gegenseitigen Verträge bezwecken und dies abgelöst davon, ob die Vorschriften zum privaten oder öffentlichen Recht gehören. Deshalb paßt auch der Begriff „Wirtschaftsprivatrecht" nicht[21] und die bekannte Abgrenzung „Wirtschaftsrecht" ist – zumindest um das Unternehmensrecht – zu weit für unser Anliegen. „Markt" ist einzelwirtschaftliches vertragsgebundenes Entscheiden und Handeln (einerseits) und zugleich das Gesamt davon (andererseits). Ob und wie und wie gut (= effizient) dieses Gesamt abläuft, verbindet sich zwanglos mit der Frage, wie Recht wirkt.

Die primären Wirkungen von Rechtsvorschriften sind die von ihnen ausgelösten (= bewirkten) Rechtsfolgen. Das Besondere des Vertragsrechts sehen wir darin, daß die Rechtsfolgen identisch sind mit den Entscheidungsfolgen. Die mit dem Abschluss z.B. eines Beschaffungsvertrages verbundene Berechtigung auf die Leistung und Verpflichtung zum Entgelt entspricht den gleichzeitig ausgelösten Entscheidungsfolgen: um die gewünschte Leistung (plus) zu erhalten, muss man die Entgeltzahlung (minus) in Kauf nehmen. Die Grund-Konstellation ökonomischer Entscheidungen, nämlich für einen erstrebten Vorteil zugleich einen Nachteil hinnehmen zu müssen, findet im Bereich des Markthandelns seine rechtliche Korrespondenz im Abschluss des Beschaffungs- bzw. des Absatzvertrags.

Die Identität von Rechtsfolgen und Entscheidungsfolgen ist demnach für das Marktrecht kennzeichnend, dessen – unter diesem Begriff zusammengefaßten – Rechtsvorschriften das laufende wirtschaftende Entscheiden und Handeln der Marktteilnehmer ermöglichen, rechtlich begleiten, regeln, begrenzen und lenken.

Angewendet auf die Leistungsmärkte, unterscheiden wir in der nachfolgenden Übersicht
① den betrachteten Anbieter, ② den Nachfrager, dann Abnehmer und
③ die Konkurrenten, um so den ökonomischen Beziehungen zwischen diesen Dreien die wichtigsten Gesetze zuzuordnen.

---

21 Vgl. Buchtitel und Erörterung von Begriff und Abgrenzung bei Schünemann (1998) S. 13-16 im Verhältnis zu seiner Feststellung (S. 12), daß Privatrecht und Öffentliches Recht „doch einem gemeinsamen Ziel dienen, nämlich der Regulation des Soziallebens".

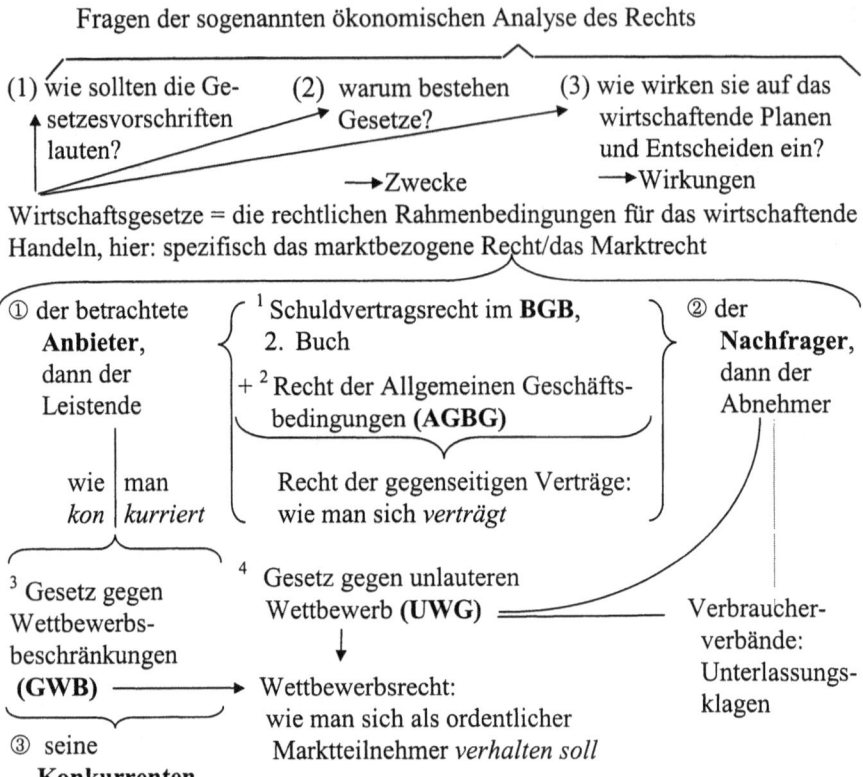

Zwischen ① und ② gilt das Recht der zweiseitigen Verträge. Die Rechtsvorschriften finden sich insbesondere im 2. Buch des Bürgerlichen Gesetzbuches und im Gesetz zur Regelung der Allgemeinen Geschäftsbedingungen. Dieses vergleichsweise junge Gesetz (vom 1.4.1977) behandelt zwei Tendenzen: Die Anbieter haben zum einen die Neigung, ihre fallweisen durch generelle Vertragsbedingungen zu ersetzen. Diese als Typisierung bezeichnete Vorgehensweise finden wir ebenso bei den Leistungsmerkmalen („Einheitsleistungen"), beim Preis (Einheitspreis), bei der Ermittlung der Einkünfte für die Einkommensbesteuerung, usw. Die Anbieter haben zum anderen die Neigung, die von ihnen formulierten Geschäftsbedingungen einseitig zu ihrem Vorteil abzufassen. Folglich hat das AGBG dafür zu sorgen, daß die erste Tendenz ohne die zweite verwirklicht wird. Im Rahmen der sogenannten Modernisierung des Schuldrechts ging das AGBG in die Vorschriften §§ 305-310 BGB über.

Zwischen dem Anbieter und seinen Konkurrenten steht das Gesetz gegen

Wettbewerbsbeschränkungen. Es befaßt sich mit dem Bilden von Kartellen, mit marktbeherrschenden Unternehmen und mit wettbewerbsbeschränkendem und diskriminierendem Verhalten. Daneben steht das Gesetz gegen unlauteren Wettbewerb,[22] das sich häufig als Gesetz zur Verhinderung von Wettbewerb erweist.

Mit den beiden Bereichen „Vertragsrecht" und „Wettbewerbsrecht" ist das *marktbezogene Recht* angesprochen worden als der wichtigste Teilbereich des viel umfassenderen Wirtschaftsrechts. Als Mischung von zivilem und öffentlichem Recht ist es von seinem Anwendungsbereich her - der die Einzelwirtschaften und die Gesamtwirtschaft umfaßt - eigenständig. Diesem Rechtsgebiet war die Trennung in eine juristische und eine wirtschaftswissenschaftliche Fakultät besonders abträglich. Die Umkehrung wird von der sogenannten „ökonomischen Analyse des Rechts" versucht, deren drei zentrale Fragestellungen die Übersicht nach oben zusammenfassen.[23]

38. Arbeitsteilung und die „Theorie der Unternehmung"

Die Überlegungen zur externen und internen Arbeitsteilung münden in die sogenannte „Theorie der Unternehmung". Diese beschäftigt sich vor allem mit den folgenden vier Fragen:[24]
1) Warum gibt es Betriebswirtschaften/Unternehmungen?
Die weitreichende Antwort folgt aus den Überlegungen zu den Vorteilen (und Nachteilen) der internen Arbeitsteilung, vgl. Abschnitte 32 und 33. Zum einen wird der arbeitende Mensch entsprechend seinen Fähigkeiten und seiner Ausbildung eingesetzt und kann über die Wiederholung Lern- und Übungseffekte realisieren. Zum anderen führt die Spezialisierung des Absatzsortiments zu höheren Produktionsmengen, was den Einsatz von Technik und die Spezifikation der technischen Ausrüstung ermöglicht. Sehr vereinfachend, lassen sich die jeweiligen Gesamtkosten der Betriebswirtschaft mit steigenden Ausbringungsmengen verknüpfen zur Entwicklungskurve der Stückkosten; sie wird (bis zum Minimum) als Stückkosten-Degression bezeichnet und verschiebt sich vor allem infolge

---

[22] Vgl. dazu Schünemann (1998) S. 451-470.
[23] Vgl. dazu Schäfer/Ott (2000) S. 10 f., allerdings wenig befriedigend.
[24] Ausführlicher gegenüber der nachfolgenden Skizze vgl. Schauenberg (HWB 1993), Spremann (1996) S. 659-671 (= 22. Kap.) und R.H. Schmidt (1999).

des technischen und organisatorischen Fortschritts zu gesteigerten Produktionsmengen. Die Gegenkräfte sind zum einen die steigenden Organisationskosten bei steigendem Grad der Arbeitsteilung und bei zunehmender Betriebsgröße und zum anderen die Begrenzungen seitens der Absatzmärkte. Diese Überlegungen sind nicht neu, wie Abschnitt 32 zeigt, sie sind jedoch für die Antwort, warum es Betriebswirtschaften gibt, vor lauter moderner Theorie aus dem Blickfeld geraten.[25]

„Produktion" besagt, daß die kategorie-verschiedenen Einsatzfaktoren „Werkstoffe" „Arbeit" und „Technik" im Prozeß verknüpft werden, um Betriebsleistungen als gemeinsames Ergebnis hervorzubringen. Die produktionsprozeß-bewirkte Leistungserstellung begründet die Existenz der Betriebswirtschaften originär. Die Beiträge der modernen Theorie kommen jedoch vom Markthandeln her und vermögen deshalb nur, zu den nachfolgenden Punkten 2) bis 4) etwas ergänzend zu erklären, treffen jedoch den Kern zu 1) nicht.

2) Was bestimmt die Betriebsgröße?

Anders formuliert wird damit gefragt, welche Faktoren die Fertigungsbreite und die Fertigungstiefe bestimmen. In diesem Sinne erörtert unser einfaches Beispiel (= Abschnitt 35), ob eine Wirtschaftseinheit als Anbieter und mit welcher Angebotsmenge auftritt oder umgekehrt unter Verzicht auf eigene Produktion als Nachfrager und mit welcher Menge. Ersichtlich erfordert die 2. Frage eine Integration von interner und externer Arbeitsteilung, wenn auch die jeweiligen Vorteile und Nachteile im Beispiel nur stark vereinfacht in den Rechengrößen zum Ausdruck kamen.

3) Was bestimmt die Betriebsgrößenstruktur in einer Volkswirtschaft bzw. in einer Branche oder die Angebotsstruktur eines Marktes?

4) Was bestimmt die Stukturänderungen im Zeitablauf einerseits durch internes Wachstum bzw. externes Wachstum (mittels Aufkauf oder Zusammenschluß) der Unternehmen einer Volkswirtschaft oder Branche und andererseits durch neue technische Fertigungsverfahren oder Absatzwege bzw. durch neue Produkte?[26]

---

25 Vgl. z.B. Schauenberg (1998) S. 25-46 und Göbel (2002) S. 169-181: es fehlt die „Produktion" als Aufgabe, deren Erledigung die „Betriebswirtschaft" begründet.
26 Die Punkte 2) und 4) werden zusammengefasst unter „Grenzen der Unternehmung" bei Göbel (2002) S. 182-214 behandelt, allerdings ohne die primäre Determinante der Produktionstechnik

38. Arbeitsteilung und die „Theorie der Unternehmung"

Die „*Theorie der Unternehmung*" hat vorzugsweise die Kosten im Auge, wenn sie das Entstehen von Betriebswirtschaften/Unternehmen erklären will.[27]

Der Oberbegriff ist dann „Koordinationskosten" mit der Zwei-Teilung in

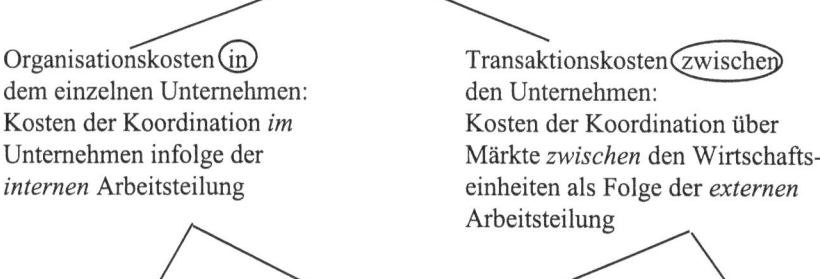

Organisationskosten (in) dem einzelnen Unternehmen: Kosten der Koordination *im* Unternehmen infolge der *internen* Arbeitsteilung

Transaktionskosten (zwischen) den Unternehmen: Kosten der Koordination über Märkte *zwischen* den Wirtschaftseinheiten als Folge der *externen* Arbeitsteilung

Produktion
die Steigerung der Produktionsmenge wird forciert durch die
① Stückkosten-Degression und wird gebremst durch die
② steigenden Kosten der innerbetrieblichen Koordination, d.h. der Organisation.

der substitutive Bereich:
Eigenfertigung
versus
Fremdbezug
↕
Formen der zwischenbetrieblichen Kooperation

Absatz
die Steigerung der Absatzmenge
③ wird forciert durch die Stückkosten-Degression und wird gebremst durch die steigenden
④ Transaktions-/Absatzkosten und
⑤ durch die niedrigeren Preise, um die gesteigerten Produktionsmengen auch abzusetzen.

Die erwähnten Formen der zwischenbetrieblichen Kooperation sind „Mischzustände" aus Trennung (externer Arbeitsteilung) und Verbindung (interner Arbeitsteilung). In diesem Sinne lassen sich unterscheiden:
a) nur abgestimmtes Handeln: die Vorteile daraus fallen bei jedem Beteiligtem auf seine Rechnung an;
b) gemeinsames Handeln zur Erledigung einer Teilaufgabe, z.B. Projekt-Forschung oder Werbung: die Kosten werden aufgeteilt;
c) rechtlich verselbständigtes Wirtschaften auf gemeinsame Rechnung der Beteiligten: nur und erst der Erfolg wird aufgeteilt.
Wenn auch nur sehr pauschal, so lassen sich die Überlegungen zur Arbeits-

---

27 Vgl. Bössmann (1981) S. 667-674.

teilung bis zu den Marktstrukturen zusammenfügen:

① innerbetriebliche Vorteile	② innerbetriebliche Nachteile	③ Vorteile vom Markt her	④ Nachteile vom Markt her
Degression der Stückkosten infolge hoher Stückzahlen oder infolge anderer Produktionsverfahren mit hohen Stückzahlen	hoher Organisationsaufwand bei offenen Fertigungsverfahren, d.h. technisch nicht gebundenem Fertigungsablauf, sowie hohe Produktionsrisiken	heterogene/ differenzierte Nachfrage (z.B. Kundenwünsche, Kundennähe, Kundenprobleme)	hohe Transaktionskosten (z.B. Transportkosten, Abstimmungskosten), ferner Preiswettbewerb sowie hohe Absatzrisiken
<u>Folge:</u> große Unternehmen, wenig Markt, Konkurrenz vor allem bei Überkapazitäten, Tendenz zum Kartell	<u>Folge:</u> kleinere Unternehmen, Polypol mit Wettbewerb	<u>Folge:</u> kleinere Unternehmen, Polypol mit geringem Wettbewerb, Tendenz zur Kooperation	<u>Folge:</u> wenige große Unternehmen, hohe Fertigungstiefe, Oligopol, regionale Monopole

Mit der Ausprägung der Bestimmungsgrößen kann man (annäherungsweise) die Situation einer Unternehmung und die Struktur ihres Absatzmarktes zu erklären versuchen. Eine andere Betrachtungsweise stellt auf die Veränderung der externen oder/und internen Arbeitsteilung ab und fragt auf diese Weise nach der Gewinn-Wirkung einer Änderung des Grades der Arbeitsteilung.

Die nachfolgende Übersicht stellt die interne und die externe Arbeitsteilung gegenüber, um jeweils als Spalte eine Abfolge zu bilden. Die externe Arbeitsteilung ist den Märkten verbunden: diese koordinieren die Entscheidungen der Marktteilnehmer im Idealfall gleichrangig-machtfrei. Im Gegensatz dazu werden die der externen Arbeitsteilung verbundenen Unternehmen als hierarchisch strukturierte Organisationen bezeichnet. Deren reale Erscheinungsformen streuen zwischen dem Grundsatz der Zusammenarbeit und dem Grundsatz der Anweisung.

Die Erfahrung, daß die Produktion einer Volkswirtschaft nicht in einer

Wirtschaftseinheit erfolgt und die Menschen ebensowenig in nur einer Haushaltswirtschaft zusammenleben, hat jedenfalls auch gewichtige ökonomische Gründe. Sie lassen sich fortsetzen zu der Frage, welche Bestimmungsgrößen das Nebeneinander von Märkten und Unternehmen - und den privaten Haushalten, die in der Übersicht nicht berücksichtigt wurden - regulieren. Als Stichworte sind hierzu (1) Koordination, (2) Information und (3) Risiken in der mittleren Spalte angeführt. Auf diese Weise kann von den drei Stichworten nach rechts zu den Marktvorgängen verbunden werden und nach links zum Bereich der Unternehmen.

Im konkreten Einzelfall einer Unternehmung verbinden sie sich mit den technischen und ökonomischen Bestimmungsfaktoren, welche die Gesamtaufgabe der betrachteten Betriebswirtschaft festlegen. Ihr Umfang und ihre Struktur sind zum einen die fallweise Ausprägung der volkswirtschaftlichen Spezialisierung und finden zum anderen ihren Ausdruck in der Sortimentsbreite und Fertigungstiefe. Aus der Sicht der Märkte lautet die Kehrseite der leistungswirtschaftlichen Gesamtaufgabe der betrachteten Unternehmung: welche Leistungen bezieht sie von anderen anstelle der Eigenfertigung bzw. welche Absatzleistungen werden nicht selbst erstellt und folglich anderen Anbietern überlassen.

Die Übersicht schließt mit dem Hinweis auf die Formen der Kooperation ab, die als Organisationsformen zwischen „Unternehmen" und „Markt" bezeichnet werden können.

Nachdem wir im Abschnitt 20 die Einzelwirtschaften und mit Abschnitt 30 die Arbeitsteilung in ihrer innerbetrieblichen und ihrer marktverbundenen Erscheinungsform behandelt haben, wendet sich der nächste Abschnitt 40 gleichsam zwangsläufig den Märkten zu.

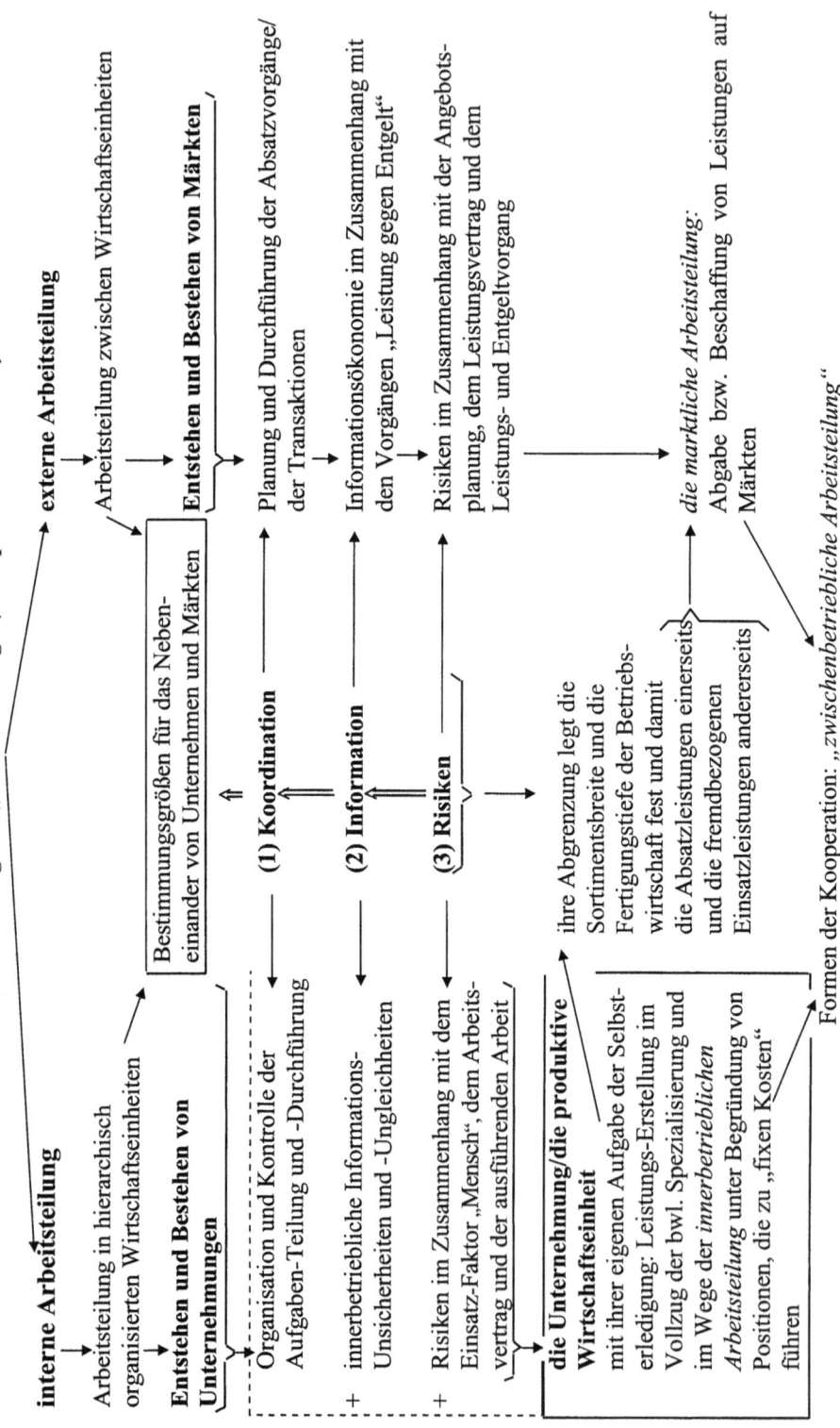

40. Die Kennzeichnung der Märkte: Marktverfassungen

„Markt" kann man konkret verstehen und hat dabei im Auge, was auf dem Markt gehandelt wird/was *„das Marktobjekt"* ist.

Aus Sicht der (Betriebswirtschaft + Rechtsform=) Unternehmung

| unterscheidet man zweckmäßigerweise vorab nach Beschaffung und Absatz, und | wir brauchen die Vertragsfähigkeit der Betriebswirtschaft. |

Auf der *Beschaffungsseite* haben wir dann die folgenden Märkte:
- für Arbeit, Kapital, Grundstücke,
- für (abnutzbare) Gebrauchsgüter (Maschinen, Betriebsvorrichtungen),
- für Rechte (Patente, Urheberrechte),
- für Verbrauchsgüter (Roh-, Hilfs und Betriebsstoffe),
- für Dienstleistungen aller Art (Beratung, Miete, Versicherungen);

auf der *Absatzseite*
- den Markt bzw. die verschiedenen Märkte entsprechend dem Betriebsleistungs-Programm.

Man kann andererseits „Markt" auch abstrakt verstehen. Dabei hat man sogenannte Merkmale des Marktes im Auge, deren Gesamtmenge in zwei Schritten geordnet wird. Mit dem ersten Schritt werden drei Aspekte unterschieden und somit drei Gruppen gebildet, und zwar: Marktstrukturen, Marktverhalten und Marktbedingungen. Der zweite Schritt besteht darin, Verkettungen herzustellen, also eine bestimmte Marktstruktur mit Aussagen zum Marktverhalten und mit Annahmen über die Marktbedingungen zu verknüpfen. Das Ergebnis einer solchen Verkettung bezeichnen wir als *Marktverfassung*. Mithin ergibt sich eine jede Marktverfassung als Kombination von gruppenzugehörigen Merkmalen.

Mit den „Marktverfassungen" werden also drei Problembereiche integriert, denn erst für die jeweilige Marktverfassung können Überlegungen und Vorstellungen entwickelt und zur Angebots- und Absatzplanung verdichtet werden.

1. Marktstrukturen, vgl. Abschnitt 41

Sie beziehen sich auf die Existenz der Marktteilnehmer. Merkmale sind die Anzahl der Anbieter und der Nachfrager sowie gegebenenfalls ergänzend die Betriebsgrößen der Anbieter. Die Kombination dieser Existenz-Merkmale führt zu dem bekannten Marktformen-Schema, das neun mögliche Marktstrukturen aufweist.

2. Marktverhalten, vgl. Abschnitt 42

Es bezieht sich auf das Handeln der Marktteilnehmer. Entsprechend werden der betrachtete Anbieter, seine Konkurrenten - seine Marktnebenseite - und die Nachfrager - die Marktgegenseite - unterschieden jeweils mit den drei möglichen Verhaltensweisen des Agierens, des Reagierens und des Nichtstuns.

3. Marktbedingungen, Abschnitte 43 bis 45

Sie beschreiben Voraussetzungen und Bestimmungsgrößen des Marktgeschehens und des Marktverhaltens. Die Marktbedingungen werden üblicherweise zu fünf Gruppen zusammengefaßt:
① der Markt-Gegenstand: Merkmale der Sach- bzw. Dienstleistungen,
② der Markt-Teilnehmer: Präferenzen hinsichtlich (1) der Leistungen, (2) der Personen, (3) Zeit und (4) Ort des Angebotes,
③ die Markt-Transparenz: Informationen (a) im Zeitpunkt, (b) im Zeitablauf,
④ die Anpassungsfähigkeit und Anpassung entsprechend den technischen, rechtlichen und organisatorischen Bedingungen bei den Anbietern bzw. bei den Nachfragern,
⑤ die Ziele der Markt-Teilnehmer: Gewinn bzw. Nutzen.

Die Gesamtheit der Merkmale einer Marktstruktur, den Verhaltensweisen ihrer Marktteilnehmer und der Bedingungen ihres Handelns fassen wir unter dem Begriff „Marktverfassung" zusammen. Eine jede Marktverfassung ergibt sich folglich als Kombination der Merkmale aus den drei Gruppen „Struktur", „Verhalten" und „Bedingungen" mit ihren Unterteilungen.

Die übliche Zweiteilung in vollkommene und unvollkommene Märkte führt erst später zu den Abschnitten 43 einerseits bzw. 44 und 45 andererseits. Aus der Sicht des Konzepts der Marktverfassung mit ihren Merkmalen in drei Schichten ist nicht nachvollziehbar, wie angesichts der Vorgabe vollkommener Marktbedingungen die Mehrzahl von Marktstrukturen soll entstehen können. Betriebswirtschaftliche Fragestellungen und Aufgaben beginnen (erst) mit unvollkommenen Märkten i.w.S., d.h. einschließlich der Marktstrukturen und der Marktverhaltensweisen.

Die fortlaufend verwendeten Begriffe stellen wir uns zusammen:
(1) eine Marktstruktur = die Struktur (Anzahl und Größe) der Anbieter und Nachfrager auf einem Markt; dieser ist von seinem Marktobjekt/von dem Vertragsgegenstand her festgelegt,
(2) Marktverhaltensweisen = Aktion bzw. Reaktion bzw. Nichtstun des Anbieters, seiner Konkurrenten und der Nachfrager,
    eine Marktform = jeweils (1) eine Marktstruktur + (2) Marktverhaltensweisen,
(3) die Marktbedingungen = die Merkmale der Handlungsunvollkommenheiten + der Informationsökonomie,
    eine Marktverfassung = sie kombiniert jeweils (1) eine Marktstruktur + (2) Verhaltensweisen + (3) Marktbedingungen.

41. Marktstrukturen

Mit „Marktstrukturen" bezeichnet man die Möglichkeiten, wie sich die Anbieter und die Nachfrager auf den Märkten ihrer Anzahl nach gegenüberstehen können. Die Zahl der Anbieter auf der einen Seite und die Zahl der Nachfrager auf der anderen Seite eines Marktes beschreiben seine Struktur. Es bietet sich an, mit der Drei-Teilung "einer - wenige - viele" sowohl auf der Anbieter-Seite als auch auf der Nachfrager-Seite ein Schema mit neun Marktstrukturen zu kombinieren.

Das bekannte „Marktformen-Schema" mit neun Marktstrukturen:

Nach- frager ↓	Anbieter: → einer	wenige	viele
einer	zweiseitiges Monopol	beschränktes Nachfragemonopol	Nachfrage- Monopol
wenige	beschränktes Angebotsmonopol	zweiseitiges Oligopol	Nachfrage- Oligopol
viele	Angebots- Monopol	Angebots- Oligopol	Polypol

Jedem Feld dieser Übersicht kann man weitere „Markt-Merkmale" hinzufügen und erweitert seine Marktstruktur auf diese Weise zu einer Marktverfassung:

1. Man kann die Betriebsgrößen der Anbieter hinzufügen: die sogenannte *Betriebsgrößenstruktur*. In dieser Hinsicht werden typischerweise verbunden: ein Anbieter mit „groß", wenige Anbieter mit „mittelgroß", und viele Anbieter mit „klein".[1]
Eine „schiefe" Betriebsgrößenstruktur mit beispielsweise einem großen und mehreren mittelgroßen Anbietern legt die Vermutung nahe, daß eine Marktführerschaft entsteht: der „Große" diktiert dann das Marktgeschehen oder auch nur dessen wichtige Bestandteile wie den Leistungsstandard oder die Marktpreise. Der „Preisführer" beherrscht das Marktpreis-Geschehen und die anderen Anbieter orientieren ihre Preispolitik daran. Das Beispiel zeigt, daß Markt- und Betriebsgrößen-Struktur nur die Grundlage sind für das eigentliche Anliegen: Aussagen über das typische oder - aus der Sicht einer Entscheidungssituation - über das zu erwartende Verhalten der (möglichen und aktuellen) Marktteilnehmer.

2. Naheliegenderweise fügt man also der jeweiligen Struktur die Verhaltensweisen „Aktion" bzw. nur „Reaktion" bzw. „Nicht-Reaktion" der Konkurrenten oder/und der Nachfrager hinzu: das sogenannte *Marktverhalten*; vgl. Abschnitt 42.

3. Jeder der neun Marktformen[2] kann man die wichtigste Zweiteilung in „vollkommenen" bzw. „unvollkommenen Markt" hinzufügen; vgl. die Abschnitte 43 bis 45. Es bleibt in der Literatur allerdings unklar, wie ei-

---

1 Vgl. z.B. Feess (1997) S. 253 f.
2 Diese literaturübliche Benennung schließt nicht genannte Verhaltensweisen zu den Marktstrukturen ein und differenziert nur (noch) die Marktbedingungen in „vollkommen" versus „unvollkommen".

nerseits die Markt- und Betriebsgrößenstrukturen entstehen sollen und wie man andererseits die Marktverhaltensweisen begründen kann, wenn man „vollkommene Märkte" annimmt! Die Vorgabe der Marktstruktur „Oligopol" beispielsweise, um ihr dann die der Theorie (oder der Fiktion) entnommenen Merkmale des vollkommenen Marktes anzufügen, ist ein Widerspruch zwischen den Voraussetzungen für das Entstehen der Struktur und der für sie konzipierten Marktverfassung „vollkommenes Oligopol".[3]

42. Marktverhalten

Das Marktverhalten bezieht sich in der mikroökonomisch orientierten Preistheorie durchweg nur auf den Preis und die Absatzmenge.[4] Ein entscheidender Fortschritt war darin zu sehen, daß die Preistheorie nicht unmittelbar an die Marktstrukturen anknüpft, sondern die damit nicht deckungsgleichen Varianten des Marktverhaltens einbezieht. In diesem Sinne unterscheiden wir nachfolgend zwischen der Existenz und dem Verhalten von Marktteilnehmern. Allein aus den drei möglichen Verhaltensweisen „keine Reaktion", „Aktion" und „Reaktion" von jeweils dem betrachteten Anbieter, seinen Konkurrenten und den Nachfragern ergibt sich eine Vielzahl von Varianten.

1. Was macht der betrachtete Anbieter? = sein Verhalten als Anbieter
   11. er agiert, indem er seinen Angebotspreis (erstmalig) setzt,
   12. er agiert, indem er seinen Angebotspreis ändert,
   13. er re-agiert auf Maßnahmen seiner Konkurrenten,
   14. er re-agiert auf das Kauf-Entscheidungsverhalten seiner Nachfrager,
   15. nichts: er agiert nicht und reagiert nicht.

2. Was machen seine Konkurrenten? = „Konkurrenten-Verhalten"
   sie agieren von sich aus ⇒ vgl. 13.
   21. sie reagieren nur in Abhängigkeit von der Differenz zwischen dem eigenen Preis und dem Preis von A ⇒ Reaktionsschwelle,

---

3 Vgl. z.B. Feess (1997) S. 256, 383: Vollkommene Märkte führen zu jeweils einheitlichem Preis aller Anbieter, die jedoch ihrer Anzahl nach von „einem" bis „viele" möglich sind; d.h. die verschiedenen Marktstrukturen werden mit der Existenz der Voraussetzungen für einen vollkommenen Markt als vereinbar angesehen.
4 Zum betriebswirtschaftlichen Aufbau vgl. Abschnitt 74.

22. sie reagieren asymmetrisch, d.h. bei einer Preiserhöhung von A nicht und bei einer Preissenkung von A machen sie mit und senken ihrerseits,
23. sie reagieren auf eine Maßnahme des Anbieters A nicht.

3. Was machen seine Nachfrager? = „Nachfrager-Verhalten"
   sie agieren von sich aus ⇒ vgl. 14.
   31. sie reagieren aus ihrer Latenz heraus bzw. in diese hinein:
   ein alternativ höherer Preis bzw. eine Preiserhöhung führt zum Verzicht überhaupt,
   ein alternativ niedrigerer Preis bzw. eine Preissenkung führt zum Kauf eines bisherigen Nichtkäufers,
   32. sie reagieren durch Wechsel zur Konkurrenz hin bzw. durch Wechsel von der Konkurrenz her:
   insoweit substituieren Nachfrager ihren Lieferanten, weil ihnen dessen Maßnahme bzw. dessen Änderung nicht paßt bzw. anlockt,
   33. sie reagieren auf eine Maßnahme von A nicht: Fall der starren Nachfrage.

Damit haben wir eine ebenso naheliegende wie präzise Vorgehensweise entwickelt: Wir wählen die unterste Zeile des neun-teiligen Schemas mit ihren drei Marktstrukturen „Angebots-Monopol", "Angebots-Oligopol" und „Polypol" und fügen einer jeden ein bestimmtes Verhalten der Konkurrenten und der Nachfrager hinzu. Das Resultat sind drei bekannte Preis-Absatzmengen-Funktionen, die infolge der systematischen Vorgehensweise präzise beschrieben und miteinander verglichen werden können.

1. Konstellation: Welcher Preis soll gefordert werden?
Der Anbieter setzt die Merkmale seiner angebotenen Leistung fest und erwägt nun, welchen Preis er dafür verlangen soll.[5] Die zu erwartende Absatzmenge ist davon abhängig, d.h. der Anbieter kann nicht sowohl den Preis als auch die Menge autonom festlegen, wohl aber sein Leistungsangebot und seine zugehörige Entgeltforderung, was zusammen als (Vertrags-)Angebot/als Offerte bezeichnet wird.

---

5 Diese Aufteilung in zwei Schritte ist zwar lehrbuch-üblich, jedoch nicht sachgerecht; vgl. Abschnitt 77.

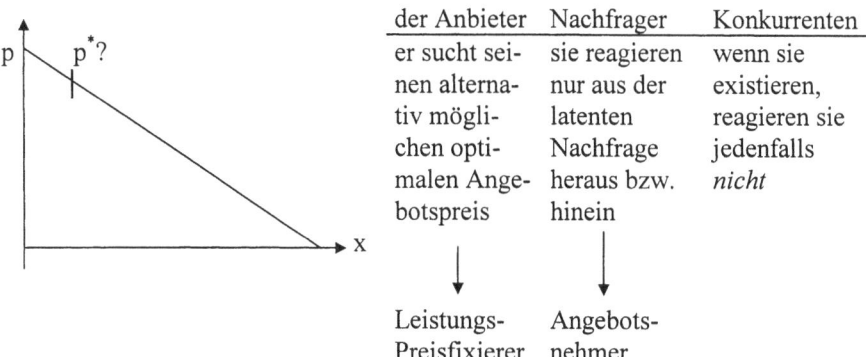

Die obige Beschreibung formuliert eine Entscheidungssituation des Anbieters, die wir im Abschnitt 72 ausführlicher behandeln und mit Hilfe der Cournot-Preisrechnung zur optimierenden Preis-Absatzmengen-Konstellation fortsetzen. Dahinter verbirgt sich jedoch ein Widerspruch: Wenn der Anbieter seine Preisforderung erstmals festsetzt, dann läßt sich schwerlich erklären, woher für diese „vergangenheitslose" Entscheidungssituation die Kenntnis der Preis-Absatzmengen-Funktion kommt.

Ein Beispiel: Der Buchverleger sucht den optimalen Ladenpreis seitens der Buchhändler - wegen der Preisbindung kann der Käufer nur ja-nein sagen.

2. Konstellation: Soll der Preis geändert werden?

Die Grafik zeigt den im Knickpunkt gelegenen derzeitigen Angebotspreis des Anbieters A. Die Überlegungen beginnen mit der Aussage, daß der Anbieter seinen bisherigen Angebotspreis ändern möchte, und setzen sich in der Frage fort, wie die Nachfrager und die Konkurrenz darauf reagieren werden. Die mögliche Reaktion der Konkurrenz ordnet dieses zweite Beispiel der Marktstruktur „Oligopol" zu.

Es wird nicht begründet, warum der Angebotspreis geändert werden soll. Ohne einen solchen Grund gibt es keine Entscheidungssituation, die ihrerseits Voraussetzung dafür ist, daß sich der Anbieter mit den Folgen möglicher Handlungen - hier: Änderung seines Angebotspreises - befaßt. Wir kommen jedoch auch dann nicht weiter, wenn uns der Anbieter einen seine Überlegungen anstoßenden Grund nennen würde, solange wir den Mechanismus der Preisbildung in seiner Marktverfassung nicht kennen. Beschränken wir uns folglich darauf, daß die einfach geknickte Preis-Absatzmengen-Funktion nur den Reaktionszusammenhang erklären möchte:

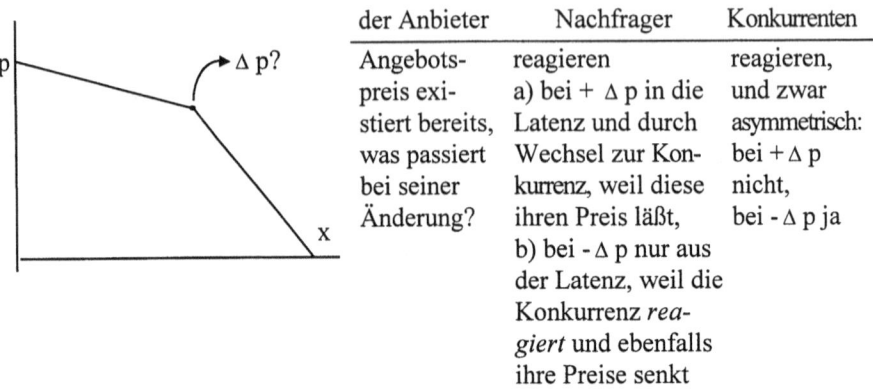

der Anbieter	Nachfrager	Konkurrenten
Angebotspreis existiert bereits, was passiert bei seiner Änderung?	reagieren a) bei $+\Delta p$ in die Latenz und durch Wechsel zur Konkurrenz, weil diese ihren Preis läßt, b) bei $-\Delta p$ nur aus der Latenz, weil die Konkurrenz *reagiert* und ebenfalls ihre Preise senkt	reagieren, und zwar asymmetrisch: bei $+\Delta p$ nicht, bei $-\Delta p$ ja

Da erfahrungsgemäß sowohl eine Preiserhöhung als auch eine Preissenkung die gegenwärtige Situation verschlechtert,[6] ist über die Erklärung dieses Zusammenhanges hinausgehend nicht viel zu entscheiden, während andererseits nicht einmal das Zustandekommen des gegenwärtigen Preises im Knickpunkt erklärt werden kann.

3. Konstellation: Warum reagieren die Nachfrager ungleichmäßig?
Die doppelt geknickte Preis-Absatzmengen-Funktion wird üblicherweise mit dem Verhalten der Nachfrager erklärt und als Darstellung des unvollkommenen Polypols bezeichnet. Es gibt Konkurrenten, aber sie reagieren nicht auf die Preispolitik des betrachteten Anbieters A. Folglich reagieren nur die Nachfrager, die sich beim Erstkauf den Anbieter aussuchen bzw. bei wiederholtem Bedarf wechseln können.
Im mittleren Bereich II der doppelt geknickten Funktion gibt es nur einen Grund für den Zusammenhang zwischen $\pm \Delta p$ und $\pm \Delta x$. Dabei wird $\pm \Delta p$ entweder als Preisdifferenz bei alternativ verschiedener Preisforderung verstanden oder - häufiger - als Preisänderung im Zeitablauf. Δx wiederum wird entweder als Austausch-Vorgang zwischen Käufern und latenten Käufern verstanden oder als Wahl-Verhalten der Laufkundschaft im Gegensatz zu den nicht-reagierenden Stammkunden.[7] Diese zweite Variante ist zutreffend, denn gegen den Ausgleich über die Latenz spricht die ersatzweise Angebotsbereitschaft der Konkurrenten.

---

6   Vgl. Feess (1997) S. 433-435.
7   Letzteres bei Wied-Nebbeling (1993) S. 105-109.

Nachfolgend erklären wir die drei Bereiche der zweimal geknickten Preis-Absatzmengen-Funktion wie üblich und kommen auf die Interpretation der unterschiedlichen Steigung im Abschnitt 73.2 zurück.

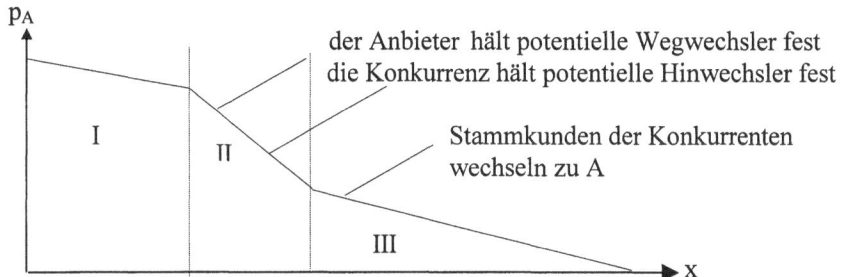

	Anbieter	Konkurrenten	Nachfrager
in II:	Preissetzung oder Preisänderung	reagieren nicht II deshalb der „monopolistische Bereich"	reagieren, soweit sie zur Laufkundschaft gehören
in I:	bei $+\Delta p_A$	reagieren nicht, aber sie freuen sich	reagieren als Laufkundschaft bzw. wechseln als Stammkunden zur Konkurrenz
in III:	bei $-\Delta p_A$	reagieren nicht, obwohl sie sich ärgern	reagieren als Laufkunden bzw. wechseln zum Anbieter A hin

Der Bereich II steht für Unvollkommenheit des Marktes (betreffend die Nachfrager), und die Marktverfassung wird „unvollkommenes Polypol" genannt. Wir haben zwar Konkurrenten, aber sie reagieren nicht. Darauf weist die übliche Bezeichnung „monopolistische Konkurrenz" hin.[8]

43. Die Marktbedingungen des vollkommenen Marktes

Er ist „ein Konzept der ökonomischen Theorie"/ein Denkmodell mit langer Vergangenheit. Die Vollkommenheit beruht jedoch nicht darauf, daß man ein reales *Marktgeschehen* typisiert oder idealisiert. Vielmehr hebt man von der Wirklichkeit ab: man verdrängt die Realität mit Hilfe von Annahmen, die - banal formuliert - Fiktionen sind. Im Anschluß daran streitet man sich,

---

8 Nicht aber auch noch zugleich „polypolistische Konkurrenz", wie Diller (2000) S. 86 f. schreibt!

welche Annahmen zusammenkommen müssen, damit das Ergebnis standhält, und was der Inhalt der einzelnen Annahmen ist. Die Summe der Streite über Annahmen, ihre Inhalte und die Folgerichtigkeit der Ergebnisse bezeichnet man dann als Wissenschaft! Die sogenannten Annahmen, die insgesamt den sogenannten vollkommenen Markt beschreiben, sind die folgenden:

① *Der Marktgegenstand: homogene Güter*
 Wir müssen zwei Aspekte unterscheiden:
 a) Es gibt nur gleiche und verschiedenartige Güter, es gibt jedoch keine ähnlichen Güter, d.h. je Güterart - z.B. Fahrrad oder Auto - sind die Merkmale gleich, weshalb man von homogenen Gütern spricht.
 b) Die Güter werden „nackt" ausgetauscht, d.h. es fehlt der umhüllende Vertrag mit seinen Merkmalen, es fehlen die Konditionen, zu denen die Leistungen übergehen. Mithin gibt es kein Vertragsrecht und nicht den gegenseitigen Vertrag für den einzelnen Marktvorgang.

② *Die Wertvorstellungen: keine Präferenzen*
 Wir unterscheiden vier Arten von Präferenzen, die den Marktteilnehmern fehlen:
 a) keine Präferenzen *der Art nach*:
  alle Nachfrager beurteilen dasselbe Gut übereinstimmend = einheitlich;
 b) keine Präferenzen *dem Ort nach*:
  das Urteil ist unabhängig davon, wo die Leistung angeboten/verfügbar wird;
 c) keine Präferenzen *der Zeit nach*:
  das Urteil ist unabhängig davon, wann die Leistung angeboten/verfügbar wird - es gibt keine Zeitpräferenzen, d.h. die Dauer eines Bedürfnisses bis zur Befriedigung ist ohne Belang;
 d) keine Präferenzen *der Person nach*:
  weder der Anbieter noch der Nachfrager bevorzugt/benachteiligt einen Marktteilnehmer wegen persönlicher Merkmale.

③ *Die Markttransparenz: keine Informationsprobleme*
 Hierzu unterscheiden wir zwei Aspekte:
 a) „Marktüberblick"/Marktübersicht:

in einem Zeitpunkt hat jeder Anbieter und Nachfrager die volle Übersicht über (1) das Gesamtangebot, über (2) die Nachfrager, über (3) die Konkurrenten; zusammengefaßt: alle sind gleich gut informiert in einem Zeitpunkt.

b) „Informationsfluß":
im Zeitablauf sind alle Anbieter und alle Nachfrager gleichschnell und gleich gut informiert, d.h. der Fluß der Informationen in der Zeit bereitet keine Schwierigkeiten/Kosten und führt zu keinen Informationsunterschieden!

So kühn diese Annahme auch ist: es wird nicht unterstellt, daß jeder auch die Zukunft voraus wüßte und daß deshalb das wirtschaftliche Handeln unter Sicherheit erfolge. Allerdings wird diese gedachte Situation weitgehend mit Hilfe der Annahme ④ suggeriert.

④ *Die Anpassung: kostenlos und blitzschnell*
„Wirtschaften" erfordert, daß man sich *zuvor* festlegen/binden muß, wenn man Vorteile verwirklichen möchte, d.h. man investiert und schließt Dauerrechtsverhältnisse ab, um (dann) Leistungen zu erstellen, die gegen Entgelt abgegeben werden, und dies alles in der Hoffnung (ex ante), daß die Erträge größer als die Aufwände sind, so daß ein Gewinn erzielt wird.

Die Annahme, daß man sich an Abweichungen gegenüber dem Plan des gegenwärtigen Handlungsvollzuges blitzschnell und kostenlos anpassen kann, bedeutet aber, daß Bestände und Verträge zwar zu keinen Risiken/ Gefahren führen, aber auch keine Chancen bieten.

Es gibt keine Warteschlangen und keine Lieferzeiten, es gibt keine Überkapazitäten und keine beschäftigungslosen Arbeitskräfte und Maschinen, und es gibt kein Wagnis und weder Gewinn noch Verlust!

So dynamisch das (so gedachte) wirtschaftliche Geschehen wegen der ständigen blitzschnellen Anpassungsvorgänge ist, so statisch ist das Ganze: die fehlende Aussicht, Übergewinne erzielen zu können, läßt alle unternehmerischen Entscheidungen erlahmen.

⑤ *Die Zielsetzung der Marktbeteiligten*
Wir unterscheiden zwei Ausprägungen:

a) „Gewinnmaximierung" als Ziel der Anbieter; es wird jedoch nicht erklärt, inwieweit unter den Annahmen ① bis ④ überhaupt Gewinn erzielt werden kann (nach Verzinsung des Nominalbetrages an eingesetztem Eigenkapital). Wir vertreten die Ansicht: auf vollkommenem Markt gibt es keine Übergewinne und dieser vollkommene Markt kann bei folgerichtigem Verständnis stets nur ein Polypol sein;
b) „Nutzenmaximierung" derjenigen Abnehmer, die die erworbene Leistung konsumtiv verwenden.

Wozu die Beschäftigung mit solcherart irrealen Annahmen? - mit Fiktionen gegenüber der Realität? Der vollkommene Markt soll zum Gleichgewichtspreis führen (und danach ist Ruhe!):

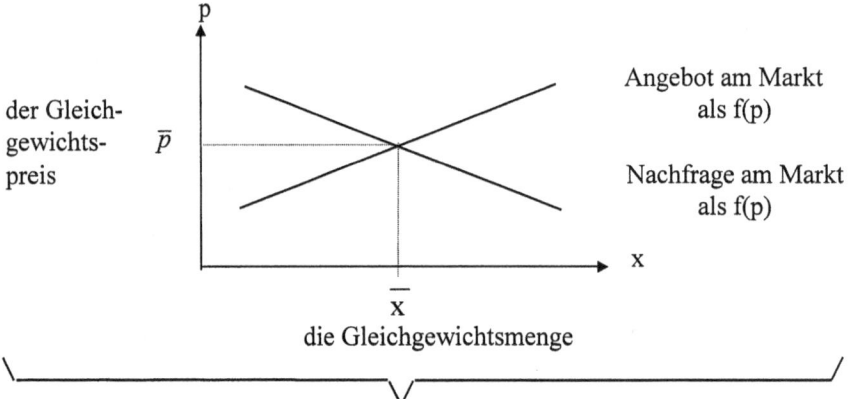

das Gleichgewicht ist verwirklicht, der Markt ist geräumt, die Marktruhe ist eingetreten. Das Denken in erreichten, weil „geregelten" Zuständen - an denen möglichst festzuhalten ist - durchzieht das ökonomische wie auch das juristische Denken.

Dem ist jedoch entschieden entgegenzusetzen:
Wirtschaften besteht gerade im Ändern von Zuständen; denn anders lassen sich weder Leistungen noch Zahlungen erklären! Es gibt beim Wirtschaften keine Gleichgewichte, keine Zustände und keine optimalen Strukturen mit Dauer, keine optimalen Bestände über die Zeit! Das wirtschaftende Handeln kennt Gleichgewicht, Zustand, Struktur, Bestand nur als *Zeitpunkt*-Konstellation, als (mittels rechtlicher Regeln fixierte) Atempausen! Dementsprechend werden Handlungsweisen optimiert - z.B. die optimale Bestell-

menge, die optimale Abfolge der Konsumausgaben - und nicht Bestände (also Lagerbestand, Ersparnis).[9]

44. Unvollkommene Märkte (i.w.S.)

Der Zusatz „i.w.S." soll darauf hinweisen, daß wir die Marktstrukturen und die Marktbedingungen miteinander verbunden sehen. Wir erteilen damit der Literatur eine Absage, wenn sie die Verschiedenheit der Marktstrukturen mit der Vollkommenheit der Marktbedingungen verknüpft, um auf dieser sich widersprechenden Grundlage vorgeblich existierende Probleme zu erörtern.

Vielmehr führt die Unvollkommenheit der Marktbedingungen nicht nur zur beeinträchtigten Funktionsfähigkeit des jeweiligen Marktes, sondern begründet auch (im Zeitablauf) die Verschiedenheit der Marktstrukturen. „Unvollkommene Märkte" fassen mithin das Entstehen, Bestehen und Ändern der Marktstrukturen mit der Unvollkommenheit der Marktbedingungen zusammen.

Die verschiedenen Merkmale des vollkommenen Marktes verkehren wir jeweils in ihr Gegenteil:
① unvollkommener Güter-/Leistungsmarkt:
   es gibt auch ähnliche/variierte Leistungen, und es gibt Vertragskonditionen;
② es gibt Präferenzen der Nachfrager:
   sachliche, örtliche, zeitliche und persönliche;
③ es gibt Informationsprobleme:
   ausdrücklich ist die Zukunft ungewiß, und die Information der Marktteilnehmer ist ungleich. Auf einen Zeitpunkt bezogen, spricht man von asymmetrischen Informationen, während im Zeitablauf der Informationsfluß immer erneut zu ungleichem Wissen in jedem Zeitpunkt führt;
④ es gibt Anpassungsprobleme an Abweichungen und Änderungen:
   Zum einen sind die vorhandenen Güterbestände und Verträge in bezug darauf vorteilhafte oder hemmende Bindungen aus Entscheidungen der Vergangenheit,

---

9 Vgl. Stützel (ZfB 1966): Zur Ökonomie der Stromgrößen versus der Bestandsgrößen. Analog könnte man das handlungsbegleitende von dem zustandsbewahrenden Recht unterscheiden.

zum anderen sind die Anpassungsvorgänge zur Verringerung von Nachteilen infolge von negativen Planabweichungen mit Anpassungskosten verbunden, zum dritten führen Anpassungsvorgänge an im Zeitablauf günstigere Entscheidungsbedingungen bzw. Entscheidungsmöglichkeiten zu Anpassungskosten, und schließlich führt die im voraus disponierte Anpassungsfähigkeit zu Kosten.

Die aufgezeigten Unvollkommenheiten, nämlich
- heterogene Leistungen und Vertragskonditionen,
- heterogene Präferenzen der Anbieter und Nachfrager,
- heterogene Kenntnisstände der Marktteilnehmer, asymmetrische Information der Verhandlungspartner, unterschiedlicher Informationsfluß und
- Änderungen, Abweichungen und Anpassungskosten,

haben zwei gewichtige Folgen:
1. Es gibt unterschiedliche Marktpreise der Anbieter:
   Für gleiche, ähnliche, verschiedene Angebote werden unterschiedliche Preise gefordert und erzielt.
2. Es gibt Angebots- und Preispolitik des einzelnen Anbieters:
   Für gleiche oder ähnliche Leistungen bzw. Vertragsbedingungen kann der einzelne Anbieter einheitliche oder differenzierte Preise fordern. Er kann auch mittels Leistungsbündelung bzw. „Entbündelung" oder mittels Vertragsbündelung bzw. Vertragsspaltung Entgeltpolitik betreiben.[10] Löst sich seine Entgeltforderung vom Gegenverhältnis zum Angebotenen, dann betreibt der Anbieter „Preispolitik", z.B. zur Sicherung der Beschäftigung/Kapazitätsauslastung.[11] Im Hinblick auf die möglichen Marktstrukturen ist dabei eine unterschiedliche Blickrichtung vorrangig:
   a) im Monopol ist die Substitution seitens der Nachfrager zu beachten,
   b) im Oligopol steht das (agierende und reagierende) Verhalten der Konkurrenten im Vordergrund, und
   c) im Polypol beachtet der Anbieter seine Konkurrenten wenig wie umgekehrt seine Vertragsangebotspolitik keinen Einfluß auf das Verhalten der Konkurrenten hat, d.h. im unvollkommenen Polypol widmet sich der Anbieter seinen Nachfragern und versucht, aus ihnen „Stammkunden" zu machen.

---

10 Vgl. Schünemann (1998) S. 344 f.
11 Vgl. Abschnitt 77.5.

Unbeschadet der Möglichkeit, nur einen der vier angeführten Ansatzpunkte der Unvollkommenheit für eine Fragestellung zu verwenden, erweist sich häufig die Zwei-Teilung als zweckmäßig in
(1) handlungs-unvollkommene Märkte und
(2) informations-unvollkommene Märkte.
Die Handlungs-Unvollkommenheiten sind den (vorteilhaften oder nachteiligen) Bindungen verhaftet, die als reale Bestände oder rechtliche Festlegungen existieren.

So zielen heterogene Leistungsmerkmale und Vertragskonditionen auf die Gewinnung und dann Bindung von Kunden. Umgekehrt zielt die Anpassungsfähigkeit auf Maßnahmen, die künftigen Freiraum für Anpassungs-Entscheidungen schaffen und somit Bindungswirkungen von Entscheidung relativieren.

Keine scharfe Abgrenzung, sondern nur eine Gewichtsverlagerung bedeutet die Beschäftigung mit den Informations-Unvollkommenheiten. Beispielsweise lassen sich die „Präferenzen" aus der Sicht des gebundenen Entscheidens oder aus der Abkürzung der stets erneuten Informationssuche verstehen. Der Vielzahl der möglichen Varianten faßt die Überschrift des folgenden Abschnitts zusammen.

45. Informations- und Marktökonomie

Dieser Abschnitt behandelt die Beziehungen zwischen Information, Unsicherheit und unvollkommenem Markt.

45.1 Grundlagen

Wir unterscheiden vorab drei mögliche Bedeutungen des Begriffes „Information":[12]
a) Die „Information" im Sinne von Nachricht (= Vorgang) führt beim Empfänger zu der Unterscheidung zwischen ihrem Neuigkeitsgehalt als solchem und ihrem „Wert" für eine Entscheidung.

---

12 Vgl. dazu Bode, ZfhF 1997.

b) Die „Information" im Sinne von Informieren (= Tätigkeit) bezieht sich auf die Gewinnung, Verarbeitung, Vermittlung von Nachrichten;[13] sind dies Zahlen betreffend das betriebliche Geschehen, dann wird das betriebswirtschaftliche Rechnungswesen zu einem Teil des Informationssystems der Unternehmung.

c) Die „Information" im Sinne von Kenntnis- oder Wissensstand (= Zustand) stellt auf einen Zeitpunkt ab und meint den infolge von Nachrichten und Informationstätigkeiten in der Vergangenheit erreichten Informationsstand (Begriff von W. Wittmann, 1959).

Die „Information" ist inzwischen zu einem zentralen Aspekt der Wirtschaftswissenschaften geworden; z.B.
1) Die Anbieter benötigen Informationen über die Präferenzen der Nachfrager, damit sie unterschiedliche und ähnliche Güter anbieten;
2) Informationen wecken Bedürfnisse, Wünsche, und konkretisieren sie zu Bedarf, d.h. sie lassen die Beurteilung der Leistungsmerkmale zu hinsichtlich ihrer Eignung zur Bedarfsdeckung/Bedürfnisbefriedigung;
3) es gilt, mittels Aktivitäten Informationsunterschiede zwischen Beteiligten abzubauen bzw. aufrechtzuerhalten bzw. aufzubauen oder den Informationsfluß zu beschleunigen bzw. zu hemmen oder zu trüben bzw. zu klären;
4) Informationen bestimmen nachdrücklich die Qualität der Planung, der übrigen Entscheidungsvorbereitung sowie der Kontrolle und Steuerung der Abläufe;
5) unsichere und unzureichende Informationen dämpfen die Maximierung der Zielsetzung (Gewinn, Nutzen) zur „Angemessenheit" und zu einem Handeln „Schritt für Schritt".

Um die „Informations- und Markt-Ökonomie" in ein Ordnungsgefüge umzusetzen, müssen wir Teil-Aspekte unterscheiden, und zwar:
⑩ hinsichtlich der *Information* zwischen
    ⑪ asymmetrischer Information zwischen Verhandlungspartnern, hier: zwischen Anbietern und Nachfragern,
    ⑫ und der Informations-Unsicherheit, die sich auf die unzureichende Kenntnis des Gegenwärtigen und Vergangenen bezieht und auf die Unsicherheit der Zukunft;

---

13 In diesem Verständnis ist die „Information" eine Dienstleistung im Sinne der Geschäftsbesorgung, vgl. Abschnitt 53.3; anders, d.h. keine Dienstleistung – sondern eine eigenständige Kategorie der immateriellen Güter – bei Meffert/Bruhn (2000) S. 22.

㉕ hinsichtlich der *Unsicherheit* zwischen
  ㉑ der erwähnten Informations-Unsicherheit,
  ㉒ der Ereignis-Unsicherheit der Zukunft, auch „exogene Unsicherheit" bezeichnet, und
  ㉓ der Markt-Unsicherheit oder „endogene Unsicherheit", die sich auf das (agierende und reagierende) Verhalten der Marktteilnehmer bezieht;
㉚ hinsichtlich der *Unvollkommenheit* eines Marktes zwischen
  ㉛ der erwähnten Markt-Unsicherheit als Hemmnis des eigenen Handelns, und
  ㉜ den Handlungshindernissen, deren Überwindung zu den Transaktionskosten führen.

Die Zusammenstellung enthält Überschneidungen. Angesichts der Vernetzungen wäre es vergeblich, scharfe Trennungen und Abgrenzungen definieren zu wollen. Zweckmäßiger ist der umgekehrte Weg, die begrifflichen Kombinationsformen als Grundlage von Teil-Problembereichen darzustellen. Das Ergebnis ist die nachfolgende Problemstruktur zur Gesamtbezeichnung „Informations- und Marktökonomie".

Die Kennzeichnung der Teil-Problembereiche:

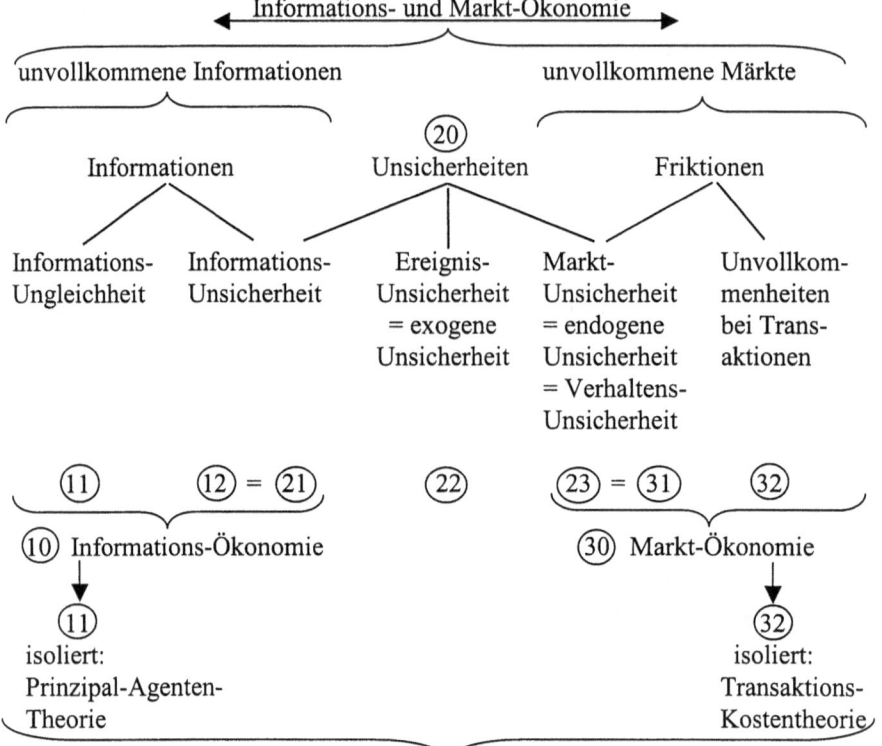

45. Informations- und Marktökonomie 169

Zu den Teilbereichen sollen Erläuterungen und Beispiele skizziert werden:

11 Informations-Ungleichheit/asymmetrische Information

11.1 der Anbieter weiß mehr: er kennt die Merkmale und die Qualität seines Leitungsangebotes, weiß um die Bedeutung seiner Konditionen und kann das Verhältnis von Leistungsangebot und Entgeltforderung beurteilen

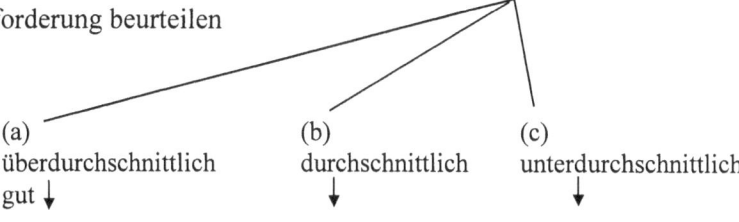

(a) überdurchschnittlich gut ↓

(b) durchschnittlich ↓

(c) unterdurchschnittlich ↓

das besondere Problem im Verhältnis zu anderen Anbietern und gegenüber den Nachfragern:
wie überzeugt dieser Anbieter die Nachfrager, daß er die besondere Qualität hat? Signalgebung, Test-Ergebnisse, vergleichende Werbung (ist begrenzt erlaubt)

das übliche Problem: wie vermittelt der Anbieter an die Abnehmer, daß und was er anbietet?

hier: Verhinderung des Ausgleichs der asymmetrischen Information

11.2 der Nachfrager weiß, daß der Anbieter mehr weiß als er; wenn der Nachfrager diesen Nachteil nicht beseitigen kann, indem er (a), (b) und (c) zu unterscheiden lernt, dann verzichtet er (bei rationalem Verhalten);[14]

11.3 der Nachfrager weiß mehr als der Anbieter:

er erkennt

die überdurchschnittliche
|
er macht ein „Schnäppchen"

die nur durchschnittliche
↓
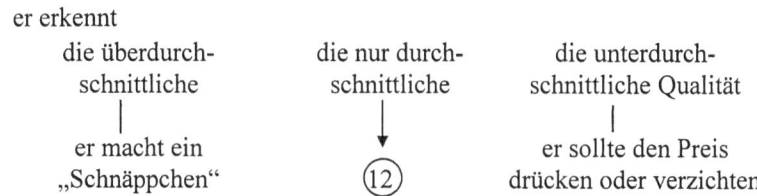

die unterdurchschnittliche Qualität
|
er sollte den Preis drücken oder verzichten

11.4 der Anbieter weiß, daß der Nachfrager mehr weiß als er: er fordert einen höheren Preis, so daß er im Falle des (trotzdem-)Verkaufes

---

14 Zur Informations-Ökonomie vgl. Spremann (1996) S. 693-728 (= 24. und 25. Kap); zu ⑪ und ⑫ aus der Sicht des Nachfragers Adler (1996).

die infolge des Informationsvorteils entsprechend höhere Entgeltbereitschaft des Nachfragers in Kasse bei sich verwandelt.

⑫ Informations-Unsicherheit
Wie informiert der Anbieter?
- daß er Anbieter ist,
- was er anzubieten hat,
- daß das Angebot durchschnittlich ist, d.h. nicht schlechter als üblich ist.

Wie bindet der Anbieter den einmal gewonnenen Kunden?
- mittels Jahresbonus, der nur anrechenbar ist,
- mittels der Verkettung isolierter Wiederholungskäufe: Rabattmarken.

㉒ Ereignis-Unsicherheiten
22.0 man tut nichts: Null-Aktivität
oder:
Aktivitäten, die unter der Bezeichnung „Risikopolitik" oder „Gefahrenpolitik" zusammengefaßt werden:
22.1 Verhütungs- und Schutzmaßnahmen zur Verringerung der Wahrscheinlichkeit des Eintritts oder/und zur Verringerung des Schadens bei Eintritt, z.B. Nachtwächter, Feuermelder, Feuerlöscher, Regenschirm
22.2 Abschluß von Versicherungsverträgen
zwecks Schadensausgleich (bzw. Schadensverringerung) bei Risiko-Verwirklichung = Schadens-Eintritt
22.3 Maßnahmen der Anpassungsfähigkeit,
die auf den Fall des Eintritts von Nachteilen vorbereiten in dem Sinne, sich dann daran anpassen zu können - man kann auch von Risikofähigkeitspolitik sprechen
22.4 Maßnahmen der Gefahren-Übertragung
der Handelnde verschiebt faktisch oder rechtlich die Zuständigkeit für eine Schadensgefahr auf jemand anders; vertraglich auch gegen Entgelt, z.B. Verkauf einer unsicheren Forderung mit Abschlag von ihrem Nominalbetrag.

㉛ Markt-Unsicherheiten
- wie werden sich die Konkurrenten verhalten ohne/mit dem Zutun des Anbieters?
- dto. die Nachfrager?

- die Entwicklung der Marktnachfrage?
- die Entwicklung von Neuerungen: Verfahrens-Innovationen, Produkt-Innovationen?

(32) Handlungs-Unvollkommenheiten
32.1 das sind die Transaktionskosten als Folge der Arbeitsteilung zwischen den Wirtschaftseinheiten,
32.2 soweit es sich dabei um selbständige Nebenleistungen handelt - z.B. Transport, Versicherung, Lieferfähigkeit/Lagerhaltung -, ist die Zuweisung an den Anbieter bzw. den Nachfrager zugleich die Zuordnung der Kosten (falls nicht ein Ausgleich oder Ersatz vereinbart wird),
32.3 zu den Transaktionskosten im weiteren Sinn gehören auch die zahlreichen Steuern, die unmittelbar - wie Umsatz- und Verbrauchsteuern - oder nur mittelbar - Erfolgsteuern infolge der Gewinnrealisierung - an den Vorgang „Leistung gegen Entgelt" anknüpfen.

45.2 Beispiel

Die Überlegungen zur „Informations- und Marktökonomie" gewinnen Leben in einem Beispiel, das anderenorts einschließlich Preisrechnungen ausgearbeitet wurde.[15]

Der Buchverleger Herr Fernweh möchte einen prächtigen Bildband über die Insel Mauritius herausbringen und im Direktversand verkaufen. Ob sich dieses Vorhaben lohnt, ist nicht zuletzt wie stets eine Frage des erwarteten Umsatzes als dem Produkt aus gefordertem Preis und zugehörig erwarteter Absatzmenge.

1. Asymmetrische Information zugunsten des Anbieters
Der Anbieter weiß, daß
(11) das Buch eine hervorragende Qualität haben wird, und
(12) zu einem angemessenen Preis-Leistungs-Verhältnis von ihm angeboten wird.

---
15 Vgl. Lehmann/Moog (1996) S. 249-273.

Die möglichen Interessenten haben zu beiden Punkten weder Wissen noch Kenntnis noch Informationen.

2. Informations-Unsicherheit
Die möglichen Interessenten sind unsicher hinsichtlich der Qualität der Leistung (des Buches) und hinsichtlich des Verhältnisses vom Preis zur Leistung.

3. Qualitätsrisiko
Es folgt aus der Qualitätsunsicherheit infolge einer Entscheidung für die Leistung im Hinblick auf den möglichen Fall, daß das Buch nicht gefällt oder als zu teuer beurteilt wird.

4. Kaufrisiko
Wenn der Anbieter nur „Lieferung per Nachnahme" offeriert, dann hat der Abnehmer
(31) den Kaufvertrag abgeschlossen, bevor er den Kaufgegenstand (das Buch) besichtigt hat, und er hat
(32) sogar bezahlt, bevor er die Sendung öffnen kann mit den drei Varianten
(a) freudig überrascht, (b) zufrieden), (c) enttäuscht.

Das Kaufrisiko besteht in dem einseitigen Vollzug des Kaufvertrages, d.h. in der Bezahlung, obgleich der Käufer weder die Qualitätsmerkmale der Leistung kennt noch diese subjektiv beurteilen kann. Zusammengefaßt: der Käufer hat keine Vorstellung vom subjektiven Wert der Leistung und kann deshalb nicht zwischen dem Wert der Leistung und dem Preis für die Leistung abwägen. Wenn er sich trotzdem entscheidet, nimmt er das Qualitätsrisiko in Kauf. Falls dieses eintritt, wird daraus das Kaufrisiko infolge des bereits bezahlten Preises.

5. Das Kaufrisiko reduziert den Preis-Absatzmengen-Zusammenhang
Infolge des hohen Kaufrisikos ist für einen geforderten Preis (p_R) die zu erwartende Absatzmenge auf x_R gedrückt bzw. eine bestimmte erwartete Absatzmenge (x_R) ist nur zu einem niedrigeren Preis (p_R) zu realisieren; vgl. die Graphik.

6. Risikoprämie

Wer das Risiko in Kauf nimmt, d.h. wer die – infolge des niedrigen Preises geringere – Wahrscheinlichkeit hinnimmt, enttäuscht zu werden, der „erhält eine Risikoprämie" in Höhe der „eingesparten" Preisdifferenz.

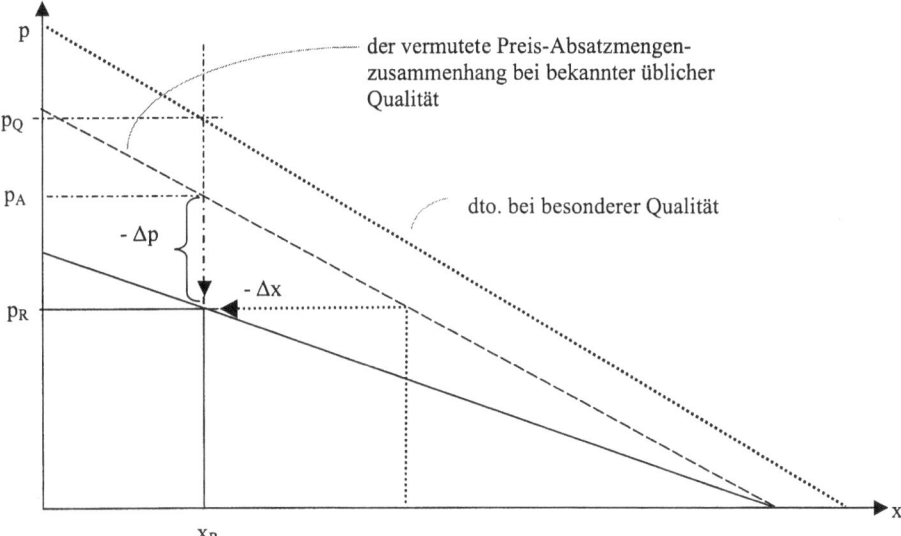

- Δp ist die Risikoprämie für den mutigen Käufer, bzw.
- Δx ist die ausbleibende Absatzmenge, weil die „Angsthasen" nicht per Nachnahme bestellen.

Eine der beiden negativen Differenzen könnte der Anbieter verhindern, wenn er das Kaufrisiko beseitigen würde.

7. Die Sicherheit und „ihr Preis"

Wenn der Anbieter nur gegen Nachnahme liefert, hat er keine Forderungsausfälle, weil er bereits das Risiko des Ausfalles beseitigt. Allerdings ist zu beachten, daß die Post allein für die Abwicklung der Nachnahme 5,11 € verlangt zusätzlich zu den üblichen Versandkosten. Auch ist zu vermuten, daß der Betrag des verhinderten Forderungsausfalles geringer ist als der dadurch verhinderte Umsatzerlös $\Delta p \cdot x_R$ bzw. $p_R \cdot \Delta x$. Mit anderen Worten: die Sicherheit ist „teuer erkauft" und der Anbieter hat allen Grund, über andere und auch für ihn günstigere Angebotsbedingungen nachzudenken.

8. Die Beseitigung des realisierten Qualitätsrisikos

Der naheliegende Vorschlag geht dahin, dem Käufer bei Nichtgefallen die Rücksendung des Buches einzuräumen. Von den Varianten, dann nur „Gutschrift" oder sogar „Geld zurück" anzufügen, und den Kosten der Rücksendung hier abgesehen, kann bei Eintritt des Qualitätsrisikos, d.h. bei Nichtgefallen die Schadensfolge daraus im Wege der Rücksendung behoben werden. Gegenüber der bisherigen Situation hat der Käufer einen Vorteil ohne gleichzeitigen Nachteil hinzugewonnen.

9. Die Begründung des Retouren-Risikos im Gegenzug
Umgekehrt hat sich der Anbieter einen Nachteil hinzugefügt, ohne gleichzeitigen Vorteil: er hat für sich das Retouren-Risiko begründet. Soweit es sich im Zeitablauf realisiert, hat er ein Umsatz-Storno hinzunehmen.

10. Signalgebung: negativ
Das Sicherstellen der Umsatz-Einnahme mit Hilfe der „Lieferung gegen Nachnahme" ist ebenso verständlich wie ein negatives Signal an den Interessenten: dieser hegt den Verdacht, daß der Anbieter auf diesem Wege eine nur unterdurchschnittliche Qualität der Leistung verkauft und zusätzlich den mutigen Versandkäufer nicht als kreditwürdig ansieht. Zu Recht sind die Interessenten deshalb entweder bestell-unwillig – das trägt zu – Δx bei – oder entgelt-unwillig – das verstärkt die Notwendigkeit zu - Δp.
Der Anbieter kennt zwar die hervorragende Qualität seiner angebotenen Leistung und das ungewöhnlich günstige Preis-Leistungs-Verhältnis, er kann jedoch beides so nicht zu seinem Vorteil einsetzen. Die Rücknahme-Klausel verschlechtert seine Situation sogar noch.

11. Signalgebung: positiv
Der Buchverleger entscheidet sich, das Buch „zwei Wochen kostenlos zur Ansicht" anzubieten. Die Interessenten sehen darin zu Recht ein positives Signal: das Buch muß zumindest „durchschnittliche" Qualität haben und der Preis muß jedenfalls angemessen sein. Anders formuliert: die Qualität und das Preis-Leistungs-Verhältnis müssen eine nur geringe Wahrscheinlichkeit belassen, daß Rücksendungen erfolgen, anderenfalls würde sich der Anbieter mit der Klausel „zur Ansicht" selbst ruinieren: viele Retouren und wenige Umsatz-Einnahmen. Zudem sieht der Interessent einen Vertrauensbeweis darin, daß ihm das Buch zugesandt wird gegen die Hoffnung des Anbieters, die Zahlung bzw. ersatzweise die Rücksendung zu erhalten.

12. Der Wegfall der Qualitätsunsicherheit und des Qualitätsrisikos
Der Interessent, der zur Ansicht bestellt, kauft nicht eine Katze im Sack, sondern läßt sich als Folge der Besichtigung zum Kauf verleiten. Es entfällt nicht nur die Unsicherheit hinsichtlich der Qualität der Leistung vor der

Kauf-Entscheidung, sondern auch das Qualitätsrisiko, daß nach dem Kauf möglicherweise das Buch nicht gefällt oder als zu teuer beurteilt wird.

13. Die Vernichtung des Kaufrisikos
Die „Lieferung zur Ansicht" behebt für die Interessenten das Risiko, als Käufer ein Buch bezahlt zu haben, das nicht gefällt oder als „zu teuer" beurteilt wird.

14. Der Wegfall der Risikoprämie
Gibt es kein Kaufrisiko, dann gilt der unbelastete Preis-Absatzmengen-Zusammenhang. Für die unverändert erwartete Absatzmenge x_R ist jetzt die Preisforderung p_A möglich. Die bisher als Risikoprämie bezeichnete Preisdifferenz ($-\Delta p$) wird nun vom Verkäufer als normaler Umsatz-Erlös vereinnahmt.

15. Die Absatzwirkung einer überdurchschnittlichen Qualität
Vor Kenntnis des Buches wird der Interessent die Möglichkeit, eine besondere Qualität zu erwerben, nicht in seine Kauf-Entscheidung einfließen lassen. Auch der ersatzweise Rückschluß vom Preis auf die Qualität der Leistung hilft nicht weiter.
In unserem Beispiel geht es jedoch um weniger: der Interessent soll sich nur erst entscheiden, das Buch unverbindlich zur Ansicht zu bestellen. Dazu geben die fehlenden Risiken hinsichtlich Qualität und Kauf einerseits und die positiven Signale – Punkt 11 – andererseits Anlaß: Die so gesteigerte Neugier kann gefahrenlos durch die Bestellung zur Ansicht befriedigt werden. Wenn dann ein Buch von überdurchschnittlicher Qualität ausgepackt wird, wirkt diese als solche und erst recht unter Berücksichtigung des angemessenen Preises – trotz $p_A > p_R$ – dahingehend, das Buch behalten zu wollen, d.h. zu kaufen.
Diese Wirkung einer besonderen Qualität der Leistung wird der erfahrene Anbieter in einen „gehobenen" Preis-Absatzmengen-Zusammenhang umsetzen, vorwegnehmen und preispolitisch ausnutzen, indem er $p_Q > p_A$ fordert.
Naheliegenderweise setzt die absatzpolitische Auswertung einer besonderen Qualität der angebotenen Leistung voraus, daß der Interessent zuvor von ihr Kenntnis erlangt und sie beurteilen kann bzw. sich ersatzweise auf das Urteil anderer, vertrauenswerter Personen verlassen kann. Im Gegensatz zum Apotheker lebt der Buchhändler auch davon, daß die Kunden sich anhand der vorrätigen Bücher zuvor „ein Bild machen können" – besonders hinsichtlich eines Bildbandes!

16. Transaktionskosten infolge der Rücksendung
Trotz alledem wird es Rücksendungen geben: die Neugier ist befriedigt und trotz des (angemessenen) Preises und der (besonderen) Qualität kann sich der Besteller nicht zum Bezahlen der Rechnung entschießen, um auf diese Weise auch das Eigentum an dem Buch zu erlangen.
Im Fall der Rücksendung muß der Besteller in bestimmter Frist das Buch wieder einpacken und zurückschicken. Zumindest mit diesen Mühen bezahlt er seine befriedigte Neugier. Soll er auch die Paketpostgebühren tragen – 5,62 € bis 4 kg sind viel Geld –, dann steigt die Neigung, das Buch unbezahlt bei sich liegen zu lassen – ähnlich dem Gebührenzettel wegen falschen Parkens.
Folglich muß der Versandhandel die Rücksendung „unfrei", d.h. auf seine Kosten anbieten oder einen Abholdienst beauftragen. Die so zurückerhaltenen Retouren sind zudem nicht mehr zum normalen Preis zu verkaufen. Ein Restposten-Verwerter ist dann der zweite Vertriebsweg.

17. Transaktionskosten infolge der Retouren
Welcher Betrag ist jedoch angesichts der Retouren als Transaktionskosten der Vertriebspolitik „Lieferung zur Ansicht" anzusetzen?
Die Preisdifferenz zwischen dem Preis, den der Nicht-Käufer anderenfalls gezahlt hätte, und dem (bescheidenen) Preis, den der Restposten-Verwerter bezahlt, übersieht, daß die Retouren nicht zu Lasten der erwarteten Verkaufsauflage gehen, sondern dazu zusätzlich hergestellt wurden! Folglich kommen nur die Grenzkosten in Frage, d.h. die zusätzlichen Kosten für die ex ante erwartete Anzahl der Retouren und dementsprechend zusätzlich hergestellten Exemplare des Bildbandes „Mauritius".

18. Fazit
Wir haben Informations-Unsicherheit und -Asymmetrie, Risiken sowie Risiko-Kosten und -Abwehr eingebunden in die Angebotsklauseln „per Nachnahme" bzw. „zur Ansicht". Über sie ist nicht aus der vertragsrechtlichen Sicht des Anbieters zu entscheiden – wie es die juristische Literatur bevorzugt.[16] Vielmehr sind die absatzwirtschaftlichen Wirkungen maßgebend, die von den rechtlichen Merkmalen/Bedingungen der Angebotspolitik ausgelöst werden. Unser Beispiel ist folglich ebenso gut ein Beitrag zur Lehre von den Rechtswirkungen wie zur Informations- und Marktökonomie.

---

16 Vgl. z.B. Vogel (1998) S. 186 f.: der Rechtsberater des Anbieters „muß bis an die Grenzen des rechtlich Zulässigen gehen". Aus ökonomischer Sicht sind das typische juristische Pyrrhus-Siege.

45.3 Zusammenfassung in zwei Abfolgen

In einer Zusammenschau der Abschnitte 30 und 40 sollen von der „Arbeitsteilung" ausgehend zwei Abfolgen vergleichend neben einander gestellt werden. Sie ordnen sich die wichtigsten der angesprochenen Aspekte ein, um Zusammenhänge wenigstens als Linie aufzuzeigen, was zutreffender als Netz darzustellen wäre:

(01) interne Arbeitsteilung in Wirtschaftseinheiten

(02) externe Arbeitsteilung zwischen Wirtschaftseinheiten

(11) Unternehmensorganisation
In der Betriebswirtschaft/Unternehmung ist die Arbeitsteilung mit der Notwendigkeit verbunden, die Produktion von Leistungen als hierarchische Struktur von Zuständigkeiten zu organisieren.

(12) Marktorganisation
In der Volkswirtschaft ist die Arbeitsteilung mit der Notwendigkeit verbunden, den Absatz der Leistungen der Wirtschaftseinheiten gegen Entgelt als Transaktionen zwischen nebengeordneten Zuständigkeiten zu organisieren.

= insgesamt: Unternehmensorganisation

= insgesamt: Organisation eines Marktes

(21) moderne Theorie-Ansätze
Die „Organisation" als Folge der internen Arbeitsteilung integriert:

a) die „Verfügungsrechte", gemeint sind Dispositionsbefugnisse, die bei (11) Teil der Zuständigkeit sind
b) die „Principal-Agenten-Beziehungen", gemeint ist die Konstellation zwischen den eigenen Interessen des Mitarbeiters und den Interessen des anderen, für den die Arbeitsleistungen erbracht werden
c) die „Informationsökonomie" hinsichtlich Unsicherheiten und Risiken in der Betriebswirtschaft.

(22) moderne Theorie-Ansätze
Der „Markt" als Folge der externen Arbeitsteilung integriert:

a) die „Transaktionen" als realökonomische Vorgänge zwischen den Teilnehmern an einem Markt und spezifisch im Zusammenhang mit gegenseitigen Verträgen betreffend Leistungen, Finanzierung, Arbeit
b) die „Informationsökonomie" mit Unsicherheiten und Asymmetrien zwischen den Marktteilnehmern.

die drei Theorie-Ansätze gehören zur Lehre von der Unternehmensorganisation

die beiden Theorie-Ansätze gehören zur Lehre von den Marktverfassungen

(31) Geschäftsführung
Sie faßt die juristische Geschäftsführung (nach innen) und Vertretung (nach außen) zusammen und bezeichnet das wirtschaftende Handeln
a) auf eigene Rechnung des Einzelunternehmens bzw.
b) auf gemeinsame Rechnung einer Personengesellschaft bzw.
c) auf fremde Rechnung einer Kapitalgesellschaft.

(32) Geschäftsbesorgung
Sie bezeichnet im Hinblick auf das vertragsverbundene Markthandeln, daß die zu erstellende Leistung bzw. Finanzierung bzw. Arbeit das Interesse des Nachfragers/Abnehmers/Vertragspartners ist.

(41) Fazit
Die aufgezeigte Abfolge von „interner Arbeitsteilung – Unternehmensorganisation –Verträge in der hierarchischen Struktur" mündet in der ökonomischen Vertragstheorie, Bereich „Unternehmensverfassung".

(42) Fazit
Die aufgezeigte Abfolge von „externer Arbeitsteilung – Marktorganisation – Verträge in einer Nebenordnung" mündet in der ökonomischen Vertragstheorie, Bereich „Marktrecht".

46. Dynamischer Markt

Mit diesem kurzen Abschnitt kommen wir auf die Überlegung zurück, daß die Marktstrukturen nicht Vorgabe für vollkommene Märkte sind, sondern Bestandteil der Unvollkommenheit - vgl. Abschnitt 44. Naheliegenderweise ordnen wir die Anstöße für die Entwicklung eines Marktes in die drei Gruppen (a) Anbieter, (b) Nachfrager und (c) Markt-Gegenstand:
a) die Anbieter-Seite im Zeitablauf
  (1) Marktzutritt neuer Anbieter,
  (2) Verbleiben mit Wachsen (intern und/oder extern) bzw. Schrumpfen
  (3) Marktabgang: Ausscheiden eines Anbieters (infolge Konkurs oder Liquidation oder Übernommen-werden);
b) die Nachfrager-Seite im Zeitablauf
  (4) Nachfrage-Ausweitung bzw. -Schrumpfung über die Zahl der Nachfrager insbesondere bei wiederholtem Bedarf;
  (5) Nachfrage-Erschöpfung vor allem bei einmaligem Bedarf;
  (6) Konzentration der Nachfrage auf eine geringer werdende Anzahl von Nachfragern;

c) der Markt-Gegenstand im Zeitablauf
 (7) das substituierende Nachfolge-Produkt,
 (8) Neuerungen bei komplementären bzw. substitutiven Gütern.

Der Wirkungszusammenhang der Punkte (1) bis (8) verdichtet sich zum sogenannten Produktlebenszyklus. Er stellt die Entwicklung des Markt-Umsatzes des betrachteten Produktes dar, der für ein neues Produkt zunächst allein an den Innovator fällt und sich mit dem Markt-Eintritt von Imitatoren (oder Lizenznehmern) auf die Mehrzahl aller Anbieter verteilt.
Der Markt-Umsatz U_t ist je Zeitabschnitt das Produkt aus Menge x_t und Preisen p_t. Auf diese Weise kann der Produktlebenszyklus nicht nur den Marktphasen - wie wir die Abfolge der sich ändernden Marktstrukturen im Zeitablauf bezeichnen - verbunden werden, sondern zusätzlich auch mit der Entwicklung des Marktpreises.

Der Produktlebenszyklus - gemessen mit dem Marktumsatz aller Anbieter - in Verbindung mit den Marktpreisen

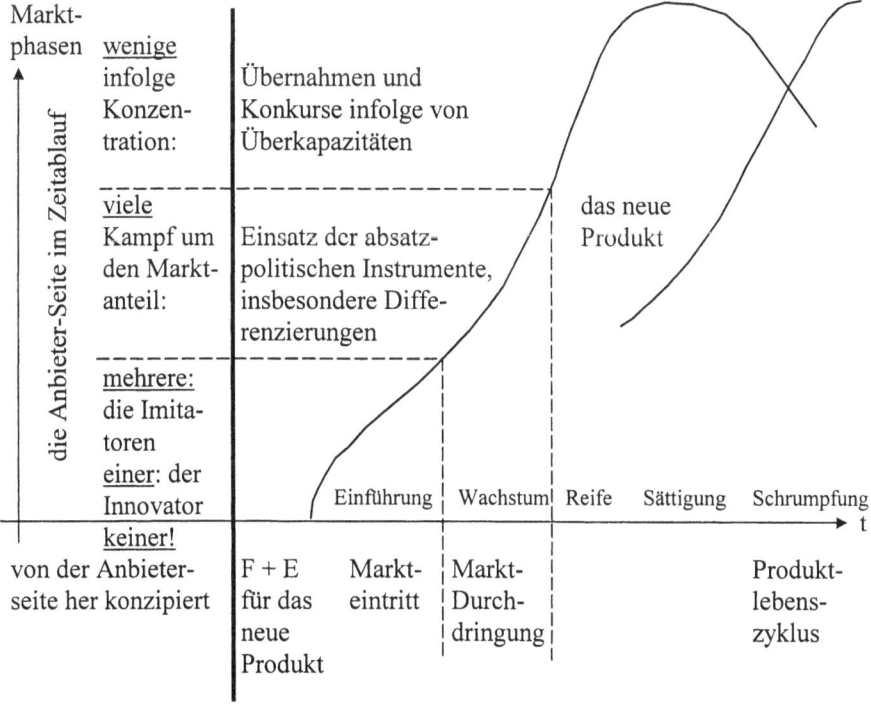

Die Lebensphasen eines Produktes und die Marktphasen einer Marktstruktur - also Abläufe anstelle von Gleichgewichten - leiten über zum nächsten Abschnitt, der zu beantworten versucht, warum Unternehmen im Regelfall Gewinn erzielen, während das Wirtschaften zwangsläufig mit Risiken verbunden ist.

47. Warum erwirtschaften Unternehmen unter Eingehen von Risiken im Regelfall Gewinn?

Die Frage, (1) warum Betriebswirtschaften/Unternehmen entstehen, läßt sich in den beiden anschließenden Fragen fortsetzen, (2) warum Unternehmen bestehen und (3) warum Unternehmen enden. Ersichtlich können wir die erste Frage als Vorwegnahme der Antwort auf die zweite Frage und die dritte Frage als Folge des Erlöschens der Gründe und Begründungen in Beantwortung der zweiten Frage verstehen. Deshalb rücken wir die Frage, warum Betriebswirtschaften/Unternehmen bestehen, für die nachfolgenden Überlegungen in den Mittelpunkt.

Dazu gehen wir von der einfachen Aussage aus: ein Unternehmen besteht/ existiert auf längere Sicht nur, wenn es Erfolg/Gewinn erwirtschaftet. Auf Dauer und im Durchschnitt muß ein Überschuß/ein positiver Saldo erwirtschaftet werden. Sogleich schließen sich daran die Fragen an, die in den nachfolgenden Abschnitten behandelt werden:

1. Welches sind die Voraussetzungen, damit ein Gewinn erwirtschaftet wird? ⇨ Abschnitt 47.1
2. Wie läßt sich „Gewinn" beschreiben? ⇨ Abschnitt 47.2
3. Welches Beziehungsverhältnis besteht zwischen erwartetem Gewinn und Risiko ex ante einerseits und erzieltem Erfolg und eingetretenem Risiko ex post andererseits? ⇨ Abschnitte 47.3 bis 47.5.

Seitens des Lesers ist die weitere Frage berechtigt, warum der angesprochene Problemkreis dem Abschnitt 40 über die Märkte zugeordnet ist, obgleich die drei Fragen - zumindest auf den ersten Blick - dem Abschnitt 22 über die betriebswirtschaftliche Betätigung zugehören. Nun genügt naheliegenderweise die betriebswirtschaftliche Betätigung als solche nicht, um Gewinn zu erzielen. Die Berücksichtigung der Märkte - wobei wir uns auf den

Absatzmarkt beschränkt haben - ist jedoch nur im Sinne der möglichen Marktverfassungen zweckmäßig. Der Betriebswirt kann mit der Fiktion des vollkommenen Marktes nichts anfangen. Vielmehr setzen aus seiner Sicht sowohl die Marktstrukturen als auch die Verhaltensweisen die Unvollkommenheit der Marktbedingungen ebenso voraus wie die Unvollkommenheit die Grundlage der Absatzwirtschaft darstellt. Kürzer: auf einem vollkommenen Absatzmarkt kann nur die Verzinsung des Eigenkapitals erwirtschaftet werden, es gibt jedoch weder Investitionen mit positivem Kapitalwert noch Wirtschaftsjahre mit einem Übergewinn. Beides sind die Folge unvollkommener Leistungsmärkte. Aus der Sicht einer gerechten volkswirtschaftlichen Einkommensverteilung bemüht sich der Betriebswirt nun, auch Kapitalwert und Übergewinn als „verdient" auszugeben. Wir stoßen deshalb auf das Bemühen, die „unverdienten Sondervorteile" aufzulösen in funktionale Beziehungen, d.h. die risiko-verbundene Eigenkapitalhingabe hat den unsicheren Jahresgewinn jeweils vollständig als/wie Entgelt verdient.

47.1 Mögliche Gründe für das Erwirtschaften von Gewinn auf unvollkommenen Absatzmärkten

Zur ersten Frage: es gibt eine Reihe von Voraussetzungen, die für das Erwirtschaften von Erfolg/Gewinn über die Zeit zusammenwirken:

(1) *„Effizienz"* der Arbeitsteilung, hier in Form von Kostenvorteilen ausgedrückt: die Betriebswirtschaft muß das Herstellen und das Absetzen der Leistungen zu geringeren („Stück"-)Kosten bewerkstelligen als es andere können/als es anderweitig möglich wäre. Wir sprechen von „innerbetrieblicher Effizienz" oder von der „Wirtschaftlichkeit der Erstellung und Verwertung der Betriebsleistungen". Bei genauem Hinsehen vermischen sich hier zwei Gründe, und zwar
   a) die Vorteile der innerbetrieblichen Arbeitsteilung zwischen Menschen und
   b) die Vorteile aus der Verknüpfung von Arbeit und „Technik", die mit dem einfachen Handwerkzeug beginnt und bis zum komplexen Fertigungsautomaten reicht. Betrachtet wird dabei der gegenwärtige Arbeitsvollzug.

(2) *„Produktivität"* von Investitionen, gleichfalls in Kostenvorteilen ausgedrückt: die Betriebswirtschaft bewerkstelligt mit Hilfe von Investitionen das stückkosten-günstigere Herstellen und Absetzen von Leistungen. Wir sprechen von der „Mehr-Ergiebigkeit des längeren Produktionsumweges" und meinen damit den „intertemporalen Aspekt" der zu (1) b) angesprochenen „Technik". Die Wiederholung von Vorgängen - eine Folge der arbeitsteiligen Erledigung einer Aufgabe - lohnt die Entwicklung und den Einsatz spezialisierter Betriebsmittel. Der „längere Produktionsumweg" besteht darin, erst den Hammer herzustellen und damit anstelle der Faust weiterzuarbeiten. Daß dieser Umweg die Quelle einer eigenen Mehr-Ergiebigkeit ist, hat Eugen von Böhm-Bawerk erkannt. Infolgedessen „erarbeitet" der Umweg, den wir ganz geläufig als Investition bezeichnen, den Zins als das Entgelt für das (Eigen- bzw. Fremd-)Kapital aus eigenem Beitrag zur Ergiebigkeit. Der Zins wird folglich aus originärer Quelle gezahlt und geht nicht zu Lasten der Entgelte für die anderen Produktionsfaktoren.

(3) *„Wertschöpfung"* im Sinne des Wortes, d.h. ökonomische Wert-Entstehung:
   a) der Anbieter bemüht sich: mit dem Erstellen seiner Betriebs-/Absatzleistung als Aktivität (im Interesse eines anderen), und
   b) es muß einen Interessenten/einen Nachfrager für die Leistung geben, der deshalb einen Vertrag abschließt und damit zum Abnehmer wird.

Leistungs-Erstellung und Vertragsabschluß zusammen lassen den ökonomischen Wert in der arbeitsteiligen Entgeltwirtschaft entstehen als Beitrag zur „Wertschöpfung" in der Volkwirtschaft. Aus der Sicht der Betriebswirtschaft wird daraus die Qualität des eigenen Leistungsangebotes im Urteil der Nachfrager.

(4) *„Auskömmliche Entgelte/Preise"* in dem Sinne, daß „der Markt" - d.h. Ort und Zeit des Angebots sowie Nachfrage und Konkurrenz zusammengenommen - Absatzpreise ermöglichen muß, die insgesamt und aufs Jahr gesehen die Summe der Leistungs-Erträge größer sein lassen als die Summe der Zweck-Aufwände. Aus Sicht der Marktverfassung sprechen wir von der Intensität des Wettbewerbs.

47. Warum erwirtschaften Unternehmen im Regelfall Gewinn? 183

Der Erfolg/der Gewinn ergibt sich aus dem Zusammenwirken von (1) und (2) Kosten-Effizienz und (4) Wettbewerbsintensität bei vorgegebener (3) wertschöpfender betriebswirtschaftlicher Betätigung. Wir sind nur um die bescheidende Erkenntnis reicher, daß es einen zwangsläufigen Zusammenhang zum Gewinn hin nicht gibt: ein zu den Punkten (1) bis (3) bemühtes Unternehmen kann leicht durch scharfen (Preis-)Wettbewerb - Punkt (4) - um den verdienten Erfolg gebracht werden. Umgekehrt läßt fehlender Wettbewerb auch solche Unternehmen fortbestehen, die zu den Punkten (1) bis (3) alles beim Alten lassen. Daraus lassen sich vier Konstellationen kennzeichnen:

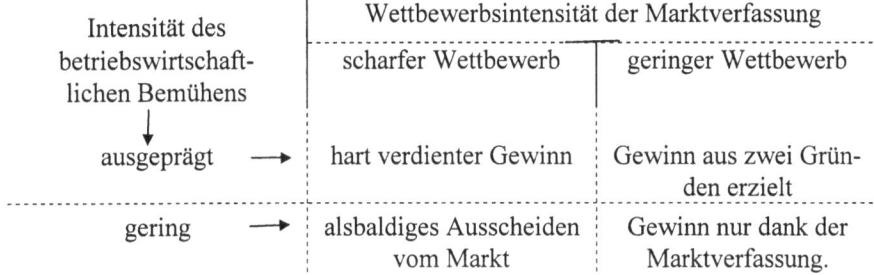

Intensität des betriebswirtschaftlichen Bemühens ↓	Wettbewerbsintensität der Marktverfassung	
	scharfer Wettbewerb	geringer Wettbewerb
ausgeprägt →	hart verdienter Gewinn	Gewinn aus zwei Gründen erzielt
gering →	alsbaldiges Ausscheiden vom Markt	Gewinn nur dank der Marktverfassung.

Die bisherigen Überlegungen können wir zu der nachfolgenden Übersicht zusammenfügen, die üblicherweise als „betriebswirtschaftliche Wertschöpfungsrechnung" bezeichnet wird. Es handelt sich dabei gewissermaßen um eine Brutto-Erfolgsrechnung, die „Herkunft" und „Verwendung" verknüpft. Das verbindende Glied sind dabei die Entgelt-Einnahmen für die von einer Betriebswirtschaft abgesetzten Leistungen. Ersichtlich hat diese Summe von Entgelten nichts mit „Wertschöpfung" im Sinne des Wortes zu tun, denn was dem Abnehmer die erhaltene Leistung „wert" ist, kommt in dem von ihm gezahlten Preis nicht recht zum Ausdruck. Zum einen zahlt er nur ausnahmsweise seine Preisobergrenze/seinen Grenzpreis, weil der Anbieter seine Entgeltpolitik auf eine Mehrzahl von Abnehmern ausrichtet, und zum anderen verdirbt diesem die Konkurrenz das Geschäft (zuvor Punkt (4)).

Stehen schon die Entgelt-Einnahmen/die Umsatz-Erlöse nicht für die mit den abgesetzten Leistungen bei den Abnehmern geschaffenen Werte, so ist der Streit müßig, wem die Herkunft der Werte zuzurechnen ist. Die nachfolgende Übersicht nennt (a) das natürliche Wachstum bei den landwirtschaftlichen Produkten und führt unter (b) die im Mittelpunkt stehen Arbeitsleistungen auf.

Die übliche Wertschöpfungsrechnung ist eine Brutto-Erfolgsrechnung, um dessen Aufteilung in die Entgelte für Einsatz-Leistungen zu zeigen, die nicht von anderen Betriebswirtschaften erbracht werden:

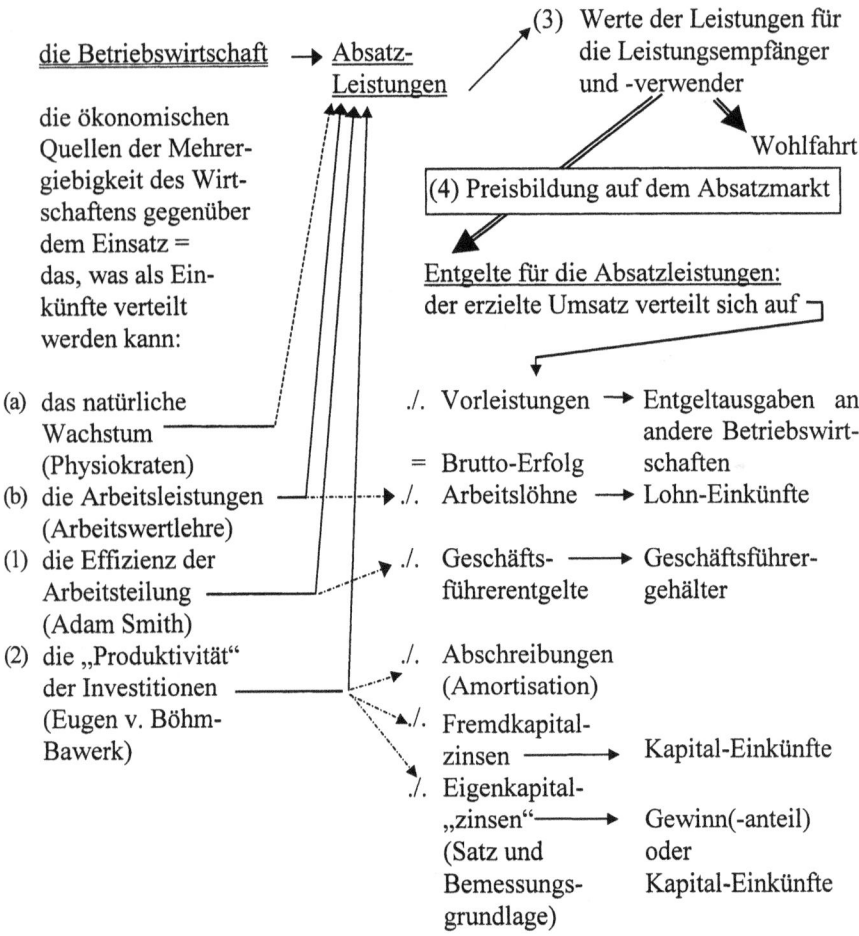

Die behandelten Punkte (1) bis (3) wirken zugunsten und Punkt (4) zum Nachteil der Summe der Entgelt-Einnahmen als der Ausgangsgröße für die Verteilung. Hier werden zunächst die sogenannten Vorleistungen abgezogen, richtig ausgedrückt: die Entgeltausgaben für von anderen Betriebswirtschaften bezogene Einsatzleistungen, die bei der Leistungserstellung verbraucht werden. Den Saldo bezeichnen wir als Brutto-Erfolg und haben seine „Verteilung" im Wege von Kürzungsposten auf der rechten Seite zusammengestellt. Auch diese Kürzungen sind marktbestimmte Entgeltbeträge, die keinen Schluß auf den „Wert" der an die Betriebswirtschaft abgegebenen Einsatzleistungen zulassen. Die Aussage also, daß ein Arbeitnehmer unterbezahlt oder ein Geschäftsführer überbezahlt sei, läßt sich nicht in bezug auf den Wert seines Arbeitseinsatzes treffen, sondern nur im Vergleich mit alternativen Entgelten - d.h. im sogenannten Fremdvergleich -, was erneut auf die Marktpreisbildung hinweist.

Der Rest aus der Abrechnung wird als Gewinn (bzw. Verlust) dem Eigenkapital verbunden. Abzugelten sind die „Übernahme des Geschäftsrisikos" und die „Stundungsleistung" infolge der Hingabe von Eigenkapital an die Betriebswirtschaft. Im Abschnitt 47.3 werden wir der Frage nachgehen, ob es einen zufälligen Rest bei der Verteilungsrechnung gibt oder sich der Verteilungsbetrag stets vollständig in Entgelte auf- und verteilt.

Fassen wir zusammen: Was die Literatur dem Leser als „betriebliche Wertschöpfung" zu vermitteln versucht, ist das Ergebnis von drei Unterstellungen, und zwar:
α) die Preise für die Absatzleistungen seien gleich deren Werten für die Leistungsabnehmer,
β) die Unterscheidung zwischen den kürzenden Entgelten für Einsatzleistungen von anderen Betriebswirtschaften einerseits und den zur „Wertschöpfung" gehörenden Entgelten für Einsatzleistungen von privaten Haushalten andererseits sei sachlich begründet, und
γ) die Entgelte für die Einsatzleistungen seien gleich deren Werten für die Betriebswirtschaft.

Auf der Grundlage von α) bis γ) wird die subtrahierende und auf der Basis von γ) die addierende Wertschöpfungsrechnung vorgeführt – bei genauem Hinsehen ein nichtssagender Beitrag zur Betriebswirtschaftslehre.[17] Ganz im Gegensatz dazu steht die wirtschaftspolitische Bedeutung, die dieser Vorstellung von der betrieblichen Wertschöpfung eingeräumt wird. Aus der Fach-Tagespresse erfährt man: Die Wertschöpfung mißt die erbrachte wirtschaftliche Leistung. Sie enthält außer Abschreibungen die zu zahlenden Produktionssteuern sowie die entstandenen Arbeits- und Vermögenseinkommen. In der gewerblichen Wirtschaft wird sie „subtraktiv" berechnet als Differenz zwischen den Produktionswerten und den Vorleistungen. Wenn man die Wertschöpfung der Betriebswirtschaft auf die Anzahl der Arbeit-

---
17 Zuletzt bei Loitlsberger (2000) S. 511-556; zur ausführlichen Kritik vgl. Lehmann/Moog (1996) S. 228 f., 233 f.

nehmer umlegt, die an ihr beteiligt sind, erhält man ein Maß der Arbeitsproduktivität.[18]

Diese anknüpfende Um- und Zurechnung, die auf *einen* an den produktiven Kombinationsprozessen beteiligten Einsatzfaktor weiter rechnet,[19] steigert noch den Unsinn, der mit der Vorstellung von der „betrieblichen Wertschöpfung" abgefaßt wird. Das hindert nicht, an die so gemessene „Arbeitsproduktivität" Schlüsse zur Lohnhöhe und zur Lohn-Erhöhung – hier: in den Neuen Bundesländern – anzufügen.

47.2 Die Merkmale zur Kennzeichnung des Gewinns

Zur zweiten Frage: es gibt drei Merkmale (a) bis (c), die den „Gewinn" beschreiben, den eine Betriebswirtschaft hoffentlich erzielt. Danach ist „Gewinn"

    a) ein *Mehr* infolge von (1) bis (4) lt. Abschnitt 47.1,
+ b) ein *finanzielles Mehr*, weil (bzw. wenn) der Erfolg/Gewinn von den Entgelt-Einnahmen/Umsatz-Erlösen her konzipiert ist,
+ c) ein *errechnetes* finanzielles Mehr im Sinne des Erfolges der Periode bei Fortführung der Betriebswirtschaft.

Folglich: bei fortgesetzter betriebswirtschaftlicher Betätigung läßt sich der Erfolg aus einem Zeitabschnitt nur rechnerisch erfassen: ausschließlich rechnerisch kann ein Ausschnitt aus dem fortlaufenden Wirtschaften gebildet werden, um den Erfolg daraus zu ermitteln. Diese Vorgehensweise ist mit den Stichworten „Abgrenzung der Perioden" und „Periodisierung der Entgeltbeträge" verbunden.

Mit anderen Worten: der Gewinn/Überschuß muß erwirtschaftet werden, also das tatsächliche Ergebnis des erwirtschaftenden Handelns sein. Um jedoch zu erfahren, ob und wieviel Gewinn erzielt wurde, müssen wir das Ergebnis rechnerisch quantifizieren. Diese mit (c) ausgewiesene Phase bezeichnen wir als das Ermitteln des Gewinns/des Erfolges. Der erwirtschaf-

---

18 „Trotz 100 Prozent Leistung nur 70 Prozent Produktivität im Osten" – Die Produktivitätslücke zwischen West und Ost, Frankfurter Allgemeine Zeitung Nr. 161 vom 15.07.2002, S. 13.
19 Vgl. dazu Abschnitt 62.

tete Gewinn ist gewissermaßen gestaltlos/amorph vor seiner rechnerischen Quantifizierung. Bisweilen unterscheiden wir deshalb die Dreiteilung von
1) Realökonomie: das wirtschaftende Handeln (einer Periode),
2) Wertökonomie: das amorphe erwirtschaftete Mehr und
3) Rechenökonomie: das rechnerisch quantifizierte Mehr, das zugleich ein finanzielles Mehr ist, wenn die Rechnung mit den Entgelteinnahmen (der Periode) beginnt. Das übliche Bilanz-Denken stellt jedoch auf stichtagsbezogene Vermögensänderungen ab und hat deshalb nur wenig Zusammenhang mit dem erwirtschaftenden Handeln.

Nach dieser knappen Beschreibung des Gewinns als rechnerischer Ergebnisgröße wenden wir uns dem Verhältnis von Gewinn und Risiken zu und unterscheiden in diesem Zusammenhang zwischen „statischer" und dynamischer" Betriebswirtschaft/Unternehmen.

47.3 Risiken und Gewinnerzielung

Die Verknüpfung „Gewinn und Risiken" ist wie eine Kokosnuß: unzugänglich hart mit zwei Augenpunkten. „Risiken" sind nicht nur eine Mehrzahl, sondern auch immer „ex ante", während der Gewinn die singuläre ex post-Größe der herausgehobenen Abrechnungsperiode ist und somit ausschnitthaft auch für die Risikoverwirklichung steht. Wir können andererseits nicht einfach die Abfolge erzielter Gewinne und Verluste eines Unternehmens als Ausdruck des ex ante unsicheren Entgelts für die Übernahme von Risiken verstehen: dazu müssen wir klären, welche anderen ökonomischen Funktionen mit dem Gewinn „entgolten"/abgedeckt werden. Dieses Verhältnis wird maßgebend von der Rechtsform der erwerbswirtschaftlichen Betätigung bestimmt. So führt dieselbe betriebswirtschaftliche Betätigung im Vollzug eines Einzelunternehmens und einer „Ein-Mann-Gesellschaft mit beschränkter Haftung" zu erheblichen Unterschieden hinsichtlich sowohl der Risiken als der vom Gewinn abgedeckten ökonomischen Funktionen. Mit der personalen Trennung zwischen der natürlichen und der juristischen Person versucht der Jurist zu verdecken, daß die Beurteilung der erwerbswirtschaftlichen Betätigung des Einzelunternehmens der Dogmatik des 19. Jahrhunderts verhaftet ist: er stellt auf die natürliche Person und ihr Eigentum ab.

Die Aufteilung in die Abschnitte 47.4 und 47.5 folgt den Stichworten „statisch" und „dynamisch". Ob der Gewinn in bezug auf die Übernahme von Risiken oder/und anderen ökonomischen Funktionen „verdient" oder zufällig ist, behandeln wir in Abschnitt 47.4 für eine Betriebswirtschaft mit gegebenem Leistungsprogramm in Verbindung mit dem sogenannten Geschäftsrisiko. Das gemeinte „Statische" resultiert aus der Hinzufügung von kennzeichnenden Situationsmerkmalen/Marktverfassungen:

(1) Die Leistungsmärkte/Gütermärkte sind vollkommen im Sinne der üblichen Annahmen - vgl. Abschnitt 43. Auf solcherart funktionsfähigen/ wettbewerbsintensiven/effizienten Absatzmärkten decken die Gewinne im Durchschnitt der Jahre lediglich die Kosten der Leistungserstellung und -vermarktung (einschließlich Eigenkapital- und Risikokosten).

(2) Es gibt mangels findiger Unternehmer keine Innovationen im Sinne des technisch-organisatorischen Fortschritts bei den Produktionsverfahren oder im Sinne neuer Betriebsleistungen. Sollte es hingegen findige Unternehmer geben, so verhindern die Marktbedingungen zu (1) das Entstehen von Übergewinnen.

Das „Dynamische" des nachfolgenden Abschnitts 47.5 beruht auf der Umkehrung zu (1) und (2):
Die Leistungsmärkte sind unvollkommen und lassen Monopolstellungen zu, und es gibt Innovationen, die gleichfalls das Erzielen von Übergewinnen ermöglichen.

Übergewinne auf unvollkommenen und innovatorischen Leistungsmärkten setzen sich in der Frage fort, wem sie zufallen. Die Verteilung „zwischen den findigen Innovatoren, den Eigenkapitalgebern und den Arbeitnehmern" wird erweitert durch den Antizipations- und Korrektur-Mechanismus des Kapitalmarktes für Eigenkapitalrechte, also der Aktienbörse. Erwartete „Übergewinne" haben nun die Folge, daß die Marktwerte der Aktien über den nominal in den Unternehmen eingesetzten Eigenkapitalbeträgen liegen, wobei das Eigenkapital aus Einzahlungen und aus nicht ausgeschütteten Gewinnen stammt. Daraus wiederum resultiert das Unterproblem, ob die Eigenkapitalkosten bei gegebenem Kostensatz von dem nominellen Einsatz-Eigenkapital oder aber von dessen Marktwert zu rechnen sind, was naheliegenderweise die funktionale Ausdeutung der Abfolge der erzielten Gewinne entscheidend berührt.

47.4 Risiken und Gewinnerzielung in statischer Situation

Abhängig von der Rechtsform der betriebswirtschaftlichen Betätigung werden die Leistungen des „Unternehmers" in Erfüllung bestimmter ökonomischer Funktionen seitens des Unternehmens im Wege von Entgeltzahlungen oder aber „durch den Gewinn" abgedeckt. Im zweiten Fall bezieht sich die Verwirklichung der Geschäftsrisiken im Zeitablauf auf den „Brutto-Gewinn" und bezieht die nicht gesonderten „Entgelte" (im ökonomischen Sinn) für die Leistungen an die Betriebswirtschaft in die Unsicherheit des erwirtschafteten Ergebnisses mit ein.

Nachfolgend werden die Funktionen des Einzelunternehmers als dem umfassendsten Katalog zusammengestellt:

(10) Unternehmertätigkeit
(11) Die Arbeitsleistungen als Geschäftsführer. Weder zivilrechtlich noch erfolgsermittlungsrechtlich kann sich der Einzelunternehmer ein Entgelt = Gehalt festsetzen. Infolgedessen gerät sein „Arbeitslohn" in den Risikobereich.
(12) Risiko des Arbeitsentgelts entsprechend (11).
(13) Das Verwirklichen neuer Ideen, das Durchführen von Innovationen: Chancen und Gefahren daraus verwirklichen sich in der Abfolge der Jahresgewinne, soweit nicht die Arbeitnehmer über höhere Löhne daran teilhaben.

(20) Nutzungsüberlassung und Fremdkapitalhingabe
Der Einzelunternehmer kann weder vom Zivilrecht noch vom steuerlichen Ermittlungsrecht her Gegenstände seinem Einzelunternehmen vermieten, Miete überweisen und diese Zahlungen als Aufwand verbuchen. Das Steuerrecht wandelt die Nutzungsüberlassung kurzerhand in eine Einlage des Nutzungsgegenstandes um mit dem Buchungssatz „Aktivum an Eigenkapital-Konto". Ebenso würde mit dem Versuch verfahren werden, dem Einzelunternehmen ein Darlehen zu gewähren. Die Unmöglichkeit, Nutzungsentgelte festzusetzen, hat einen entsprechenden Brutto-Gewinn zur Folge.

(30) Eigenkapitalhingabe
(31) Für die ökonomische Finanzierungsleistung, nämlich für die Stundung der Rückzahlung erhält der Eigenkapitalgeber kein festes Entgelt in Form von Zinsen.
(32) Mithin resultiert für das Eigenkapital das Risiko zu niedrigen oder ausfallenden Entgeltes für die Stundungsleistung.
(33) Darüber hinausgehend verringern Verluste den in der Bilanz ausgewiesenen Bestand an Eigenkapital, was wir als „Bestandsrisiko" des eingesetzten Eigenkapitals bezeichnen möchten. Von einem Bilanzverlust wird der Einzelunternehmer und der Personengesellschafter anteilig als direkt betroffen angesehen, während man bei einem Anteilsrecht an einer Kapitalgesellschaft (GmbH, AG) von einer Wertminderung spricht.
(34) Wird die Aktie und damit das von ihr repräsentierte Eigenkapitalrecht handelbar gemacht, entsteht das Kursrisiko als das Spektrum der möglichen ± Änderungen des Preises. Das Kursrisiko ist zwar dem Geschäftsrisiko der Betriebswirtschaft der Aktiengesellschaft verbunden, aber keineswegs identisch. Die Änderung z.B. des Kapitalmarktzinssatzes oder der Erfolgsteuern gehören zum Kursrisiko und nicht zum Geschäftsrisiko.

(40) Haftungsübernahmen
(41) Das Handelsrecht kennt für den Einzelunternehmer, für die Gesellschafter einer OHG und für die Komplementäre einer KG die unbeschränkte persönliche Haftung. Dieser haftungsrechtliche Schuldturm aus dem 19. Jahrhundert bezieht sich auf das Privatvermögen und auf künftige Erwerbe in Form von Einkommen und Vermögen.
(42) Fallweise persönliche Haftung folgt aus einer Bürgschaft oder einem Schuldbeitritt.
(43) Fallweise Objekthaftung folgt aus der Einräumung einer Sicherungshypothek, aus der Hingabe einer Eigentümergrundschuld oder Verpfändung.

Von (42) und (43) abgesehen, steht mithin ein Bündel von ökonomischen Funktionen der Abfolge der Jahresergebnisse gegenüber.

Für den Aktionär einer börsennotierten Gesellschaft verbleiben jedoch davon nur

(13) Chancen und Gefahren aus Innovationen, und
(30) Eigenkapitalhingabe.

Die zuvor als „statisch" beschriebene Situation beschränkt sich auf die vier Punkte (31) bis (34). Von dem Kursrisiko (34) abgesehen, entsprechen die Zusammenhänge dem von Modigliani und Miller 1958 konzipierten Modell[20]:

a) Die Stundungsleistung/die reine Finanzierungsleistung (31) im Rahmen der Eigenkapitalhingabe wird dem Betrage nach mit dem sicheren Zinskostensatz i (ex post im Durchschnitt der Jahre) über die (ex ante unsicheren) Gewinne aus dem von der Unternehmung betriebenen Geschäft (rechnerisch) abgedeckt, ökonomisch gesprochen „entgolten".

b) Für die Übernahme des Geschäftsrisikos mit seinen Auswirkungen (32) Entgeltrisiko und (33) Bestandsrisiko erhalten die Eigenkapitalgeber/Aktionäre eine marktbestimmte Risikoprämie (α). Weil „Risikoscheu" im Sinne der stärkeren Gewichtung des negativen gegenüber dem positiven Abweichungsbereich (bezogen auf den Erwartungswert) das typische Verhalten ist, bildet sich auf dem Kapitalmarkt ein Preis für eine Einheit gemessenes Risiko und über die Multiplikation mit der „Risikomenge" die Risikoprämie α_j für die betrachtete Aktiengesellschaft U_j.

c) Die Eigenkapitalgeber fordern einen Ertragssatz von $k_j = i + \alpha_j$, der zum Eigenkapitalkostensatz der U_j wird, d.h. U_j muß - von Erfolgsteuern (Körperschaft- und Gewerbesteuer) abstrahiert - eine Mindestrendite von $\bar{r}$ auf das Eigenkapital erwirtschaften. Wir haben also die Konstellation von drei Zinssätzen: geforderter Aktien-Ertragssatz k_j = Eigenkapitalkostensatz = im Unternehmen erwirtschafteter Mindestertragssatz $\bar{r}$.

d) Hinsichtlich der Kosten des Eigenkapitals muß man zwischen dem Kostensatz einerseits und seiner Bezugsgrundlage andererseits unterscheiden. Diese Bemessungsgrundlage für den Kostensatz kann mit dem Nominalbetrag des Eigenkapitals vom Marktwert des Eigenkapitals abweichen. Der Nominalbetrag ist der in der Unternehmung erfaßte und in der Bilanz ausgewiesene Eigenkapitalbetrag, sein Marktwert hingegen ist die Summe der mit k_j abgezinsten künftigen unsicheren Gewinnausschüttungen an den Inhaber der Aktie entsprechend den Erwartungen aller Teilnehmer am Aktienmarkt im Kurs/Preis P_j zusammengefaßt.[21]

---

20 Modigliani/Miller (American Economic Review 1958). Die als unvollkommen angenommenen Absatzmärkte bleiben im Hintergrund; vgl. Abschnitt 47.5 b).
21 Vgl. z.B. Schmidt/Terberger (1996) S. 197-202.

e) Dieser „statische" Abschnitt 47.4 hat die Voraussetzungen dafür hinzuzufügen, daß der Marktwert des Eigenkapitals stets (nur) gleich seinem Nominalbetrag ist, d.h. der Kapitalwert des Eigenkapitals ist gleich Null.
f) In dieser Hinsicht hatten wir im Abschnitt 47.3 vorgearbeitet: Die als gegeben angenommene Bedingung vollkommener Leistungsmärkte lassen Übergewinne (im Zeitablauf) bzw. Kapitalwerte im Zeitpunkt der Investitionen nicht entstehen.
g) Auf derart funktionsfähigen/wettbewerbsintensiven Absatzmärkten reichen die über die Jahre hinweg erzielten schwankenden Gewinne nur dazu aus, den Aktien-Ertragssatz k_j für Verzinsung (i) und Risiko (α) zu erbringen, gerechnet vom Marktwert der Aktien, der dem Bilanz-Eigenkapital (Nominalbetrag) entspricht.
h) Die sich im Zeitablauf verwirklichenden Gewinne schwanken/sind ungleich infolge der Unsicherheit. Nicht für den fallweise erzielten Gewinn einer Periode, sondern erst und nur für die Abfolge im Zeitablauf folgt unter den angenommenen Marktbedingungen, daß der Gewinn vollständig funktional als Kosten des Eigenkapitals für (31) die Verzinsung und für die Übernahme des Geschäftsrisikos mit seinen Auswirkungen (32) Entgeltrisiko und (33) Bestandsrisiko erklärt wird.
i) Mit anderen Worten: der unsichere/schwankende Gewinn wird in seiner Abfolge vollständig und erschöpfend mit Eigenkapitalverzinsung (i) und Risikoprämie (α) erklärt, indem der Marktwert des Eigenkapitals mangels positiver Kapitalwerte/Übergewinne auf den vollkommenen Absatzmärkten keine eigenständige Bedeutung für den beschriebenen Zusammenhang erlangt.

47.5 Risiken und Gewinnerzielung in dynamischer Situation

Im Gegensatz dazu lassen unvollkommene Leistungsmärkte das Erzielen von Übergewinnen zu: es gibt sowohl Monopolstellungen als auch findige Unternehmer, die Innovationen bei den Produktionsverfahren hinsichtlich Technik oder/und Organisation durchführen bzw. Innovationen bei den Betriebsleistungen zuwege bringen. Die Übergewinne, die sich als rechnerisch vorweggenommene Größen in den Kapitalwerten der Investitionsrechnungen niederschlagen, werden auch in den Entscheidungen der Teilnehmer am Aktienmarkt vorweggenommen. Infolgedessen ist der Marktwert des Eigen-

47. Warum erwirtschaften Unternehmen im Regelfall Gewinn?

kapitals - in Gestalt des Aktienkurses - höher als der Nominalbetrag des Eigenkapitals.

Ein stark vereinfachtes Beispiel:
Für Unternehmung A wird erwartet, daß sie im Zeitablauf einen unsicheren Gewinn erzielt, der sich mit dem Erwartungswert von 1.200,- p.a. ausdrücken läßt. Bei einem Eigenkapitalkostensatz von $k_j = 0{,}12$ folgt ein Ertragswert = Marktwert des Eigenkapitals von 10.000,-. Wird infolge „statischer Situation" gerade eine Mindestrendite $\bar{r}$ gleich dem Eigenkapitalkostensatz erwirtschaftet, beträgt das für die Gewinnerzielung eingesetzte Eigenkapital gleichfalls 10.000,-.

Diese beinah zirkularen Zusammenhänge gewinnen Leben mit der Abänderung auf unvollkommene Absatzmärkte. Die im übrigen vergleichbare Unternehmung B möge infolgedessen eine Gewinnerzielung mit dem Erwartungswert von 1.500,- im Zeitablauf verwirklichen. Ihr Marktwert beträgt entsprechend 1500/0,12 = 12.500,-. Der Kapitalwert des Eigenkapitals beträgt 2.500,- und verwirklicht sich mit 300,- je Jahr. Diese Gewinndifferenz gegenüber Unternehmen A korrespondiert mit den höheren, vom Marktwert gerechneten Eigenkapitalkosten (12.500 · 0,12 = 1.500,-). Dieser durchschnittlich erwartete Gewinn wird wiederum vollständig erschöpft als Kosten des Eigenkapitals, gerechnet mit dem Satz k_j (für Verzinsung und Risiko) und bezogen auf den Marktwert des Eigenkapitals.

Die für das Unternehmen B beschriebene Modellwelt entspricht der von Modigliani und Miller 1958 und 1961 verwendeten:
a) Unsicherheit, in Erwartungswerte umgesetzt,
b) unvollkommene Absatzmärkte für die Betriebsleistungen, die das Erzielen von Übergewinnen ermöglichen,
c) infolgedessen ist zwischen dem höheren Marktwert und dem Nominalbetrag des Eigenkapitals zu unterscheiden,
d) der Eigenkapitalkostensatz faßt Verzinsung und Geschäftsrisiko zusammen,
e) die Eigenkapitalkosten sind mit diesem Satz vom Marktwert des Eigenkapitals zu rechnen,
f) der angenommen vollkommene (und zugleich informations-effiziente) Kapitalmarkt führt zu einer Kursbildung gleich dem Marktwert des Eigenkapitals gleich dem Erwartungswert des Ertragswertes. Diese Markt-

verfassung antizipiert alle künftigen Kapitalwerte aller künftigen Investitionen und kennt daher weder Ankündigungseffekte noch Kurskorrekturen (nachdrücklich in dem Aufsatz von 1961 herausgearbeitet).

g) Auf höchst elegante Weise erklärt diese ökonomische Theorie, daß der unsichere Gewinn vollständig funktional bedingt und als Eigenkapitalkosten auch dann zu verteilen ist, wenn die Absatzmärkte nicht vollkommen sind. Dazu bedurfte es einer Theorie über den Eigenkapitalkostensatz bei Unsicherheit/bei Geschäftsrisiko und einer Theorie über den Marktpreis des Eigenkapitals als Bemessungsgrundlage für den Kostensatz.

h) Folglich haben die beiden Autoren nicht - wie es üblicherweise dargestellt wird - eine Kostensatz-Theorie formuliert, sondern ein ex ante Eigenkapitalkosten-Betragsmodell konzipiert, das Unsicherheit, unvollkommene Absatzmärkte und vollkommenen/informationseffizienten Kapitalmarkt integriert.

i) Ersichtlich ist der Marktwert des Eigenkapitals die Variable, die (in t_0) den Betrag der Eigenkapitalkosten für die Unternehmung dahingehend reguliert, daß der Erwartungswert des Gewinns vollständig und erschöpfend in Entgelte für Verzinsung und Übernahme des Geschäftsrisikos aufgelöst wird. Damit ist die Abfolge der erzielten (schwankenden) Gewinne auch unter Einbezug der Unsicherheit/Geschäftsrisiko und unvollkommener Absatzmärkte/Übergewinne vollständig funktional erklärt und gleich den Eigenkapitalkosten.

Nach alledem bleibt die Frage, ob ein informations-ineffizienter Kapitalmarkt die Theorie der vollständig funktionalen Gewinn-Erklärung gefährdet. Die damit zugelassene Informations-Unsicherheit bedeutet „Informationsfluß und Kursbildung": innovatorische Chancen und die ihnen verbundenen Gefahren - die Zählziffer (13) in unserem Katalog der ökonomischen Funktionen -, ihre Konkretisierung zu Investitionsvorhaben, die Abschätzung ihrer Vorteilhaftigkeit und ihre Verwirklichung gehen erst im Zeitablauf in den Aktienkurs ein. Folglich gibt es fundierte Ankündigungseffekte ebenso wie Korrekturen des dem jeweiligen Kurs zugrunde liegenden Erwartungsstandes. Wir haben für diese eigenständige Risikoquelle unter der Zählziffer (34) das „Kursrisiko" eingeführt.[22]

---

22 Die Eigenständigkeit dieses Vermögensrisikos wird bei festverzinslichen Wertpapieren deutlich. Mit ihren festen Zinseinnahmen haben sie ein - analog gesehenes - „erwerbswirtschaftliches" Risiko von Null. Ihr Kursrisiko resultiert aus ihrer von der Änderung des Kapitalmarktzinssatzes abhängigen Bewertung durch die Marktteilnehmer.

Wie unser Beispiel für die Unternehmung B zeigte, werden die Eigenkapitalkosten vom Marktwert berechnet, *während die Änderung des Marktwertes als erfolgt unterstellt wird und deshalb nicht mehr in dem betrachteten Zusammenhang erscheint.* Ihre ökonomische Einordnung erfolgt hier losgelöst von den Eigenkapitalkosten und dem korrespondierenden „Ertrag der Aktie" als Zuordnung auf das Kursrisiko der Aktie, das eigenständig determiniert vom Geschäftsrisiko unterschieden wird.[23]

Anders formuliert können wir festhalten, daß der Gewinn stets vollständig funktional erklärt und verteilt wird und das Problem „Restgröße" aus dem Erfolgsbereich der Unternehmung hinaus und in den privaten Vermögensbereich des Aktionärs hinüber verdrängt wurde. Hier stehen nun die Erwartungswerte der Kapitalwerte gem. Zählziffer (13) als die belohnende Risikoprämie der Übernahme des eigenständigen „Kursrisikos" gem. Zählziffer (34) gegenüber.

Diese Konstellation ist allerdings wichtig: die für später erwarteten Übergewinne werden über die Kursbildung am Aktienmarkt „nach vorn" gezogen, so daß der Marktwert des Eigenkapitals größer als sein Nominalbetrag laut Bilanz ist. Infolge dieses Marktmechanismus stehen sich so das Aktionärsrisiko und seine Belohnung zeitgleich gegenüber. Anderenfalls hätte der eine Aktionär die mit dem Investieren in neue Verfahren und Produkte verbundenen Risiken und erst nach Verkauf/Kauf die Nachfolger jeweils die später und im Zeitablauf realisierten Übergewinne.

---

23 So gehört neben der Änderung des Kapitalmarktzinssatzes auch die Änderung des Erfolgsteuersystems (Körperschaftsteuer und Einkommensteuer) zum Kursrisiko und nicht zum Geschäftsrisiko.

50. Die Lehre von den wirtschaftlichen Leistungen

Ihrer Bedeutung wegen haben wir der „Leistung" einen eigenen Abschnitt eingeräumt, obgleich sie vom Zusammenhang her eine - und zudem die wichtigste - Komponente des Leistungsangebots darstellt (vgl. Abschnitt 77.1).

Nach einer Einführung mit Abschnitt 51 unterteilen wir die Absatzleistungen und behandeln zunächst die Sachleistungen, das sind vor allem die „produzierten Güter im Absatzvorgang" (Abschnitt 52). Es folgen die Dienstleistungen (Abschnitt 53) und aus ihrem Vergleich mit den Sachleistungen und im Verhältnis zum Abschluß des Absatzvertrages sogenannte Leistungs-Typen (Abschnitt 54). Für die Gliederung der wirtschaftlichen Leistungen sehen wir vier zweckmäßige Möglichkeiten (Abschnitt 55).

Das Anliegen, die wirtschaftlichen Leistungen im Sinne einer Lehre von den Leistungen zu behandeln, hat die beiden Folgen, daß wir einerseits sehr elementar auf das Erstellen von Leistungen eingehen müssen und daß wir andererseits die vertragsrechtliche Einbettung des Absatzvorganges beachten. Infolgedessen erhalten wir mit den „Rechtsleistungen" eine Randgruppe, die Vorgänge zusammenfaßt, die fast ausschließlich von der rechtlichen Verpflichtung gegen Entgelt getragen werden, denen also ausgeprägte leistungswirtschaftliche Aktivitäten im Sinne des kombinierten Einsatzes von Faktoren fehlen.

51. Aspekte der betriebswirtschaftlichen Leistungslehre

In diesem einführenden Abschnitt verweisen wir zunächst (Abschnitt 51.1) kurz auf die Bedeutung der „Leistung" im Rahmen des Wirtschaftens und erörtern die Schwierigkeiten, die sich einer Ordnung des Themenbereiches entgegenstellen. Der Abschnitt 51.2 versucht dann im Wege einer beschreibenden Annäherung, was später im Abschnitt 53.2 im Sinne einer Definition spezifisch der Dienstleistung zu präzisieren ist.

51.1 Bedeutung und mögliche Aufteilungen

„Leistungen" sind das zentrale Anliegen des Wirtschaftens: das Erstellen und Verwenden von Leistungen war deshalb unser Einstieg. Während wir die Eigenverwendung von selbsterstellten Leistungen in der Betriebswirtschaft bzw. in der Haushaltswirtschaft nur kurz angesprochen haben, ist die Abgabe von Leistungen gegen Entgelt die kennzeichnende Grundlage der erwerbswirtschaftlichen Betätigungen. Der Vorgang „Leistung gegen Entgelt" grenzt das Erwerbswirtschaften von anderen Aktivitätsbereichen des Wirtschaftens ab und bildet seinerseits die gemeinsame Grundlage für wichtige Rechtsbereiche, insbesondere:
1. das Recht der gegenseitigen Verträge und das sich anschließende marktbezogene Wirtschaftsrecht,
2. das Recht der Umsatzsteuer und der speziellen Verkehrssteuern („Verbrauchsteuern"), und
3. das Recht der Einkommensbesteuerung mit ihrem Vorlauf der Ermittlung der Einkünfte.

Trotz der ersichtlichen Bedeutung von „Leistung" und „Entgelt" ist der wirtschafts- und rechtswissenschaftliche Stand der Literatur dürftig. Das gilt nicht zuletzt für die betriebswirtschaftliche Literatur,[1] obgleich sich die Existenz der Betriebswirtschaft auf spezifisch „Betriebsleistungen gegen Entgelt" gründet!

Unsere Einführung kann die Versäumnisse nicht einholen, jedoch die vielfältigen Aspekte aufzeigen, die sich einer auf der Hand liegenden wissenschaftlichen Erfassung entgegenstellen. Es beginnt mit der Aufgabe, die „Leistungen" einerseits hinsichtlich ihres gemeinsamen Nenners und andererseits hinsichtlich ihrer Verschiedenheiten zu kennzeichnen. Dabei geraten die beiden naheliegenden Möglichkeiten ins Blickfeld, das Erstellen der Leistung oder den Absatzvorgang zu betrachten und für die Absatzleistung

---
1 Und dies angesichts der Monographien von Maleri (1997) und von Corsten (2001) in jeweils vierter Auflage. Zu den Grundlagen orientieren sich die Bücher von Meffert/Bruhn (2000) und Scheuch (2002) an Corsten.

ist wiederum die Sicht des Leistenden oder des Leistungsempfängers möglich.

Das Grundmuster des Bereiches der wirtschaftlichen Leistungen besteht aus einer dreiteiligen Abfolge:
a) Auf der Einsatzseite sprechen wir von Einsatzleistungen oder Einsatzfaktoren oder Produktionsfaktoren.
b) Ihre Verbindung in den Produktionsprozessen bezeichnen wir als leistungswirtschaftliche Prozesse oder Aktivitäten. Abstrakt verstanden handelt es sich um *leistungswirtschaftliche* (Ver-)Änderungsprozesse, wobei das Adjektiv von anderen Änderungsvorgängen unterscheidet und die Hinzufügung des ökonomischen Zwecks - der sogenannten Art der Transformation - in die Arten der Leistungen unterteilt, z.B. Stoffumwandeln, Transportieren, Verwahren, Finanzieren, Versichern usw.
c) Das Ergebnis eines Produktionsprozesses bezeichnen wir als „Leistung", selten „Ausbringungsleistung". Sie ist der verwirklichte Zweck und die positive Folge einer Produktions-Entscheidung. Unter Einbindung von a) und b) erläutern wir die Leistung als eine leistungs(prozeß-)bewirkte Änderung: Das Rühren und Backen hat die Zutaten „verändert" zum Kuchen (= artmäßige Umwandlung), der Möbelspediteur hat den Hausrat in die neue Wohnung hin verändert (= räumliche Transformation). Die Leistung als das durch den Faktor-Kombinationsprozeß Bewirkte ist streng zu unterscheiden von dem Vorteil/von dem Nutzen, den sie bei dem Empfänger der Leistung hervorruft. Die Leistung ist nur das durch den Prozeß Bewirkte und nicht auch (noch) ihre Wirkung: der Kuchen und der Genuß beim Vertilgen (= die Nutzenstiftung) sind zweierlei.[2] Wenn die Leistung und ihre Verwendung und damit ihre Wirkung sich zeitlich trennen lassen, dann tritt die Verwendbarkeit als Zustand dazwischen, so daß wir unterscheiden: die Leistung - ihre gespeicherte Verwendbarkeit - ihre tatsächliche Verwendung - die Wirkung (Vorteil, Nutzen) aus der Verwendung. Die Speicherfähigkeit der Verwendung erfordert im Regelfall die Materialisierung/die Vergegenständlichung der Leistung, die dann als Produkt/als produziertes Gut bezeichnet wird. Wird das Gut als der Repräsentant der gespeicherten Verwendbarkeit vom Produzenten auf einen Abnehmer übertragen, sprechen wir von einer Sachleistung und unterscheiden diese von der Dienstleistung. Diese

---

[2] Nur bei Corsten (2001) S. 23 nicht, der die Leistung und ihre Wirkung identifiziert. Zur Vermengung vgl. Rück (1995) S. 13.

meint folglich ebenfalls den Absatzvorgang (an den Leistungsempfänger), der hier sogleich die Änderung im Sinne der Leistung entfaltet. Mit der Bewirkung im Haarschopf verläßt dann die Kundin das Friseurgeschäft - welche Wirkung die neue Frisur als die (Dienst-)Leistung des Friseurs zu Hause hervorruft, ist erfahrungsgemäß eine andere Frage.

Die Unübersichtlichkeit des Bereiches der wirtschaftlichen Leistungen hat ihre Ursache in der Vernetzung der zahlreichen Komponenten, deren Aufteilung und dann verschieden mögliches zeitliches Verhältnis der Bausteine. Die mit (10) bis (80) durchgezählten Komponenten folgen vorab als einfacher Katalog, werden dann in eine strukturierte Übersicht gebracht und werden erst im Anschluß daran erklärt.

Katalog der Komponenten, ihrer Aufteilungen in „Bausteine" und deren zeitliches Verhältnis:

(10) die beiden Zuständigkeiten „Anbieter" und „Nachfrager",
(20) die beiden Kategorien der Absatzleistungen, nämlich Sachleistungen und Dienstleistungen,
(30) die beiden Phasen des gegenseitigen Vertrages, das ist der Abschluß des Vertrages und sein Vollzug,
(40) die drei Arten des Erstellens von Leistungen in deren Unterteilung in Produkte, Dienstleistungen und einfache Leistungen,
(50) die verschiedenen Arten der ökonomischen Transformation - das sind die möglichen abstrakten Zwecke des Leistungswirtschaftens - und die rechtliche Transformation bei Sachleistungen,
(60) das zeitliche Verhältnis jeweils von Produktion vor oder nach Vertragsabschluß einerseits und von Leistungs-Erstellung vor oder zugleich mit ihrem Absatz andererseits,
(70) das Interesse an der Leistung im Sinne des Leistungsvorgangs oder des Leistungsergebnisses,
(80) Modalitäten des Entgelts.

Die Abfolge (10) bis (80) der Komponenten nimmt das Anliegen vorweg, die Verbindungslinien zwischen den „Bausteinen" infolge ihrer jeweiligen Aufteilung graphisch darzustellen. Das Ergebnis ist die nachfolgende Übersicht. Die eingefügten fettgedruckten Zahlen weisen auf den Abschnitt hin, der den Bereich behandelt. Der Leser kann sich auch vorab der Erläuterung der Komponenten (10) bis (80) zuwenden und dann erst die Übersicht mit ihren Verzweigungen durchgehen.

51. Aspekte der betriebswirtschaftlichen Leistungslehre

Die Lehre von den wirtschaftlichen Leistungen: eine Übersicht über acht Komponenten, deren Aufteilung und deren Elemente

(10) zwei Zuständigkeiten, Interessenbereiche, Rechtssphären, Rechnungsbereiche	(11) der Anbieter und dann der Leistende zuständig für (40) die Leistungs-Erstellung und (60) den Absatzvorgang **54**	(12) der Nachfrager und dann der Leistungsempfänger	
		(70) sein Interesse besteht **51.2** und **53.2**	
			(72) an dem Leistungsergebnis
		(71) an dem Leistungsvorgang	
(20) zwei Kategorien von Leistungen	(21) bei Sachleistungen **52**	(22) bei Dienstleistungen **53**	
(30) zwei Vertragsphasen	(31) Vertragsabschluß	(32) Erfüllung seitens des Verkäufers	(32) Erfüllung seitens des Dienstleistenden/des Geschäftsbesorgers **53.3**
		(31) Vertragsabschluß	
(40) Arten der Produktion und ihr Verhältnis zu den Vertragsphasen **54**	(41) Produktion **55.1** und vor oder nach Vertragsabschluß **52.2**	(41) Leistungs-Erstellung nur nach Vertragsabschluß	(42) Produktion und Absatzvorgang in einem Vollzug **55.1** und **55.2** bzw.
			(43) Abgabe einfacher Leistungen: Arbeit, Nutzungsüberlassung, Finanzierung **55.1** und **55.3**
(60)	(61) Absatz in getrenntem Vollzug **52.3**	(62)	(63) nur Absatzleistungsvorgang bzw.
			(64) nur Rechtsvorgang
(50) Arten der Transformation **55.3**	(51) artmäßige Transformation	(52) verschiedene Arten der ökonomischen Transformation	(53) rechtliche Transformation: Übereignung und Übergabe
(80) Modalitäten des Entgelts	(81) Erfüllung seitens des Käufers		(82) Erfüllung seitens des Empfängers einer Dienstleistung

Anm: Die fettgedruckten Zahlen verweisen auf die Abschnitte.

Die Komponenten (10) bis (80), die mit ihren Aufteilungen als Übersicht vorweggenommen wurden auch in dem Bemühen, die Vernetzung darzustellen mit Hilfe ihrer Abfolge und mit Hilfe der Pfeile, werden nachfolgend erklärt.

(10) Die zwei Zuständigkeiten
Wir hatten die Absatzleistung bereits beschrieben als die leistungswirtschaftliche Aktivität des einen im Interesse des anderen, so daß es zwei Zuständigkeiten, zwei Interessenbereiche, zwei Rechtssphären und zwei „Rechnungen" gibt - vollständig ausgeprägt dann, wenn der gegenläufige Entgeltvorgang hinzukommt.

(11) Der Leistende erbringt die leistungswirtschaftlichen Aktivitäten (letztlich) im Interesse eines anderen. Während das Erwirtschaften, das Erstellen der Absatzleistung auf (Erfolgs-)Rechnung des Anbieters geht, ermöglicht ihm das Interesse des anderen, dem Empfänger der Leistung dafür das Entgelt „in Rechnung zu stellen".

(12) Der Leistungsempfänger erbringt die Entgeltzahlung, was zur Folge hat, daß der Leistungsvorgang auf (Beschaffungs-)Rechnung des Nachfragers geht.

So verbindet die vom Leistenden ausgeschriebene Rechnung über den gegenläufigen Vorgang „Leistung gegen Entgelt" die Abrechnungsbereiche der beiden Beteiligten mit umgekehrtem Vorzeichen.

(20) Die zwei Kategorien der Leistungen
In dieser Hinsicht unterscheiden wir:
(21) Sachleistungen und
(22) Dienstleistungen.

Hier stellt sich die Aufgabe, vorab die beiden umfassenden Gruppen der Absatzleistungen mit Hilfe ihrer Verschiedenheiten voneinander abzugrenzen. Dazu setzen wir sowohl die Unterschiede bei (40) der Produktion/der Leistungs-Erstellung als auch bei (50) dem Absatzvorgang ein. Dem vorgelagert ist jedoch der gegenseitige, sogenannte schuldrechtliche Vertrag.

(30) Die zwei Phasen des gegenseitigen Vertrages

(31) Der Abschluß des Absatzvertrages ist Voraussetzung für den Absatzvorgang. Die Produktion von Gütern (= Produkte = speicherfähige Leistungen) kann vor oder nach dem Vertragsabschluß liegen. Wir sprechen in diesem zweiten Fall von auftragsabgedeckter Leistungs-Erstellung; sie ist zugleich der Regelfall bei den Dienstleistungen.

(32) Der Vollzug des Absatzvertrages - vom Vertragsrecht als Erfüllung bezeichnet - unterscheidet sich seitens des Anbieters von Sachleistungen bzw. Dienstleistungen einerseits hinsichtlich (40) der Produktion und (50) des ökonomischen Zwecks der Leistungs-Erstellung sowie andererseits hinsichtlich (60) des zeitlichen Verhältnisses zwischen Produktion und Absatzleistungsvorgang.

(40) Die Leistungs-Erstellung

Sie kann nach der Anzahl der Kategorien eingesetzter Faktoren unterschieden werden:
(41) drei Kategorien bei der Produktion von Gütern,
(42) zwei Kategorien bei der Produktion von Dienstleistungen und
(43) eine Kategorie bei der einfachen Leistungsabgabe, z.B. Vermieten; (vgl. ausführlich Abschnitt 55.1).

(50) Die Arten der Transformation: der ökonomische Zweck der Produktion

So richtig und ökonomisch wichtig die mit (40) aufgezeigten Unterschiede zwischen Güter- und Dienstleistungsproduktion sind, so wenig helfen sie zur Kennzeichnung der Arten der Dienstleistungen. Der Gütertransport, die neue Haarfrisur, die Hotelübernachtung: die gemeinsame Grundlage „Dienstleistung" bringt nicht den ökonomischen Unterschied zum Ausdruck. Dieser Mangel wird deutlich, wenn sich die Dienstleistung mit Geld verbindet, das deshalb nicht Entgelt ist, z.B. bei den Zahlungen an Bank- und Versicherungsunternehmen.

Wir müssen infolgedessen den jeweiligen ökonomischen Zweck der leistungswirtschaftlichen Aktivitäten einbeziehen, um die Dienstleistungen voneinander unterscheiden zu können (vgl. Abschnitt 55.3). In seiner allgemeinen Form sprechen wir von der Art der ökonomischen Transformation oder Umwandlung, z.B. „Transporte". Die sich anschließende Konkretisierung kann in unserem Beispiel nach dem Transportmittel (Flugzeug, Bahn,

Lastwagen, Schiff) oder nach dem Transportgut (Mensch, Tier, Güter, Informationen) unterscheiden. Mit dem nächsten Schritt wird der ökonomische Zweck noch enger festgelegt durch das Leistungsangebot eines Unternehmens. Aus diesem „Geschäftszweck" der Betriebswirtschaft wird dann durch den jeweiligen Abschluß eines Absatzvertrages der „Zweck des Vertrages" rechtlich konkretisiert.

(60) Leistungs-Erstellung und Absatzvorgang

(61) Die Leistungs-Erstellung kann vor der Absatzleistung erfolgen, wenn die produzierte Leistung „lagerfähig", d.h. ihre Verwendung speicherfähig ist - wir sprechen dann von Produkten oder (produzierten) Gütern. Die Trennbarkeit zwischen Produktion und Absatz infolge der Speicherfähigkeit hat die Produkte in den Vordergrund der Betriebswirtschaftslehre gerückt. Die Gegenständlichkeit der Produkte hat ihnen mit dem Sachenrecht das „Dritte Buch" des BGB eingebracht und mit dem Kaufvertrag das erste und ausführlichst geregelte der „einzelnen Schuldverhältnisse". In der Vernachlässigung der Dienstleistungen stimmen deshalb Betriebswirtschaftslehre und Rechtswissenschaft überein.

Von den zwei möglichen zeitlichen Konstellationen wird in der Literatur zumeist auf „Produktion vor Vertragsabschluß" abgestellt, der sogenannten Fertigung auf Verdacht. Kurze Lieferzeit, Auf- und Abbau des Fertigwarenlagers infolge eines schwankenden Auftragseingangs und andererseits die Zinskosten und die Risiken des Fertigwarenlagers sind daran anknüpfende betriebswirtschaftliche Aspekte. Die andere zeitliche Konstellation der auftragsabgedeckten Produktion schließt die kundenwunschabhängige Leistungserstellung ein.[3] Um auch hier kürzere Lieferzeiten zu ermöglichen, bietet sich eine partielle Vorfertigung - der sogenannte Fertigstellungsgrad - an.[4]

(62) Anders bei den Dienstleistungen: hier decken sich im Regelfall die Leistungs-Erstellung und der Absatzleistungsvorgang.

(63) Die auf den Abnehmer hin spezifische Leistungs-Erstellung kann fehlen, so daß der Absatzvorgang infolge des Vertragsabschlusses nur in der Spezifikation aus einem Potential heraus besteht, z.B. die der Kreditvergabe nachfolgende Stundungsleistung.

---

3   Vgl. Riebel (ZfbF 1965).
4   Vgl. Wagner (1978) S. 169-186.

(64) In Grenzfällen fehlt sogar der Absatzleistungsvorgang, so daß wir mangels leistungswirtschaftlicher Aktivität von „Leistungen nur im Sinne des Rechts" sprechen, z.B. die Erklärung eines Verzichts oder die Zusagen laut Versicherungsvertrag.

(70) Leistungsvorgang und Leistungsergebnis
Die Stadtrundfahrt unternimmt man nicht, um am Ausgangspunkt anzukommen, und der Handwerker hat nichts geleistet, wenn der Wasserhahn wie zuvor tropft! Die beiden Beispiele zeigen die mögliche Gewichtsverlagerung zwischen der Leistung als Vorgang und als Ergebnis - die Endung mit -ung deckt beides ab!

(71) Der Leistung im Sinne des bewirkenden Leistungsvorgangs - kurz: dem Leisten - gilt häufig das Interesse des Abnehmers. Ins Theater geht man nicht, um den Vorhang fallen zu sehen, wenn auch mancher Zuschauer das Ende des Gruselfilms herbeisehnt, und der eine fotographiert der Motivsuche wegen und der andere malt der Beschäftigung wegen und nicht, weil das Ergebnis ein Wandschmuck ist, während im Gegensatz dazu der gutbezahlte Künstler (auch) das Ergebnis seines Bemühens im Auge hat! Kurz: es wäre unergiebig, die Leistung so oder so festlegen zu wollen.[5]

(72) In anderen Fällen interessiert das Ergebnis des Leistungsvorgangs: der Busreisende möchte endlich am Urlaubsort von der Enge befreit werden, der Kunde möchte endlich die Zahnartzpraxis verlassen dürfen und die Feuerwehr den Brand gelöscht haben. Das ausschließliche Interesse am Ergebnis des produktiven Prozesses besteht bei den produzierten Gütern. Der Kunde kauft den Hocker im Möbelgeschäft und interessiert sich nicht für den Herstellungsvorgang.

Auch das Vertragsrecht kennt die unterschiedliche Gewichtssetzung zwischen dem *aktivitätsbezogenen Leisten und der ergebnisbezogenen Leistung*. So geht es beim Dienstvertrag (nur) um das Bemühen nach den Regeln der Kunst des Faches (z.B. Tätigkeit des Arztes, des Rechtsanwalts), während beim Werkvertrag das Leistungsergebnis/der Leistungserfolg versprochen wird (z.B. bei Reparaturen).

Von den beiden Punkten „Leistungsvorgang" und „Leistungsergebnis" zu unterscheiden ist zum einen die Dauer des mittels der Leistung geänderten Zustands (z.B. der neuen Frisur, des Blumenstraußes) - ein

---

[5] So auch Maleri (1997) S. 37 f.

real erfahrbarer Aspekt! Zum anderen ist das Leistungsergebnis als solches zu trennen von der Zufriedenheit des Leistungsempfängers angesichts der erhaltenen Leistung. Dasselbe gilt für den „Erinnerungsnutzen", wobei die während der Stadtrundfahrt geschossenen Fotos natürlich nicht zum Leistungsprozeß des Veranstalters gehören, vielmehr das Ergebnis eigener Aktivitäten sind. Ebenso ist die beruhigende Wirkung des Regenschutzes im Rucksack und der Versicherungspolice im Schrank keine Folge von erhaltenen Beruhigungsleistungen - wie es die Versicherungswirtschaft den Kunden fortlaufend weismacht.

Mithin sind die Motive für das Abschließen eines Vertrages einerseits und die Wirkung der erhaltenen Leistung andererseits zu unterscheiden vom Leistungsvorgang und -ergebnis als dem absatzleistungswirtschaftlichen Vollzug des Vertrages.

(80) Der Vollzug des Absatzvertrages seitens des Leistungsempfängers
Angesichts der unter (40) bis (70) erfaßten Aspekte des Leistungsvorgangs als Erfüllung seitens des Anbieters ist die Zahlung des Leistungsempfängers ein eigentlich blasser Vorgang. Erst aus dem vertraglichen Gegenverhältnis gewinnt er seine Farbe als Entgelt. Im Gegensatz zum Juristen hat der Betriebswirt - von der Finanzbuchhaltung herkommend - seit je zwischen Leistungen und Leistungswirtschaft einerseits und Zahlungen und Finanzwirtschaft andererseits unterschieden. Hinsichtlich der weitergehenden Kennzeichnung der Zahlungsvorgänge aufgrund des jeweiligen ökonomisch-rechtlichen Zusammenhangs läßt die Sorgfalt allerdings auch in der betriebswirtschaftlichen Literatur zu wünschen übrig, obgleich jeder Buchhalter zwischen Entgelt-, Kapital-, Steuer- und Zuwendungszahlungen zu unterscheiden weiß. Wir unterteilen:

(81) Die Erfüllung seitens des Käufers von Gütern/Sachen: das Entgelt und die Varianten seiner Zahlung.

(82) Die Erfüllung seitens des Empfängers einer Dienstleistung: das Entgelt und die Modalitäten seiner Zahlung.

Eine Abhandlung über die spezifischen Ausprägungsformen der Entgeltseite bei Sach- bzw. Dienstleistungen steht m.E. aus.[6]

---

6 Die Branchenabhängigkeit wird deutlich in den Zusammenstellungen bei Funk (1976) S. 86 f. und S. 92-98.

Mit der Erklärung der Komponenten (10) bis (80) haben wir nur erst die Grundlage geschaffen, um später - mit den Abschnitten 60 und 70 - das Planen, Entscheiden und Handeln des Nachfragers bzw. des Anbieters als jeweilige Abfolge darzustellen, die sich mit Abschluß und Vollzug des zweiseitigen Vertrages kreuzen.

51.2 Einführende Kennzeichnung der „Leistung"

Im Sinne einer Annäherung läßt sich die „Leistung" im Rahmen des wirtschaftenden Handelns wie folgt beschreiben:
1. Das Leisten ist ein Vorgang, die Leistung ist sein Abschluß im Sinne von Zusammenfassung, Quintessenz, Ergebnis (real verstanden).
2. Der Vorgang ist auf ein Ziel gerichtet, er ist beabsichtigt und wird als Folge einer Planung vollzogen: das Leisten ist eine geplante Aktivität.
3. Die Aktivität mit der Leistung als dem erstrebten „Vorteil" bedarf des Einsatzes. Dieser inkaufzunehmende „Nachteil" besteht in dem Verwenden von Einsatz-Faktoren, um die Aktivität durchzuführen. „Verwenden" ist der Oberbegriff für das Verbrauchen, Gebrauchen, Nutzen, Inanspruchnehmen von Einsatz-Faktoren.
4. Die Konstellation von erstrebtem Vorteil unter Inkaufnahme von Nachteilen kennzeichnet den Zusammenhang als einen des Wirtschaftens: als leistungswirtschaftliche Aktivität. Mit anderen Worten: eine wirtschaftliche[7] Aktivität, deren geplant erstrebtes Ergebnis mit „Leistung" bezeichnet wird. Das Wort „Erwirtschaften" (im leistungswirtschaftlichen Sinne) bringt treffend die Gleichzeitigkeit des Verwendens von Einsatz-Leistungen zwecks Erstellen von Ausbringungs-Leistungen zum Ausdruck.
5. Die Verknüpfung einer Mehrzahl von art-verschiedenen Einsatz-Faktoren in die Aktivität bezeichnet man als Produktion i.w.S. oder als Faktor-Kombinationsprozeß. Die so beschriebene Aktivität können wir als (prozeß-kombinierte oder produktive) Leistungs-Erstellung von der bloßen Abgabe von „einfachen Leistungen" unterscheiden, die den Inhalt des Arbeits-, Miet- und Kapitalhingabe-Vertrages ausmacht.
6. Den übereinstimmenden und deshalb abstrakten Zweck aller leistungswirtschaftlichen Aktivitäten benennen wir dahingehend, daß sie ein

---

7 Die Beschreibung, was das „wirtschaftliche" ausmacht, führt zu fünf Fall-Konstellationen, vgl. Abschnitt 51.3.

Merkmal eines Zustands ändern möchten. Etwas präziser: die „leistungswirtschaftliche Aktivität" erstrebt die positiv beurteilte Änderung eines Zustands.

7. Dabei ist „Zustand" eine kurze Bezeichnung dafür, daß er mit Hilfe von Merkmalen beschrieben werden kann, mithin ein Merkmalsbündel darstellt.
8. Fassen wir die bisherigen Überlegungen zusammen: Die „Leistung" bezeichnet die geplante, leistungs(prozeß)-bewirkte und im voraus positiv beurteilte Änderung eines Merkmals eines Zustands.
9. Die weitergehende Beschreibung unterscheidet danach, ob der Zustand im Zuständigkeitsbereich des Leistenden existiert oder im Zuständigkeitsbereich des Leistungsempfängers. Der erste Fall erklärt die Güterproduktion (zwecks Absatz) und die Leistungen für die Verwendung in der Wirtschaftseinheit selbst[8] (z.B. innerbetrieblicher Transport). Der zweite Fall erklärt die Sachleistungen und die Dienstleistungen in den Zuständigkeitsbereich des Leistungsempfängers hinein. Dementsprechend ist die folgende Einteilung und der zugehörige Sprachgebrauch zweckmäßig:

---

8 Diese sogenannten innerbetrieblichen Leistungen gibt es auch in den Haushaltswirtschaften. Erfaßt sind damit sowohl selbstverbrauchte Produkte als auch eigenverbrauchte Dienstleistungen, die wir in diesem Zusammenhang „sonstige Leistungen" nennen, um die Bezeichnung „Dienstleistungen" für die vermarkteten Leistungen zu reservieren. Vgl. ebenso Maleri (1997) S. 3, 26, 47 und 54.

	(01) der Produktionsvorgang und die Begriffe für den Zuständigkeitsbereich des Leistungs-Erstellers		(02) der Absatzvorgang und die Begriffe für das Leisten in den Zuständigkeitsbereich des Leistungsabnehmers hinein
(11)	Produkte, produzierte Güter vom Absatzvorgang getrennte Durchführung der Produktion	(12)	Sachleistungen damit werden produzierte und andere Güter im Absatzvorgang bezeichnet
(21)	innerbetriebliche Leistungen Produktion von Gütern und sonstigen Leistungen zwecks Verwendung in der leistungserstellenden Wirtschaftseinheit	(22)	-
(31)	Produktion von Dienstleistungen sie verbindet von den Einsatzfaktoren her den Zuständigkeitsbereich des Leistenden mit dem Bezugsobjekt (Person, Gut, Umfeld) im Zuständigkeitsbereich des Abnehmers	(32)	Dienstleistungen als Absatzvorgang beziehen sie sich auf eine Person, ein Gut, ein zugehöriges Umfeld des Leistungsempfängers, zusammengefaßt als sein Zuständigkeitsbereich bezeichnet.

Die mit der Übersicht erreichte Ordnung ermöglicht einige Klarstellungen:

a) Wenn man über (11) die Produktion von Gütern im Verhältnis zur (31) Produktion von Dienstleistungen spricht, gelangt man über den Kombinationsprozeß der Einsatzfaktoren zu dem Gemeinsamen aller wirtschaftlichen Leistungen im Sinne der einsatzleistungs-bewirkten Änderungen. Diese kann man so von den anders bewirkten Änderungen – insbesondere mittels Zahlungen und die Rechtsänderungen – unterscheiden.

b) Wenn man über (11) Produkte im Verhältnis zu (32) Dienstleistungen schreibt, geht naheliegenderweise einiges durcheinander, weil von der Erstellung zur Verwendung gewechselt wird.

c) Will man die Unterschiede zwischen den beiden Kategorien der wirtschaftlichen Leistungen erfassen, dann muß man - wegen der Gegebenheiten bei den Dienstleistungen - den Abnehmer mit einbeziehen. Grundlage für die Erörterung der Unterschiede ist deshalb der

Absatzvorgang (und nicht die Produktion), so daß die Sachleistung der Dienstleistung gegenüberzustellen ist.

d) Damit wird die literaturübliche Betrachtung der Güterproduktion ersetzt durch die Erfüllung der Verkaufsvertrages: die Leistung muß übertragbar sein (Realakt) und das Eigentum an den Abnehmer übergehen (Rechtsakt). Beide Elemente der Sachleistung setzen eine dahingehende Materialisierung voraus, die ökonomisch die gespeicherte Verwendbarkeit der Leistung im Zeitpunkt der Erfüllung repräsentiert. Mit der Übertragung der Verwendbarkeit als den beiden Kernmerkmalen der Sachleistung ist die Gegenständlichkeit der Leistung (= des produzierten Gutes) und die dann tatsächliche Verwendung durch den Käufer angesprochen.

e) Beide Aspekte fehlen bei den Dienstleistungen. Dem entspricht ihre positive Definition: „Durch den kombinativen Einsatz von Leistungsfaktoren werden Leistungen an bzw. für Leistungsobjekte(n) erstellt, die nicht im Verfügungsbereich des Dienstleistungsbetriebes stehen und erst über einen Absatzakt zwischen Dienstleistungsbetrieb und Abnehmer für den Leistungsvorgang verbunden werden müssen."[9]

10. Das „Umfeld" benötigen wir als den Bezugsbereich für eine Reihe von Dienstleistungen, die anderenfalls nicht erfaßt und nicht erklärt werden könnten. „Umfeld" ist beispielsweise die Risiko- oder Haftungssituation, der Aufenthaltsort einer Person bzw. eines Gutes, oder die Liquiditätssituation einer Person.

11. Sind die produzierten Güter bereits die erstellte Leistung, dann reduziert sich ihr Übergang vom Verkäufer auf den Käufer auf den tatsächlichen Akt der Übergabe und auf den rechtlichen Akt der Übertragung des Eigentumsrechtes an den Käufer. Der Absatz von Produkten ist selbst keine ökonomische Transformation mehr, sondern nur (noch) eine rechtliche Transformation.

12. Der Käufer hingegen erhält eine „Sachleistung", unabhängig davon, ob es sich um ein eigenes Produkt oder um eine Handelsware des Verkäufers handelt.

---

9 Alewell/Rittmeier (1977) S. 9; vgl. auch unseren Abschnitt 53.2 zur Definition der Dienstleistungen.

Ersichtlich gehen wir von dem Oberbegriff „Leistungen" aus und unterscheiden mit den „Sachleistungen" und „Dienstleistungen" die beiden umfassenden Gruppen der Absatzleistungen. Es liegt nahe, die Literatur zu kritisieren:

a) Die Produktion von Gütern und ihr Absatz werden nicht unterschieden.
b) Es fehlt der Absatzvertrag mit seinen Phasen „Abschluß" und „Erfüllung".
c) Das „Gut" wird als Oberbegriff verwendet, so daß auch die Dienstleistungen als Güter bezeichnet werden.[10] Wer seinen Pkw als ein Gut in die Kfz-Werkstatt bringt, fährt mit dem zweiten Gut „Reparatur" wieder hinaus. Die Haare haben sich mit Hilfe des Friseurs um das Gut „Frisur" verdoppelt und ebenso vermehrt sich das Mietobjekt mit Vertragsabschluß um die Nutzungsmöglichkeit.
d) Damit die wundersame Vermehrung der Güter infolge von Dienstleistungen nicht so auffällt, werden die Dienstleistungen zu immateriellen Realgütern[11] und damit (trotzdem) unsichtbar gemacht.
e) Hingegen ist ein Gut auf die gespeicherte Verwendbarkeit festgelegt und damit auf eine materielle Verselbständigung dahingehend, daß das Eigentumsrecht daran übertragen werden kann, was die Sachleistung in Erfüllung des Kaufvertrages kennzeichnet.[12]
f) Es fehlt das „Umfeld" als mögliche Bezugsbasis für eine ganze Reihe von Dienstleistungen.[13]
g) Die spezifischen Merkmale des Leistungs-Erstellungsprozesses kennzeichnen nur die Produktion von Dienstleistungen, während diese zu definieren sind mit Hilfe des vom Prozeß Bewirkten.[14]
h) Hinter den immateriellen Wirtschaftsgütern als dem angeblichen Output der Dienstleistungsproduktion bleibt unklar, was denn die Dienstleistungen von den Produkten bzw. präzise: von den Sachleistungen prinzipiell unterscheidet.
i) Wird die Dienstleistung auf den Absatzvorgang an den Abnehmer festgelegt, dann kann der Unterschied nur zur Sachleistung, d.h. zum Vollzug des Verkaufvertrages gesucht werden. Die Verschiedenheiten bei der

---

10 Vgl. Corsten (2001) S. 19 f.; Maleri (1997) durchweg; Meffert/Bruhn (2000) S. 22; Scheuch (2002) S. 12.
11 Vgl. Corsten (2001) S. 20-22; Meffert/Bruhn (2000) S. 22.
12 In diesem Sinne insbesondere Stützel (HWB 1976 III) Sp. 4404.
13 Vgl. Corsten (2001) S. 22 f., wo nur „Person" und „Gut"/„Objekt" aufgeführt werden.
14 Fehlende Unterscheidung bei Corsten (2001) S. 26.

Produktion von Gütern und Dienstleistungen scheiden zur Abgrenzung und Kennzeichnung der Dienstleistung von vornherein aus.

In den beiden nachfolgenden Abschnitten werden zum einen die „wirtschaftlichen Leistungen" präzisiert und dann von anders bewirkten Änderungen abgegrenzt.

51.3 Spezifikationen des „Wirtschaftlichen"

Der adjektivische Zusatz „wirtschaftlich" zu den Leistungen soll ab- und herausgrenzen. Wortgenau können Leistungen ebensowenig „wirtschaftlich" wie „entgeltlich" sein. Die folglich auf das Umfeld ausweitende Deutung versteht „wirtschaftlich" als Kurzbezeichnung für die Notwendigkeit, daß die Leistungen erstellt werden müssen, d.h. daß zumindest die eigene Arbeitskraft und im Regelfall darüber hinausgehend andere Faktoren eingesetzt werden müssen.

Soll das „wirtschaftlich" präzisiert werden, dann müssen wir mindestens fünf Fall-Konstellationen bilden:

A) Die Leistungs-Erstellung ist mit Kosten verbunden und die Leistungs-Abgabe gegen Entgelt bringt unmittelbar den Ertrag. Diese Konstellation ist der Regelfall für die Betriebsleistungen.

B) Die Kosten der Einsatzleistungen sind nicht (bzw. nicht unmittelbar) faßbar und der wirtschaftliche Aspekt liegt in dem erzielten Entgelt. Z.B. sind die Arbeitsleistungen des Arbeitnehmers bei ihm wirtschaftliche Leistungen über das Arbeitsentgelt.

C) Weder die Kosten des Leistungseinsatzes noch ein unmittelbarer Ertrag sind faßbar. Wirtschaftlich werden die Einsatzleistungen, weil sie in einen erwerbswirtschaftlichen Zusammenhang gehören. Z.B. sind die Arbeitsleistungen des Einzelunternehmers oder die Leistung einer Eigenkapital-Finanzierung wirtschaftliche Leistungen über ihren mittelbaren Niederschlag im Gewinn, weil für sie ein Entgelt nicht festgesetzt wird.

D) Das Erstellen von Leistungen läßt sich nicht unmittelbar mit Kosten erfassen, sondern nur über eine dadurch verhinderte alternative Möglichkeit mit ihrem Ertrag bzw. Gewinnbeitrag. Dieser entgangene Vorteil wird als Opportunitätskosten bezeichnet und macht so die erstellten auch zu wirtschaftlichen Leistungen.

E) Das Erstellen von Leistungen ist mit Kosten verbunden, während sie ohne Entgelt an Dritte abgegeben werden. Infolgedessen sind z.B. öffentliche Leistungen (nur) von ihren Kosten her wirtschaftliche Leistungen.

Ersichtlich sind die „wirtschaftlichen Leistungen" nicht nur eine bequeme Sprachverkürzung, sondern zugleich auch ein praktischer Sammelbegriff für umständlich zu beschreibende Situationen. Nicht der Leistungsvorgang per se ist ein wirtschaftlicher Vorgang, vielmehr erlangt er diese „Qualifikation" aus bestimmten Konstellationen heraus.

51.4 Die „Leistung" im Verhältnis zu anderen Änderungen

Das Ergebnis einer leistungswirtschaftlichen Aktivität, eine positiv beurteilte Änderung von Merkmalen bewirkt zu haben - bzw. spezifisch für die Absatzleistung, daß der Leistende eine solche beim Leistungsempfänger bewirkt hat - ist mit anderen Änderungen in ein Ordnungsverhältnis zu bringen.

Die gegebene Beschreibung bietet dafür drei Ansatzpunkte:
a) andere als leistungswirtschaftliche Aktivitäten,
b) andere als positiv beurteilte Änderungen, und
c) die Festlegung der Zuständigkeiten für die Änderungen.

Entsprechend unserer Kennzeichnung der Produktions-Entscheidung als einer Plus-minus-Entscheidung hat eine Leistung die negative Folge aus dem Einsatz für ihre Erstellung und die positive Folge im Sinne der geplanten und erstrebten Bewirkung. Für den Begriff der Leistung zählt ausschließlich diese positive Folge, während das Attribut „wirtschaftliche" von der negativen Folge bestimmt wird. An die positive Folge knüpft an, in wessen Zuständigkeitsbereich sich die Leistung verwirklicht:
(1) bei innerbetrieblichen Leistungen und produzierten Gütern verbleibt die Leistung im Zuständigkeitsbereich des Leistungs-Erstellers,
(2) bei Sach- und Dienstleistungen geht die Leistung in den Zuständigkeitsbereich eines anderen, des Leistungsempfängers über.

Positiv bzw. negativ beurteilte Änderungen durch Leistung bzw. Entgelt aus der Sicht der Beteiligten werden zu einer Übersicht geordnet:

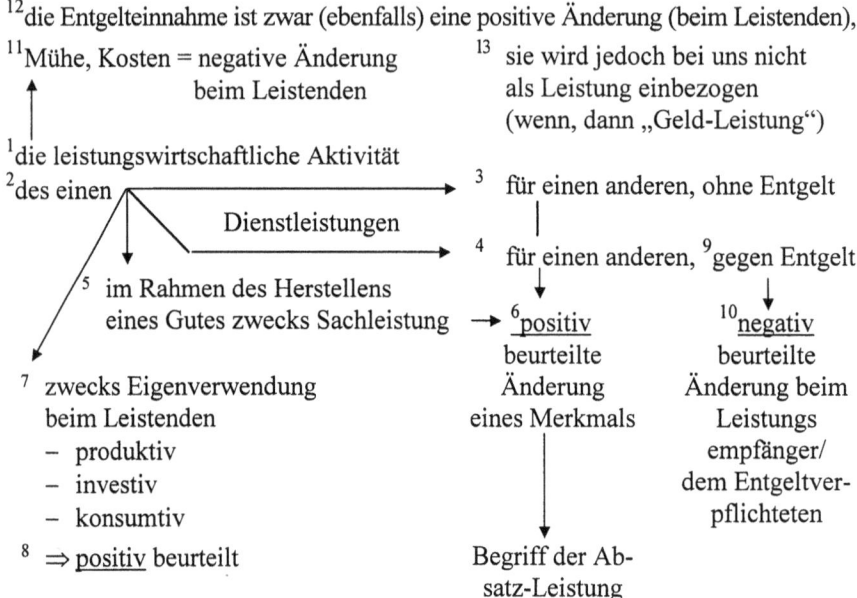

Die zu Buchstabe a) verbliebene und eingegrenzt formulierte Aufgabe lautet also, die „Leistung" von anders bewirkten, positiv beurteilten Änderungen im Bereich einer anderen Zuständigkeit zu unterscheiden. Das gilt gegenüber zwei wichtigen Änderungsvorgängen: (α) Zahlungen und (β) Rechtsvorgängen (zu diesen vgl. Abschnitt 55.2).

Wegen ihrer inhaltlichen Andersartigkeit erfolgt die Abgrenzung zwischen Leistungen und Zahlungen kategorisch: Zahlungen sind keine Leistungen. Der gegenteilige Sprachgebrauch insbesondere bei den Juristen erhält eine entschiedene Absage, weil die formaljuristische Begründung für das Gleichsetzen von Zahlungen mit Leistungen gleichbedeutend ist mit dem schlichten Nichtbeachten gewichtiger ökonomischer Verschiedenheit - zumal der Jurist andererseits haarfeine rechtliche Verschiedenheiten für weitreichende Differenzierungen einzusetzen weiß.

51. Aspekte der betriebswirtschaftlichen Leistungslehre 215

Dementsprechend unterscheidet der Ökonom beispielsweise:

1) der Abschluß eines Darlehensvertrages ist keine Leistung;
2) die Auszahlung der Darlehenssumme an den Kreditnehmer hat mit Produktion nichts zu tun[15], ist keine Leistung, sondern eine (Fremd-)Kapitalzahlung; die Zahlung gehört zwar zum Vollzug des Vertrages, nicht jedoch zum Gegenverhältnis von Leistung gegen Entgelt;
3) die (ökonomische) Leistung besteht in der „Stundung" der Rückzahlung; ausschließlich die Stundung ist die Finanzierungsleistung und nur auf sie bezieht sich die Entgeltfähigkeit des Finanzierungsrechtsverhältnisses; die Stundung bewirkt die Änderung des finanzwirtschaftlichen Umfelds des Kreditnehmers;[16]
4) die Zinszahlung ist das Entgelt für die Stundung als Produkt aus Betrag mal Zeitraum; die periodische Zinszahlung entspricht dem Zeitbezug der Stundung als Dauerleistung;
5) die Rückzahlung des Darlehens beendet die Grundlage der Finanzierungsleistung und damit auch diese.

Die zusammenfassende Übersicht zeigt die Leistung im betriebswirtschaftlichen Verständnis (gestricheltes Viereck) gegenüber dem juristischen Verständnis (durchgezogenes Rechteck), das Dreierlei in den einen Topf „Leistung" wirft.[17]

---

15 Es handelt sich um die vertragsrechtlich bedingte Spezifikation aus dem Fundus. Die Ansicht, daß im Bank- und Versicherungsunternehmen Absatzleistungen produziert werden, beruht auf fehlender Analyse; vgl. dazu Lehmann (1997) S. 72-88 in Auseinandersetzung mit der von Farny seit 1965 verbreiteten Produktion von Versicherungsleistungen.
16 Die Beschreibung der entgeltfähigen Finanzierungsleistung bei Maleri (1997 S. 49, S. 88) ist unzutreffend und entspricht dem unzureichenden Erkenntnisstand des Zivilrechts zum Darlehen, vgl. Lehmann (1997) S. 89-94.
17 Daraus folgt im Umsatzsteuerrecht das Bemühen, den Begriff „Leistung" so weit auszudehnen, daß er auch das gegenüberstehende Entgelt einbezieht!

Vorgänge ⟶	erstellte Leistung = bewirkte Änderung	Entgelteinnahme = Zahlung	Kapitaleinnahme
(10) positiv beurteilte Änderungen: (11) der Ökonom ⇨	Leistungen i.S. der BWL Sach- / Dienst-leistung	keine Leistung! Entgelt	keine Leistung, kein Entgelt, sondern eben Kapital-Einnahmen
(12) der Ziviljurist ⇨	Leistung	Gegen-Leistung	Leistung
(20) negativ beurteilte Änderungen ⇨ ⇨keine Leistungen	Leistungs-Erstellung verursacht Kosten und Mühe	Ausgabe: Verzichtsnutzen	Folge: Kapitalverpflichtung

52. Produkte und Sachleistungen

Die zweiteilige Überschrift steht (1) für die Leistungs-Erstellung von Gütern (= Produkte) und (2) für die Leistungs-Abgabe an Dritte (= Absatzleistung). Wir haben also bei Produkten die deutliche Trennung zwischen Produktionsvorgang und Absatzvorgang. Diese Zweiteilung erleichtert zwar nicht den Einstieg in die betriebswirtschaftliche Leistungslehre, andererseits jedoch sind die (produzierten) Güter dem Betriebswirt vertraut von der Erfahrung und von der Industriebetriebslehre her und durchweg erschöpft sich die Literatur zur ABWL mit der Güterwelt.

52.1 Die Kennzeichnung des „Gutes"

Produzierte Güter wie Güter allgemein sind definitionsgemäß nützliche Gegenstände/Mittel, d.h. sie haben Eigenschaften, die für einen ins Auge gefaßten Verwendungszweck geeignet sind. Ein Gut hat eine eigenständige und materielle/dingliche Existenz mit infolgedessen einer räumlichen Ausdehnung und einem zeitlichen Bestand und mit der Möglichkeit der rechtswirksamen Übertragung

Entscheidend ist die vom Gut repräsentierte *gespeicherte Verwendbarkeit*, die sich aus ökonomischer Sicht als Handlungs*möglichkeiten* und aus juristischer Sicht als Handlungs*befugnisse* darstellt.[18] Die gespeicherte Verwendbarkeit weckt in Verbindung mit der Selbständigkeit das Interesse an der Übertragbarkeit bzw. an der rechtlichen Verfügbarkeit eines Gutes/einer Sache (⇨ Sachenrecht, das Dritte Buch des BGB). Die gespeicherte Nutzbarkeit/Verwendbarkeit eines Gutes hat auch zur Folge, daß die Vorgänge der Anschaffung bzw. Herstellung einerseits und des Gebrauchs (bzw. des Verbrauchs) bzw. der Veräußerung auch im Rechnungswesen/in der Finanzbuchhaltung getrennt werden:

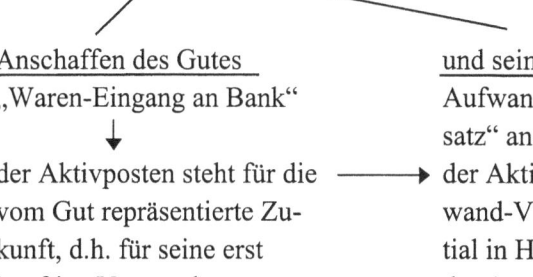

Anschaffen des Gutes
„Waren-Eingang an Bank"
↓
der Aktivposten steht für die
vom Gut repräsentierte Zukunft, d.h. für seine erst
künftige Verwendung

und sein Verwenden später
Aufwand aus „Waren-Einsatz" an Waren-Bestand
⟶ der Aktivposten ist ein Aufwand-Verrechnungspotential in Höhe des Betrages
der Anschaffungsausgabe

bzw.

Herstellen des Gutes
= ein ausschließlich ökonomischer Vorgang
= die „artmäßige Transformation" von Einsatzgütern
 in Ausbringungsgüter:
 Stoffumwandlung
= Produkte

und sein Absatz später
ein Gut im Absatzvorgang
= Sachleistung
= die „rechtliche Transformation" von Sachen:
 Verkauf, d.h. die rechtliche Zuständigkeit für das
 Gut geht auf einen anderen Rechtsträger
 (= Eigentümer) über.

52.2 Die Produktion eines Gutes: die artmäßige Transformation der Rohstoffe

Die „Produktion" von Gütern – deshalb nachfolgend: „Produktion i.e.S." – ist der Oberbegriff für produktionstechnisch sehr verschiedene Verfahren,

---

18 Vgl. Stützel (HWB 1976 III) Sp. 4404-4425. Obgleich die „Verfügungsbefugnis" nur spezifisch die Rechtsmacht zur Übertragung des Eigentums an einem Gut bezeichnet, entwickelte sich eine umfassende „Theorie der Verfügungsrechte" (property-rights-Ansatz), vgl. dazu Goebel (2002) S. 66-97.

um Güter zu fertigen, herzustellen, zu erzeugen. Das Besondere und Kennzeichnende der Produktion i.e.S. (als wichtigem Teilbereich der Erstellung von Leistungen ganz allgemein) wird bei den Einsatz-Faktoren gesehen, die im Produktionsprozess kombiniert werden.
Wir unterteilen:

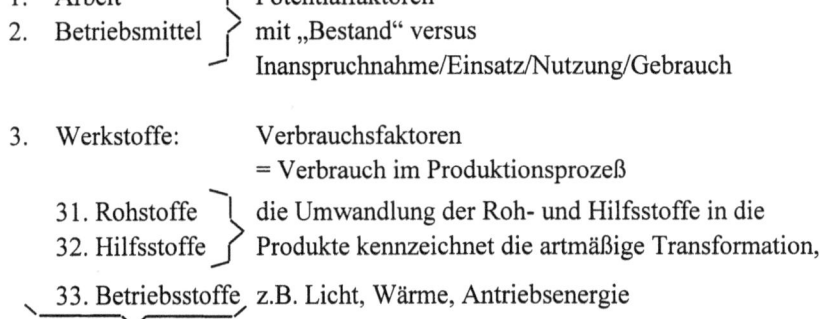

Drei (traditionelle) Kategorien von Einsatzfaktoren werden im Produktionsprozeß i.e.S. kombiniert, um Güter/Produkte zu erzeugen. Der Unterschied gegenüber der Produktion (i.w.S.) auch von Dienstleistungen wird dort erklärt; vgl. Abschnitt 55.1.

Die wichtige Kennzeichnung der Güterproduktion als „*artmäßige Transformation*" soll jedoch näher erläutert werden: Möbelfabrik, Schlachterei, Chemiebetrieb usw. - stets ist sofort das „Prinzip" zu erkennen, daß eine sogenannte Stoffumwandlung der Roh- und Hilfsstoffe in das Produkt stattfindet. Dies ist eine „artmäßige Transformation" der zum Verbrauch eingesetzten Güter in die Ausbringungsgüter. Mit anderen Worten: die artmäßige Transformation ist das kategorie-spezifische Kennzeichen der Produktion i.e.S. = Güterproduktion.

Wir werden später sehen, daß sich die Gruppe der Dienstleistungen insgesamt durch die andersartige Produktion - nur zwei (statt der drei) Faktor-Arten - von der Güterproduktion unterscheidet, und daß sich die Dienstleistungen ihrerseits nur nach den Arten der ökonomischen Transformation untergliedern lassen.

Zusammenfassung:

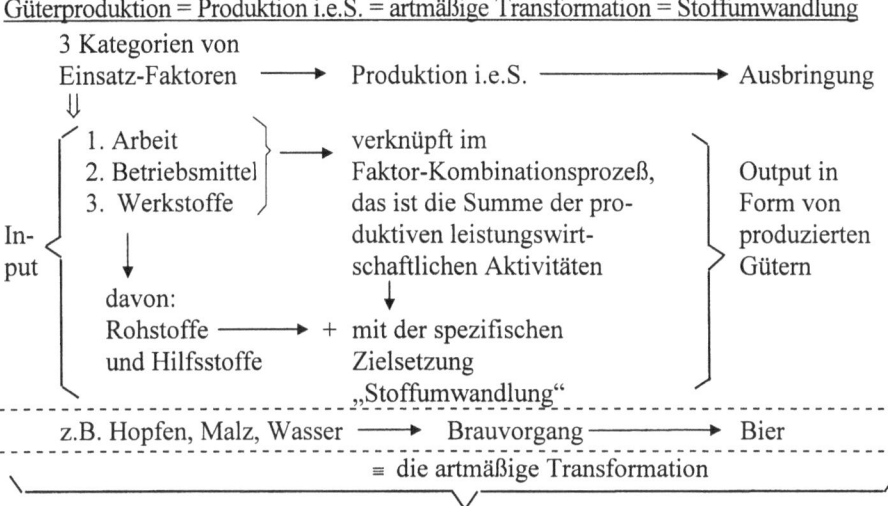

durchgeführt in den Betriebswirtschaften der Industrie, des Handwerks und der Landwirtschaft.

Die Bücher zur ABWL schränken durchweg auf die industrielle Produktion = auf die artmäßige Transformation = auf die Güterproduktion ein und vermitteln infolgedessen „Industriebetriebslehre", d.h. (nur) eine von mehreren speziellen BWL. Diese Einschränkung wird besonders deutlich bei der Behandlung der „Produktion": die bei der industriellen Güterproduktion feststellbaren Input-output-Beziehungen werden zu Produktionsfunktionen abstrahiert und diese zur Produktionstheorie zusammengefaßt.

52.3 Der Absatz eines Gutes: die rechtliche Transformation der Produkte

Die selbständige Existenz des produzierten Gutes hat zur Folge, daß der Produktionsvorgang und der reale Absatzvorgang getrennt sind zur zeitlichen Abfolge. Das Gut im tatsächlichen Absatzvorgang bezeichnen wir als Sachleistung, das Umsatzsteuerrecht spricht von „Lieferung", das Vertragsrecht von der „Erfüllung des Verkaufsvertrages", die zum Bereich des Sachenrechts gehört, weil das Eigentumsrecht vom Verkäufer auf den Käufer übergeht. Die das „Gut" kennzeichnende Speicherung seiner Verwendbarkeit ist für die Sachleistung auf den Absatzvorgang bezogen und unterscheidet diese von der Dienstleistung. Diesem (realökonomisch und vertragsrechtlich) vollziehenden Absatzvorgang geht ökonomisch die Herstellung bzw. bei Handelswaren die Beschaffung voraus und rechtlich der Abschluß des Verkaufsvertrages.[19]

Die Beurteilung der Sachleistung aus der Sicht der betriebswirtschaftlichen Leistungslehre ist nicht einfach:
1. Wenn man den bloßen Übergang des Gutes vom Verkäufer auf den Käufer sieht, ist nur der vertragsrechtliche Leistungsvorgang faßbar, jedoch keine betriebswirtschaftliche Leistungsaktivität.
2. Berücksichtigt man die Dienstleistungsaktivitäten des Absatzvorganges, so wird daraus trotzdem keine Dienstleistung, denn der Käufer will in der Hauptsache den Kaufgegenstand und mit ihm die gespeicherte Verwendbarkeit erwerben.
3. Da der Handelsbetrieb nicht produziert, sondern fremdbezieht, fehlt ihm so gesehen die originäre betriebswirtschaftliche Leistung!

Die nachfolgende Übersicht zeigt als Struktur die Vernetzung von Ökonomie und Vertragsrecht für den Industriebetrieb mit den beiden Vorgängen (a) Produktion i.e.S. und (b) Absatz einerseits und den beiden Vorgängen (10) Vertragsabschluß und (20) Erfüllung andererseits mit ihren gegenläufigen und artverschiedenen Komponenten (01) Leistung gegen (02) Entgeltzahlung. Schließlich ist (21) der Absatzleistungsvorgang vom Recht her kennzeichnender weise mit α) und β) zweigeteilt.
Diese Übersicht umfaßt die ökonomische Transformation, spezifisch: die artmäßige Transformation bei der Güterproduktion einerseits und die (bloß) eigentumsrechtliche Transformation des Sachleistungsvorganges andererseits. Der Absatzvorgang des Produzenten bzw. des Händlers (allgemein: des Verkäufers einer Sache/eines Gutes) ist eine rechtliche Änderung betreffend die Rechtsperson, die das Gut nutzen/gebrauchen bzw. verbrauchen bzw. anderweit darüber disponieren darf.

---

19 Dem Handelsbetrieb fehlt die Produktion im Sinne der Stoffumwandlung, weshalb Gutenberg (1975, S. 20) ihn als Dienstleistungsbetrieb einordnet. Von der Art der Absatzleistung her liegt ein Sachleistungsbetrieb vor, weshalb der Handelsbetrieb neben die Produktionsbetriebe einzuordnen ist.

52. Produkte und Sachleistungen

Die Sachleistung: der Absatz des Produktes in zwei Rechts-Phasen mit zwei gegenläufigen und artverschiedenen Komponenten

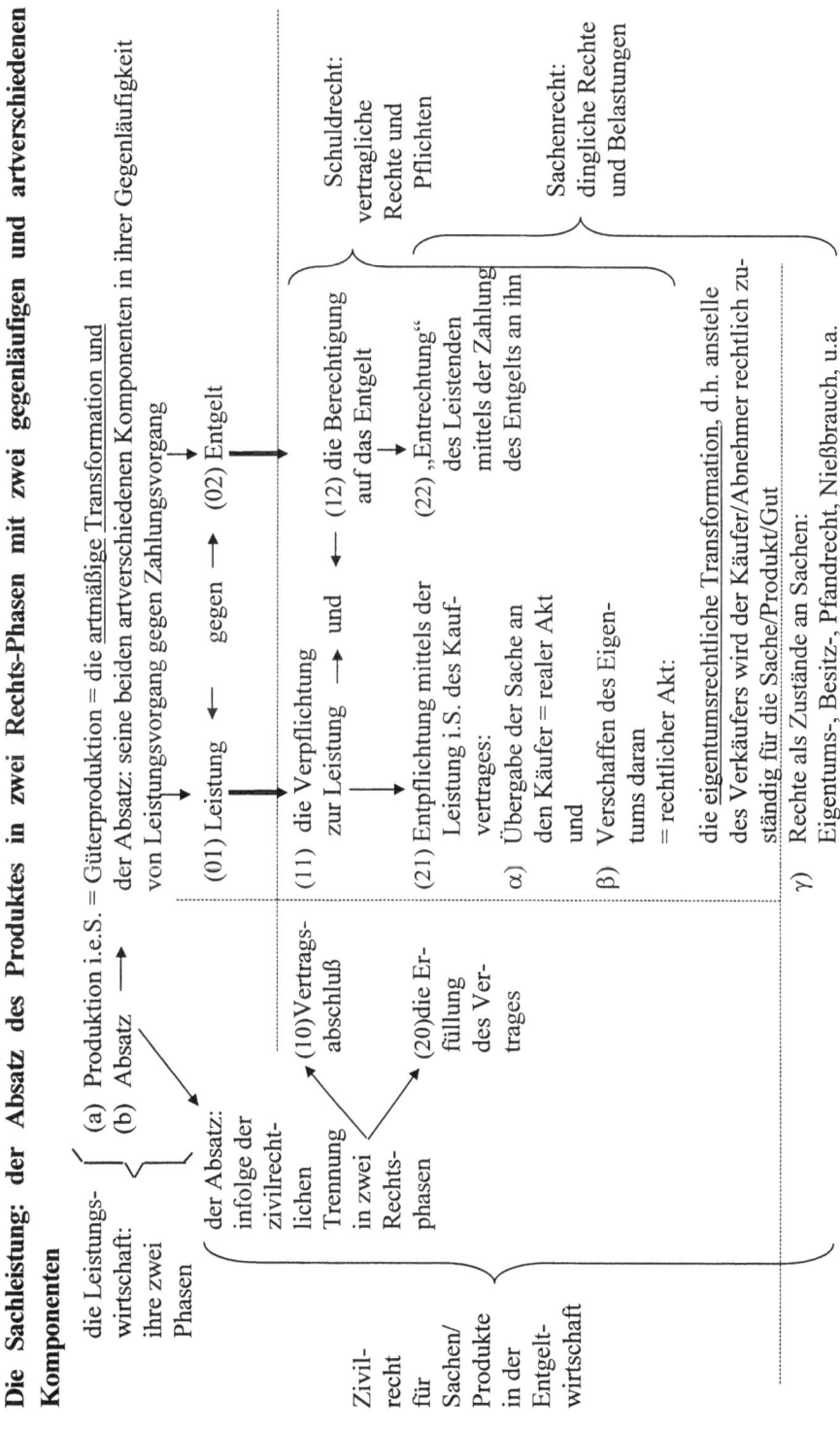

Stellt man ausschließlich auf das Bewirkte ab, dann kann man räumliche, zeitliche usw. sowie rechtliche Transformation in eine Reihe ordnen: Die Fahrt im Stadtbus, die Nacht im Hotelbett und der Erhalt des Brötchens über die Ladentheke ändern übereinstimmend ein Merkmal des Umfeldes einer Person. Infolgedessen wäre die Erfüllung des Verkaufsvertrages eine Dienstleistung! Sieht man es anders und trennt strikt zwischen ökonomischen und rechtlichen Änderungsvorgängen, dann wird die Sachleistung, also der Absatzvorgang von Gütern auch nicht zu einer betriebswirtschaftlichen Leistung im Sinne des Ergebnisses einer leistungswirtschaftlichen Aktivität!

Wir halten hier als Ergebnis fest, daß die geplante, positiv beurteilte Änderung eines Zustandsmerkmals - also das so beschriebene Bewirkte - im Bereich des Leistungsempfängers umfassender ist als der Bereich der leistungswirtschaftlich bewirkten Änderungen, die mit der Produktion abgeschlossen sind; vgl. Abschnitt 51.4.

Zusammenstellung:

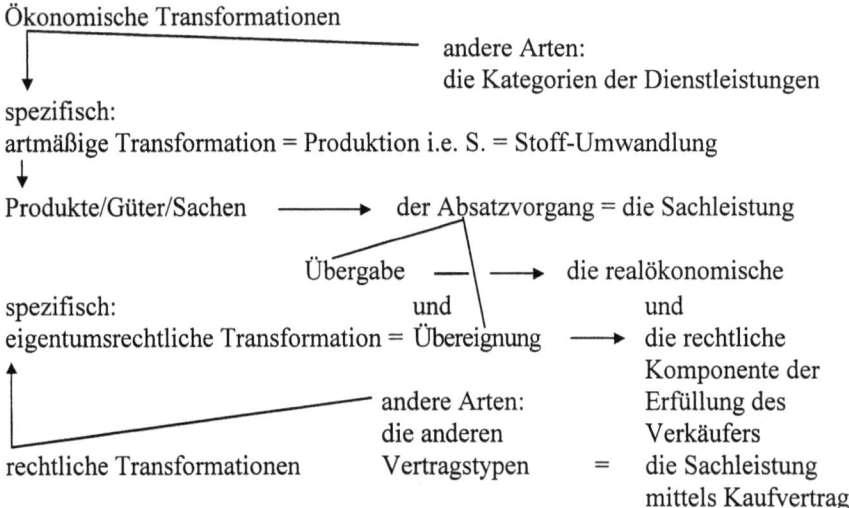

53. Dienstleistungen

Diese Bezeichnung ist vorab ein Sammelbegriff für alles, was nicht „Sachleistung" ist. Die Sachleistung meint den Verkauf (= den Vertragsabschluß) und die Lieferung von „Sachen" (= die Vertragsdurchführung seitens des Verkäufers). Der Ökonom spricht von „Gütern" und unterteilt diese in Produkte (= hergestellte Güter) und andere Güter (z.B. ein Grundstück).

Wenn wir uns einige Beispiele für Dienstleistungen zusammenstellen, erkennen wir eher die Verschiedenheiten als die Gemeinsamkeiten! Es liegt zudem nahe, zwischen der Tätigkeit - dem Leisten - und ihrem Ergebnis - der Leistung - zu unterscheiden.

53.1 Beispiele für Dienstleistungen

die Tätigkeit/der Vorgang	ihr Ergebnis/der Zustand
1) Haare schneiden, d.h. „Dienst"-leisten ad personam	Änderung der Frisur bzw. „die neue Frisur"
2) Personen oder Güter transportieren	Änderung des Aufenthaltsortes bzw. „am Ankunftsort"
3) Stadtrundfahrt veranstalten	Verbessern des Kenntnisstandes der Teilnehmer
4) ein Buch verleihen, zur Nutzung überlassen	der Empfänger erhält die Nutzungsmöglichkeit (und juristisch das Besitzrecht)
5) Geld auf das Sparbuch einzahlen, womit der Empfänger die Verwendungsmöglichkeit über den Geldbetrag erhält; dieses finanzwirtschaftliche Grundgeschäft ist dem Leistungsgeschäft vorgelagert[20]	die Finanzierungsleistung besteht in der Stundung bis zur Rückzahlung und wird mit den Zinsen gemäß Kapitalbetrag, Zeitraum und Zinssatz entgolten
6) Versichern, d.h. das vertragliche Versprechen geben, bei eintretendem Nachteil/Schaden ausgleichend zu zahlen - es liegt nur eine „Rechtsleistung" vor	eine Verringerung der aus unsicheren Schadensereignissen zu erwartenden Nachteile auf den verbleibenden „Nettoschaden" herab.

---

20 Das wird mit Hilfe der Buchhaltung deutlich: die kapitalwirtschaftlichen Vorgänge werden erfolgsneutral verbucht, der Zins als Leistungs-Entgelt hingegen wird erfolgswirksam verbucht. Wie beim Arbeits-Entgelt steht die Verbuchung von Aufwand für den Verbrauch der beschafften Finanzierungsleistung/Stundungsleistung.

An die in der linken Spalte aufgeführten verschiedenen Tätigkeiten schließen sich zwei Überlegungen an:
a) Der jeweilige Leistungsvorgang/die Leistungs-Erstellung setzt übereinstimmend jeweils Arbeit und Technik ein.
b) Wie kann man infolgedessen die leistungswirtschaftlichen Aktivitäten beschreiben und einteilen?

Die Beschreibung der Ergebnisse in der rechten Spalte deutet bei allen Verschiedenheiten eine Gemeinsamkeit an, so daß wir formulieren können: *die Dienstleistung ist die von einer geplanten leistungswirtschaftlichen Aktivität, d.h. von einem Vorgang des Leistens bewirkte Änderung eines Zustands, die vom Leistungsempfänger positiv beurteilt wird.* Diese handliche Definition soll vorab erläutert werden, bevor wir uns dem Vorgang des Leistens zuwenden.

Das gängige Beispiel zur Erklärung einer Dienstleistung ist der Leistungsvorgang und das Leistungsergebnis beim Friseur. Der Leistungsvorgang wird vom Friseur unter Einsatz von Gebrauchs- und Verbrauchsgütern erbracht. Die Anwesenheit des Bezugsobjekts (= Haarschopf) des Vorgangs der Dienstleistungs-Erstellung ist Voraussetzung. Das Ergebnis des Dienstleistungsvorgangs ist die - hoffentlich positiv beurteilte - Änderung der Ausgangsfrisur. Das Leistungsergebnis ist nicht eigenständig und deshalb kein Gut, und es ist nicht selbständig und deshalb nicht rechtlich übertragbar. Es handelt sich um die Änderung eines persönlichen Merkmals, man spricht deshalb von einer personenbezogenen Dienstleistung.

Das Beispiel zeigt darüber hinaus, daß der Vertragsabschluß vorausgeht und ihm ein Leistungsvorgang folgt, der die kundenbezogene Erstellung und Verwendung untrennbar vereint. Fehlt dieser empfänger-spezifische Aspekt, dann bezahlt man „Eintritt" als Entgelt (typisch für „Besichtigungen").

Ein Beispiel zur Beschreibung und allgemeinen Kennzeichnung der „Dienstleistung":

	Ausgangs-Situation	Leistungs-Vorgang	Ergebnis-Situation
Fall:	Die Kundin A geht zum Friseur, weil sie am Vortag in einen Gewitterguß geriet;	der Friseur setzt seine Arbeitskraft und verschiedene Gebrauchs- und Verbrauchsgüter ein;	die neue Frisur wird als Leistung des Friseurs vermittelt, als ob ein selbständiger Zustand geschaffen worden sei.
Beschreibung:	Die Ausgangs-Situation „Frisur" ist ein Zustand, der mittels Merkmalen beschrieben werden kann; auf seine Veränderung bezieht sich der erwünschte Dienstleistungsvorgang;	der Dienstleistungsvorgang kombiniert Einsatz-Faktoren; an der Stelle der Rohstoffe steht das Bezugsobjekt „Haarwuschel";	bei genauem Hinsehen besteht das Ergebnis des Leistungsvorgangs nur in der Änderung von vorher auf nachher und hängt zudem untrennbar in den Haaren[21].
Verallgemeinerung:	Ein mit Hilfe von Merkmalen beschriebener Zustand soll mit Hilfe des Dienstleistungsprozesses geändert werden;	der leistungswirtschaftliche Änderungsvorgang – ist geplant – soll die Änderung bewirken, und – diese wird erwartungsgemäß positiv beurteilt;	der geänderte Zustand bezieht sich auf geänderte Merkmale, die das Bezugsobjekt beschreiben.

53.2 Auswertung zur beschreibenden Definition der Dienstleistungen

Die wichtigsten Aspekte aus den behandelten Beispielen sind:
a) Keine Zweiteilung in Leistungs-Erstellung (Produkt) und Übertragung des Leistungs-Ergebnisses.
b) Vielmehr gibt es nur einen Vorgang, der Erstellung und Absatz als identisch vereint.
c) Folglich entsprechen sich die ökonomische Leistungs-Erstellung und die vertragsrechtliche Erfüllung durch den einen Vorgang.

---

21 Der Friseur „verbiegt" die fremden Haare, die Fabrik Z. verbiegt den eigenen Draht zu Büroklammern: in dem formgebenden Produktionsvorgang ist der maßgebende Unterschied nicht faßbar! Eine Güterproduktion liegt vor, wenn/weil der Draht Eigentum des Herstellers ist, anderenfalls handelt es sich um eine sogen. Lohnveredelung.

d) Die Anwesenheit des Bezugsobjekts ist Voraussetzung für die (erfolgreiche) Leistungs-Erstellung im ökonomischen Sinne. Vgl. die Diskussion, wie der unbesetzte Platz im fahrenden Stadtbus, die vergebliche Fahrt des Taxi (weil der Kunde nicht am vereinbarten Platz steht) und die Leerfahrt eines Lastwagens leistungswirtschaftlich zu beurteilen ist.

e) Der Leistungsvorgang im Sinne der Kombination von Einsatz-Faktoren verwandelt keine Rohstoffe in Ausbringungsgüter um, sondern ändert Merkmale (1) einer Person, (2) eines Gegenstandes oder (3) des zugehörigen Umfeldes. Dabei sind Verknüpfungen möglich: z.B. ist der in der Kfz-Werkstatt eingebaute neue Kotflügel eine parallele Sachleistung mit einer Dienstleistung. Zu beachten ist auch der Unterschied zwischen einerseits innerbetrieblichen Leistungsvorgängen, die auf eine allgemeine Absatzbereitschaft hinlaufen, und andererseits den sich erst anschließenden und auch rechtlichen Spezifikationen zu Absatzvorgängen, wie z.B. Bankgeschäfte, Versicherungen, vgl. Abschnitt 54.

Ein zweites Beispiel soll die bereits verwendeten Bezeichnungen verdeutlichen und verwendet dazu die Dienstleistung „Gütertransport":

ein Gut/Produkt z.B. eine hergestellte Maschine	es ist ein selbständiges Merkmalsbündel, ein *eigenständiger* Zustand	
	der Abtransport ist ein Dienstleistungsprozeß,	
+ sein Umfeld insbesondere Ort, Zeit, Verpackung, Gefährdungen	es ist ein unselbständiges Merkmalsbündel, ist ein *abhängiger* Zustand	für den Arbeit, Betriebsmittel und Betriebsstoffe eingesetzt werden
	dieser Leistungsprozeß bewirkt die Änderung des Merkmals „örtliche Befindlichkeit" des Umfelds des Gutes/ der Maschine,[22] die als Bezugsobjekt des Leistungs-Erstellungsprozesses dabei sein muß.	

Ersichtlich ist die Dienstleistung im Sinne des Faktor-Kombinationsprozesses von Arbeitsleistungen mit Technik untypisch und folglich ungeeignet, den Zweck des ökonomischen Vorgangs zu zeigen. Erst der abstrakte

---

22 Der neue Aufenthaltsort der Maschine ist weder eine Eigenschaft von ihr noch gar eine werterhöhende, wie Maleri (1997) S. 101 schreibt.

Zweck „Änderung des Merkmals der örtlichen Befindlichkeit" formuliert die „räumliche Transformation" als die Kategorie, um die dahingehenden Dienstleistungsprozesse zu ökonomisch „typischen" zu machen.

Definition „Zustand": der Zustand ist ein Merkmalsbündel, das das Bezugsobjekt/den Bezugsbereich einer Dienstleistung beschreibt, d.h. (1) eine Person, (2) deren Gut oder (3) das jeweils darauf bezogene Umfeld.

Definition „Dienstleistung" als Absatzleistung: sie ist die (a) geplante, (b) vom Leistungsanbieter aktivitätsbewirkte (= faktor-kombinationsprozeß-bewirkte) und (c) erwartungsgemäß vom Nachfrager positiv beurteilte (d) Änderung eines Merkmals (e) eines Zustands, der (f) als ein Merkmalsbündel (1) eine Person, (2) deren Gut oder (3) das jeweils darauf bezogene Umfeld beschreibt und der (g) in den Rechtszuständigkeitsbereich des Leistungsempfängers gehört, weshalb (h) die Änderung im Regelfall abgedeckt ist von einem vereinbarten (oder ausnahmsweise gesetzlichen) Rechtsverhältnis.

Die Zweckmäßigkeit der von uns erarbeiteten Elemente des Begriffs der wirtschaftlichen Leistung (vgl. Abschnitt 51.2), der sowohl Produkte wie deren Absatz (= Sachleistungen) als auch Dienstleistungen abdecken soll, möge an einem Beispiel gezeigt werden. Ein Müller kann eigenes Getreide oder - wie jeder aus dem Ende von Max und Moritz weiß - fremdes Mahlgut einsetzen. Der Produktionsvorgang ist davon unabhängig, ist vom Zweck her artmäßige Transformation und führt zum übereinstimmenden Produkt „Mehl". Im ersten Fall der Verwendung eigenen Getreides ist die Absatzleistung eine Sachleistung, im zweiten Fall der Verarbeitung von Getreide im Eigentum eines anderen ist der Produktionsprozeß zugleich die Absatzleistung in Form einer Dienstleistung, als „Lohnveredelung" bezeichnet. Für die Unterscheidung ist maßgebend, ob ein Gut/ein Produkt/eine die Verwendbarkeit speichernde Substanz (im Beispiel: das Mehl) in die Rechtszuständigkeit des Abnehmers übertragen wird oder nicht.

Das Beispiel weist zugleich darauf hin, daß der Unterschied zwischen Sach- und Dienstleistungen im Absatzvorgang zu suchen ist und nicht in der Produktion:[23] die leistungswirtschaftliche Einwirkung auf die Rohstoffe im Sin-

---

23 So hingegen Maleri (1997) S. 47, obgleich bereits Alewell/Rittmeier (1977 S. 3 f.) darauf hinweisen, daß die Unterschiede in der Produktion von Gütern und Dienstleistungen keine Begriffsmerkmale der Dienstleistungen sind.

ne ihrer Stoffumwandlung (= artmäßige Transformation) bzw. auf das Bezugsobjekt (Person, Gut, Umfeld als Zuständigkeitsbereich des Leistungsempfängers) ist für die Kennzeichnung der Unterschiede in den Ergebnissen ohne relevanten Belang.[24]

Das Fehlverständnis der Literatur beginnt damit, das Bewirkte einer Dienstleistungsproduktion in den Rang eines (immateriellen) Gutes zu erheben. Damit hat sie die Möglichkeit verloren, ausschließlich die materialisierte und damit gespeicherte Verwendbarkeit als „Gut" zu bezeichnen und die Übertragung des Eigentums daran zum entscheidenden Merkmal im Absatzvorgang der Sachleistung gegenüber der Dienstleistung zu machen.

Umgekehrt hat sich die Literatur in den unauflösbaren Widerspruch verstrickt, daß die Dienstleistung einmal ein immaterielles Produkt und einmal „Dienstleistung an einem Gut"[25] (oder einer Person) sein soll. Anders formuliert: Zum einen soll die Dienstleistungsproduktion auf den anwesenden „externen Produktionsfaktor" - von uns „Bezugsobjekt" bezeichnet - einwirken[26] und zugleich soll zum anderen für fremden Bedarf ein immaterielles Wirtschaftsgut produziert werden.[27]

53.3 Die Dienstleistung als Geschäftsbesorgung

Das Zivilrecht kennt seit je den Begriff der Geschäftsbesorgung (§675 BGB), den wir für die Erklärung der Dienstleistung in ihrem weiten Sinne als Sammelbegriff verwenden möchten.[28]

---

24 Im Gegensatz dazu führt bei Maleri (1997 S. 3, 38, 137) das Fehlen des Rohstoffs im Produktionsprozeß dazu, daß dessen Ergebnis - die Dienstleistung - ein immaterielles Wirtschaftsgut sein soll. Die angesprochene Nähe von Stoffumwandlung und Einwirkung auf das Bezugsobjekt gerät in das Blickfeld, wenn Kern (1980) S. 16 die Rohstoffe als „Be- und Verarbeitungsobjekte" bezeichnet und sie damit (unbeabsichtigt) von der Rolle des aktiv mitwirkenden Produktionsfaktors in die passive Rolle des Objekts der Einwirkung befördert; ebenso bereits Alewell/Rittmeier (1977) S. 4.
25 Corsten (2001) S. 23, S. 26.
26 Maleri (1997) S. 24: personen- und sachbezogene Dienstleistungen je nach Bezugsobjekt.
27 Maleri (1997) S. 3, S. 22: Bei Dienstleistungen handelt es sich um für den Absatz produzierte immaterielle Wirtschaftsgüter.
28 Der Jurist legt die Geschäftsbesorgung eingeengt auf die Wahrnehmung von Vermögensinteressen des Geschäftsherrn fest, obgleich er sie zuvor als Tätigkeit in fremdem Interesse definiert hat, was unserem Verständnis von der Besorgung eines Geschäfts - wie nachfolgend zu beschreiben - als dem gemeinsamen Nenner aller Dienstleistungen entsprechen würde und damit zugleich die Brücke zwischen dem Vertragsrecht und der betriebswirtschaftlichen Leistungslehre schlagen würde. Die zu enge Bindung zivilrechtlicher Konstrukte an das „Vermögen" - einem Zustand - anstatt an das „Wirtschaften" findet sich auch z.B. bei der Treuhand

53. Dienstleistungen

Wenn wir beim Bäcker ein Brot erwerben, denken wir nicht daran, daß wir hier ein Geschäft selbst besorgen. Das „Geschäft" ist das Kaufen des Brotes: Vertragsabschluß und Vertragserfüllung mit der Übergabe des Brotes (= Realakt) und dem Verschaffen des Eigentums (= Rechtsakt) einerseits und der Abnahme des Brotes und dem Bezahlen andererseits. Die „Besorgung" bezeichnet das „Hin" zum Bäcker und das „Weg", hier vom Käufer selbst erledigt.

Wenn wir jedoch unseren Nachbarn bitten, uns ein Brot mitzubringen, dann wird deutlich, daß das „Geschäft" wie beschrieben und das Besorgen, das jetzt zum Auftrag an den Nachbarn wird, zweierlei ist. Damit können wir unsere Frage formulieren:

Sind der Kauf des Brotes und das Besorgen nun Sachleistung (des Bäckers) und Dienstleistung (des Nachbarn) nebeneinander oder bestimmt weiterhin das Geschäft/der Kauf die Besorgung integrierend bzw. bestimmt umgekehrt die Besorgung durch einen Dritten - den Kauf gewissermaßen umhüllend - das Geschehen zu einem einheitlichen Vorgang? Die Antwort liegt nahe: der Kauf ist hier das Geschäft, das vom Nachbarn besorgt wird. Das Ganze ist Geschäftsbesorgung, hier: eines Kaufes.

Die Bezeichnung „Geschäftsbesorgung" spricht die beiden Komponenten an und ermöglicht so im Wege der jeweiligen Betonung, die Frage zu erörtern.

Den Leistungsempfänger interessiert das „Geschäft": das ist bei der Sachleistung die Sache/der Gegenstand des Kaufes. Bei der „Dienstleistung" interessiert ihn die bewirkte Änderung: je weniger diese unmittelbar seine Person betrifft, um so deutlicher wird das „Geschäft" und seine Abgrenzung gegenüber der „Besorgung". Unter der Verwendung von Beispielen soll dies erklärt werden:
(a) Die Behandlung durch einen Arzt betont den Vorgang des Leistens unmittelbar an die Person des einen Patienten.
(b) Das Gewicht in Richtung „Geschäft" verschiebt sich, wenn sich die Leistung zwar unmittelbar auf nur eine Person bezieht, es jedoch auf das Ergebnis des Leistungsvorgangs ankommt: z.B. Fahrt mit einem Taxi.

(vgl. Lehmann (1997) S. 145-154) bei der ungerechtfertigten Bereicherung und beim Schaden und Schadensersatz (vgl. § 253 BGB).

Die Ankunft am Zielort als dem Zweck im Sinne des Geschäfts trennt sich gedanklich von der Fahrt als der Besorgung, das Fahrtziel zu erreichen.

(c) Das ist ebenfalls anders, wenn sich die Leistung zwar unmittelbar, jedoch gleichzeitig an eine Mehrzahl von Personen wendet: Stadtrundfahrt, Schauspiel, usw. Die Trennung zwischen der Dienstleistungsveranstaltung als dem Geschäft und der Teilnahme des einzelnen Zuschauers als „Besorgung" ist nachvollziehbar.

(d) Zum dritten ist es anders, wenn sich der Leistungsvorgang nicht auf die Person des Leistungsempfängers bezieht sondern auf einen Gegenstand/Sache in seinem Zuständigkeitsbereich. Eine Warensendung im Sinne der Ortsveränderung ist als das „Geschäft" und Anliegen des Absenders gut trennbar von der Besorgung durch den Spediteur, der dazu, d.h. zur Durchführung des Transports Arbeitskräfte, Betriebsmittel (= den Lkw) und Hilfsstoffe (= Benzin) kombiniert.

(e) Ein anderes Bezugsobjekt einer Besorgung ist das Geld. Wie die Bank den von dem Kunden disponierten Geldbetrag verwendet - für eine Überweisung, Spareinlage, Erwerb eines Wertpapiers - ist das jeweilige „Geschäft", und von dessen „Besorgung" mittels dem kombinierten Einsatz von Arbeitskraft und Technik deutlich getrennt.

(f) Ein weiteres Bezugsobjekt ist die Information.[29] Als Vorgang des persönlichen Informierens wird man sie zu (a) rechnen, gespeichert - z.B. als Tageszeitung - wird sie zu einer Sachleistung und per Lautsprecher oder Fernsehen verbreitet steht sie nahe zu (c).

(g) Schließlich bezeichnen wir als Bezugsobjekt/Bezugsbereich einer leistungswirksamen Aktivität das sogenannte Umfeld einer Person bzw. eines Gegenstandes im Zuständigkeitsbereich des Leistungsempfängers. Die Unfallversicherung etwa oder die Reparatur am Pkw läßt sich anderenfalls nicht erklären.

Die Beispiele weisen ergänzend darauf hin, daß die Qualität des „Geschäfts" auch davon abhängt, wieviel gleichartige und ähnliche Geschäfte anderer Auftraggeber vom Anbieter/Geschäftsbesorger gebündelt werden können.

---

29 Vgl. dazu Bode, ZfbF 1997, S. 461-464. Er ordnet die „Information" als immaterielles Wirtschaftsgut ein und verlangt (zugleich) die Anwesenheit des „externen Faktors". Damit kann er der „Information" aus leistungswirtschaftlicher Sicht nicht gerecht werden; es fehlen ihm die Kriterien (1) der Speicherfähigkeit (2) der Zustandsänderung und (3) der Geschäftsbesorgung.

53. Dienstleistungen

Die Betonung des Ergebnisses des Leistungsvorgangs, die Mehrzahl der gleichzeitigen Leistungsempfänger oder/und der Bezug des Leistungsvorgangs auf ein Objekt oder ein Umfeld führen tendenziell zur Trennung zwischen dem „Geschäft" und seiner „Besorgung". Ein Transportunternehmen, ein Bankunternehmen, ein Versicherungsunternehmen: sie erbringen nicht Dienstleistungen im Sinne des Wortes, sondern Geschäftsbesorgungen.

Mit anderen Worten: Von der „Dienstleistung" wird der „Dienst" zum „Geschäft" verallgemeinert, weil die vom Anbieter zu besorgenden Interessen des Nachfragers viel breiter streuen als die personenbezogenen Dienste (= das ökonomische Verständnis) bzw. als die vermögensbezogenen Interessen nach dem zivilrechtlichen Verständnis. Zum anderen wird die „Leistung" zur „Besorgung" verdeutlicht und verstärkt, um so die Vorstellung von der unmittelbaren Arbeitsleistung zu ersetzen durch die übliche Verbindung von Arbeit und Technik als die bewirkende Aktivität.[30]

„Geschäftsbesorgung" bezeichnet den gemeinsamen ökonomischen Nenner der Dienstleistungen so zutreffend,[31] daß wir sie unangeachtet ihres engen zivilrechtlichen Verständnisses in die Lehre von den wirtschaftlichen Leistungen übernehmen. Bereits die Verknüpfung des ökonomischen Geschäfts- und dann Vertragszwecks mit dem Bezugsobjekt (für die leistungswirtschaftlichen Aktivitäten) in dem Wort „Geschäft" ist anderweit nicht treffender zu erreichen, und die Ergänzung um die „Besorgung" verdeutlicht dann die (vertraglich vereinbarte) Aktivität des einen im Interesse des anderen mit Bewirkung in dessen Zuständigkeitsbereich hinein gegenüber der blassen „Dienst-Leistung".

---

30 Ersichtlich trifft man nur das untypische „Leisten" – und nicht den entscheidenden „Dienst" –, wenn man die Dienstleistung als Verrichtung, Tätigkeit, Handlung erklärt, vgl. so Scheuch (2002) S. 12 und Meffert/Bruhn (2000) S. 22, weshalb sie die „Information" als Dienstleistung ausschließen.
31 Im Vertragsrecht gibt es keinen gemeinsamen Nenner für den Bereich der Dienstleistungen als dem Gegenbegriff zur Sachleistung mit dem ausführlich geregelten Kaufvertrag. Die Lehre von den Vertragstypen für den Bereich der Dienstleistungen kommt über die Kasuistik nicht weit hinaus. Zur Rechtslage vgl. z.B. Schünemann (1998) S. 186-196 zum Dienst- und Werkvertrag (als Geschäftsbesorgung); der Mietvertrag, der Fremdkapitalvertrag und die Beteiligungsfinanzierung und andere Verträge werden getrennt behandelt. Die ökonomische Gemeinsamkeit der „Leistung" als der Voraussetzung für das Entgelt fehlt schon im BGB und wird auch im Umsatzsteuerrecht nicht erkannt, wie die Herausnahme der Finanzierung und der Versicherung zeigt. Die Vertragstypen des Dienstleistungsbereiches werden kurzerhand als „Verträge eigener Art" bezeichnet – mehr erfährt der Leser nicht -, vgl. Müssig (1999) S. 66 f. Ausführlicher zum juristischen Verständnis Lehmann/Moog (1996) S. 178 f., 207 f., 210.

Beim Transportunternehmen ist das „Geschäft" sachbedingt getrennt von der Besorgung gegen Entgelt. Bei dem Bankunternehmen werden die Kapitalzahlungen von den Entgelten getrennt, wobei das Entgelt für die Stundungsleistungen, d.h. der Zins, vermengt wird mit dem Entgelt für die Geschäftsbesorgung. Bei dem Versicherungsunternehmen hingegen wird der Risikobeitrag für das Schadensausgleichsgeschäft mit dem Entgelt für die Geschäftsbesorgung in der Versicherungsprämie zusammengefaßt und diese kurzerhand dem vollen Betrage nach „an Umsatzertrag" verbucht - das Eigeninteresse des Versicherers tritt an die Stelle sachgerechter Trennung.

Das „Geld" ist das Bezugsobjekt der Geschäftsbesorgung durch das Bankunternehmen, jedoch erst die in den Vordergrund gestellte abstrakte Aufgabe des Finanzierens legt den Geschäftszweck fest und führt als Vertragszweck im angebotenen Finanzierungsvertrag zur konkreten Festlegung der jeweiligen Absatzleistung. Sie besteht in der Stundung der Rückzahlung mit den Komponenten „Betrag" und „Zeitraum". Die Einnahmen dieser Unternehmen müssen vor dem Verbuchen aufgeteilt werden in die beiden Komponenten „Bezugsobjekt" (Kapital) bzw. „Entgelt" (Zins).

Das Bezugsobjekt des Versicherns ist die Risikosituation des Versicherungsnehmers. Die vertragliche Zusage einer Ausgleichszahlung im Falle eines Schadens verringert die Erwartung möglicher Schäden des Versicherungsnehmers. Neben dem Rechtsvorgang im Wege des Vertragsabschlusses gibt es die Zahlung im Schadensfall; der Versicherungsnehmer erhält jedoch weder einmalig noch laufend eine betriebswirtschaftliche Absatzleistung.
Ebenso wird das Gut/der Gegenstand erst durch die abstrakte Aufgabe des Transportierens bzw. des Verwahrens/Einlagerns bzw. des zur Nutzung Überlassens usw. ökonomisch und dann im jeweiligen Vertrag auch rechtlich eingebunden und so zum Bezugsobjekt der Absatzleistung. Die zahlreichen angesprochenen Aspekte sind zusammenfassend in der Übersicht geordnet werden.

Unter a) ist die abstrakte ökonomische Funktion angesprochen, die mittels der Aktivität in der Betriebswirtschaft verwirklicht werden soll. Gemeint ist damit die Gliederung der Absatzleistungen vorab in die wenigen Kategorien, die sich aus der leistungsbewirkten Änderung grundlegender Merkmale ergeben:

53. Dienstleistungen

Die Dienstleistung i.w.S. als Geschäftsbesorgung

Zu erklären sind folglich (10) die Besorgung und (20) das Geschäft und beides mit den drei Absatz-Phasen (01) Angebot, (02) Vertragsabschluß und (03) Vollzug/Erfüllung. Dazu müssen wir unterscheiden:
a) die abstrakte ökonomische Funktion der Institution, d.h. die jeweilige Aufgabe einer „Dienstleistungs"-Betriebswirtschaft von
b) der Verwirklichung dieser Funktion/der Erledigung ihrer Aufgabe im Wege ihres betriebswirtschaftlichen Wirtschaftens, das mit Hilfe des (I) Planungsprozesses die (II) Durchführung vorbereitet, die dann
c) hinsichtlich „Besorgung" und „Geschäft" die obige Phasenabfolge (01) bis (03) und damit die Absatzwirtschaft des DL-Unternehmens verwirklicht.

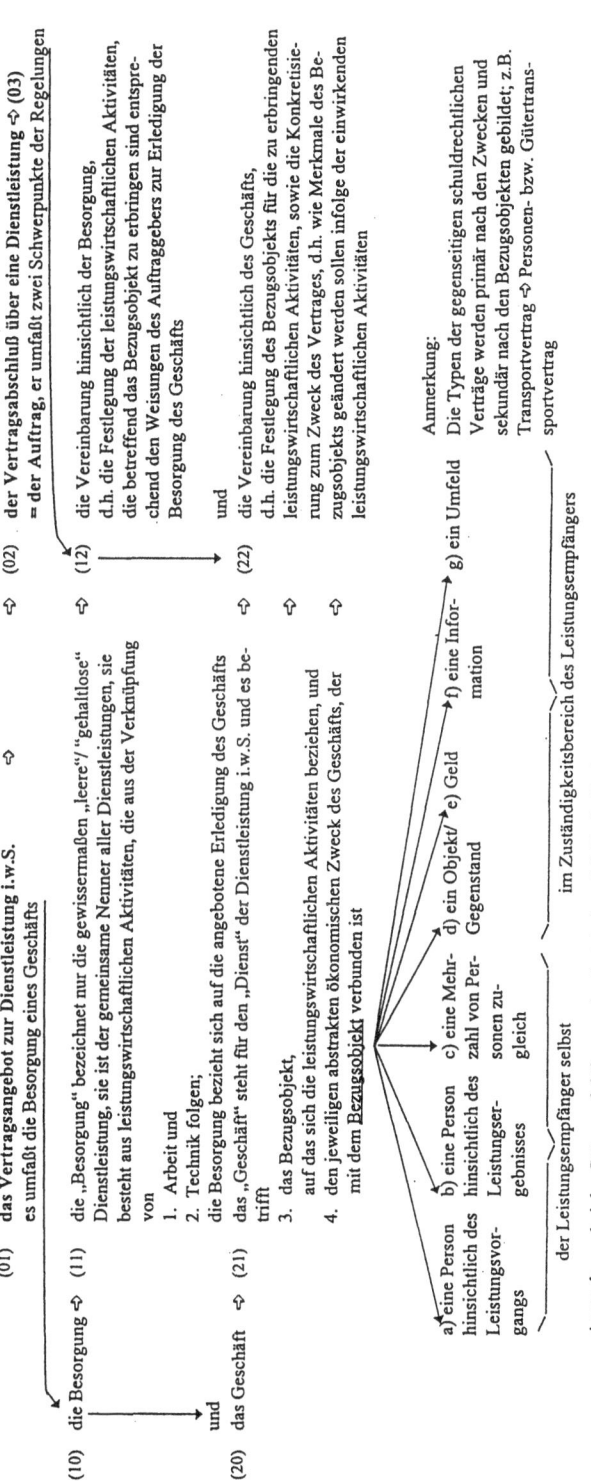

Art (= Produkte), Raum (= Transporte), Zeit (= Bestände halten), Person (= Dienstleistungen ad personam) und Risiko (= Zuständigkeit dafür festlegen). Erst die daran jeweils anknüpfende, weitergehende Unterteilung führt dann zu den Arten der Leistungen, die von den Betriebswirtschaften in Verwirklichung ihres Geschäftszwecks als ihr jeweiliges Betätigungsfeld angeboten und mittels Vertrag als Absatzleistungen vermittelt werden. Dazu muß - unter b) angesprochen - der jeweilige abstrakte Zweck durch das betriebswirtschaftliche Wirtschaften verwirklicht werden, was in der Übersicht mit den Nr. 1 bis 4 notiert ist.

Unter „Besorgung" ist mit Nr. 1 und 2 die untypische Leistungs-Aktivität eingetragen als die Verknüpfung von Arbeitsleistungen und „Technik". Wir bezeichnen sie als „leere" oder „gehaltlose" Dienstleistung, besonders anschaulich bei der Leerfahrt mangels Fahrgast bzw. Transportgut. Wir sprechen auch von der „Besorgung", um dieser das „Geschäft" anzufügen. Dieses ergibt sich aus der Verknüpfung eines Bezugsobjektes für die „leere Dienstleistung" - unter Nr. 3 - mit dem jeweiligen Zweck des Geschäfts bzw. dann des abgeschlossenen Vertrages - unter Nr. 4. Im Beispiel demnach: „Gütertransport" und Transportgegenstand ergeben das „Geschäft", Arbeitsleistungen und Technik ermöglichen die „Besorgung". Im Vertrag mit einem Kunden vereinbart, folgt die (Transport-)Geschäftsbesorgung, üblicherweise als (Transport-)Dienstleistung bezeichnet. Schließt man sich dem Zweck dieses Abschnittes an, die Dienstleistung als Geschäftsbesorgung zu verstehen, dann könnte ein vorgestelltes Wort zur abgrenzenden Kennzeichnung genügen. So hat sich z.B. die Bezeichnung „Finanz-Dienstleistung" durchgesetzt für die mit Geld (außerhalb von Entgelt und Steuern) verbundenen Geschäftsbesorgungen im Bereich der ökonomischen Funktionen des (aktivischen und passivischen) Finanzierens. Jedoch wird die Besorgung eines geld-bezogenen Geschäfts gar nicht erkannt, sondern es wird von Dienstleistungsprodukten geredet: die Dienstleistung soll so unter der Hand zur Sachleistung gemacht werden, um dem Kunden weiszumachen, daß er etwas Handfestes erhält, während sein Geldguthaben als Zahlung an den „Produzenten" abgeht.

Der Leser ersieht daraus zumindest andeutungsweise, daß eine fundierte Lehre von den wirtschaftlichen Leistungen nicht nur weitreichende Bedeutung für betriebswirtschaftliche Folgerungen hat, sondern weiterreichend für das Rechnungswesen und darüber hinaus für anknüpfende Rechtsgebiete wie das Schuldvertragsrecht, die Besteuerung usw. Wie häufig, steht die Bedeutung der Grundlagen in krassem Mißverhältnis zur Beschäftigung mit ihnen und ihrer Berücksichtigung.

Im nächsten Abschnitt bilden wir aus Produktionsvorgang und Absatzvorgang sogenannte Kombinations-Typen und beschäftigen uns dann mit den Möglichkeiten, die Leistungen zu gliedern.

54. Leistungs-Typen, kombiniert aus Vertrag, Produktion und Absatz

Die von der Selbständigkeit der Produkte her gegebene Trennung in die Güterproduktion und in den Absatz von Sachleistungen ist der „vollständige Leistungstyp" mit den beiden Varianten, daß der Abschluß des Absatzvertrages vor oder nach der Produktion erfolgt. Daran gemessen, sind die anderen Kombinations-Typen „unvollständig".[32]

Wir haben die infolge der Kombination vorzufindenden Leistungs-Typen in der nachfolgenden Übersicht in die fünf Gruppen A bis E zusammengefaßt: Gruppe A und B zählt vertraglose Leistungsvorgänge auf. Gruppe C faßt die der Güterproduktion verbundenen Typen zusammen und schließt die „speicherfähigen Dienstleistungen" mit ein. Gruppe D bezieht sich auf die Dienstleistungen im einfachen Rechtsverhältnis und im Dauerrechtsverhältnis. Gruppe E schließlich versammelt Vorgänge, die im zweiseitigen Vertrag - und damit gegen Entgelt - vereinbart werden, ohne jedoch einen betriebswirtschaftlichen Leistungs-Erstellungsprozeß aufzuweisen. Dies gilt auch für die einfachen Leistungsabgaben Typ (11): das Einräumen der Disposition über Arbeitskraft und -bereitschaft, das Überlassen von einem Gegenstand oder Recht zur Nutzung bzw. das Übertragen von Geld zur Finanzierung ist nicht das Ergebnis eines Faktor-Kombinationsprozesses, sondern nur die einfache Abgabe von Leistungen. Da wir ersichtlich keine scharfen Trennungen erreichen, ist die Übersicht eine Gliederung der Kombinations-Typen aus Vertrag, Produktion und Absatz, jedoch keine Systematik.

---

32 Zu dieser Vorgehensweise vgl. bereits Kromschroeder/Lehmann (1985) S. 189-194.

Typen der wirtschaftlichen Leistungen, kombiniert aus dem ❶Rechts-, ❷Produktions- und ❸Absatz-Vorgang

Abkürzungen: GP = Güterproduktion LE = Leistungs-Erstellung VA = Vertragsabschluß
DLP = Dienstleistungsproduktion LA = Leistungs-Abgabe

Typ	zivilrechtliche Merkmale	Produktion i.w.S. = Leistungs-Erstellung	Leistungs-Abgang Absatzvorgang	Bezeichnung und Beschreibung des Kombinations-Typs
A. Vertraglose Absatzleistungen				
(1)	LE und mit Absicht ohne Adressat abgegebene Absatzleistungen: LA ohne Rechtsgrund			Leistungen, die zu positiven oder negativen externen Effekten führen (z.B. Straßenmusikant), „ungerechtfertigte Bereicherung" des Leistungsempfängers, z.B. Schwarzfahrer (der Jurist sucht die Bereicherung!)
(2)	LE und ohne Absicht an einen Adressaten abgegebene Absatzleistungen: ersatzweise entsteht ein gesetzliches Schuldverhältnis § 812 - § 822 BGB			
B. Interne Leistungen („innerbetriebliche Leistungen")				
(3)	fehlen	GP und betriebsinterner Verbrauch bzw. Gebrauch von Produkten	fehlt	Produkte bzw. selbsterstellte Anlagegüter, die intern verbraucht/gebraucht werden
(4)	fehlen	DLP und betriebsinterner Verbrauch	fehlt	DL, die eigen- verbraucht werden, z.B. Transport
C. Güterproduktion und Sachleistungen				
(5)	fehlen	GP bis zum Fertigprodukt	fehlt noch	Betriebsleistung, noch keine Absatzleistung
(6)	❶VA vor ❷GP vor ❸LA	auftragsabgedeckte, spezifisch kundenwunsch-abhängige GP	Sachleistungen	Auftrags-Produktion, dann Sachleistung
(7)	❷GP vor ❶VA vor ❸LA	GP ohne Absicherung durch Aufträge	Sachleistungen	Markt-Produktion, dann Sachleistung
(8)	❶VA vor ❸LA	keine GP, sondern Fremdbezug	Sachleistungen (= Lieferungen)	Absatzleistungen des Handelsbetriebes
(9)	wie bei (6) und (7)	LE von DL auf Speichermedien	„immitierte Sachleistungen"	gespeicherte Dienstleistungen

54. Leistungs-Typen, kombiniert aus Vertrag, Produktion und Absatz

D. Dienstleistungen

(10)	❶VA vor ❷ DLP zugleich mit ❸ LA	LE und gleichzeitig LA: Leisten i.S. der prozeßbewirkten Änderung eines Merkmals des Bezugsobjekts im Interesse des Leistungs-Empfängers	das Rechtsverhältnis für einen fallweisen und abgeschlossenen Dienstleistungsvorgang
(11)	❶VA vor fortlaufend ❸ LA	fraglich, ob Arbeit, Vermieten, Finanzieren als DLP bezeichnet werden kann	das Dauerrechtsverhältnis für die Abgabe einfacher Leistungen

E. Sonstige Vorgänge gegen Entgelt/„Leistungen" nur im Rechtssinne

(12)	VA, die „Leistung" erschöpft sich in dem Verschaffen einer Möglichkeit (a) des Entscheidens, (b) des Nutzens/Gebrauchens, (c) im Sinne einer Berechtigung auf der Leistungs- oder Entgeltseite	„Möglichkeitsleistungen", z.B. Option, Möglichkeit der Inanspruchnahme kommunaler Einrichtungen, Bahncard
(13)	VA, die „Leistung" erschöpft sich in einem bestimmten Verhalten, das der andere wünscht	„Verhaltensleistungen", z.B. beim Bestellmengenrabatt, Subvention
(14)	VA, die „Leistung" erschöpft sich in einem Dulden oder Unterlassen: bezahltes Nichtstun	Dulden, Unterlassen, z.B. Starkstrommast, Wettbewerbsverbot
(15)	VA, die „Leistung" erschöpft sich in einer rechtswirksamen Erklärung gegen Abfindung, Abstand, Ablösung	„Verzichtsleistungen", z.B. Verzicht auf ein Recht, auf eine Vertragsposition, auf eine Pflicht des anderen (z.B. Grenzabstand).

Wir haben die infolge der Kombination vorzufindenden Leistungs-Typen in der voranstehenden Übersicht in die fünf Gruppen A bis E zusammengefaßt:
Gruppe A und B zählt vertraglose Leistungsvorgänge auf. Gruppe C faßt die der Güterproduktion verbundenen Typen zusammen und schließt die „speicherfähigen Dienstleistungen" mit ein. Gruppe D bezieht sich auf die Dienstleistungen im einfachen Rechtsverhältnis und im Dauerrechtsverhältnis. Gruppe E schließlich versammelt Vorgänge, die im zweiseitigen Vertrag - und damit gegen Entgelt - vereinbart werden, ohne jedoch einen betriebswirtschaftlichen Leistungs-Erstellungsprozeß aufzuweisen. Da wir ersichtlich keine scharfen Trennungen erreichen, ist die Übersicht eine Gliederung der Kombinations-Typen aus Vertrag, Produktion und Absatz, jedoch keine Systematik.

55. Leistungs-Arten: mögliche Gliederungen

Das Unterscheiden von Arten der Leistung kann naheliegenderweise nach verschiedenen Kriterien erfolgen. In den nachfolgenden vier Unter-Abschnitten werden vier Möglichkeiten aufgezeigt. Die Gliederung erstens nach der Art der Leistungs-Erstellung bzw. zweitens mittels Verbindung mit dem Vertragsrecht führt jeweils zu einer Drei-Teilung, welche die Produktion von Gütern bzw. ihren Absatz als Sachleistungen abtrennt vom Bereich der Dienstleistungen. Letzterer kann auf diesem Wege ökonomisch nicht weitergehend unterteilt werden.

Dies ist erst mit Hilfe des dritten Kriteriums möglich: nach der Art der Transformation und damit nach der Art der geänderten Merkmale. Dieses Kriterium gliedert die Vielfalt der Dienstleistungen zumindest in eine offene Ordnung. Das vierte Kriterium geht noch einen Schritt weiter und verwendet die Zugehörigkeit der geänderten Merkmale zu (1) einer Person, (2) ihrem Gut, (3) ihrem Umfeld bzw. (4) dem Umfeld ihres Gutes.

Die naheliegende Verknüpfung von Art und Zugehörigkeit eines Merkmals führt zu Typen. Die „Risikotransformation" beispielsweise unterteilt sich dann in (3) Personenversicherung (Leben, Unfall, private Haftpflichtversicherung) und (4) Sachversicherung (Brand, Transport und Sach-Haftpflicht: Pkw, Tierhalterhaftpflicht).

55.1 Die Gliederung nach der Art der Leistungs-Erstellung

Nach dem Kriterium, wie die Leistungen erstellt werden, erhalten wir eine Drei-Teilung:
(1) Die Produktion i.w.S.:
(11) die Güterproduktion mittels des Einsatzes von drei Kategorien an Einsatzfaktoren (Arbeit, Betriebsmittel, Werkstoffe)
(12) die Dienstleistungsproduktion mittels des Einsatzes von zwei Produktionsfaktoren (Arbeit, Betriebsmittel) und der Anwesenheit des Bezugsobjektes für den Aktivitätsprozeß
(2) Die Abgabe einfacher Leistungen mittels nur einem Einsatzfaktor und keinem erkennbaren Faktor-Kombinationsprozeß.

Diese Drei-Teilung nach der Art der Leistungs-Erstellung findet sich in der vorangegangenen Übersicht (Abschnitt 54) mit den Typen (5), (10) und (11) eingetragen.

Die nachfolgende Übersicht unterscheidet mit A. bis C. drei Kategorien von Transformationen und unterteilt die ökonomischen Umwandlungen (Kategorie A) in (1) die Produktion i.w.S. und in (2) die Abgabe einfacher Leistungen. Auf diese Weise wird die Gemeinsamkeit des Bewirkens durch den Faktor-Einsatz gegenüber der Verschiedenheit beim Leistungs-Ergebnis betont.

A. Ökonomische Transformationen
   = Erstellung von wirtschaftlichen Leistungen

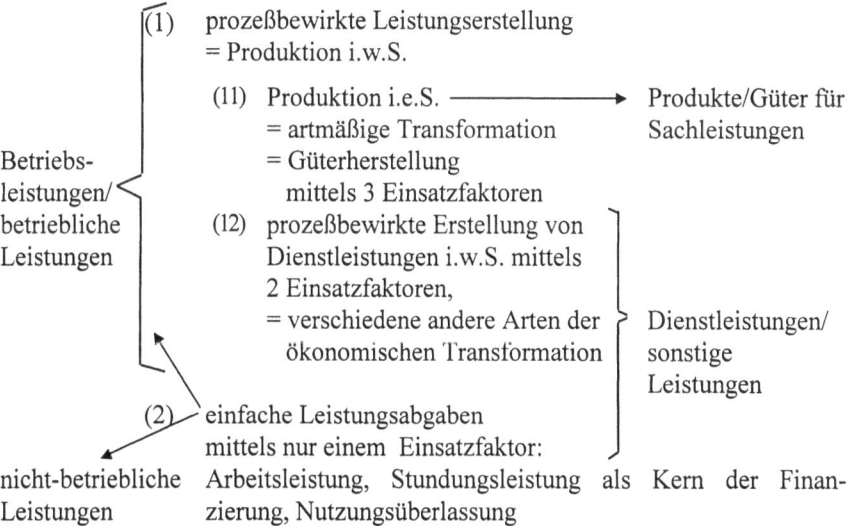

B. Rechtliche Transformationen
C. Rechnerische Transformationen; vgl. dazu Abschnitt 55.3

Vorangehend im Abschnitt 53.2 hatten wir verdeutlicht, daß die intensive Beschäftigung mit den Unterschieden zwischen der Produktion von Gütern und der Produktion von Dienstleistungen den Blick dafür verstellt, daß es nicht auf die Leistungs-Erstellung, sondern auf den Leistungs-Absatz ankommt. Ob bei (11) der Produktion i.e.S. der Rohstoff be- bzw. verarbeitet wird zum produzierten Gut oder bei (12) der Erstellung einer Dienstleistung das vom Abnehmer eingebrachte Bezugsobjekt leistungsbewirkt geändert wird, erweist sich als gradueller Unterschied, wie das Beispiel der Lohnveredelung vor Augen führte.

Ebenso folgt der Unterschied zwischen (1) prozeßbewirkter und (2) einfacher Leistungsabgabe nur aus dem ökonomischen Umfeld. Die Darlehenshingabe beispielsweise seitens eines privaten Haushalts oder eines anderweit tätigen Unternehmens oder seitens einer Bank-Unternehmung betrifft stets die gleiche Finanzierungsleistung bei gesteigerter Häufigkeit und deshalb unterschiedlich intensiver Verknüpfung von Arbeit und Technik, um diese einfache Leistung zuwege zu bringen. Anders formuliert: nicht Eigenarten der Finanzierungsleistung selbst führen zur Betriebswirtschaft der Bank-Unternehmung und zur gewerblichen Betätigung im Sinne des Steuerrechts. Das Gemeinte springt sofort ins Auge, wenn wir auf die Erklärung der Dienstleistung als Geschäftsbesorgung zurückgreifen (vgl. Abschnitt 53.3): das (Finanzierungs-)Geschäft ist jeweils dasselbe, der Unterschied liegt in der Intensität des leistungswirtschaftlichen Bereichs der Besorgung.

Die „Besorgung" im Sinne der Arbeit-Technik-Kombination ist andererseits die Gemeinsamkeit aller Dienstleistungen, während die interessanten Unterschiede von den Arten der Geschäfte herkommen. Unsere bisher entwickelte Kritik an der Literatur zur Dienstleistungsproduktion fassen wir in fünf Punkten zusammen:
1. Es werden keine immateriellen Wirtschaftsgüter produziert.
2. Die Produktion im Sinne der Kombination der Einsatzfaktoren (Arbeit, Technik) ist unspezifisch und ohne Erkenntnisbeitrag.
3. Nicht die Produktion, sondern der Absatzvorgang enthält die Unterschiede zwischen Sach- und Dienstleistungen.
4. Die Person des Leistungsempfängers bzw. eines seiner Güter sind nicht einmal „passive" Einsatzfaktoren - als Objektfaktoren in der Literatur bezeichnet[33] - sondern lediglich „Bezugsobjekte" hinsichtlich der beabsichtigten, leistungsbewirkten Änderung eines Merkmals.

---

33 Vgl. dazu Franke (1991) S. 90-100; Maleri (1997) S. 148-172; der „externe Produktionsfaktor" schließt bei ihm auch das Geld des Bankkunden und des Versicherungsnehmers als aktiven Produktionsfaktor ein; zum diesen ungereimten Verständnis der Produktion von Versicherungsleistungen vgl. Lehmann (1997) S. 72-88. Die Kritik von D. Schneider (1997, S. 327) übersieht, daß die Literatur mit dem „externen Faktor" gerade von der Verarbeitung/ Stoffumwandlung = artmäßige Transformation unterscheiden möchte, d.h. für die Dienstleistungen zu Recht andere Arten der Transformation erkennt.

5. Die Produktion von Dienstleistungen „in zwei Stufen" beruht auf der Umdeutung von „ohne" und „mit Bezugsobjekt".

Dieser letzte Punkt muß noch erklärt werden. Dazu verwenden wir das bekannte Beispiel: Der Stadtbus fährt die Linie auch ohne Fahrgast ab. Wie ist dies aus leistungswirtschaftlicher Sicht zu beurteilen?

Ansicht 1: es werden nur keine Absatzleistungen erbracht, während die erstellten Betriebsleistungen mangels Fahrgast verfallen.[34]

Ansicht 2: es werden mangels Fahrgast schon keine Betriebsleistungen erbracht, während die Leistungsbereitschaft des fahrenden Busses ungenutzt verfällt.

Ansicht 3: es werden in der ersten Produktionsstufe Bereitschaftsleistungen erstellt, die in der „Endkombination bei der Dienstleistungsproduktion"/in der „objektbezogenen Phase der Leistungserstellung",[35] d.h. in der zweiten Produktionsstufe keine Verwendung finden.

Ein Blick auf die Produktion von Gütern: Niemand wird den Weiterbetrieb der arbeitslosen Mühle als Produktion bezeichnen.[36] Damit scheidet die erste Meinung aus: es werden keine Betriebsleistungen erstellt, die nur mangels Speicherfähigkeit nicht zu Absatzleistungen werden.

Die zweite Ansicht ist zutreffend, sie unterscheidet nach der Anwesenheit des Bezugsobjektes mit der Folge, daß Produktions- und Absatzvorgang identisch sind.

Die dritte Meinung verdreht das „ohne" bzw. „mit Fahrgast" in die zeitliche Reihenfolge von zwei Stufen.[37] Diese Ansicht „zerdenkt" die Existenz einer Nutzungsmöglichkeit - z.B. einer Maschine - in laufend abgegebene „Vorrätigkeitsleistungen" bzw. versteht die dynamische (Absatz-)Leistungsbereitschaft des fahrenden Stadtbusses als fortfahrend abgegebene Bereit-

---

34 Vgl. so z.B. Diederich (1977) S. 40-44.
35 Maleri (1997) S. 137 bzw. S. 139.
36 Vgl. Alphonse Daudet (1840-1897), Briefe aus meiner Mühle, 3. Brief: Das Geheimnis von Meister Cornille. ..."Die Dampfmühlen hatten ihm schon lange die letzte Kundschaft geraubt. Die Flügel drehten sich noch immer, doch der Mühlstein lief leer."
37 Zur Zweistufigkeit vgl. Corsten (1985) S. 161-167; besonders deutlich im Schaubild bei Corsten (1986) S. 32 bzw. (2001) S. 156; Maleri (1997) S. 136-139, S. 184-190. Der Tramper wird darauf hinweisen, daß allein die Mitnahme zählt.

schaftsleistungen,[38] die zu Einsatz-Leistungen werden, sobald nur ein Fahrgast einsteigt. Die Version von der Zweistufigkeit der Dienstleistungsproduktion sieht dort etwas, wo nichts zu sehen ist wie bei des Kaisers neuen Kleidern.[39] Gesehen werden „Leistungsbereitschaftsleistungen", die als innerbetriebliche Leistungen in der ersten Stufe erstellt werden und als Einsatzleistungen in die zweite Stufe - die sogenannte Endkombination oder Phase der Marktleistungsproduktion - eingehen sollen.[40] Nachfolgend sind der unvollständige und der vollständige Vorgang nebeneinandergestellt:

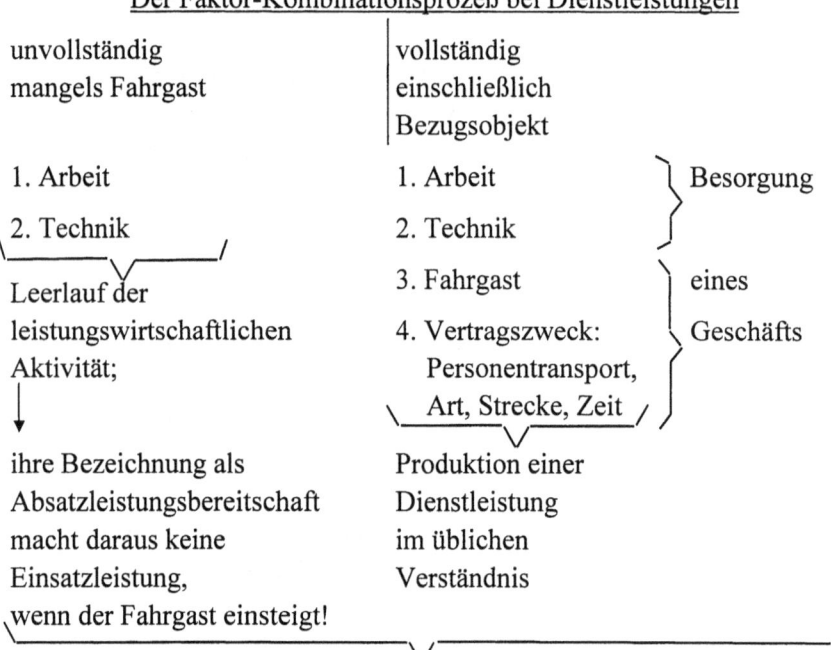

Aus dem „ohne Fahrgast" bzw. „mit Fahrgast" machen Corsten und Maleri die zweistufige Produktion von Dienstleistungen.

---

38 Mit weitergehenden Nachweisen und Folgerungen - z.B. „Vorhalteleistungen" im kommunalen Gebührenrecht - vgl. Kromschröder/Lehmann (1985) S. 184.

39 Märchen von Hans Christian Andersen (1805-1875), fortgeführt von Stefan Heym, Wie es mit dem kleinen Jungen war, der die Wahrheit sagte, weiterging, in: Das Buch der Tugenden, hrsg. von Ulrich Wickert, Hamburg 1995, S. 162-168.

40 Gegen dieses Verständnis spricht auch, daß bei der Produktion von Gütern zwischen den Maßnahmen der Fertigungsvorbereitung und der Erstellung der Betriebsleistungen zutreffend unterschieden wird; vgl. dazu z.B. Ellinger (ZfhF 1963). Entschieden abzulehnen ist die Vorgehensweise von Maleri (1997), S. 134, sämtliche betrieblichen Aktivitäten - einschließlich Finanzierung! - als Produktion zu bezeichnen, um auf diesem Wege die Vorbereitung zur Produktion umzudeuten.

55.2 Die Gliederung nach der Verbindung mit dem Vertragsrecht

Diese Gliederung führt gleichfalls zu einer Drei-Teilung - vgl. die nachfolgende Übersicht. Unter Verwendung der Typen-Zählung aus Abschnitt 54 erhalten wir:
- (5) die Produktion von Gütern
- (6) bis (11) Absatzleistungen oder ökonomische Marktleistungen, und
- (12) bis (15) vertraglich vereinbare Leistungen ohne faßbaren ökonomischen Leistungs-Erstellungsvorgang, deshalb als „Leistungen nur im Rechtssinne" in der nachfolgenden Übersicht ausgewiesen.

Die Kennzeichnung dieser dritten Gruppe veranlaßt den Hinweis, daß die Sachleistungen, also die Absatzleistungen des Industrie- und des Handelsbetriebes ökonomisch nicht überzeugend von den „Leistungen nur im Rechtssinne" abgegrenzt werden können. Um der Bedeutung der Übertragung des Eigentumsrechts gerecht zu werden und den Sachleistungen eine Stellung in der Leistungslehre zuzuweisen, haben wir für die Beschaffungs- und Absatzvorgänge von Gütern die Bezeichnung der „rechtlichen Transformation" von W. Wittmann übernommen (vgl. das übernächste Schema). Die zweite Gruppe der Absatzleistungen wird aus rechtlicher Sicht unter der Bezeichnung „Besonderes Schuldrecht" (in den § 433 bis § 853 BGB geregelt) in die einzelnen Schuldverhältnisse unterteilt und nach dem Schema „Pflichten des ..." und „Rechte des ..." abgehandelt. Die ökonomischen Besonderheiten des jeweiligen Schuldverhältnisses geraten dabei in den Hintergrund wie die Beurteilung des Darlehens oder der Versicherung zeigt. Wegen des Bezugsobjektes „Geld" dieser beiden Dienstleistungsgeschäfte fügen sie sich nicht erschöpfend in die eingefahrene Vorstellung von Leistung gegen Entgelt. Da (auch) die vertragsrechtliche Leistungslehre sehr zu wünschen übrig läßt, ist die Synthese von Vertragsrecht und Absatzleistungslehre ein Wunsch an die Zukunft.

Ökonomisch-rechtliche Typen der Leistungen

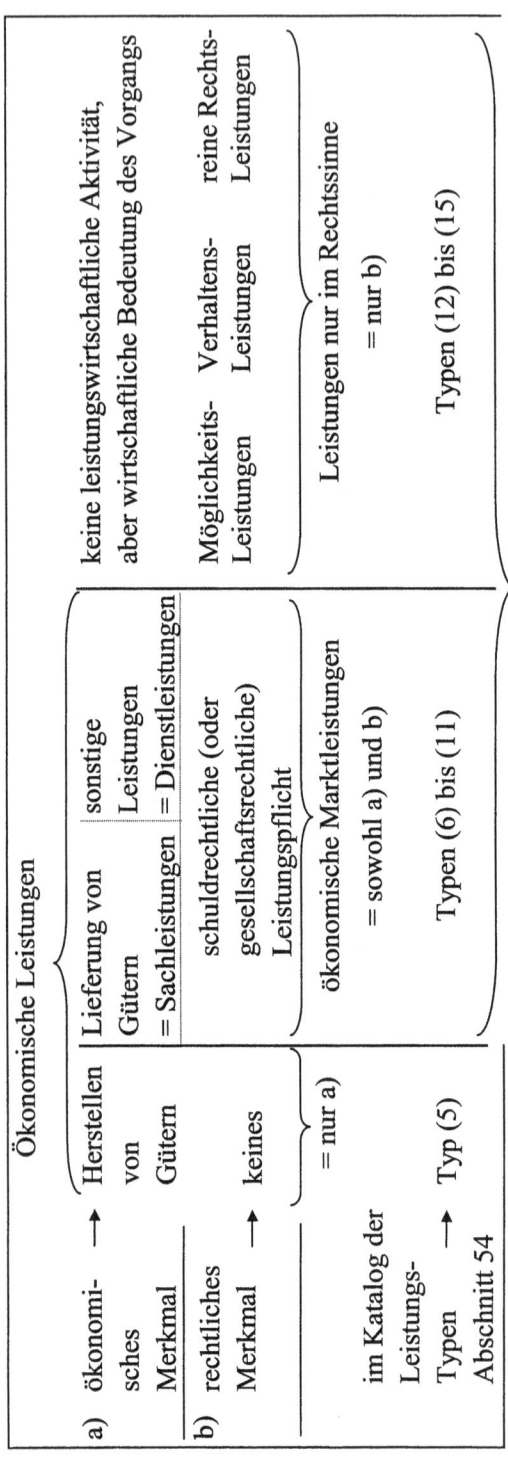

Leistungen im Sinne des Zivilrechts:
(1) Eine Leistung ist die geplante,
(2) aktivitätsbewirkte oder anders bewirkte
(3) erwartungsgemäß positiv beurteilte
(4) Veränderung eines Zustandsmerkmals
(5) beim Leistungsempfänger (Person, Gut, Umfeld), und
(6) abgedeckt von einem gegenseitigen Vertrag
(oder gesetzlichen Schuldverhältnis).

55.3 Die Gliederung nach den Arten der ökonomischen Transformation

Wir hatten bereits festgestellt, daß sich die Tätigkeit des Friseurs und des Möbelspediteurs als produktive Aktivitäten/als Faktor-Kombinationsprozesse nicht unterscheiden lassen. Erst die Verbindung zum Zweck: das persönliche Merkmal „Frisur" bzw. das Umfeld-Merkmal „örtliche Befindlichkeit der Möbel" zu ändern, ermöglicht die Unterscheidung. Nach den Zwecken bezeichnen wir die prozeß-verbundenen Vorgänge, die eine Änderung von Merkmalen mittels leistungswirtschaftlicher Aktivitäten bewirken, als Arten der ökonomischen Transformation.

Die Literatur trennt nicht zwischen dem Dienst-Leistungsvorgang als solchem - der „Besorgung" - und seinen verschiedenen ökonomischen Zwecken im Interesse des Abnehmers - dem Geschäft. Daher gibt es eine Reihe von Büchern zur Produktion von Dienstleistungen (z.B. Maleri, Corsten), die so richtig wie unergiebig sind, und es gibt umgekehrt Bücher zur Produktion einzelner Arten von Dienstleistungen (z.B. Farny zur Versicherungsleistung), die so unrichtig wie unbrauchbar sind.

Damit ist das Prinzip für die nachfolgende Übersicht festgelegt: in der ersten Spalte steht die kennzeichnende und damit differenzierende Art der Transformation, in der zweiten Spalte ist die untypische leistungswirtschaftliche Aktivität hinzugefügt, die zur Verwirklichung der jeweiligen Transformation/des jeweiligen Zwecks notwendig ist, in der dritten Spalte ist die Art der Leistung eingetragen, die sich aus der Verschmelzung jeweils einer Spalte (1) und (2) ergibt und damit aus der zweckverwirklichenden Aktivität.

Arten der Transformation

Die Realisierung ökonomischer, rechtlicher und rechnerischer Transformationen zu den verschiedenen Arten der Leistungen

Die Art der Transformation als <u>der abstrakte Zweck</u> des realökonomischen Handelns (= die differenzierende Komponente)	+ die Durchführung mittels Faktorkombinationsprozessen als <u>produktive Aktivitäten</u> (= die gemeinsame Komponente)	= die Art der Leistung i.w.S. als die jeweilige Kategorie der Verwirklichung eines realökonomischen Zwecks mittels Faktorkombinationsprozessen oder auch nur mittels einfacher Leistungsabgabe
rechtliche Transformation	+ Aktivitäten	= Beschaffung von Sachleistungen
artmäßige Transformation	+ Aktivitäten	= Produktion (i.e.S.): = Herstellen von Gütern
räumliche Transformation	+ Aktivitäten	= Transport
zeitliche Transformation	+ Aktivitäten	= Aufbewahrung
persönliche Transformation	+ Aktivitäten	= personenbezogene Dienstleistungen
Verfügbarkeitstransformation	+ Aktivitäten	= Überlassen von Gütern bzw. von Geld
das Geschäft „Versichern"	+ Aktivitäten	= Umwandlung von Schadensgefahren in sichere Zahlungen
Informationstransformation	+ Aktivitäten	= Information, Nachricht
andere Arten	...	
rechtliche Transformation	+ Aktivitäten	= Sachleistungen (Lieferungen)
rechnerische Transformation	+ Aktivitäten	= Rechnungen, insbesondere das Erzeugen von Zahlen durch das bwl. Rechnungswesen

(linke Klammer: ökonomische Transformation; rechte Klammern: Leistungs-Erstellung, Absatz-Leistungen)

„Leistung" ist in der Ergebnis-Spalte weit gefaßt, um auch Änderungsvorgänge im Wege des Rechts und des Rechnens anzufügen. Um die „rechnerische Transformation" zu erklären, haben wir die nachfolgende Übersicht beigegeben: die rechnerische Verarbeitung des Betriebsprozesses wird naheliegend nach „Zukunft", „Gegenwart" und „Vergangenheit" in drei Arten der rechnerischen Transformation unterschieden.

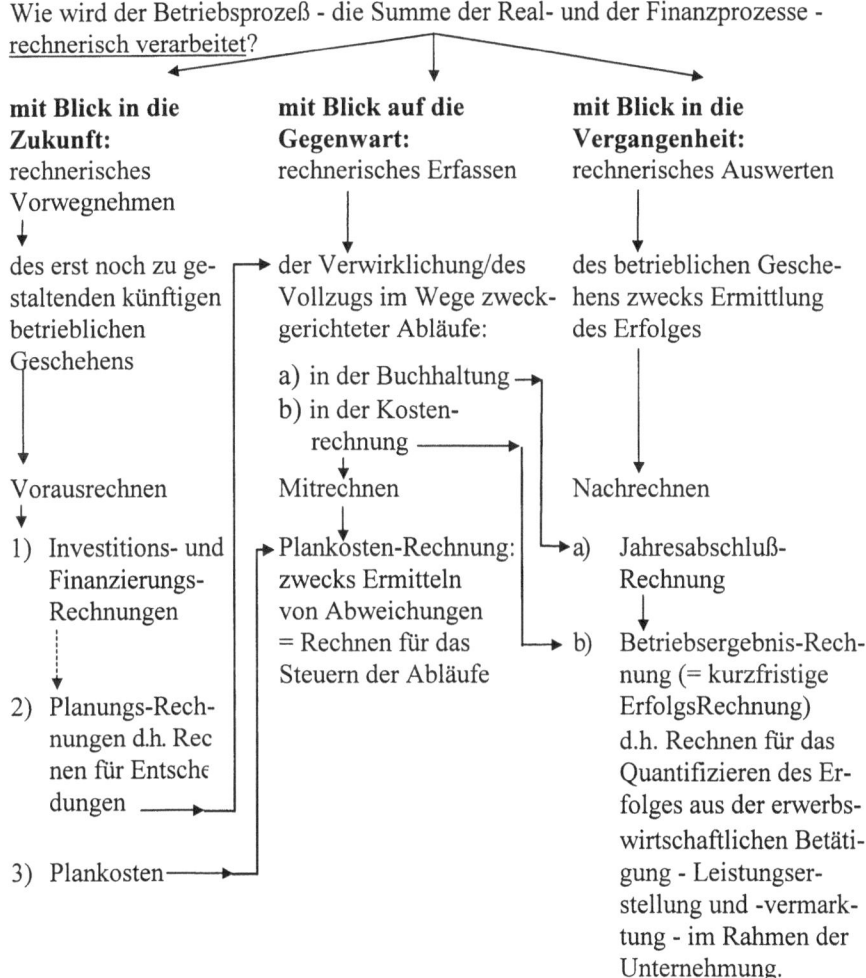

55.4 Die Gliederung nach der Zugehörigkeit der geänderten Merkmale

Die vierte mögliche Gliederung der Arten der Leistung verwendet die Kategorie des geänderten Merkmals und entspricht damit unserer Definition der Leistung. Die Unterteilung nach Person, ihrem Gut und dem jeweils zugehörigen Umfeld führt zu einer Vier-Teilung:

a) Die *„persönlichen Dienstleistungen"* ändern ein persönliches Zustandsmerkmal des Leistungsempfängers (z.B. Arzt-, Ausbildungs-, Informationsleistungen),

b) die auf das *Umfeld einer Person* bezogenen Leistungen bewirken eine räumliche, zeitliche oder risikomäßige Veränderung des bisherigen Zustands/Merkmalsbündels (z.B. Personentransport, Beherbergung, (passive) Finanzierung und Personenversicherung),

c) *Produkte* als die Ergebnisse von Leistungserstellungsprozessen folgen aus der prozeßbewirkten Herausbildung, Umformung, Beseitigung der Merkmale der eingesetzten Rohstoff-Güter,

d) die auf das *Umfeld eines Gutes* bezogenen Leistungen ändern seine räumliche, zeitliche oder risikomäßige Befindlichkeit (z.B. Gütertransport, Aufbewahrung, Sachversicherung).

Die vier Typen der Leistungen sind hier nach der Zugehörigkeit der Merkmale gegliedert, deren Änderung jeweils bewirkt wird. Daraus folgt zwangsläufig eine Orientierung an der Situation des Leistungsempfängers. Es interessiert folglich für die Gliederung nicht, ob der Anbieter in seinem Sortiment und in seinem Vertragsangebot Leistungen (typischerweise) bündelt, z.B. die Gewährung von (Lieferanten-)Kredit für das Bezahlen des Entgelts offeriert. Aber auch der entgegengesetzte Betrachtungsstandpunkt des Ziviljuristen wird nicht verwendet: dieser sieht die Leistungspflicht des Schuldners. Danach hat der Vermieter das Seinige getan, wenn er dem Mieter den Gebrauch der vermieteten Sache während der Mietzeit gewährt (§ 535 BGB). Dem Mieter ist damit die Möglichkeit verschafft - eine nur erst rechtliche Änderung seines Umfeldzustands. Die Umsetzung in den Bezug konkreter/tatsächlicher Nutzungsleistungen erfolgt erst mit der Inanspruchnahme des Mietobjekts.

Die obige Gliederung nach der Zugehörigkeit des geänderten Merkmals verbindet sich dem zweiseitigen Vertrag, d.h. dem Beschaffungsvertrag aus der Sicht des Abnehmers. Der Transport beispielsweise seiner Person oder seines Reisegepäcks unterscheidet sich in gleicher Weise nach der Merkmalszugehörigkeit wie nach dem Vertrag aufgrund des Vertragszwecks.

Die Spezifikation der Leistung im Sinne des Interesses des Abnehmers erfolgt erst mit dem Vertragsabschluß: die Dienstleistung ist stets Absatzleistung. Die Produktion im Dienstleistungsbetrieb ist uninteressant, sie ist die Leistungswirtschaft der „Besorgung". Von Interesse ist hingegen das Wirtschaften in der Betriebswirtschaft für das „Geschäft". Dazu ist die gewählte ökonomische Art der Transformation - der abstrakte Zweck der Unternehmung - vorab umzusetzen in die Betriebs- und Absatzleistungs-Bereitschaft und dann entsprechend den konkreten Zweckformulierungen in den abgeschlossenen Absatzverträgen an die Abnehmer zu verwirklichen.

Ein Beispiel möge den Zusammenhang erläutern. Das „Versichern" oder zutreffender der „Schadensausgleich" ist die (zunächst abstrakte) ökonomische Funktion der Versicherungsunternehmen in ihrem Gesamt als „Branche" bezeichnet. Die Umsetzung im Wege des Wirtschaftens im einzelnen Unternehmen ist der jeweilige „Geschäftszweck" und heißt das „Versicherungsgeschäft". Dessen Ex-ante-Teil ist das „Risikogeschäft" mit Planung, Prämienkalkulation und Angebotspolitik bis zum Vertragsabschluß im Einzelfall. Dessen Ex-post-Teil ist die Durchführung des Schadensausgleichs, der die Vielzahl der Verträge voraussetzt und die finanzwirtschaftliche Seite des Versicherungsgeschäfts betrifft. Diese Teil-Aufgabe spannt sich zwischen den als Teil der Versicherungsprämien eingenommenen Risikobeiträgen und den Schadensauszahlungen an die betroffenen Versicherungsnehmer aus. Betriebswirtschaftliche Absatzleistungen gibt es nicht. Es gibt nur die vertragliche Zusage auf Schadensausgleich im Wege einer Zahlung gegen die Verpflichtung des Versicherungsnehmers, die laufende Versicherungsprämie zu bezahlen. Weder von einem Risiko-Transfer auf die Versicherungsunternehmung ist etwas zu sehen noch von einer fortlaufenden Produktion und Abgabe von Versicherungsschutzleistungen. Diese Nebelgespinste lösen sich in Luft auf, und es bleibt der Versicherungsvertrag als die Geschäftsbesorgung (nach dem Verständnis des Ökonomen) des Versicherns im Wege der vertragsrechtlichen Zusage auf

Schadensausgleich. Die Veränderung, die durch Abschluß und Fortbestand eines Versicherungsvertrages bewirkt wird, besteht in der Verringerung der Risikosituation des Versicherungsnehmers hinsichtlich der Folgen eintretender Schadensereignisse. Diese rein rechtliche Bewirkung ist streng von der möglichen Wirkung ihrerseits zu unterscheiden, daß der Versicherungsnehmer mit der Police im Schrank ruhiger schläft als ohne.[41]

Der Brückenschlag von der betriebswirtschaftlichen Leistungslehre auf die Entgeltseite hinüber liegt nahe. Wir behandeln zunächst im Abschnitt 60 die Sicht des einzelnen Nachfragers: eine komplexe Abfolge von dem „empfundenen Mangel" bis zu dessen Befriedigung mittels Verwendung einer (beschafften oder selbsterstellten) wirtschaftlichen Leistung. In dieser Abfolge wird der Entgeltbetrag/der Preis für die Leistung als gegeben angenommen.

Erst mit Abschnitt 70 schließt sich die Problemsicht des Anbieters an: bei unvollkommenen Märkten für Sach- und Dienstleistungen steht die Angebotspolitik und das konkrete Vertragsangebot im Mittelpunkt. Darauf bezogen werden die absatzpolitischen Instrumente geordnet, und an dem Gegenverhältnis von Angebotenem und Gefordertem knüpfen Entgelt- und Preispolitik an im Sinne der Zweckverwirklichung einer erwerbswirtschaftlichen und damit auch der betriebswirtschaftlichen Betätigung.

---

41 Auf die Vermengung von bewirkter Veränderung und der Wirkung daraus weist z.B. Rück (1995) S. 13 hin. Jeder weiß, daß die neue Frisur als das Leistungsergebnis des Friseurs und deren Beurteilung durch die davon Betroffenen zweierlei ist.

60. Die Teilnahme des Nachfragers am Markt

Der Abschnitt 40 hatte die möglichen Marktverfassungen aus mikroökonomischer Sicht skizziert. Weil die vermarkteten Sach- und Dienstleistungen weder allein auf die Seite des Anbieters noch allein auf die Seite des Nachfragers gehören, haben wir sie mit Abschnitt 50 aus dem Handeln der Marktteilnehmer heraus- und vorweggenommen.

Während für den Anbieter die Leistungen nur Mittel für den Zweck sind, Entgelt-Einnahmen zu erwerben, handelt der Nachfrager mit dem Zweck, Leistungen zu erwerben. Es ist deshalb nur folgerichtig, wenn wir in diesem Abschnitt 60 mit der Marktteilnahme des Nachfragers fortfahren und erst dann auf den Anbieter zurückkommen. Seinem Abschnitt 70 weisen wir auch die Existenz einer Mehrzahl von Nachfragern zu, weil dieser Aspekt zu den Grundlagen seiner Angebots-Entscheidungen gehört.

Die Marktteilnahme eines einzelnen Nachfragers zu erklären im Sinne seiner Beschaffungs-Entscheidung erweist sich als schwirig, weil diese mit dem „Wert-Problem" verzahnt ist. Um dem Leser einen Weg durch das Dickicht zu bahnen, haben wir mit Abschnitt 61 kurzerhand die Kauf-Entscheidung anhand einer Geschichte erläutert und abschließend als Abfolge zusammengefaßt. Mit Hilfe der so gewonnenen Übersicht über den Geschehensablauf sollen die Abschnitte 62 bis 67 vorbereitet werden.

„Objektiver Wert des Produkts" und „subjektiver Verwendungswert" sind ein Rückgriff in die Geschichte der Wertlehre und zeigen zwei isolierte Erklärungen ohne Bezug zum Vorgang „Leistung gegen Entgelt"; Abschnitte 62 und 63. Seit je verknüpft die Ökonomie preis-verbundene Entscheidungen mit der Vorstellung von der Preisober- bzw. Preisuntergrenze des Marktteilnehmers. Die Preisobergrenze eines potentiellen Käufers ist naheliegenderweise dann besonders wichtig, wenn der Preis selbst noch offen ist. Wir nehmen deshalb gedanklich an einer Kunstauktion teil; Abschnitt 64.

Ist die Vorstellung vom Grenzpreis eine Hilfe, um den Abschluß eines Beschaffungsvertrages zu erklären, so wird mit dieser Entscheidung der Preis für die Leistung festgelegt; Abschnitt 65. Ebenso verbreitet wie schlicht ist die Schlußfolgerung, daß dem Käufer die Leistung den vereinbarten Preis subjektiv wert sei, daß in dem abgeschlossenen Vertrag Leistung und Preis ausgeglichen seien - weshalb der Vertragsabschluß nicht verbucht werde - und daß der Preis für die Leistung den Wert der Leistung für den Abnehmer zum Ausdruck bringe (Wert gleich Preis).

Demgegenüber betonen wir nachdrücklich, daß der „Wert" der Leistungsseite zugehört und strikt vom Preis zu unterscheiden ist. Nur auf diese Weise gelingt es dann, das Entstehen der ökonomischen Werte ohne Rückgriff bzw. Rückfall auf den Preis zu erklären; Abschnitt 66. „Wert-Entstehung" ist jedoch nicht der zeitliche Unterschied zum subjektiven Wert, indem dieser vor den Vertragsabschluß vorgezogen wird. Vielmehr erklären wir das Entstehen ökonomischer Werte aus dem Zusammenkommen der produktiven Aktivität des Anbieters und der die Leistungsabnahme absichernden Aktivität des Nachfragers. Das ist eine Synthese aus Aspekten der objektiven und der subjektiven Wertlehre, die mit dem Vertragsabschluß verankert wird. Der Unterschied gegenüber dem subjektiven Wert zeigt sich spezifisch bei der Produktion von Gütern vor Erhalt des Auftrags, d.h. bei der sogenannten Marktproduktion.

Damit bleibt die Aufgabe, im Abschnitt 67 das sachliche und zeitliche Ordnungsverhältnis zwischen dem subjektiven Wert, der ökonomischen Wert-Entstehung, dem Ausweis des Ertrages in der Finanzbuchhaltung und der sogenannten Wertschöpfung darzustellen.

61. Vom Bedürfnis bis zur Kauf-Entscheidung

Johann Conrad Susemihl und die subjektive Wertlehre

Fräulein Peggy Bartsch[1], Studentin der Kunstgeschichte im Hauptfach und 2. Semester, hebt den Blick von der dampfenden Kaffeetasse. Das in Ästhetik geschulte Auge bleibt an einem Fleck an der Wand hängen, der die erfolgreiche Insektenjagd eines Vorbewohners dokumentiert.

---

1   Peggy Bartsch steht für den Peintre-Graveur von Adam von Bartsch; das ist ein mehrbändiger Katalog der Maler-Radierungen bis 1800.

Eigentlich könnte man dort ein Bild darüber hängen, überlegt sie, ein Poster oder so. Ein Bedürfnis nach Wandschmuck ist erwacht. Definition (1): Bedürfnis ist das Empfinden eines Mangels. Solange keine Entscheidungen zu seiner Beseitigung getroffen werden, spricht man von einem latenten Bedürfnis. Bedürfnisse sind physisch-psychische Regungen und nicht wie die Temperatur meßbar, weil Nullpunkt und Maßeinheit fehlen. Sie können autonom entstehen (z.B. Hungergefühl) oder durch eine Information ausgelöst werden. Diese Trennung ist bereits in gewisser Weise willkürlich. Frl. Peggy erhielt keine neue Information, nur ein Zustand (der Fleck) wurde ihr bewußt, das Bedürfnis nach Wandschmuck wäre aber wahrscheinlich ohne Kenntnis, daß es solchen gibt, nicht einmal latent geworden.

Vom Geburtstagsgeschenk des Onkels stecken für Notfälle noch 20,- € im Sparschwein. Ein Pfund Kaffee und ein Poster müßte man dafür kaufen können. Aus dem latenten wird ein akutes Bedürfnis nach Wandschmuck. Auf dem Weg in die Stadt wird Ecke Leipziger Straße - sonst kaum beachtet - diesmal das Schaufenster genau betrachtet: alte Graphik - neue Graphik. Ganz vorn liegt ein hübsches Blatt: „Der Uhu. Das Männchen". Das wäre doch was, statt einem 08/15-Poster diesen seltenen Vogel an die Wand! Das Bedürfnis nach Wandschmuck ist auf ein spezifisches Bedürfnisbefriedigungsmittel gestoßen. Definition (2): Ein Bedürfnis wird zu einem Bedarf durch die Konkretisierung und Festlegung des Bedürfnisbefriedigungsmittels auf ein bestimmtes Gut oder - noch weniger verbindlich - auf eine bestimmte Gutskategorie.
Fräulein Peggy muß zwei Bewertungen vornehmen :
1. Inwieweit ist das Uhubild geeignet, das Bedürfnis nach einem Wandschmuck zufriedenzustellen?
2. Wiegt diese Zufriedenstellung den hinzugebenden Geldbetrag (= den Kaufpreis des Gutes) auf?
Definition (3): „Nutzen" ist das Ergebnis der subjektiven Beurteilung der Eigenschaften eines Gutes im Hinblick auf ihre Eignung zur Befriedigung eines Bedürfnisses in einem bestimmten Zeitpunkt und für eine bestimmte Dauer[2].

---

2 Schärfer gefaßte Definition unter Anlehnung an **Menger**, Carl, Grundsätze der Volkswirtschaftslehre, 2. Aufl. hrsg. von Karl Menger, Wien - Leipzig 1923, S. 103. Seine Definition lautet: „Nutzen ist die Bedeutung, welche die Wirtschaftssubjekte konkreten Gütern oder Güterquantitäten beilegen in dem Bewußtsein, daß von der Verfügung über sie die Befriedigung von Bedürfnissen abhängig ist" (1. Aufl. Wien 1871, reprint London 1934).

Der erwartete Nutzen eines Wirtschaftsgutes ist der Wert dieses Gutes. Da der Begriff „Wert" buntschillernd wie ein Chamaeleon für die unterschiedlichsten Sachverhalte verwendet wird, ist für die hier gebrachte Wertdefinition der Zuatz „subjektiv" erforderlich. Wir haben also: subjektiver Wert = erwarteter Nutzen in der Vorwegnahme seiner Verwirklichung.

Der subjektive Wert eines Wirtschaftsgutes ist nicht „in dem Gut drin" (wie es die Theorien für objektive Werte behaupten), ist nicht eine Eigenschaft, sondern - und darauf kommt es an - die Beurteilung der Merkmale (Eigenschaften) eines Gutes durch ein Individuum unter Berücksichtigung der Bedingungen des Beurteilungszeitpunktes[3]. Für die Kaufentscheidung und damit für das wirtschaftliche Handeln ist der erwartete Nutzen maßgebend, nicht der dann tatsächlich realisierte (z.B.: die gekauften Äpfel sind innen braun, erwarteter und tatsächlicher Nutzen weichen ab).

Am unteren Bildrand kann man den Namen Susemihl lesen. Susemihl? - der Name des Künstlers, wichtiges Merkmal zur Beurteilung eines Kunstwerkes (jedenfalls im Hinblick auf den geforderten Preis), bleibt ohne Assoziation und damit ohne Einfluß auf die beiden angeführten Bewertungsvorgänge betreffend das Bild. Während Frl. Peggy unentschlossen die braunschwarzen Federohren des Uhus betrachtet, tippt ihr jemand auf die Schulter. Studienkollege Nagler, engagierter Sammler und vorzüglicher Kenner der Druckgraphik bis 1850, kommt wie gerufen.[4] Susemihl wird zu einem „Begriff"[5]. Bevor der Kauf zustande kommt, erklärt Nagler seine Beurteilung. So ein Blatt läßt sich einerseits durch „objektive", andererseits durch nicht meßbare Merkmale kennzeichnen.[6] Erhaltungszustand, Randbreite und Druckqualität sind zwar nicht quantifizierbar wie die technischen Merkmale eines Autos, aber sie sind durch Vergleiche beurteilbar, d.h. die bisherige Erfahrung des Käufers macht eine Einordnung des Blattes hinsichtlich dieser Eigenschaften möglich. Schwieriger ist die Beurteilung der

---

3 Daher: Hunger ist der beste Koch. Der Nutzen *aus einem gegebenen* Bedürfnisbefriedigungsmittel hängt von der Bedürfnisintensität ab.
4 Georg Kaspar Nagler, Neues allgemeines Künstler-Lexicon, München 1835-1852, 22 Bände.
5 Johann Conrad Susemihl, geb. 1767, gab mit seinem Sohn - beginnend 1839 - eine Folge kolorierter Stahlstiche über die Vögel Europas heraus.
6 Die Einführung von Merkmalen in die Nutzentheorie geht zurück auf Lancaster, Kelvin J., A New Approach to Consumer Theory, in: The Journal of Political Economy, Vol. 74, 1966, S. 132-157. Unzweckmäßig ist die Vermengung von Leistung, ihren Merkmalen und deren Bewertung bei Nieschlag/Dichtl/Hörschgen (1997, S. 156): „Erst das Konglomerat von Wahrnehmung, Erfahrung, Einstellungen und Werten läßt im Bewußtsein des Verbrauchers entstehen, was hier als Leistung bezeichnet wird."

Bildqualität. Wie ein Individuum die Merkmale eines Bildes beurteilt, ist zwar z.T. auch von der bisherigen Erfahrung abhängig, zum anderen aber intuitive Wertung. Je größer das Gewicht der ästhetischen Merkmale eines Gutes, um so „subjektiver" wird der subjektive Wert, den das Individuum dem Gut zuordnet. Gerade Fragen des Kunstmarktes (i.w.S.) können ohne Berücksichtigung subjektiver Wertvorstellungen nicht behandelt werden. Es kann hier nicht der gesamte Prozeß eines Kaufentscheidungsverhaltens - und zudem spezifiziert für Kunstgegenstände - behandelt werden, es sollte nur gezeigt werden, daß die subjektive Wertlehre für das Entstehen von Wertvorstellungen rein individuelle Momente (z.B. persönlicher „Geschmack", Erfahrungs- und Informationsstand) mit sozialgeprägten Momenten (z.B. Prestige, „gültige" ästhetische Wertmaßstäbe) zusammenfaßt[7].

Der Stahlstich von Susemihl ist also hinsichtlich seiner zahlreichen Merkmale zu „bewerten" im Hinblick darauf, ob das Blatt dem Bedürfnis nach einem Wandschmuck besser gerecht wird als ein Poster, wobei diese ja noch gar nicht besichtigt wurden. Der Stahlstich „Uhu" und ein Poster sind zwei substitutive Güter in bezug auf ein gegebenes Bedürfnis. Hingegen sind z.B. Auto und passender Zündschlüssel komplementäre Güter. Allgemein spricht man von Güter- oder Nachfrageverwandtschaft, die ihre Ursache in einer positiven oder negativen Interdependenz der Nutzen der Güter hat.
Frl. Peggy hat ein anderes Problem. Sie ordnet nun zwar dem Stahlstich einen höheren Wert zu gegenüber einem nicht spezifizierten Poster, aber das Geld reicht nicht.

Definition (4): Nachfrage ist ein mit Kauffähigkeit (i.d.R. Geld) ausgestatteter Bedarf. Ob eine aus der Gegenüberstellung von Bedürfnis und Befriedigungsmittel gewonnene (subjektive) Wertvorstellung (= Nutzen) zu einer Kaufentscheidung führt, d.h. aus der latenten eine marktwirksame Nachfrage wird, hängt 1. von dem Preis des Gutes und 2. den verfügbaren Mitteln ab. Da es stets andere Bedürfnisse gibt, sind auch die Preise der anderen begehrten Güter als dritte Bestimmungsgröße einzubeziehen. Über das knappe Budget stehen die begehrten Güter hinsichtlich der mit ihrem Erwerb verbundenen Ausgaben in Konkurrenz zueinander (Ausgabeninterdependenz = Interdependenz infolge der Knappheit des Geldes).

---

7 Dabei besteht (wie immer) die Gefahr, daß mit einer Verbesserung der Erfassung und Beschreibung der Empirie der Erklärungsgehalt der Theorie abnimmt.

Bleibt der Verkäufer bei dem aufgeschriebenen Preis von 23,- €, scheidet die Radierung aus dem Kreis der begehrten Güter aus. Unter Verzicht auf das Pfund Kaffee können höchstens 20,- € bezahlt werden.

Feststellung: Welchen Preis jemand für ein Kunstwerk - z.B. auf einer Auktion - bietet, hängt nicht nur a) von seiner Wertvorstellung ab, sondern auch von b) seinen sonstigen Bedürfnissen, c) den Preisen der als Befriedigungsmittel geeignet erscheinenden Güter und d) den verfügbaren Geldmitteln des Individuums. Der Preis, den ein Käufer für ein Gut zu zahlen bereit ist, läßt zwar den Schluß zu, daß der erwartete Nutzen aus dem Kaufgegenstand größer/gleich dem Preis ist[8], mißt aber den Nutzen nicht.

Der Schluß, daß der aus dem Kaufgegenstand erwartete Nutzen, in Geldeinheiten gemessen, mindestens gleich dem Preis des Gutes ist, ist ein Zirkelschluß. Die Mikrotheorie hat sich zwar ausgiebig damit beschäftigt, den subjektiven Wert (= Nutzen) in Geldgrößen zu transformieren und damit rechenbar zu machen, indem z.B. das Individuum wie auf einer Auktion gefragt wird, welchen Preis es für das Gut maximal zu zahlen bereit ist. Ein in dieser Situation genannter Preis hängt aber, wie wir gesehen haben, von der Situation des Einzelnen ab und läßt daher keinen Schluß auf die hinter dem maximalen Preisgebot stehende subjektive Wertvorstellung zu. Bei gegebener subjektiver Wertvorstellung für den Kaufgegenstand, gegebenen sonstigen Bedürfnissen und Güterpreisen ist der mit dem zu zahlenden Kaufpreis von 23,- € verbundene Nutzenentgang um so größer, je knapper das Budget ist. „Nutzenentgang" ist dabei der alternativ erzielbare Nutzen, wenn die 23,- € nicht für den Stahlstich ausgegeben werden.

Nehmen wir an, der Verkäufer würde den geforderten Preis auf 20,- € zurücknehmen. Frl. Peggy wird wahrscheinlich den Nutzen aus einem Poster für maximal 17,- € und dem Pfund Kaffee höher einschätzen als den subjektiven Wert des Stahlstiches; der Nutzen*entgang* wäre in diesem Fall bei Kauf des Stiches *größer* als der Nutzenzugang - es wäre daher sinnvoll, den Stahlstich nicht zu kaufen. Für einen finanziell besser gestellten Interessenten hingegen wäre der mit dem Kaufpreis von 20,- € verbundene Nut-

---

8 Genau genommen werden dabei Äpfel mit Gurken verglichen! Richtiger wäre: ...größer als der Verzichtsnutzen infolge der verhinderten Verausgabung für den alternativen Erwerb anderer Leistungen.

zenentgang aus alternativer Geldverwendung von geringerem Gewicht, er kauft.

Diese etwas umständlichen Überlegungen sollten vor allem dartun, daß subjektiver Wert und der beim Kauf gezahlte Preis zwei völlig verschiedene Sachverhalte meinen. Die subjektive Wertvorstellung ist notwendige Voraussetzung, um unter Beachtung der Bedingungen des Entscheidungszeitpunktes in Anbetracht des geforderten Preises für das Gut über Kauf/Nichtkauf entscheiden zu können. Ohne einen solchen Vergleichsmaßstab wäre es nicht möglich, die unzähligen täglichen Kauf- und Verkaufsentscheidungen als subjektiv rational zu klassifizieren, überhaupt von „Wirtschaften" zu sprechen.

Herr Nagler befürwortet den Kauf des Stahlstiches: sowohl die Seltenheit der Blätter von Susemihl und ihr Gebrauchswert als Wandschmuck einerseits, als auch der Wiederverkaufswert andererseits sind den geforderten Preis „wert".

Es gelingt, das Blatt für 17,- € zu erwerben und Frl. Peggy Bartsch trägt das erste Stück einer kommenden Sammlung von Maler-Radierungen stolz nach Hause.

Literatur:
Von Vorläufern bereits im 18. Jahrhundert abgesehen, ist als Begründer der subjektiven Wertlehre (der Nutzentheorie) anzusehen:
Gossen, Hermann Heinrich, Entwicklung der Gesetze des menschlichen Verkehrs und der daraus fliessenden Regeln für menschliches Handeln, Braunschweig 1854. Das Buch blieb unverkauft, die Erkenntnisse ohne Widerhall. Ohne Kenntnis dieser Vorarbeit entwickelten Carl Menger (1871, Österreichische Schule), Léon Walras 1876, Lausanner Schule) und William Stanley Jevons (1871, angloamerikanische Schule) die subjektive Wertlehre erneut.

Eine knappe, scharfsinnige (und bissige) Darstellung der Werttheorie der Klassiker und der Nutzentheorien der obigen Schulen findet man bei
Robinson, Joan, Doktrinen der Wirtschaftswissenschaft, (Beck) München 1965. Ihre Definition des „Nutzens" (S. 60) ist allerdings unzutreffend!

Zusammenfassung:

Es erscheint zweckmäßig, den ökonomischen roten Faden herauszuziehen, weil ihn die nachfolgenden Abschnitte aufgreifen.

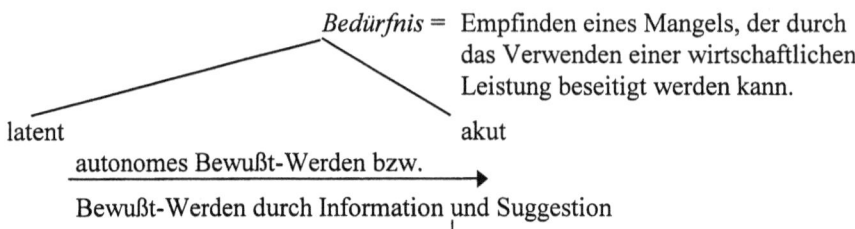

Bedürfnis = Empfinden eines Mangels, der durch das Verwenden einer wirtschaftlichen Leistung beseitigt werden kann.

latent   akut

autonomes Bewußt-Werden bzw.
Bewußt-Werden durch Information und Suggestion

↓

Vorkenntnisse zum Problem „Bedarfsdeckung"
Bedarf: Spezifikation des Bedürfnis-Befriedigungs-
            mittels, d.h. Festlegung der zur Bedürfnis-
            befriedigung besonders geeigneten Leistung

↓

objektiver Wert   ⇔   subjektiver Wert = erwarteter Nutzen infolge der Beur-
im Sinne einer Eigen-   teilung der Eigenschaften der ins Auge gefaßten Lei-
schaft des Gutes qua   stung, die das akute Bedürfnis befriedigen soll
Existenz

⇕

die Geldverwendungs-   alternative Verwendung des als Kaufpreis erforderli-
möglichkeiten konkurrie-   chen Geldbetrages im Sinne des möglichen Erwerbs
ren um das knappe Bud-   alternativer Leistungen mit der Absicht, sie für
get, d.h. um die verfüg-   konsumtive Zwecke zu verwenden, führt zum
baren Mittel   „Verzichtsnutzen"

↓

der Verzichtsnutzen, das verfügbare Budget und der erwartete Nutzen aus dem zum Erwerb beabsichtigten Gut bestimmen den Grenzpreis, d.h. den Kaufpreis, den das Individuum in der gegebenen Entsscheidungssituation maximal bezahlen würde

↓

aus der Konstellation
Grenzpreis > Preis, den der Anbieter fordert, folgt die
Nachfrage:
sie ist der mehr oder weniger spezifizierte Bedarf plus Kauffähigkeit/Entgeltbereitschaft

↓

Kaufentscheidung/Abschluß eines Beschaffungsvertrages zwecks Erhalt der vereinbarten Leistung gegen Zahlung des Preises.

62. Produktion und objektiver Wert

Mit dem Thema „Wert und Preis" sind die Wirtschaftswissenschaften gewissermaßen groß geworden.[9] Das nachhaltige Bemühen jedoch, sowohl den Wert der Leistung als auch den Preis für die Leistung allein auf der Seite der Produzenten und Anbieter anzusiedeln, mußte scheitern. Die Frage, auf welche Weise die wirtschaftlichen Werte entstehen, wurde verknüpft mit der gerechten Verteilung des volkswirtschaftlichen Einkommens.

Ausgehend von der Zweiteilung „Produzenten und Konsumenten" lag es nahe, in der Produktion die Quelle des Entstehens ökonomischer Werte zu sehen. Die Produkte als das Ergebnis der Produktion enthalten gewissermaßen den entstandenen Wert, so daß der ökonomische Wert gleichsam eine Eigenschaft des Produkts ist. Man spricht deshalb von dem „objektiven Wert" (des Produkts) und der objektiven Wertlehre. Nur der Produzent (und Anbieter) erzeugt mit der Leistung ihren Wert.[10] Im nächsten Schritt wird dann die Kette „Produktion → Produkt → objektiver Wert" auf den Preis hin verlängert. Diese Gleichsetzung von Wert der Leistung und Preis für die Leistung ist auch heute noch in der Betriebswirtschaftslehre weitverbreitet, weil sie das Leben von dem anstrengenden Unterscheiden zwischen Wert und Preis entlastet. Deshalb versteift sich auch die Bilanzliteratur auf den „Anschaffungswert" und identifiziert die Herstellungskosten zum Wert der Halb- und Fertigfabrikate.

Die Gleichsetzung von objektivem Wert und Preis muß von den Preisbestimmungsfaktoren „Konkurrenten" und „Nachfrager" abstrahieren und den Preisbildungsprozeß in Abrede stellen.

Eine zweite Verlängerung der Kette erfolgte nach vorne: nicht erst die Produktion mit dem verknüpften Einsatz der Produktionsfaktoren sei die Quelle des Wert-Entstehens, sondern ausschließlich der Einsatzfaktor „Arbeit". Die so begründete „Arbeitswertlehre" unterscheidet zwischen Arbeits- und Gewinn-Einkommen in Aufteilung der so verstandenen Wertschöpfung, die

---

9 Vgl. das dogmengeschichtliche Arbeitsbuch „Wert- und Preislehre" von Werner Hofmann, Berlin 1964 (unveränderter Nachdruck 1971). Das Lehrbuch zur Mikroökonomie hingegen von Feess (1997) führt das Stichwort „Wert" nicht in seinem Glossar/Register.
10 So z.B. Kern (1980) S. 3; Maleri (1997) S. 4, 134, 136.

mit den Umsatzerlösen der Unternehmen beginnt (vgl. Abschnitt 67). Dabei handelt es sich jedoch entweder nur um eine Wertschöpfungsrechnung auf der Grundlage der (längst überholten) objektiven Wertlehre oder nur um eine schlichte Brutto-Erfolgsrechnung oder aber es fehlt das Verständnis der Zusammenhänge.

Nicht der Grundgedanke, sondern sowohl die Ausschließlichkeit als auch die Verbindung vom Wert zum Preis gereichten der objektiven Wertlehre zum Nachteil. Nicht die Produktion ist unmittelbar und allein die Quelle der Wert-Entstehung. Wir stufen sie deshalb zur Komponente der Wert-Entstehung herab und bezeichnen sie als „Wert-Fundierung". Als zweite Komponente muß die „Wert-Absicherung" hinzukommen, die mit dem Abschluß des Vertrages seitens des Abnehmers erfolgt. Der zeitlich später liegende Akt, d.h. entweder die Beendigung der leistungswirtschaftlichen Aktivität (= Produktion) des Anbieters oder die rechtliche Verpflichtung zur Abnahme seitens des Nachfragers läßt den ökonomischen Wert entstehen. Es bedarf mithin zweier und zudem personenverschiedener Aktivitäten: die wertfundierende Leistungs-Erstellung und die wertabsichernde Abnahmeverpflichtung. Wir müssen deshalb vorab die Entscheidung des Nachfragers zum Abschluß eines Beschaffungsvertrages erklären und können erst dann im Abschnitt 66 auf die Wert-Entstehung in der Entgeltwirtschaft eingehen.

63. Nutzen und subjektiver Wert

Die subjektive Wertlehre ist einseitig vom Nachfrager her konzipiert. Sie hat keine Beziehung zur Produktion und verwendet deshalb den umfasssenderen Begriff des Gutes anstelle des Produkts. Das Gut wird als vorhanden im Verfügungsbereich des beurteilenden Individuums vorgegeben. Der subjektive Wert wird als das positive Beziehungsverhältnis zwischen Individuum und Gut verstanden.

Seine Erklärung verwendet eine Reihe von Begriffen und beginnt mit einem Bedürfnis, das vom latenten in das akute Stadium übergegangen ist. Das Individuum empfindet einen Mangel, der mit Hilfe der Verwendung des Gutes beseitigt werden soll. Das Gut ist mithin ein Befriedigungsmittel.

Ein *Mittel* ist ein „neutraler" Gegenstand mit Merkmalen/Eigenschaften. Erkennt man die Eigenschaften eines Mittels als geeignet für einen Verwendungszweck, dann wird das Mittel *zum Gut*. Z.B. ist ein Ast am Wegrand ein Mittel, hebt man ihn mit Zweck-Absicht auf, dann rechnet man seinen Merkmalen eine - momentane und ganz persönliche - Verwendbarkeit/Nützlichkeit zu. Ein Gut ist ein Mittel mit *nützlichen* Eigenschaften.
Bewertet/beurteilt nun eine Person die Nützlichkeit der Eigenschaften eines Gutes im Hinblick auf deren Eignung für einen bestimmten persönlichen Verwendungszweck in einer gegebenen Situation in t_0, so bezeichnet man das zusammengefaßte Ergebnis der Beurteilung als den erwarteten subjektiven Nutzen des Gutes oder als *den subjektiven Wert* des Gutes.
Der (subjektive) Wert eines Gutes leitet sich mithin stets aus dem erwarteten Nutzen infolge der beabsichtigten Verwendung des Gutes ab.
Bei konsumtiver Verwendungsabsicht des Gutes spricht man vom erwarteten *(konsumtiven) Nutzen aus der Bedürfnisbefriedigung*.

Das Konzept des subjektiven Wertes wäre reichlich bedeutungslos, wenn man die Beurteilung und damit das wertmäßige Beziehungsverhältnis auf bereits vorhandene Güter beschränken würde. Erst die Verbindung zur Beschaffungs-Entscheidung weist dem subjektiven Wert seine unentbehrliche Funktion zu: er ist die Vorstellung vom Verwendungswert der erst noch zu beschaffende Leistung. Vor das Verwenden-Wollen schiebt sich bei Gütern das Erwerben-Müssen (des Gutes bzw. zumindest der Möglichkeit seiner Nutzung) und zugleich werden die Dienstleistungen in das Konzept des subjektiven Wertes einbezogen.

Für die nachfolgenden Ausführungen ist der subjektive Wert auf das Ergebnis der Beurteilung einer erstrebten Leistung vor Abschluß des dazu erforderlichen Beschaffungsvertrages festgelegt. Auf diese Weise wird der ex ante erwartete Nutzen zum Soll-Maßstab für den aus der Verwendung des erworbenen Gutes bzw. der bezogenen Dienstleistung verwirklichten Nutzen. „Bestätigung", „angenehme Überraschung" oder „Enttäuschung" sind die Bezeichnungen für die vergleichende Ex-post-Situation.

Der (stets ex post) *verwirklichte* persönliche Nutzen ist der Vorteil aus der Befriedigung eines Bedürfnisses infolge der Verwendung der Leistung.

Er kann *zeitlich*
1) zugleich mit dem Empfang der Leistung vorliegen (⇨ Schauspiel),
2) einmalig mit dem Verbrauch eines Gutes eintreten (⇨ Brötchen),
3) im Zeitablauf mit dem Bestand (⇨ Dauerwelle), der Nutzung (⇨ Meißner Porzellanfigur) oder dem Gebrauch (⇨ Eisschrank) eintreten.

Der subjektive Wert einer zu beschaffenden Leistung ist als die ex ante, d.h. vor Abschluß des Beschaffungsvertrages positiv beurteilte Folge aus dem beabsichtigten Verbrauch/Gebrauch/Nutzung der Leistung erklärt. Strikt davon zu unterscheiden ist der Aspekt, ob und welcher Beschaffungspreis zu zahlen ist und ob ein erworbenes Gut danach auch einen möglichen/erwarteten (Wieder-)Veräußerungspreis hat. Die Formulierung, daß ein Gut einen Veräußerungswert, einen Marktwert hat, vermengt den subjektiven Wert der Leistung aus seiner Verwendung mit dem gezahlten Preis oder mit dem (Wieder-)Beschaffungspreis oder mit dem erwarteten Veräußerungspreis.

Wenn ein Gut einen Beschaffungspreis oder Veräußerungspreis hat, handelt es sich um *ein knappes Gut*. Ein Gut ist knapp, wenn die verfügbare Menge kleiner ist als die Bedarfsmenge; infolge von Knappheit wird das Gut zu einem *wirtschaftlichen Gut*. Diese gängige Bezeichnung ist allerdings verwirrend. Die Knappheit ist eine Relation und wird hier zumindest sprachlich zu einer Eigenschaft des Gutes gemacht. Zum anderen ist gemeint, daß die Knappheit den Anstoß geben kann zu einem Handeln, das die Knappheit berücksichtigt - "in Rechnung stellt" - und so zu einem wirtschaftenden Handeln wird hinsichtlich der Verwendung des vorhandenen knappen Gutes bzw. Erstellung knapper Leistungen.

Wir unterscheiden zwischen exogener und endogener Knappheit: die *exogene oder marktliche Knappheit* findet ihren Ausdruck im Beschaffungspreis bzw. in den Kosten der Herstellung des Gutes, die *endogene oder persönliche Knappheit* findet ihren Ausdruck im Verhältnis des persönlichen Bedarfes zu den persönlich verfügbaren Deckungsmitteln, ist mithin Ausdruck der persönlichen Situation.

In Verbindung mit dem allgemeinen Deckungsmittel „Geld" dient die endogene Knappheit dazu, das Verhältnis der verfügbaren Finanzmittel, d.h des Budgets zum Bedarf zu kennzeichnen. Damit rückt der folgende Zusammenhang in das Blickfeld: der subjektive Wert einer erstrebten Leistung verbindet sich mit der dafür in Kauf zu nehmenden Entgeltausgabe, die als Teil des - im Regelfall: knappen - Budgets diesen Geldbetrag anderen Verwendungsarten entzieht. Diese Abwägung bewältigt jedes Individuum fortlaufend. Nur läßt das bezahlte Beschaffungs-Entgelt keinerlei Rückschluß zu auf den subjektiven Wert/erwarteten Nutzen aus der erworbenen Leistung. Die häufige Verquickung vom subjektivem Wert und Beschaffungspreis wiederholt analog den Fehler, vom „objektiven Wert" des Produkts auf den Absatzpreis hin zu verknüpfen. Die in den Bezeichnungen „Anschaffungswert" und „Veräußerungswert" zum Ausdruck kommende Gleichsetzung von Wert und (Markt-)Preis wird jedenfalls als unzutreffend aufgehoben, wenn man den sogenannten Grenzpreis zwischen Wert und Preis einschaltet.

64. Der Grenzpreis und seine Bestimmungsgrößen

Der „Grenzpreis" ist der maximale Geldbetrag, den man in einer gegebenen Situation für den Erwerb einer Leistung zahlen würde. Man kann den Grenzpreis auch als *konkretisierte Entgeltbereitschaft* bezeichnen oder als subjektive Preisobergrenze.

Der „Grenzpreis" ist eine Vorstellung, ein gedankliches Konstrukt. Das betrachtete Individuum möchte ein Gut erwerben bzw. eine Dienstleistung beziehen und wird gefragt, welchen Geldbetrag es maximal zu zahlen bereit wäre. Einerseits ist die Erwerbsabsicht so weit verdichtet, daß eine Vorstellung vom subjektiven Wert der zu erwerbenden Leistung als das Motiv existiert, den Vertrag abzuschließen. Andererseits sind finanzielle Mittel - das Budget - verfügbar, von denen ein Teilbetrag gedanklich für den Erwerb abgezweigt werden soll. Zeigt das Budget die allgemeine und noch unspezifizierte Entgeltbereitschaft des Individuums an, so wird nun infolge der Absicht, eine Leistung zu beschaffen, nach der gedanklichen Widmung des maximal dafür vorgesehenen Betrages gefragt. Dieser Teilbetrag ist damit zur konkretisierten Entgeltbereitschaft, zum Grenzpreis geworden.

Die Frage nach den wichtigsten Größen, welche die Vorstellung vom Genzpreis bestimmen, verbindet sich besonders anschaulich mit einer Erwerbssituation, die den maximalen Veräußerungspreis erstrebt. Wir betten deshalb die Erörterung der Zusammenhänge in eine Kunstauktion ein.

64.1 Ein einfaches Modell zur Bestimmung des Grenzpreises

Für unsere Zwecke genügt ein einfaches, dem mikroökonomischen Denken entlehntes Modell, das nur drei Bestimmungsgrößen für den Grenzpreis zusammenstellt:

① Der subjektive Wert:
Das Individuum möge seine Vorstellung vom Wert der zu beschaffenden Leistung - als „subjektiven Wert" bezeichnet - soweit verdichtet haben, daß es den Abschluß des Vertrages ins Auge faßt.

② Die Alternativen:
Naheliegenderweise kann das Individuum seine verfügbaren Mittel auch zur Beschaffung anderer Leistungen einsetzen (oder als Ersparnis disponieren). Auch die Alternativen müssen soweit beurteilt sein, daß unter Berücksichtigung ihrer als vorgegeben angesehenen Preise eine Rangreihung erfolgt, wie das Budget nutzenmaximierend ausgegeben werden könnte. D.h. die Alternativen werden hinsichtlich Art, jeweils subjektivem Wert/Nutzen, Menge und jeweiligem Preis soweit aufbereitet gedacht, daß sie mittels einer Funktion dargestellt werden können, die einer jeden Geldeinheit des Budgets in fallender Abfolge einen Nutzen zuordnet. Die Geldeinheit bezieht ihren „Wert"/Nutzen abgeleitet aus ihrer Verwendung zur Beschaffung einer Leistung, deren Verwendung für einen konsumtiven Zweck die originäre Quelle des Nutzens ist.
Zusammengefaßt: Die Alternativen werden mittels einer Grenznutzen-Funktion des Geldes abgebildet, die ihre Parameter durch die Einbindung in die Entscheidungssituation erhält, bezogen auf das Budget; vgl. die Graphik im nächsten Abschnitt.

③ Das Budget:
Es handelt sich um die in der betrachteten Entscheidungssituation „verfügbaren Mittel". Dabei gelten die existenziellen Grundbedürfnisse, die wenig Entscheidungsfreiraum lassen, als abgedeckt. Zum anderen können die Mittel aus Einkommen, liquidierten Ersparnissen oder aufgenommenem Kredit stammen. Es handelt sich also nicht um den „Grenznutzen des Einkommens", der argumentativ auf der Seite des anstrengenden Einkommenserwerbes eingesetzt wird, sondern um den Grenz-

64. Der Grenzpreis und seine Bestimmungsgrößen

nutzen verfügbarer Mittel, die sich insbesondere um die Veränderung der Ersparnisse/des Netto- oder Reinvermögens vom Einkommen unterscheiden.[11]

Die drei Bestimmungsgrößen unseres Grenzpreis-Modells stellen wir vorab in einer Übersicht zusammen.

Für den persönlichen/situationsabhängigen Grenzpreis gilt ein einfaches Modell:

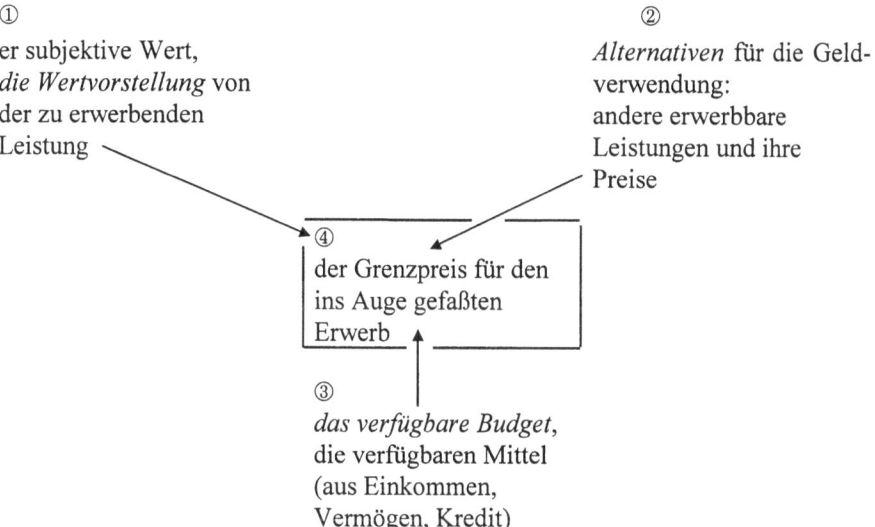

Diesen Modellzusammenhang verbinden wir nun mit dem Beschaffungsmarkt, so daß wir erstmals den drei-phasigen Entscheidungsablauf bis zum Vertragsabschluß skizzieren. Die modellorientierte Zusammenstellung zeigt dann für das (10) Entscheidungsfeld des Nachfragers die drei Bestandteile ① bis ③ als die sachliche Extension des Entscheidungsfeldes und zeigt für den Geschehensablauf die drei Phasen (10) bis (30) und damit die zeitliche Extension des Entscheidungsprozesses.

---

11 Zur einzelwirtschaftlichen Sparentscheidung auf nutzentheoretischer Basis (unter Ausschluß der Unsicherheit) vgl. Lehmann (1975).

Das Kaufentscheidungsmodell mit den drei Determinanten und mit den drei Phasen:

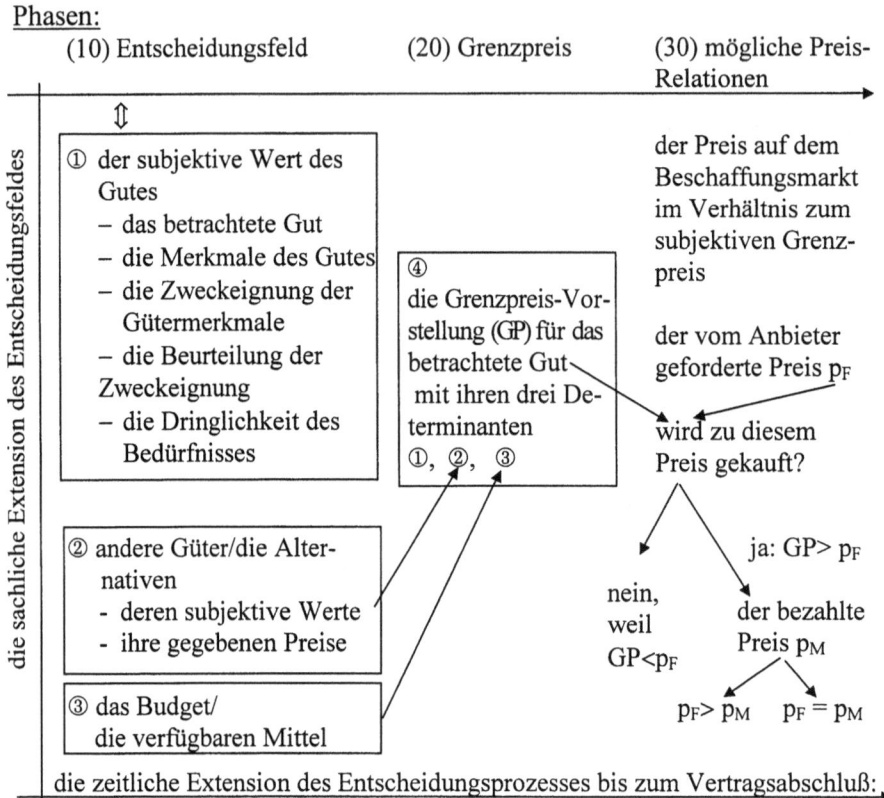

t_0 = der Zeitpunkt der Beurteilung der Entscheidungssituation:
- Wahrnehmung von Bedürfnissen, deren Befriedigung um das Budget konkurriert,
- Informationen über die Merkmale der zur Befriedigung angebotenen Leistungen,
- Beurteilung der Eignung der Eigenschaften der Leistungen,
  ⇒ subjektive Werte für die erwerbbaren Leistungen,
  ⇒ sie sind die Handlungsmöglichkeiten im t_0-Entscheidungsfeld, unter ① und ② eingetragen,
  ⇒ die Entwicklung der Vorstellung von der Preisobergrenze/Grenzpreis für das zum Erwerb vorgesehene Gut angesichts des ③ knappen Budgets.

64.2 Der Grenzpreis bei Teilnahme an einer Kunstauktion

Die Kunstauktion ist eine Verkaufsveranstaltung, bei der die Preise der ausgebotenen Güter variabel sind. Es wird ein Angebot an sogenannten Seltenheitsgütern vorab räumlich konzentriert, um die Möglichkeit der Besichtigung zu schaffen. Die Auktion selbst fügt dann die zeitliche Konzentration des Verkaufsangebotes hinzu. Die so organisierte Verkaufsveranstaltung soll den Wettbewerb der Kauf-Interessenten zuwege bringen, indem diese als Bieter den Preis für den jeweils aufgerufenen Gegenstand nach oben treiben. Die Bieter haben naheliegenderweise unterschiedliche Vorstellungen, was ein jeder maximal zu zahlen bereit ist, abhängig von seiner Wert-Vorstellung, von anderen Erwerbsabsichten und von seinen verfügbaren Mitteln. Ein anwesender Interessent verrät natürlich seinen Grenzpreis nicht und wartet ab, ob es Mitbieter gibt. Nur bei Wettbewerb von zumindest zwei Personen steigt der Verkaufspreis, bis er als das letzte Gebot den Grenzpreis des vorletzten Mitbieters übersteigt und dieser deshalb aufhört. Wer den längsten finanziellen Atem hat - und nicht der leidenschaftlichste Sammler - erhält den Zuschlag.[12] Das ist der Kaufpreis, auf den der Auktionator z.B. zwanzig Prozent - das sogenannte Aufgeld - für sein Bemühen hinzurechnet. Der Bieter muß also den „Einstandspreis" im Auge haben, den er vor bzw. nach der Auktion mit seinem Grenzpreis vergleicht.

Frau Puschkin hat das Angebot für eine Kunstauktion in Düsseldorf vorbesichtigt und ein Landschaftsgemälde von Iwan Schischkin entdeckt.[13] Dem verständlichen Wunsch, dieses Gemälde erwerben zu wollen, folgen die Überlegungen, die zur Vorstellung von ihrem maximalen Gebot/von ihrem Grenzpreis führen, mit der Frau Puschkin den Auktionssaal betritt.

Auf jeden Fall weiß der Auktionator und sicher auch Frau Puschkin angesichts ihres zielbewußten Handelns, ein Gemälde ihres Landsmannes zu erwerben, in welcher „Preislage" die Bilder von Schischkin „am Markt ge-

---

12 Das Verkaufsobjekt geht so zwar an den Bieter mit dem höchsten Grenzpreis, das ist jedoch nicht gleichbedeutend und identisch mit dem maximalen Nutzen/Wohlfahrt (= pareto-optimal), wie Beckmann/Kräkel/Schauenberg, ZfB 1997, S. 42 schreiben. Diese falsche Identifikation von subjektivem Wert (= erwartetem Nutzen) und Grenzpreis findet sich auch bei Mankiw (2001) S. 156 f.
13 Schischkin (1832-1898) ist der bedeutendste russische Landschaftsmaler. Er lebte 1862-1865 in Deutschland und in der Schweiz, davon ein Jahr lang in Düsseldorf. Vgl. Irina Schuwalowa, Iwan Schischkin, Bournemouth (GB) und Sankt Petersburg 1996 (in deutscher Sprache).

handelt" bzw. spezifischer: auf Auktionen verkauft werden. Die Kenntnis der Preislage entscheidet vorab, ob eine Handlungsmöglichkeit weiter verfolgt wird als Bestandteil des Entscheidungsfeldes oder ausscheidet.
Auch eine Sammlerin ist stets „knapp bei Kasse", jedoch andererseits ist ein beträchtliches Budget die Voraussetzung, um auf ein Bild von Schischkin mitzubieten. „Im Notfall" bietet Frau Puschkin bis zum Erreichen der „Grenzbedingung" mit. Diese wägt ab: der alternativ realisierbare Nutzen steigt mit dem ansteigenden Gebotspreis im Auktionssaal, und wenn dieser Verzichtsnutzen den subjektiven Wert des erstrebten Gemäldes erreicht, beendet Frau Puschkin ihr Mitbieten.

Anders formuliert, lautet die Grenzbedingung: „Der erwartete Nutzen aus der Verwendung des Grenzpreises zum Erwerb des Gemäldes ist gleich dem Nutzen bei alternativer Verwendung der Grenzpreis-Geldbetrages", deshalb als Verzichtsnutzen bezeichnet.

Nehmen wir an, daß das Geld für die laufenden existenzsichernden Ausgaben zur Seite gelegt wurde. Den Restbetrag bezeichnen wir als das gegebene Budget ($\overline{B}$). Von der ersten über jede weitere bis zur letzten Geldeinheit dieses Budgets kann über ihre Verausgabung zwecks Erwerb von konsumtiv zu verwendenden Leistungen ein geringer werdender Nutzen verwirklicht werden. Das „Gesetz vom fallenden Grenznutzen" wird nicht - wie üblich - auf die zunehmende Anzahl von Einheiten eines Gutes bezogen, sondern auf die Geldeinheiten des verfügbaren Budgets. Warum die Literatur vom „Grenznutzen des Einkommens" spricht,[14] ist nicht nachvollziehbar, da die Mittel auch aus liquidiertem Vermögen (= Entsparen) oder aus aufgenommenem Kredit stammen können.

Wir zeichnen den abnehmenden Grenznutzen als eine linear fallende Funktion über den verfügbaren Geldbetrag/über das Budget ein. Dargestellt wird so der über ihre Preise relativierte Nutzen erwerbbarer Leistungen ausgenommen das in unserem Beispiel ins Auge gefaßte Gemälde, dessen Grenzpreis zu bestimmen ist. Unter Hinweis auf unser Grenzpreis-Bestimmungsmodell bildet die fallende Grenznutzenfunktion den Vorteil aus alternativer Budgetverwendung ab, den wir als „Verzichtsnutzen" benennen im Hinblick auf den beabsichtigten Erwerb des Gemäldes. In diesem Sinne stellt die Graphik links den erwarteten Ertragsnutzen und rechts den Verzichts-

---

14 Vgl. z.B. Feess (1997) S. 273; Mankiw (2001) S. 465.

nutzen dar. Von rechts beginnend, werden Mittel entzogen, bis der von der Fläche angezeigte Verzichtsnutzen über den zugehörigen und gesuchten Grenzpreis gleich ist dem erwarteten Ertragsnutzen aus dem Gemäldekauf.

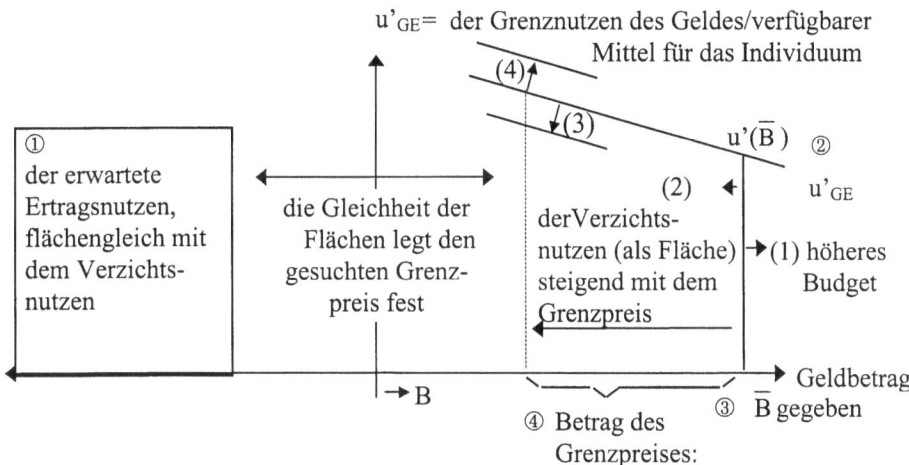

Die Variation einzelner Bestimmungsgrößen beeinflußt die Vorstellung vom Grenzpreis in der gegebenen Entscheidungssituation wie folgt:
(1) Alles andere gegeben, hätte ein höheres Budget einen niedrigeren Grenznutzen $u'(\bar{B})$ zur Folge und damit einen höheren Grenzpreis, weil die einzelne Geldeinheit im Budget von der Budgetgrenze her einen geringeren Wert hat;
(2) umgekehrt ließe ein geringeres Budget den Grenzpreis schrumpfen, d.h. mit schwerem Herzen und feuchtem Auge muß der Sammler schon früher aus dem Bietgefecht aussteigen.
(3) Alternativ höhere Preise für die alternativen Leistungserwerbe bedeuten „wertloseres Budgetgeld" und haben einen höheren Grenzpreis zur Folge - die Grenznutzenfunktion läge unterhalb der durchgehend eingezeichneten Funktion;
(4) umgekehrt hätten alternativ niedrigere Preise für die alternativen Leistungserwerbe einen höheren Wert der Geldeinheit im Budget und damit einen niedrigeren Grenzpreis zur Folge.
Ebenso haben höhere subjektive Werte der anderen erwerbbaren Güter ceteris paribus einen niedrigeren Grenzpreis für das Gemälde zur Folge: der

Verzichtsnutzen einer Geldeinheit des Grenzpreises für das Gemälde ist höher und reduziert deshalb das maximale Gebot dafür.

64.3 Die Differenz zwischen der Grenzpreis-Vorstellung und dem dann niedrigeren Kaufpreis

Sobald der letzte Mitbieter aufgibt, kann der Zuschlag an den Käufer erfolgen. Sein Einstandspreis ist nur dann auch sein Grenzpreis, wenn er selbst nicht mehr höher geboten hätte. Anderenfalls und damit überwiegend ist seine Grenzpreis-Vorstellung höher gewesen als der zu zahlende Einstandspreis. D.h. auch die Verkaufsform der Auktion für Seltenheitsgüter bringt nur „den Umständen entsprechend" den höchsten Preis und nicht einmal den Grenzpreis des Bieters mit dem längsten finanziellen Atem.

Die Ökonomie sieht in der Differenz zwischen der Grenzpreis-Vorstellung und den niedrigeren dann zu zahlenden Erwerbspreis einen Vorteil, den sie „Konsumentenüberschuß" oder „Konsumentenrente" nennt. Selten wird dem Leser gezeigt, daß es zwei Versionen gibt, wie man sich den Konsumentenüberschuß quantifiziert vorstellen soll: als Differenz in Geldgrößen[15] oder in Nutzengrößen nach Vertragsabschluß, wenn zuvor der Preis noch nicht feststeht. Die nachfolgende Graphik zeigt anhand der Größenrelationen sofort die erforderlichen Unterscheidungen.

---

15 So z.B. Mankiw (2001) S. 157.

64. Der Grenzpreis und seine Bestimmungsgrößen

Die Teilnahme an einer Kunstauktion aus ökonomischer Sicht

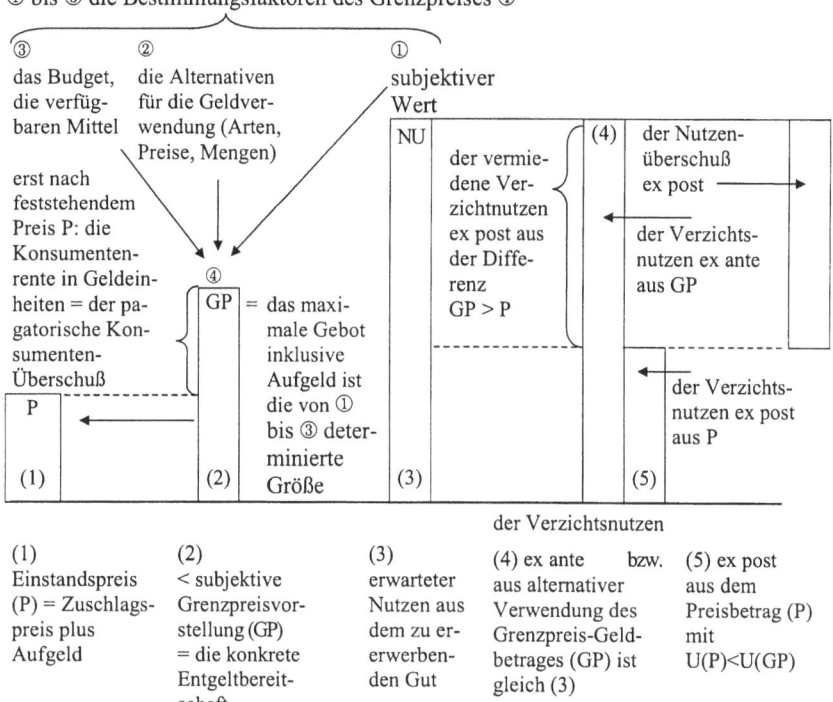

a) Grundlage sind unsere drei Grenzpreis-Bestimmungsfaktoren, deren Pfeile sich auf ④ die Grenzpreis-Vorstellung vereinen.

b) Das ③ jeweilige Budget und die ② Alternativen bestimmen den Nutzen-Entgang, den als (4) eingetragenen Verzichtsnutzen infolge der Widmung des Grenzpreis-Geldbetrages für den geplanten Erwerb.

c) Wenn wir uns den erwarteten Nutzen aus dem zum Erwerb ins Auge gefaßten Gut unter (3) quantifiziert eingetragen vorstellen, dann zeigt das Größenverhältnis zu (2), daß hinter einer Geldeinheit des Grenzpreis-Betrages mehr als eine Nutzeneinheit (util) steht: das Geld ist knapp jedenfalls infolge des beabsichtigten Gemälde-Ankaufes.

d) Das Wechselverhältnis zwischen (2) Grenzpreis und (4) Verzichtsnutzen entscheidet darüber, wie lange, d.h. bis zu welchem Preis (plus Aufgeld), mitgeboten wird.

e) Die in Nutzeneinheiten (utils) gemessen gedachte Konsumentenrente - die Differenz zwischen (3) und (5) ex post - benötigen wir als Konzept ex ante, weil nur der Nutzenüberschuß bei noch offenem Kaufpreis das Mitbieten/das Kaufentscheidungsverhalten erklären kann.

f) Die in Geldeinheiten gemessen gedachte Konsumentenrente aus (2) > (1) - deshalb als pagatorischer Konsumentenüberschuß bezeichnet - ist eine von ① bis ③ mitbestimmte und insoweit abgeleitete Größe.

g) Nach dem Erwerb weist die Nutzenrechnung eine Differenz zwischen (3) und (5) als Nutzenüberschuß ex post aus, weil der (1) Preis niedriger als der (2) Grenzpreis ausgefallen ist.

h) Der pagatorische Konsumentenüberschuß hingegen meint die Differenz zwischen (2) und (1) in Geldgrößen gedacht. Sie resultiert über den (1) Erwerbspreis aus dem Prozeß der Preisbildung in der Auktion und damit ex post.

i) Für die volkswirtschaftliche Frage, wieviel der Verkauf/Kauf zum Preis P zur Steigerung der Wohlfahrt beiträgt,[16] genügt der pagatorische Konsumentenüberschuß nicht.

j) Wir begnügen uns hier mit der Feststellung, daß sich die Käuferin nach dem Erwerb um die Differenz zwischen Preis und ihrem höherem Grenzpreis als dem eingesparten Teil ihrer maximalen Ausgabe reicher rechnen kann und vor allem den zuvor nur erwarteten Nutzenüberschuß zwischen (3) und (5) nun verwirklicht hat (falls nicht bislang verdeckte Mängel des Gemäldes ins Bewußtsein drängen).

64.4 Die übliche Beschreibung des Konsumentenüberschusses

Die Literatur beschreibt die Konsumentenrente nicht bei variablem Preis für ein Gut, sondern bei gegebenem Preis (p) und offener Nachfragemenge (x) des privaten Haushalts.

---

16 Die wohlfahrtstheoretische Sicht faßt die Situationen von Verkäufer und Käufer zusammen, vgl. Feess (1997) S. 169. Dadurch wird deutlich, daß die pagatorische Konsumentenrente nur zwischen Käufer (bzw. Käufern) und Verkäufer verteilt, aber keine Aussage zur Wohlfahrt zuläßt; anders Mankiw (2001) S. 156-162.

64. Der Grenzpreis und seine Bestimmungsgrößen

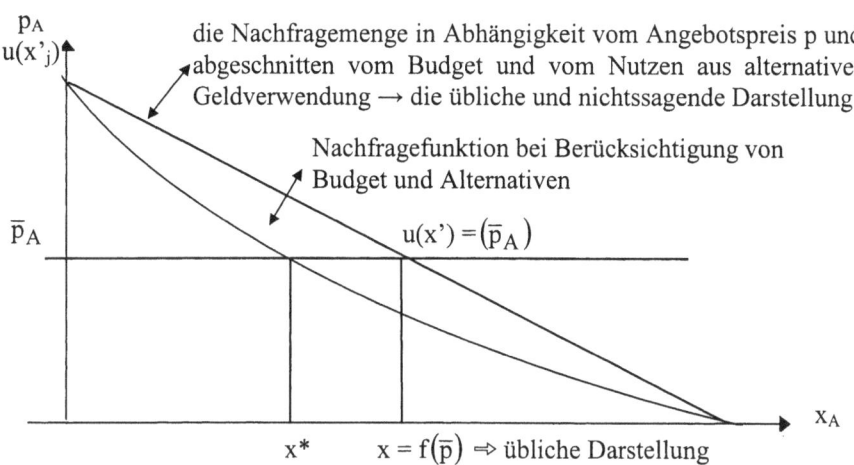

Diese ganz übliche Nachfragefunktion in Abhängigkeit vom geforderten Preis wird weitergehend ausgedeutet, daß der Haushalt von der letzten, von der marginalen Gütereinheit (x') einen Nutzen erwartet, der gleich ist dem dafür gezahlten Preis $\bar{p}$. Diese Gleichsetzung des Nutzens der Grenzeinheit mit dem dafür gezahlten Preis wird wissenschaftlich mit der Bezeichnung „Grenzwerttheorem" eingekleidet und ist doch nur eine Tautologie.[17] Diese Kaninchen-aus-dem-Hut-Lösung soll dann für alle x' abhängig vom variierten Preis (p_A) gelten, so daß die Grenznutzenfunktion über die x mit der Nachfragefunktion x = f(p_A) in eins zusammenfällt.[18] Das Budget und die Alternativen haben keine Bedeutung und keinen Einfluß auf den dargestellten Zusammenhang. Die Fläche des Dreiecks wird als Konsumentenüberschuß bezeichnet und den Unterschied zwischen Nutzenüberschuß und pagatorischem Konsumentenüberschuß gibt es nicht.[19] Auch ist jede Geldeinheit des Budgets stets gleich viel wert in Nutzeneinheiten (utils) gedacht und das unabhängig vom Niveau des Güterpreises p_A.[20]

Hebt man die unsinnige Gleichsetzung von Grenznutzen (= Nutzen der Grenzeinheit x') und Preis auf und konkretisiert man unser Grenzpreis-Bestimmungsmodell zu einem rechnerischen Zusammenhang, so daß der Knappheitsfaktor (= der Lagrangefaktor) den Grenznutzen der marginalen

---

17 Ausführlich Lehmann (1975) S. 26-29.
18 Bei Feess (1997) S. 270 erfolgt die Gleichsetzung mit dem in Klammern gesetzten Zusatz „leicht vereinfacht"; ferner S. 273 f. und S. 331.
19 Zum Konsumentenüberschuß vgl. Lehmann (1975) S. 187-192; zur Gleichsetzung vgl. z.B. Feess (1997) S. 270.

Geldeinheit des Budgets anzeigt, dann läßt sich für verschiedene Preise p_A die in die Graphik eingetragene „durchhängende" Nachfragefunktion nachweisen.[21] Ersichtlich wird für jedes Niveau von p_A eine geringere - und doch nutzenmaximierende - Menge x^* nachgefragt als bei der literaturüblichen Darstellung der Zusammenhänge.

Einmal dabei, fügen wir abschließend eine ganz andersartige Kritik an. Die Literatur bemüht sich ebenso nachdrücklich wie wenig überzeugend, die Umsatzsteuer und die Verbrauchsteuern - auf Tabak, Bier, Schaumwein, Alkohol, Heizöl, Benzin usw. - als Verbrauchsteuern nachzuweisen. Die vorangegangenen Ausführungen hingegen verdeutlichen die Spanne zwischen Grenzpreis und Preis als den finanzwirtschaftlichen Ansatzpunkt für den steuerlichen Zugriff. Die Steuern sind „im Preis drin" oder werden „obendrauf geschlagen" (Versicherungsteuer, Grunderwerbsteuer). In beiden Fällen nimmt der Nachfrager die steuerliche Belastung mit dem Abschluß des Beschaffungsvertrages hin - was keine Aussage zur Überwälzung zuläßt. Belastet wird mithin die im Grenzpreis zum Ausdruck kommende Entgeltbereitschaft. Netto-Leistungspreis plus steuerliche Belastung ≤ Grenzpreis stehen sich nun direkt gegenüber. Mittelbar verknappen die genannten Steuern das Budget - anders formuliert: sie setzen seine Kaufkraft herab: eine Umsatzsteuer von 16% in Hundert hat zur Folge, daß ein Budget von 100,- € nur 86,21 € „wert" ist bzw. der Budgetgrenznutzen der marginalen Geldeinheit von 85,21 auf 86,21 höher ist als der ohne Besteuerung von der 99,- auf die 100,- Geldeinheit.

Stellt jedoch die steuerliche Belastung bereits auf die Entgeltbereitschaft ab und ist damit der Ja-/Nein-Beschaffungsentscheidung vorgelagert, dann handelt es sich um Verkehrsteuern. Die steuerliche Belastungsfähigkeit ist weder in der erworbenen Leistung noch in der Entgeltausgabe als Zahlung zu finden, so daß weder von Verbrauchsteuern noch von Konsumausgabensteuern die Rede sein kann. Im Gegensatz zur Besteuerungspraxis hat die Literatur zur Besteuerungstheorie den geplanten Vorgang „Leistung gegen Entgelt" nicht als Ort einer eigenen verkehrsteuerlichen Leistungsfähigkeit erkannt.

---

20 Vgl. Feess (1997) S. 274.
21 Zur rechnerischen Durchführung vgl. Lehmann (1975) S. 183-186.

Die Kenntnis des Märchens von des Kaisers neuen Kleidern erspart auch hier die Lektüre vieler Abhandlungen über den angeblichen Verbrauchsteuer-Charakter.

65. Vertragsabschluß und Preis

Nachdem der Abschnitt 64 die Entscheidungsabfolge bis zum Abschluß eines Beschaffungsvertrages aus nutzentheoretischer Sicht erläuterte, wird der Leser zum einen einwenden, daß er schwerlich Anlaß und die finanziellen Mittel habe, um an einer Kunstauktion teilzunehmen. Zum anderen biete zumindest hierzulande selbst der Einkauf eines Teppichs keine Gelegenheit, in Preisverhandlungen einzutreten, für die eine Vorstellung über den persönlichen Grenzpreis eine wichtige Entscheidungshilfe sei. Zum dritten sei auch die andere Problemformulierung wirklichkeitsfremd, daß zu einem gegebenen Preis die in einem Vorgang zu beschaffende Menge dadurch bestimmt werde, daß der (fallende) Grenzpreis für die letzte Mengeneinheit gleich dem Einkaufspreis sei. Die Beschaffung von lagerfähigen Gütern erfolge nach Kosten-Aspekten und erwarteten Preiserhöhungen, jedoch nicht nach dem fallenden Grenznutzen für eine in einem Vorgang zu beschaffende Gütermenge. Diese Situationsbeschreibung passe bestenfalls für den Einkauf von Herzkirschen Ende Juni und am Samstag!

Diese Einwendungen helfen allerdings nicht weiter, wenn die Entscheidungen über die Verwendung verfügbarer, jedoch knapper finanzieller Mittel erklärt werden sollen. Nachvollziehbare Entscheidungen des wirtschaftenden Handelns müssen sich einen Vorteil, einen positiven Saldo versprechen, wenn mit dem alltäglichen Abschluß eines gegenseitigen Vertrages die Berechtigung auf Erhalt der erwünschten Leistung „bezahlt" werden muß mit der Verpflichtung, den vom Anbieter geforderten Preis zu entrichten.

Außerhalb der Beschaffung für Betriebswirtschaften steht der Nachfrager im Regelfall nur vor der Ja/Nein-Entscheidung hinsichtlich der Preisforderung des Anbieters, der ihm häufig darüber hinausgehend auch noch das Akzeptieren von ihm einseitig formulierter, unverständlicher und kleingedruckter Vertragsbedingungen zumutet.

Der Preis ist kein Merkmal, keine Eigenschaft der Leistung, so daß die Formulierung „der Preis der Leistung" eine Wortsünde ist.[22] Was ein „Preis" ist, erscheint so selbstverständlich, daß bisweilen auf eine Definition überhaupt verzichtet wird.[23] Erst der Streit erzwingt die präzise Definition. Infolgedessen definieren wir: „Ein Preis ist der Geldbetrag im angebotenen bzw. dann im vertraglich vereinbarten Gegenverhältnis zur Leistung". Dieser Kennzeichnung liegen die folgenden Überlegungen zugrunde: Ein Geldbetrag (als Zustandsgröße) bzw. die Zahlung (eine Vorgangsgröße) sind neutrale Bezeichnungen und werden erst durch das jeweilige ökonomische Umfeld festgelegt als Preis, Finanzierung, Steuerbetrag, Zuwendung, Spende usw. Der Preis ist folglich ebensowenig eine Eigenschaft des Geldbetrages wie ein Merkmal der Leistung. Das spezifische Umfeld, das einen Geldbetrag zum Preis werden läßt, ist das rechtlich begleitete Gegenverhältnis zum Angebotenen. Das „Angebotene" umfaßt die Leistung und die Konditionen im Sinne der übrigen Vertragsmerkmale außerhalb von Preis und Leistung. Wenn der Anbieter beispielsweise die Transportkosten zu tragen anbietet, ist dies kein Merkmal der Leistung, sondern (nur) des Angebotenen. Stellt der Anbieter die Transportkosten dem Abnehmer in Rechnung, dann (weiter)berechnet er eine Nebenleistung. Bezalt der Abnehmer den Spediteur, dann hat dieser Dienstleistungspreis nichts mit dem Preis für die Sachleistung zu tun.[24]

Schließen wir diesen Abschnitt mit einer etwas ausführlicheren begrifflichen Beschreibung des Preises ab, die der Forderung nach dem rechtlich fundierten Gegenverhältnis in zwei Phasen entspricht: Ein Preis entsteht durch (1) die rechtliche Verknüpfung eines Leistungsangebots mit dem dafür geforderten Geldbetrag zunächst im Angebot und dann (2) im Vertragsabschluß als der Einigung zwischen dem Anbieter und einem Nachfrager.

---

22 Vgl. so z.B. Simon (1995) S. 5; Nieschlag/Dichtl/Hörschgen (1997) S.295, 297 („das Produktmerkmal Preis").
23 Vgl. so z.B. Meffert (1977); Wied-Nebbeling (1993); Handwörterbuch der Absatzwirtschaft (1974).
24 Anders Nieschlag/Dichtl/Hörschgen (1997) S. 298: „alle Kosten und Opfer aus der Sicht des Käufers werden als Preis aufgefaßt". D.h. die Autoren erweitern den Preis für die Leistung zu den sogenannten Anschaffungskosten in der Sprache des Bilanzierens.

66. Das Entstehen ökonomischer Werte

Wir hatten den Abschnitt 60 mit dem objektiven und mit dem subjektiven Wert begonnen. Beide Wertlehren sind einseitig. Das Entstehen der ökonomischen Werte wird von der objektiven Wertlehre mit dem Produktionsvorgang verbunden, ohne den Verwender des Produkts zu beachten. Die subjektive Wertlehre hingegen verbindet das Entstehen des Wertes mit dem Verwenden eines bereits vorhandenen Gutes zur Befriedigung eines konsumtiven Bedürfnisses, ohne den Produzenten zu beachten. Die Verwendung des Gutes wird zwar vorweggenommen im Sinne der Beurteilung der Eignung der Gütermerkmale für den beabsichtigten Zweck der Verwendung, jedoch ist damit noch nicht in das Blickfeld geraten, daß sich der Produzent mühen muß. Wird der so konzipierte erwartete Nutzen mit dem Abschluß des Kaufvertrages verknüpft, dann folgt der Fehlschluß, daß der zu zahlende Preis den erwarteten Nutzen - zumindest aus der Grenzeinheit - mißt. Der subjektive Wert verschmilzt so mit dem Preis.

66.1 Der Problembereich und seine Eingrenzung

Unsere Aufgabe besteht darin, das Entstehen der ökonomischen Werte zu erklären angesichts
a) der beiden Beteiligten: Produzent und Abnehmer,
b) der beiden ökonomischen Größen: Produkt und Preis, und
c) der drei Phasen: Vertragsabschluß, Vertragserfüllung und Verwendung des erhaltenen Produkts.

Absichtlich haben wir Grenzpreis, Preis und seine Zahlung vorweg behandelt, um sie hier für das Erklären der Wert-Entstehung auszuschalten. Die Literatur hingegen verankert mit dem Preis sowohl das „Entstehen des Ertrages" - obgleich es sich nur um den rechnerischen Ausweis des Umsatz-Ertrages in der Finanzbuchhaltung handelt[25] - als auch die Rechnung zur Ermittlung der „Wertschöpfung".[26] Der entschiedene Widerspruch dagegen, das Wert-Problem auf der Preis-Seite anzusiedeln und sich dann mit Hilfe von Verquickungen das weitere Nachdenken einzusparen, hat zur Folge,

---

25 Vgl. dazu Lehmann/Moog (1996) S. 311-327.
26 Vgl. den nachfolgenden Abschnitt 67.

daß wir die Wert-Entstehung ausschließlich auf Seiten der Leistung erklären müssen.

Der Grundgedanke liegt nahe, daß Anbieter und Nachfrager zusammen das Entstehen ökonomischer Werte bewirken müssen: das ist die logische Folge aus der personalen Trennung von Leistungserstellung und Leistungsverwendung, die wir als externe Arbeitsteilung definiert hatten.

Mit dem nächsten Schritt schalten wir die Verwendung des Produkts durch den Abnehmer aus. Sie verwirklicht bei planmäßigen Ablauf den erwarteten Nutzen, was sich dem zuvor entstandenen ökonomischen Wert als Phase anschließt. Darin liegt die Andeutung, daß sich bei den Dienstleistungen das Entstehen des Wertes und das Verwirklichen des Nutzens nicht trennen lassen, weil die Verselbständigung zur speicherfähigen Verwendbarkeit, repräsentiert von dem produzierten Gut (= Produkt) fehlt.
Die nächste Eingrenzung scheidet die Phase der Vertragserfüllung aus. Sie ist beim Kaufvertrag der Vorgang der Sachleistung: eine ausschließlich nur rechtliche Transformation, die naheliegenderweise nicht den ökonomischen Wert entstehen lassen kann (vgl. Abschnitt 52.3).

Somit verbleiben in dem mit a) bis c) abgesteckten Bereich nur: Produzent und Abnehmer, Produkt und Vertragsabschluß. Positiv formuliert: für das Entstehen des ökonomischen Wertes müssen die leistungswirtschaftliche Aktivität zum Produkt seitens des Anbieters mit der vertraglichen Verpflichtung zur Abnahme der Leistung seitens des Nachfragers, d.h. es müssen die „Wertfundierung" des Produzenten und die „Wertabsicherung" des Nachfragers zusammenkommen.

Die Zusammenhänge werden vorab in ein erzählendes Umfeld eingebettet, um das Entstehen ökonomischer Werte aus dem wirtschaftenden Handeln von Anbieter/Leistendem und Nachfrager/Verwender zu erklären.

66.2 Die Geschichte von der Wert-Entstehung in der Küche

Über das Entstehen von ökonomischen Werten durch das wirtschaftende Handeln in der arbeitsteiligen Volkswirtschaft findet man in den Lehrbüchern nichts. Für die Erklärung, wie der zentrale Vorgang „Leistung gegen

Entgelt" zustande kommt, benötigt man jedoch Überlegungen, wie die ökonomischen Werte entstehen.

Wir hatten beiläufig die Arbeitsteilung dahingehend (um)definiert, daß Leistungserstellung und Leistungsverwendung sich auf zwei Zuständigkeiten verteilen, d.h. auf zwei Personen oder zwei Wirtschaftseinheiten oder auf eine Person und eine Wirtschaftseinheit. In diesem Sinne benötigen wir zwei Personen in unserer Geschichte, die zudem - für die Arbeitsteilung kennzeichnend - über verschiedene ökonomisch relevante Fähigkeiten verfügen: Sie hat das Kochen gelernt und Er hat Hunger.

1. Phase: Wertbegründung
Er steht hungrig in der Küche und läßt die Blicke nach etwas Eßbarem umgehen. Er hat Vorstellungen von der Eignung verschiedener Speisen, wie sie ihm schmecken und seinen Hunger stillen würden. Indessen fehlen ihm die fertigungstechnischen Kenntnisse, um sich etwas Eßbares herzurichten. Sein *Interesse* begründet den Wert des (noch) nicht vorhandenen Essens.

2. Phase: Werterwartung
Sie hingegen hat Vorstellungen, was sie aus den vorhandenen Beständen unter Berücksichtigung ihrer Kochkünste und seinen Vorlieben *anbieten* kann. Dementsprechend erwartet sie, daß ein von ihr hergerichtetes Essen für ihn „Wert" hat angesichts seines geäußerten Verwendungszwecks.

3. Phase: Wertabsicherung
Begeistert geht Er auf ihr Angebot „Rührei mit Bauernbrot" ein. Er stellt damit sicher, daß das Ergebnis ihres sich anschließenden Bemühens einen Nachfrager und dankbaren Abnehmer findet, mithin der Wert des Ergebnisses ihrer Arbeit abgesichert ist.

4. Phase: Wertfundierung
Sie erstellt nun die - in diesem Fall vorab abgesprochene - Leistung. Der von ihr geplante und dann durchgeführte *Produktionsprozeß*, mithin ihr leistungswirtschaftliches Bemühen fundiert das Entstehen des ökonomischen Wertes. Angesichts der gesicherten Abnahme des Produkts „Rührei" ist die *Wert-Entstehung* mit dem Abschluß des Herrichtungsvorgangs/der Leistungs-Erstellung *abgeschlossen*.

Sein Nahrungswunsch veranlaßt sie zur Wertfundierung im Wege des von ihr betriebenen Produktionsvorgangs, jedoch ohne seine Zusage auf Abnahme wäre ihr Bemühen „wertlos", d.h. es käme die Wert-Entstehung nicht zustande. Was damit entschieden betont werden soll: die leistungserstellende Aktivität des Anbieters benötigt die wertabsichernde Zusage des Nachfragers, die Leistung abzunehmen. Die Aktivität nur des einen schafft allein keinen ökonomischen Wert im arbeitsteiligen Wirtschaften.

Die „*objektive Wertlehre*" sieht nur die Produktion des Anbieters und versteht den „Wert" als dem Produkt verbunden. Die „*subjektive Wertlehre*" geht von den vorhandenen Produkten/Gütern aus und versteht den „Wert" ausschließlich aus der Sicht des Verwenders des Gutes, der dadurch den Nutzen (z.B. aus dem Stillen des Hungers) verwirklicht. Beides sind „einseitige" Ansichten, indem sie das Entstehen des wirtschaftlichen Wertes ausschließlich entweder dem Produzenten *oder* dem Verwender zurechnen. Auf diese Weise wird das notwendige Zusammenwirken von Anbieter und Nachfrager für das Entstehen ökonomischer Werte gar nicht erkannt. Der Vorgang „Leistung gegen Entgelt", der mit dem Abschluß des zweiseitigen Vertrages beginnt, steht beziehungslos zwischen der „objektiven Wertlehre" zugunsten des Anbieters und der „subjektiven Wertlehre" zugunsten des Nachfragers.

66.3 Das Entstehen ökonomischer Werte in der Entgeltwirtschaft

Leistungserstellung und Wert-Entstehung fallen bei Robinson in einer Person und in einem Vorgang zusammen. Die externe Arbeitsteilung hingegen führt zur Trennung in Anbieter/Leistungs-Ersteller und Nachfrager/Leistungs-Abnehmer/-Verwender; einer allein von den beiden bringt es nicht zuwege, daß ein ökonomischer Wert entsteht: a) eine erstellte Leistung ohne Abnehmer/Verwender ist wertlos, und b) eine nachgefragte Leistung ohne Leistenden bleibt ein unerfüllter Wunsch.

Folglich müssen bei externer Arbeitsteilung zwei Aktivitäten zusammenkommen, damit ein ökonomischer Wert entsteht: Der Anbieter ist leistungswirtschaftlich tätig und der Nachfrager sichert mit dem Abschluß des Vertrages die Abnahme der Leistung zu - das hat ersichtlich nichts mit dem Entgelt zu tun! Die genaue Analyse der ökonomischen Wert-Entstehung unterscheidet vier Komponenten, geordnet nach den beiden Seiten und den beiden Ebenen „abstrakt" und „konkret".

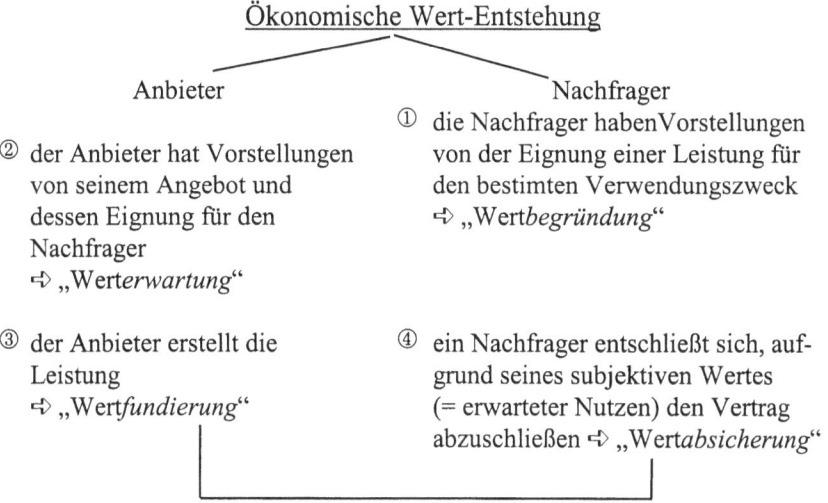

beide Vorgänge ③ und ④ sind notwendig, damit der ökonomische Wert entsteht und dies folglich mit dem Abschluß des <u>später</u> liegenden Vorgangs ④ vor ③ oder ④ nach ③

Wenn dann die Leistung vom Nachfrager wie geplant verwendet wird und der Zweck wie beabsichtigt verwirklicht wird und das Bedürfnis wie erwartet befriedigt wird, dann sprechen wir vom verwirklichten Verwendungs-Wert/spezifisch vom realisierten (konsumtiven) Nutzen.

Es gibt also die Abfolge:
(1) die Vorstellungen des Nachfragers über den erwarteten Nutzen führen zu seinem *subjektiven Wert,*
(2) die Alternativen des Nachfrages und seine Budgetknappheit bestimmen seinen *Grenzpreis,*
(3) die Konstellation Grenzpreis größer Preis veranlaßt den *Abschluß* des Beschaffungsvertrags,
(4) die damit verbundene *Wertabsicherung* führt zur *Wert-Entstehung* für ein bereits vorhandenes Produkt bei Marktfertigung bzw. mit Abschluß der Produktion bei auftragsabdeckter Fertigung,
(5) nach Erfüllung des Kaufvertrages im Wege der Sachleistung führt die Verwendung des Gutes zum *verwirklichten Wert/Nutzen.*

Ein Blick auf das zeitliche Verhältnis der vier Komponenten der ökonomischen Wert-Entstehung ergibt vier Fall-Konstellationen aus

② Wert-Erwartung   ① Wert-Begründung
③ Wert-Fundierung   ④ Wert-Absicherung

① vor ②: der Anbieter muß das Interesse der Nachfrager entdecken und das Angebot zuwege bringen
② vor ①: der Anbieter hat Produkt-Ideen und muß die Nachfrager dafür finden
③ vor ④: Fertigung auf Verdacht/"Marktfertigung" setzt speicherfähige Verwendbarkeit der erstellten Leistungen voraus
④ vor ③: „auftragsabgedeckte Fertigung"

mit Kundenwunsch-Bindung: Fertigung/ Leistungs-Erstellung erst nach Eingang des Auftrags:typisch für Dienstleistungen   ohne spezifische Wünsche

67. Verschiedene Sachverhalte mit der Bezeichnung „Wert" und das sachlich-zeitliche Verhältnis der Begriffe

Wir müssen unterscheiden:
A. die Wert-Entstehung, d.h. das Entstehen ökonomischer Werte, indem eine Leistungs-Erstellung einen Abnehmer hat ⇨ beide wirken mit
B. die Wert-Verwirklichung, d.h. das Entstehen von Nutzen, indem ein Bedürfnis durch die Verwendung der Leistung befriedigt wird,
  ⇨ die Wert-Verwirklichung erfolgt ausschließlich beim Leistungs-Verwender
C. der Ertrags-Ausweis in der doppelten Buchhaltung des Entgelt-Empfängers
D. die Wert-Schöpfung im üblichen Verständnis der Literatur, indem vom Entgeltbetrag die Anschaffungspreise bestimmter Vorleistungen abgezogen werden, d.h. die Wertschöpfung i.ü.S. ist ein Rechensaldo = Brutto-Erfolg
  ⇨ die Wertschöpfung liegt ausschließlich beim Entgelt-Empfänger!
Frage und Aufgabe:
In welchem sachlich-zeitlichen Verhältnis stehen die vier Begriffe?

Das sachlich-zeitliche Verhältnis der Begriffe

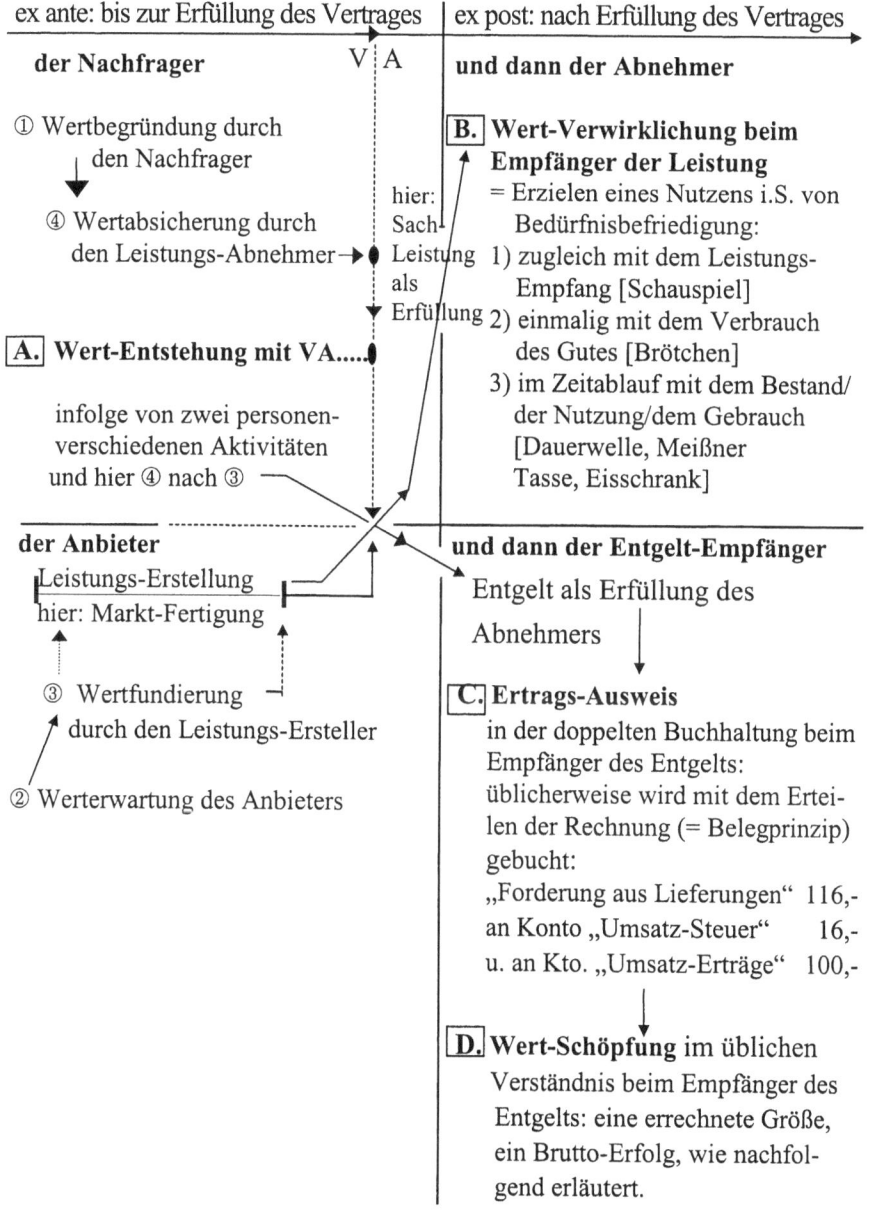

Frage und Aufgabe:
In welchem sachlich-zeitlichen Verhältnis stehen die vier Begriffe?

Für das *zeitliche* Verhältnis verwendet die vorangegangene Übersicht den Ablauf nach rechts. Infolgedessen ist die Wert-Entstehung auf der linken Seite zu finden, weil sie mit dem Zusammenkommen von erstellter Leistung - hier: ein Gut/Produkt - und Vertragsabschluß - folglich hier: Marktfertigung/Fertigung auf Verdacht - als erstes vorausgeht.

Das *sachliche* Verhältnis wird durch den Nachfrager/dann Abnehmer auf der oberen Blatthälfte und durch den Anbieter/dann Leistenden auf der unteren Hälfte vertreten. Auf diese Weise erkennt der Leser sofort, daß das Entstehen ökonomischer Werte durch das Zusammenwirken der beiden Teilnehmer nichts mit der sogenannten Wertschöpfung im üblichen Verständnis zu tun hat. Diese steht rechts unten: sie knüpft an das vom Leistenden erzielte Entgelt rechnerisch an. Da der Preis/das Entgelt keinen folgerichtigen Zusammenhang hat mit dem von der erstellten Leistung vermittelten Wert für den Abnehmer, ist die „Wertschöpfung" lediglich eine Brutto-Erfolgsgröße.

Das Verhältnis der Wert-Entstehung zur Wertschöpfung

Wir verbuchen hier bereits den Abschluß des Absatzvertrages (erfolgsneutral), um die Entpflichtung infolge der Erfüllung/das Erlöschen der Leistungsschuld als Quelle des Ertragsausweises aufzuzeigen. Üblicherweise wird erst und nur zu (2) „Forderung an Ertrag" gebucht, obgleich die Entgeltforderung bereits seit Vertragsabschluß besteht.

Wert-Entstehung (WE):   Wertschöpfung (WS):
eine Einzelfall-Betrachtung   eine Perioden-Betrachtung

Wertabsicherung mittels
Vertragsabschluß
   ↓
   Wert-Entstehung
       ↑
   Wertfundierung
   mittels Leistungs-Erstellung ► Erfüllung
                                     ↓
Verbuchung (erfolgsneutral):   Verbuchung (folglich):
(1) Entgelt-Forderung an Leistungs-   (2) Leistungs-Verpflichtung an Ertrag,
    Verpflichtung   daran knüpft die übliche Wertschöp-
                                                   fungsrechnung an:

Feststellungen:
1. die WE als Prozeß endet mit dem   Σ Umsatz-Erträge der Periode
   später liegenden Zeitpunkt von   ± Bestandsveränderungen bei den HF, FF
   Leistungs-Erstellung oder Ver- | selbsterstellte Anlagen
   tragsabschluß;   ./. Roh-, Hilfs- und Betriebsstoffe
2. die WS hingegen schließt an die   ./. Abschreibungen
   Preise/Entgelte der vollzogenen   ./. Entgelte an wertschöpfungsrechnende
   Verträge an;   Wirtschaftseinheiten (Dienstleistungen,
3. die WE liegt „ex ante", die WS   Mieten, Zinsen, Lizenzen)
   liegt „ex post" in bezug auf die   = Wertschöpfung, sie ist die Summe aus:
   Entgelt-Einnahme   Lohnzahlungen
   (= Verbuchung „an Ertrag");   andere Entgelte an nicht-wertschöp-
4. die Berücksichtigung der   fungsrechnende Einheiten (Mieten,
   Bestandsveränderungen bei den   Zinsen und Lizenzen „an privat")
   HF und FF und der selbsterstellten   Steuern
   Anlagen ist ein Übergriff in die   Gewinn
   „Wert-Entstehung", weil dieser   ↓
   „Produktions-Ertrag" noch kein   Ermittlung der WS ⇨ ex post
   Markt-Ertrag/Umsatz-Ertrag ist;

5. die Wertschöpfung hat entgegen ihrem Namen keinen Bezug zum Entstehen von ökonomischen Werten im Sinne von wertabgesicherten erstellten Leistungen;
6. während der Verwendungs-Wert mit der Leistung verbunden ist, geht die Wertschöpfungsrechnung von den erzielten Preisen/Entgelten aus und rechnet die Entgeltausgaben für bestimmte Einsatzleistungen als „Vorleistungen" ab;
7. es wird eine Brutto-Erfolgsrechnung/Brutto-Gewinnermittlung durchgeführt, die zur wie immer konzipierten Wertschöpfung mittels Leistungs-Erstellung nichts besagt;
8. wofür die WS-Rechnung taugen soll, wird nicht erklärt; vielmehr wird die errechnete Größe als aussagefähig (über nicht Gesagtes) unterstellt und vorgegeben;
9. zusammenfassend gekennzeichnet, handelt es sich bei der WS im üblichen Verständnis um eine Brutto-Erfolgsrechnung, die ex post, pagatorisch und periodisch erfolgt.
10. Die WS-Rechnung erweist sich damit als ungeeignet für die Anknüpfungen, die im ökonomisch-politischen Bereich vorgenommen werden. So wird beispielsweise eine „Wertschöpfungsteuer" propagiert oder staatliche Vergünstigungen sollen mit der Wertschöpfung eines Unternehmens verkoppelt werden.

Undurchsichtig ist das Verhältnis zwischen der beschriebenen Wertschöpfung und der sogenannten Wohlfahrt: Ein hoher Preis steht für entsprechend hohe Wertschöpfung im üblichen Verständnis. Muß der Preis infolge Wettbewerbs gesenkt werden, wird die Wertschöpfung des betrachteten Unternehmens geringer.[27] Der Wert der Leistung für den Käufer bleibt davon unberührt, und für die eingesparte Preisdifferenz kann er sich zusätzlich Leistungen beschaffen. Wettbewerb, beschafftes Leistungsvolumen und verwirklichter konsumtiver Nutzen sind für den privaten Haushalt gleichgerichtet positiv verknüpft. Die sogenannte Volkswohlfahrt ist bei Wettbewerb höher, während die Wertschöpfung insgesamt (in etwa) gleichbleibt, wenn die eingesparten Preisdifferenzen als anderweit ausgegeben angesetzt werden.

---

27 Bei Mankiw (2001) S. 161 steigt entsprechend die pagatorische Konsumentenrente des bzw. der Käufer. Daraus ersieht der Leser, daß die „Wertschöpfung" ein wertloses Konstrukt ist.

70. Die Teilnahme des Anbieters am Markt

Trennt die externe Arbeitsteilung, so folgt ihr auf dem Fuße die Aufgabe, wie sich Angebot und Nachfrage zusammenfinden. Diese im Abschnitt 71 in den Mittelpunkt gerückte Frage veranlaßt im Sinne der Geschichte dieses Problems, mit der Preissetzung im Monopol und im unvollkommenen Polypol fortzufahren: Abschnitt 72 und 73. Deren Preis-Absatzmengen-Zusammenhänge sind wegen des rechnerischen Vorgehens bzw. wegen der ungleichen Mengenreaktionen bei gleichen Preisdifferenzen von nicht erschöpfbarem Erklärungsgehalt. Die Teilnahme des Anbieters am Markt wird mithin von der Mikroökonomie her entwickelt und nicht als Abfolge seines Rechnens, Planens und Handelns.

Die zur Preistheorie reduzierte mikroökonomische Absatztheorie bietet die Grundlage, um den Ausbau zur betriebswirtschaftlichen Absatzwirtschaft vorzuführen und diese zu kennzeichnen: Abschnitte 74 und 75.

Verstehen wir unter der Absatzpolitik den Einsatz der sogenannten absatzpolitischen Instrumente, dann bietet sich eine erste Zweiteilung dahingehend an, ob das einzelne Instrument zum Bestandteil bzw. zum Merkmal des Vertragsangebotes wird oder (nur) den vorgelagerten Möglichkeitsbereich der Angebotspolitik betrifft. Die zweite Aufteilung bezieht sich auf die erste Gruppe der vertragsbezogenen absatzpolitischen Instrumente und folgt dem Vertragsangebot als dem Gegenverhältnis von Leistungsangebot i.w.S. zum geforderten Entgelt bzw. Preis. Damit bieten wir dem Leser eine sachlogische Struktur der absatzpolitischen Instrumente: Abschnitt 76 und 77.

Das erwähnte Gegenverhältnis wird in der Literatur als Preis-Leistungsverhältnis bezeichnet. Das darf nicht zu der Vorstellung eines angemessenen oder äquivalenten Preises verleiten, sondern ist als das Ergebnis der Abwägungen und Rechnungen des Anbieters zu verstehen, mit Hilfe der Absatzwirtschaft Erfolg zu erwirtschaften. Die betriebswirtschaftliche Preisrechnung für eine Mehrzahl gleicher (oder ähnlicher) Vertragsangebote „verdurchschnittlicht" zwangsläufig zu aus der Sicht des Anbieters optimalen Angebotsbedingungen, die einerseits die Nachfrager Konsumentenüberschüsse erzielen lassen und die andererseits nicht auf „angemessene Preise" festgelegt sind: Abschnitt 78.

Sowohl die Teilnahme des Nachfragers als auch des Anbieters am Markt sind ihrer zwangsläufigen Kürze wegen nur „strukturierte Skizzen", um den Weg der beiden hin zu dem alltäglichen Vorgang „Leistung gegen Entgelt" zu erklären.

71. Das Zusammenfinden von Angebot und Nachfrage

Wir hatten das wechselseitige Bedingungsverhältnis zwischen der externen Arbeitsteilung und der Existenz von Märkten im Abschnitt 36 behandelt und sogleich die Notwendigkeit des Rechts der zweiseitigen Verträge angefügt. Diese Zwangsläufigkeiten sind zwar unmittelbar einsichtig und werfen doch die Frage auf, wie die von der externen Arbeitsteilung hervorgerufene Trennung überwunden wird mittels Vereinbarungen zwischen Anbietern und Nachfragern. Der Abschnitt 71 wendet sich diesem Zusammenfinden von Angebot und Nachfrage zu und bedient sich der „Brücke" als Sinnbild, auf der sich dann fallweise der Anbieter mit dem Nachfrager zum Abschluß des Vertrages und zu seiner Durchführung trifft.

In der Geschichte der ökonomischen Lehrmeinungen haben wir vier Beiträge zur Erkenntnis und Erklärung des Geschehensablaufes in der Entgeltwirtschaft vorgefunden, die jedoch nicht zu einem Funktionsablauf zusammengefügt wurden. Der zugehörige, von Cournot auch rechnerisch behandelte Preis-Absatzmengen-Zusammenhang leitet über zur betriebswirtschaftlichen Sicht der Teilnahme des Anbieters an seinem Absatzmarkt.

71.1 Die Brücke als Sinnbild der Entgeltwirtschaft

Die externe Arbeitsteilung hatten wir beschrieben als die zwischen Wirtschaftseinheiten aufgeteilte Erledigung einer gemeinsamen Aufgabe des Wirtschaftens. Von unserer Zweiteilung des Wirtschaftens her in das Erstellen und das Verwenden von Leistungen liegt es nahe, die Arbeitsteilung dahingehend zu kennzeichnen, daß das Erstellen von Leistungen einerseits und das Verwenden von Leistungen andererseits sich auf zwei Zuständigkeiten verteilen, die bei der externen Arbeitsteilung zugleich auch zwei Rechtszuständigkeiten sind. Das „Verwenden" läßt offen, ob es sich um

71. Das Zusammenfinden von Angebot und Nachfrage

produktiven oder konsumtiven Verbrauch, Gebrauch, Nutzung oder Weiterveräußerung handelt.

Der arbeitsteiligen Trennung folgt zwangsläufig das Problem nach, wie sich denn Anbieter und Nachfrager finden. Diesen komplexen Prozeß möchten wir mit Hilfe des Bildes einer Brücke beschreiben, die sich über den unpassierbaren Strom der Interessengegensätze wölbt, so daß trotzdem die Leistung bzw. das Entgelt jeweils auf die andere Seite gebracht werden können. Anders formuliert: Das Bild der Brücke steht für die interessen-veranlaßte Überwindung der interessen-gegensätzlich begründeten Trennung zwischen Anbieter und Nachfrager.

Für die Erklärung unterscheiden wir zunächst im Bild der Brücke und dann im übertragenen Sinne des Wirtschaftens:
① das bautechnische „Prinzip Brücke",
② die einbogige Brücke selbst,
③ ihr Geländer.
   Mit ihrer Existenz ermöglicht sie das tatsächliche Geschehen:
④ das Zusammentreffen von Anbieter und Nachfrager sowie
⑤ den Austausch von Leistung gegen Geld.

Auf das ökonomische Problem übertragen, bedeutet dies:
① Das „Prinzip Brücke" deckt sich mit der im Abschnitt 66.3 beschriebenen ökonomischen Wert-Entstehung vorab im noch abstrakten Raum: „Wert-Begründung" auf Seiten der Nachfrager folgt aus deren Bedürfnissen und im Hinblick auf Leistungen, deren Verwendung als geeignet zur Befriedigung angesehen werden.
„Wert-Erwartung" auf Seiten der möglichen Anbieter drückt die Vorstellungen aus, daß das ins Auge gefaßte Angebot das Interesse von Nachfragern finden wird.

② Die „Existenz der Brücke" erwächst aus ihren beiden Pfeilern. Den vom Anbieter zu errichtenden Pfeiler und Halbbogen der Nachfrageseite entgegenbauend hatten wir im Abschnitt 22.8 konzipiert: der mit der Erstfinanzierung beginnende und als Stufenabfolge aufsteigende Betriebsprozeß/ Realprozeß mit dem Zweck, Entgelt-Einnahmen zu erwerben, führt zum Absatzprogramm und zur Leistungsbereitschaft. Damit wird zugleich das Risiko angesprochen, d.h. die Gefahr des Mißlingens infolge des sachlich-zeitlichen Voraus des Handelns, bevor die Vorgänge „Leistung gegen Entgelt" stattfinden können.

Auf Seiten der möglichen Abnehmer muß sich deren Interesse für bestimmte Leistungen soweit konkretisieren, daß sie ihre allgemeine Entgeltbereitschaft auf die Beschaffung dieser Leistungen hin festlegen, d.h. planend widmen.

Der Zusammenschluß der Pfeiler zum tragfähigen Brückenbogen jedoch wird erst vom Recht des zweiseitigen Vertrages bewirkt. Die vom Recht geschaffene Möglichkeit, die Absicht des Anbieters und die Absicht des Nachfragers als zwei übereinstimmende Willenserklärungen *im Abschluß des Vertrages zu verbinden, ist der Schlußstein im Bauwerk.* „Angebot" und „Nachfrage", die aufeinander bezogenen Brückenpfeiler, werden erst mit Hilfe der Einfügung des „Vertragsabschlusses" zu einem funktionsfähigen Gesamt.

③ Das „Brückengeländer", das die tatsächliche Nutzung der Brücke lenken und sichern soll, steht für die Aufgabe des betriebswirtschaftlichen Rechnungswesens: die betriebswirtschaftliche Preisrechnung – vgl. Abschnitt 78 – unterstützt die auf dem Absatzleistungsprogramm aufbauende Angebotsplanung. Sei es für generelle Offerten, sei es für das einzelfallweise Vertragsangebot: rechnerisch geht es um das Verhältnis des Angebotenen zum geforderten Entgelt – vgl. dazu Abschnitt 76.3.

④ Sind das Leistungsangebot und die kauffähige Nachfrage sowie das Vertragsrecht als die generellen Voraussetzungen gegeben, dann treffen nun der Anbieter und der Nachfrager im Einzelfall des handlungsbedingten Geschehens zusammen zwecks fallweisem Vertragsabschluß. Mit ihm wird für jeden Partner die erstrebte Berechtigung mit der hinzunehmenden Verpflichtung verkoppelt.

⑤ Der Vollzug des Vertrages dann - seine Erfüllung - läßt die Leistung[1] in den Zuständigkeitsbereich des Nachfragers und umgekehrt den Geldbetrag des Entgelts in den Zuständigkeitsbereich des Anbieters wechseln. Unter ④

---

1 Der Vertragsabschluß unter ④ war im Abschnitt 66.3 als „Wert-Absicherung" und das Erstellen der Leistung als „Wert-Fundierung" bezeichnet worden im Sinne der Wert-Entstehung auf der konkreten Ebene.

71. Das Zusammenfinden von Angebot und Nachfrage

Das Bild der Brücke steht für die Überwindung der Trennung und damit als Schaubild für die Entgeltwirtschaft

Die Arbeitsteilung und Spezialisierung zwischen den Wirtschafts-Einheiten erzwingt die Vorgänge „Leistungen gegen Entgelt"

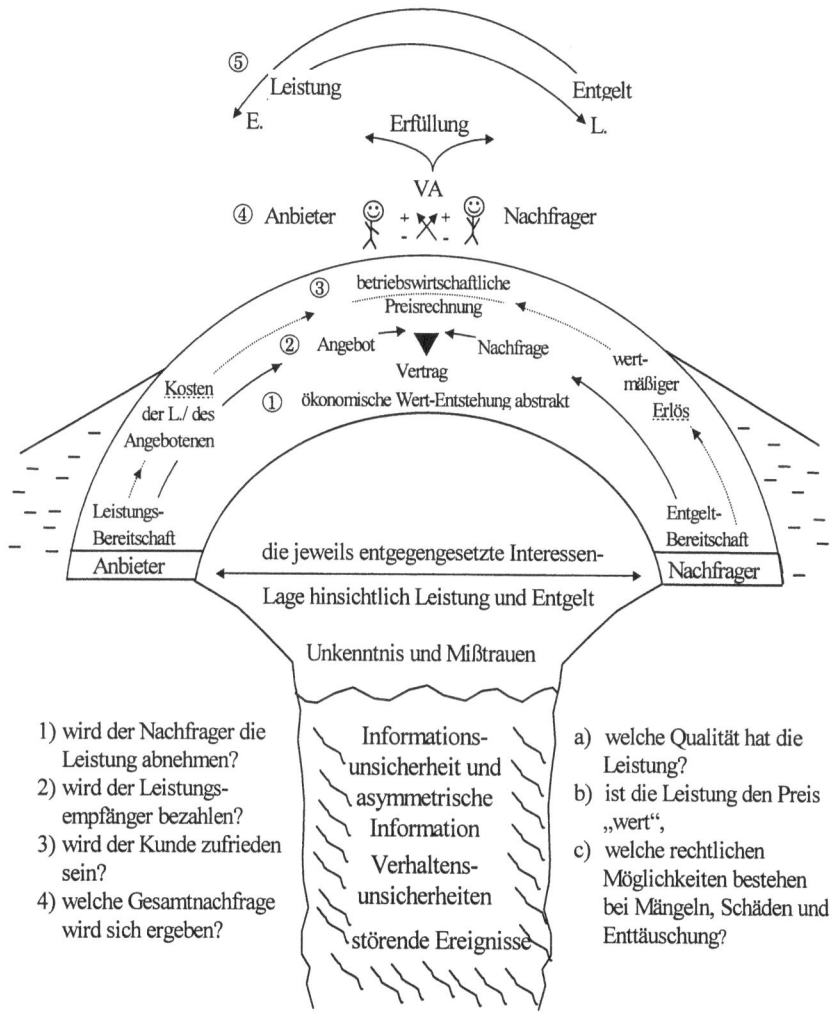

erfolgte das Zusammentreffen mit der rechtlichen Absprache, und unter ⑤ erfolgen nun die „Transporte" über die Brücke gemäß Vereinbarung.

Kurze Erklärung der in der Graphik verwendeten Ziffern:
① das abstrakte Entstehen ökonomischer Werte ist das „Prinzip Brücke",
② die generelle Verwirklichung ist das Zusammenkommen von Angebot und Nachfrage mit dem Schlußstein „zweiseitiger Vertrag",
③ im Rahmen der Angebotsplanung konkretisiert die betriebswirtschaftliche Preisrechnung das Verhältnis des Leistungsangebots i.w.S. zum geforderten Entgelt,
④ die fallweise Verwirklichung ist dann das Zusammentreffen von Anbieter und Nachfrager mit dem Vertragsabschluß (VA): die gegensätzlichen Interessen werden mit der Vereinbarung zu Rechten und Pflichten zusammengeschnürt,
⑤ die Erfüllung/Durchführung läßt Leistung und Entgelt wechseln.

Arbeitsteilung bedeutet Trennung. Die Wirtschaftswissenschaften bemühen sich infolgedessen zu erklären, wie die ökonomischen Werte aus dem Handeln zwischen den Menschen entstehen, wie die dementsprechende Verteilung des (Volks-)Einkommens auszusähen hätte, wie sich die Preise bilden und in welcher Beziehung sie zu den Werten stehen.

Zur Erklärung des Zustandekommens des Vorgangs „Leistung gegen Entgelt", der die Trennung aus der Arbeitsteilung überwindet, und damit zur Einbettung in das vorbereitende Wirtschaften mit Information, Rechnen, Planen und Entscheiden ist es notwendig, den Abschluß des zweiseitigen Vertrages einzubeziehen. Wir haben ihn als Schlußstein zwischen Angebot und Nachfrage bezeichnet. Er steht als Aktivität des Nachfragers mit der Aufgabe der Wertabsicherung der leistungswirtschaftlichen Aktivität des Anbieters gegenüber und nur mit Hilfe dieser beiden Aktivitäten kann das Entstehen von Werten in der Entgeltwirtschaft erklärt werden. Aus betriebswirtschaftlicher Sicht verbindet der Vertragsabschluß zwischen dem damit abschließenden Planen und dem damit beginnenden Absatzvorgang für Betriebsleistungen.

71.2 Wegweisende Erkenntnisse zur Gegenseitigkeit von Leistung und Entgelt und ihr Aufgehen in der Absatzwirtschaft eines Unternehmens

Die Erklärung der Vorgänge „Leistung gegen Entgelt" ist mit ihren beiden Komponenten und mit deren Gegenläufigkeit in der Geschichte der ökonomischen Lehrmeinungen mit unterschiedlicher Betonung behandelt worden. In dieser Hinsicht möchten wir zu einer knappen Skizze zusammenstellen:

① Die Arbeitsteilung: die aufgeteilte Erledigung einer gemeinsamen Aufgabe
Adam Smith 1776
Die Aufteilung zwischen den Wirtschaftseinheiten hat einerseits die kostengünstige Produktion und andererseits die Leistungsabgabe gegen Entgelt zur Folge.

② Der Angebotspreis und die abgesetzte Menge: die optimierende Preisrechnung
Antoine Augustin Cournot 1838
Die alternative Preissetzung des Anbieters und die abgesetzte Menge als Reaktion der Nachfrager werden als Funktion verknüpft. Sie wird als planerische Vorwegnahme durch den Anbieter verstanden und als Erlösfunktion rechenbar gemacht. Die Preis-Optimierungsrechnung steht für die Orientierung am Markt und am Bruttoüberschuß anstelle der Orientierung an der Produktion und an ihren Kosten.

③ Der subjektive Wert der Leistung für den Nachfrager
Carl Menger 1871, Leon Walras, William Stanley Jevons
Die Merkmale eines verfügbaren Gutes werden hinsichtlich ihrer Eignung beurteilt, ein Bedürfnis zu befriedigen. Zeitlich vorverlagert wird daraus die Vorstellung vom subjektiven Wert der erst noch zu beschaffenden Leistung, der somit die Entscheidung (mit)bestimmt, den Vertrag abzuschließen. Der später verwirklichte Nutzen aus der Verwendung der beschafften Leistung ermöglicht den „Soll-Ist-Vergleich" als Lernprozeß.

Die erlösrechnerische und planerische Vorwegnahme durch den Anbieter folgt aus dem von ihm verfolgten Zweck, Entgelt-Einnahmen zu erzielen.

④ Die Doppik der rechnerischen Erfassung der Absatzvorgänge
Luca Pacioli 1494
Zur abbildenden Dokumentation kommt mit der Doppik die auswertende Erfolgsermittlung hinzu. Der Buchungssatz „Forderung an Umsatz-Ertrag" trennt den Vermögensaspekt und den Erfolgsaspekt des Vorgangs, daß die Leistung in Erfüllung und Tilgung der Leistungsschuld an den Vertragspartner erbracht wird.

Die nachfolgende Übersicht fügt die Erkenntnisse ① bis ④ zusammen, um einerseits ihre Beziehungen untereinander aufzuzeigen und um andererseits die betriebswirtschaftliche Absatzwirtschaft anzufügen. Auf diese Weise kann die Abfolge der Abschnitte 72 bis 78 zugeordnet werden.

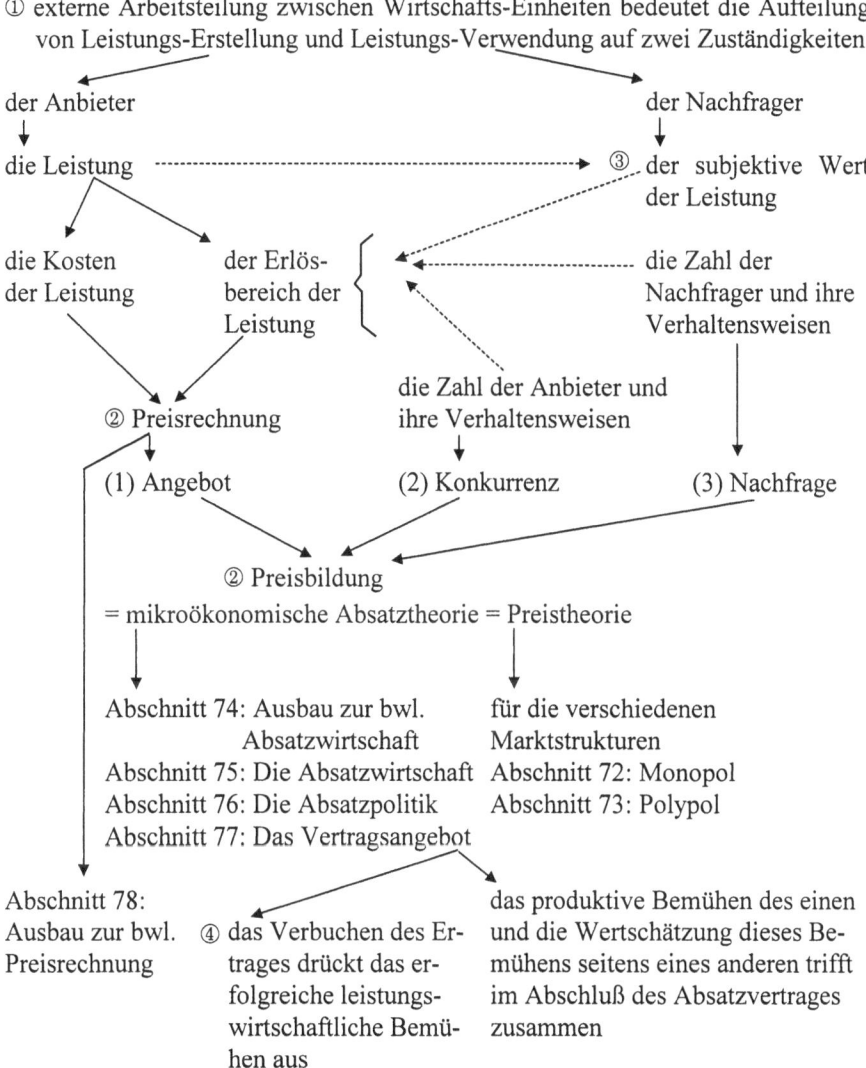

72. Das Monopolpreis-Modell von Cournot

Ein Anbieter, der glücklicherweise keine Konkurrenten hat, orientiert seine für alle Nachfrager einheitliche Preisforderung ausschließlich an den vermuteten Reaktionen der vielen möglichen Abnehmer seiner Leistungen. Diese einfache Ausgangssituation bedarf einer weitergehenden Beschreibung, wenn sie in rechenbare Zusammenhänge formuliert werden soll; vgl.

Abschnitt 72.1. Abweichend von der literaturüblichen Darstellung benötigen wir zwei rechnerische Durchgänge - vgl. Abschnitt 72.2 - mit entsprechend zweimaliger Preisrechnung für das Beispiel: vgl. Abschnitt 72.3.

72.1 Der ökonomische Sachverhalt und seine Umsetzung in das Monopolpreis-Modell von Cournot

Auch ein Anbieter, der keine Konkurrenten hat, muß abwägen, welchen Preis er von seinen Nachfragern fordert. Diese Frage nicht nur gestellt, sondern in ein mathematisch formuliertes Modell umgesetzt und die Bedingungen für den optimierenden Angebotspreis angegeben zu haben, ist das Verdienst von Antoine Augustin Cournot (1838). Sein Monopolpreis-Rechenmodell ist ein zu Recht gerühmter Erkenntnis-Baustein der Mikroökonomie. Das bescheidene Verständnis spricht von einem Erklärungsmodell, mit höherem Anspruch sieht man darin ein Entscheidungsmodell. Entweder soll der vom Monopolisten verlangte Preis von seinen Bestimmungsgrößen hier erklärt werden, oder es wird ihm geraten, welchen Preis er unter den gegebenen Bedingungen fordern soll, wenn er den erstrebten finanzwirtschaftlichen Überschuß maximieren möchte. Das bloße Rechenmodell von Cournot wird so zum „Entscheidungsmodell", indem der errechnete optimale Preis - das Rechenergebnis also - empfohlen wird zur handlungsverbundenen Verwirklichung als Angebotspreis. Wir beginnen mit der Beschreibung der Modell-Situation, die den Angebotspreis nur erklären möchte, und fügen dann die strengeren Voraussetzungen hinzu, wenn das Rechenergebnis darüber hinaus als Entscheidungshilfe und Gestaltungsvorschlag verstanden werden soll.

Der von uns betrachtete Anbieter erstellt und vermarktet eine bestimmte Leistung mit gegebenen Qualitätsmerkmalen. Für dieses Leistungsangebot gibt es keinen konkurrierenden Anbieter, so daß die interessierten Nachfrager angesichts des geforderten Preises nur „ja" oder „nein" entscheiden können. Interessenten, die erst bei einem niedrigeren Preis den Vertrag abschließen würden, werden als (jeweils) latente Nachfrager bezeichnet. Gerade für den monopolistischen Anbieter liegt die Vermutung nahe, daß die abgesetzte Menge eine Funktion des von ihm geforderten Preises ist. Dieser Zusammenhang wird als Preis-Absatzmengen-Funktion bezeichnet. Für rechenbar gemachte Parameterwerte handelt es sich um den vom Anbieter vermuteten Reaktionszusammenhang zwischen seinem Angebotspreis und der in der Angebotsperiode abgesetzten Menge. Je nach Ein-Stück- oder Mehr-Stück-Bedarf steht dahinter die Zahl der erwarteten vertragsabschließenden Nachfrager. Reagiert hier die Nachfrage auf den geforderten Preis, so handelt es sich um einen Unterfall der Reaktionsfunktionen: die abgesetzte Menge drückt die Reaktion als Ergebnis der Entscheidungen der sogenannten Marktgegenseite aus. Hätte der Anbieter ein Seltenheitsgut, z.B. einen gepflegten Bugatti zu verkaufen, dann verbindet sich seiner Preisforderung die vermutete Verkaufswahrscheinlichkeit. Wir hätten eine Preis-Verkaufswahrscheinlichkeits-Funktion!

Monopol: die Preis-Absatzmengen-Funktion für alternative Preissetzungen für die überplante Absatzperiode

ein Anbieter, keine Konkurrenten, viele Nachfrager

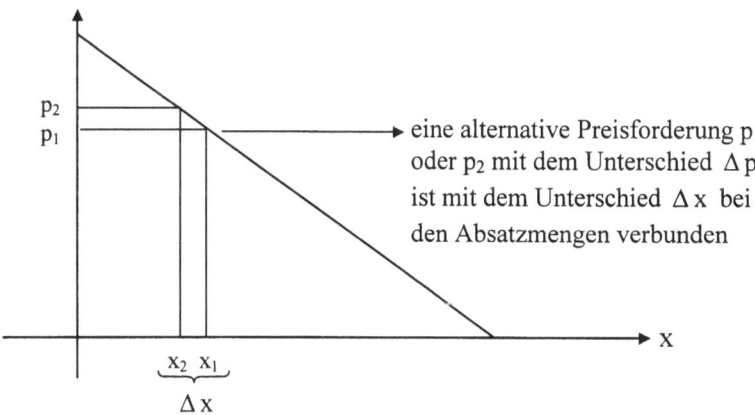

Bei alternativem Angebotspreis $p_2 > p_1$ „reagieren" die Nachfrager in dem Sinne, daß sie über die zu planende Angebotsperiode hin mit Minus auf diese Leistung verzichten bzw. bei Plus andere Leistungen anderer Anbieter weniger kaufen. Die Nachfrager substituieren folglich verschiedenartige Leistungen verschiedener Anbieter.

Wird die Preis-Absatzmengen-Funktion mit der Menge multipliziert, so erhalten wir die Erlösfunktion. Für die beabsichtigte Optimierungsrechnung repräsentiert sie zugleich rechnerisch die Vorteils-Seite, um ihr die Kostenfunktion als Ausdruck der Nachteils-Seite gegenüberzustellen. In den Kosten werden die Poduktions- und Absatzkosten zusammengefaßt und in ihrer Abhängigkeit von der Absatzmenge dargestellt. Dementsprechend werden variable Kosten/Einzelkosten/Grenzkosten einerseits und fixe Kosten andererseits unterschieden. Aus der Verknüpfung zu „Erlös abzüglich Kosten gleich Gewinn" läßt sich - rechnerisch wie graphisch, vgl. nachfolgend - die optimale Preis-Absatzmengen-Konstellation p^*, x^* ermitteln.

Wir haben damit den optimierenden Angebotspreis des alleinigen Anbieters (= Monopolisten) ermittelt, indem wir eine als gegeben angenommene Situation beschrieben und sie in zwei mathematisch-funktionale Zusammenhänge umgesetzt haben, um den Angebotspreis zu errechnen, der die Zielsetzung „Gewinn" maximiert. Die vorsichtigen Formulierungen verhindern nicht die Frage, was man mit dem Rechenergebnis p^* anfangen kann:

a) Hat der Anbieter gerade zu diesem Preis bereits schon bisher angeboten und vermarktet, fragen wir uns, warum wir erneut das Problem „Angebotspreis" lösen durften.

b) Hat der Anbieter bisher zu $p \gtreqless p^*$ verkauft, muß zum einen der Unterschied einen Grund haben und zum anderen stellt sich die Frage, ob p auf p^* hin geändert werden soll.

c) Eine Preis-Änderung auf p^* hin und die erstmalige Setzung von p^* als Angebotspreis sind allerdings verschiedene Entscheidungssituationen.

d) Die Preis-Änderung ist dem schrittweisen/sukzessiven Denken verbunden und berücksichtigt folglich das bisherige Rechnen, Planen und Handeln. Das Entscheidungsproblem „heute", den optimalen Angebotspreis zu errechnen, ist entweder überflüssig (= a)) oder bedarf der Begründung (= b)). Die zuvor beschriebene Situation ging jedoch mit keinem Wort auf die Möglichkeiten und Voraussetzungen ein, den bisherigen Angebotspreis zu ändern. Eine Entscheidungssituation hinsichtlich einer Anpassung muß die bisherige Situation als Bezug angeben,[2] um beurteilen zu können, ob die Anpassungs-Entscheidung lohnt.

e) Die erstmalige Preissetzung ist dem alternativen Denken verbunden im Sinne der Frage: Welcher der möglichen alternativen Preisbeträge soll als Angebotspreis gefordert werden? Dieses üblicherweise dem Cournot-Modell unterstellte Entscheidungsproblem leitet zu der Frage über, woher der vermutete Preis-Absatzmengen-Zusammenhang für eine erstmalig angebotene Leistung kommen soll.

f) Die Literatur zum Cournot-Modell kennt den Unterschied zwischen Preisänderung und Preissetzung nicht. Durchweg werden verbal die Be-

---

2 Vgl. Lehmann/Moog (1996) S. 465.

zeichnungen für Änderungen verwendet, also Preissenkung, Preiserhöhung, Erlösveränderung, Mengenveränderung usw., um dann unbekümmert die mathematische Durchführung anzuschließen.[3] Diese sucht den optimalen Angebotspreis für die Dauer der von der Preis-Absatzmengen-Funktion repräsentierten Angebotsperiode und damit einen jeweils für alle x einheitlichen Preis aus der von der Preis-Absatzmengen-Funktion vertretenen Gesamtmenge alternativ möglicher Preisforderungen.[4] Mit der sukzessiven Betrachtungsweise, d.h. mit Preisänderungen hat das Cournot-Rechenmodell nichts zu tun.

Auch wenn ein Autor die Bedenken anführt, so will er doch weiterschreiben! Wir verwenden deshalb das Cournot-Modell im nachfolgenden Beispiel im 1. Durchgang nur als Rechenmodell zur Erklärung der Zusammenhänge, also im Sinne von Buchstabe a). Dann unterstellen wir eine Änderung des bisherigen Einkaufspreises und haben somit den Anlaß, erneut zu rechnen im Sinne von Buchstabe b). Der Zweck dieser Anpassungsrechnung mündet in die Entscheidung, ob der bisherige eigene Angebotspreis geändert werden soll. D.h. im 2. Durchgang verbinden wir die Cournot-Rechnung mit einer (Anpassungs-)Entscheidung im Sinne des Buchstaben d).

72.2 Die Situation des Rechenbeispiels und Übersicht über die rechnerische Abfolge

Für den vergleichsweise bescheidenen Anspruch, den derzeit geforderten Absatzpreis unseres monopolistischen Anbieters nachvollziehend erklären zu können, beschreiben wir dessen Situation.

Während der Absatzperiode werden alle Leistungseinheiten zum gleichen Preis verkauft, d.h. es erfolgt Einheitspreispolitik anstelle von Preisdifferenzierung oder gar fallweiser Angebotspolitik. Die von der Höhe des einheitlichen Angebotspreises abhängige Absatzmenge ist für den Anbieter eine Erwartungsgröße und die Folge aus dem Reaktionsverhalten der Nachfrager.

---

3   Vgl. Wöhe (2000) S. 549-554; Schierenbeck (1995) S. 257, 268 f.; Kistner/Steven (1999) S. 144 f.; 151; Nieschlag/Dichtl/Hörschgen (1997) S. 385, 389-394, im Verhältnis zu S. 396-400.
4   Vgl. dazu Moog (1999) S. 93-110.

Die vom alternativ geforderten Angebotspreis p abhängige erwartete Absatzmenge x wird als Preis-Absatzmengen-Funktion im einfachsten Fall als linear fallende Funktion p = a - bx geschrieben, wobei ökonomisch p die unabhängige Variable und x die abhängige = resultierende Variable ist. Die Preis-Absatzmengen-Funktion wird dann fortgerechnet

zur Erlösfunktion

$$p \cdot x = ax - bx^2 \text{ und}$$

zur Grenzerlösfunktion

$$E' = a - 2bx.$$

Auf der anderen Seite „hat" der Anbieter infolge seiner Betriebswirtschaft (= Betriebsbereitschaft, Leistungsbereitschaft, Vertragsabschlußbereitschaft) sowie infolge seiner erbrachten Leistungen das, was man vom Rechnerischen her mit „Kosten" bezeichnet. Es bietet sich die Zweiteilung der Kosten an in „Einzelkosten"/variable Kosten und „Gemeinkosten"/fixe Kosten. Die Einzelkosten ändern sich pro Stück zusätzlich produzierte und abgesetzte Leistung. Dabei handelt es sich insbesondere um die Material(einzel)kosten. Für die Stück-Einzelkosten steht K', auch als Grenzkosten bezeichnet. Die Lohn- und Abschreibungskosten hingegen werden als „fixe Kosten" angesehen, d.h. als konstant für den Bereich möglicher Absatzmengen, in dem die gesuchte zu p^* gehörende optimale Angebotsmenge x^* liegen wird. Die von alternativ möglicher Produktions- und Absatzmenge x abhängigen Kosten werden im einfachsten Fall als zweigliedrige, linear steigende Gesamtkosten-Funktion geschrieben mit

$$K = K_{fix} + k_{var.} \cdot x.$$

Bevor nun die Ausbringung - rechnerisch: die Erlösseite - mit dem Einsatz - rechnerisch: die Kostenseite - ins Verhältnis gebracht wird und zur Optimierungs-Rechnung fortgeführt wird, soll eine Übersicht über die Abfolge gegeben werden, denn sie erweist sich als ein mehrfacher Wechsel zwischen dem realökonomischen Bereich - d.h. der Ebene des Gestaltens, Handelns, Durchführens - einerseits und dem rechenökonomischen Bereich, d.h. der Ebene des Rechnens und Planens andererseits.

Das Beispiel behandelt den Zusammenhang zwischen dem gesuchten, eigenen Angebotspreis p und der zugehörig erwarteten Absatzmenge x. Es soll das Verhältnis zwischen Realität, Modell und Rechnen erörtern. Dazu behandeln wir zwei Durchgänge, nämlich 1) die Basis-Situation und 2) eine

72. Das Monopolpreis-Modell von Cournot

darauf bezogene Änderung, und unterscheiden zwei Ebenen/Bereiche, nämlich den Realbereich und den Rechenbereich. Auf der realökonomischen Ebene gibt es mit I bis V durchgezählte Momente (Situation, Aktivität, Ereignis) und auf der rechenökonomischen Ebene gibt es mit A bis E gezählte Rechnungen. Diese Rechnungen kann man unterscheiden in Optimierungs-Rechnung versus Erfolgsermittlungs-Rechnung bzw. in Voraus-Rechnung versus Nach-Rechnung. Nachfolgend wird die jeweilige Abfolge auf jeder der beiden Ebenen als mehrfacher Wechsel zwischen den Bereichen in einer Übersicht zusammengestellt, um dann in 72.3 unter Verwendung dieser gegliederten Abfolge ein Beispiel durchzuführen.

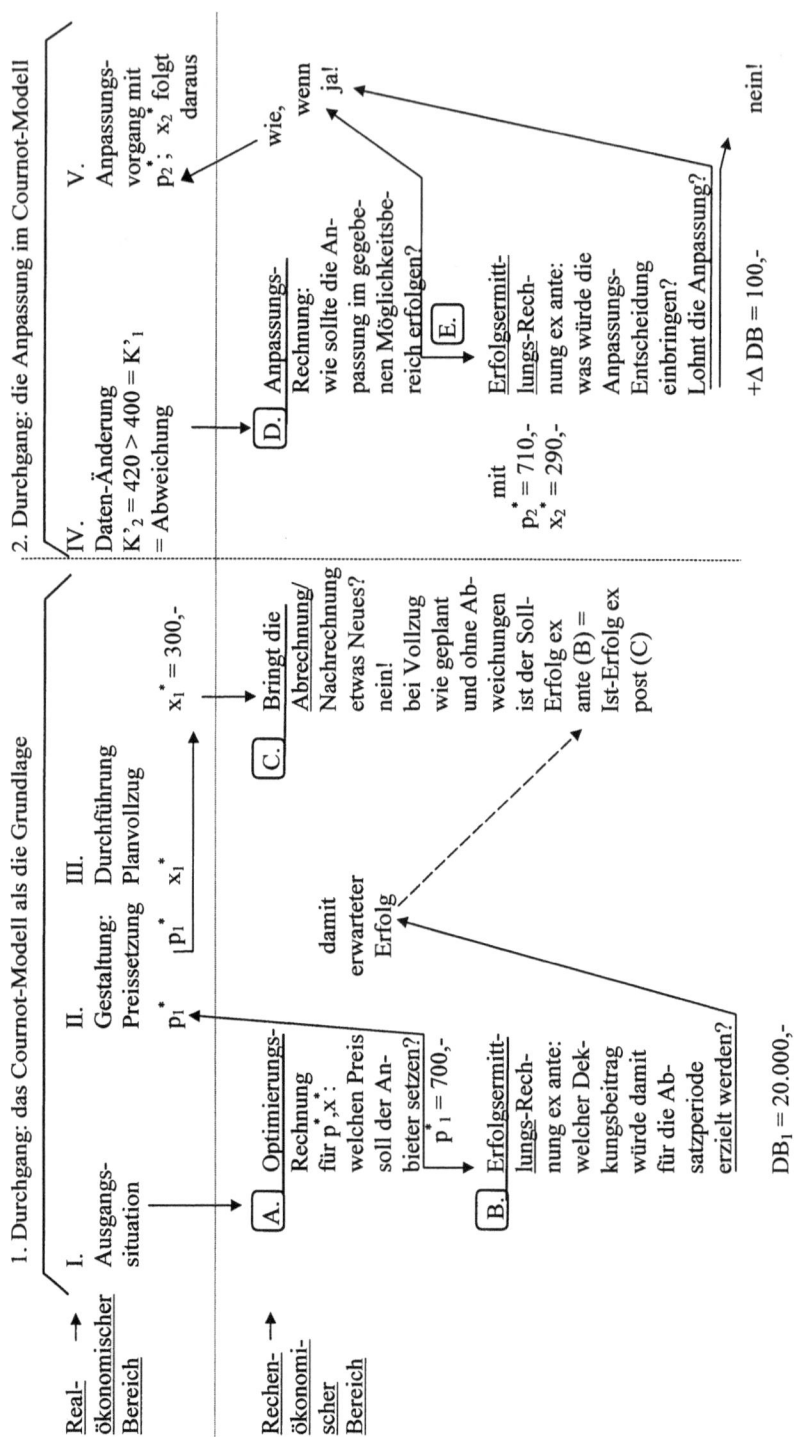

72.3 Die Durchführung der Preisrechnung

I. Ausgangssituation

Sie ist zugleich die primäre oder grundlegende Entscheidungssituation. Der betrachtete Anbieter - eine Unternehmung - stellt ein Produkt mit der Qualität Q her und möchte für die anstehende Absatzperiode von einem Jahr den Angebotspreis festlegen, der den Deckungsbeitrag/Überschuß maximiert.

Die Preis-Absatzmengen-Funktion bildet als Reaktionsfunktion die Reaktion der Absatzmenge ab, die sich ausschließlich von Seiten der Nachfrager ergibt, weil annahmegemäß Konkurrenten mit ihren möglichen Verhaltensweisen nicht existieren. Der vermutete Zusammenhang sei

$p = a - bx$ → mithin (vereinfacht) linear; konkret:

(1) $p = 1000 - x$ → der rechnerische Ausdruck des im konkreten Einzelfall gesehenen Zusammenhangs zwischen gefordertem Preis und resultierender Absatzmenge
- es werden <u>alternative</u> Preis-Absatzmengen-Konstellationen abgebildet.

Aufgaben-Stellung: welche p, x-Konstellation maximiert den Deckungsbeitrag der Absatzperiode, d.h. den Bruttogewinn vor „fixen Kosten"?

A. Optimierungs-Rechnung

(1) p = $1000 - x$ die Preis-Absatzmengen-Funktion
(2) K = $70.000 - 400\,x$ die Gesamtkosten-Funktion
(3) $p \cdot x$ = $1000\,x - x^2$ die Umsatzerlös-Funktion

(4) G = $p \cdot x - K$ Zielsetzung: Gewinnmaximierung
(4a) G = $1\,000x - x^2 - 70\,000 - 400 \cdot x$ Max!
(5) $\partial G/\partial x = 0$ = $1\,000 - 2x - 400$
    x^* = 300
    p^* = $700,-$

B. Erfolgsermittlungs-Rechnung ex ante

Für die optimierten Parameter p^* und x^* erhalten wir

mit (p - K')	= 700 - 400	= 300,- den Stück-Deckungsbeitrag (db),
mit (p - K') · x	= 300 · 300	= 90.000,- den Perioden-Deckungsbeitrag (DB).

Abzüglich der K_{fix}	= 70 000,- für Lohn und Abschreibung ist	
der Gewinn G	= DB - K_{fix} =	90.000 - 70.000 = 20 000,-.

Die Preis-Absatzmengen-Funktion in graphischer Darstellung

Die Zusammenhänge anhand der Gesamtgrößen

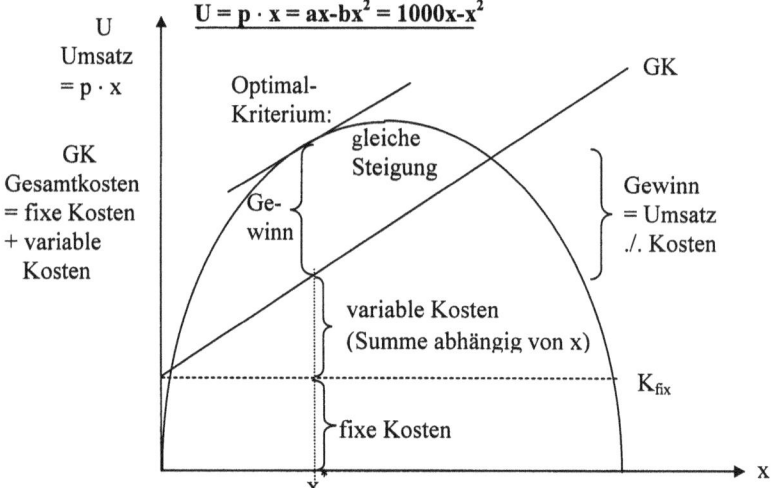

Die Zusammenhänge anhand der Stückgrößen

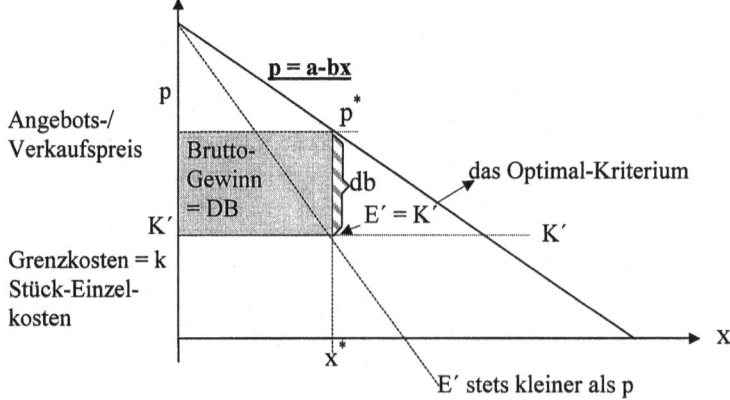

Die Zusammenhänge sind mit dem vorseitigen Schaubild graphisch dargestellt. Der Preis-Absatzmengen-Zusammenhang bezieht sich auf alternative Preissetzungen für eine Absatzperiode. Für sie wird die Wirkung alternativer Preissetzung auf die Absatzmenge und auf den Umsatz erklärt. Die obere Hälfte setzt die Gesamt-Größen ein: Erlös (= Umsatz), Gesamtkosten, maximaler Gewinn. In der unteren Hälfte werden die „Stück-Größen" verwendet: Grenzerlös, Grenzkosten und gesuchter p^*. Wer beides übereinander *in eine Darstellung zeichnet*, kommt garantiert durcheinander!

II. Gestaltung

Der als deckungsbeitrags-maximierend festgestellte und auf Gewinn-Erzielung geprüfte Angebotspreis von $p_1^* = 700,-$ wird per preispolitischer Plan-(Abschluß-)-Entscheidung als Angebotspreis in t_0 für die anstehende Absatzperiode beschlossen.

III. Planvollzug/Durchführung

Der Absatzplan „$p_1^* = 700,-$ für ein Jahr" ist nach II beschlossen und verabschiedet und wird nun über den Zeitablauf verwirklicht.

C. Nachrechnung/Erfolgsermittlungs-Rechnung ex post

Eine den Absatz des Jahres nachvollziehende Rechnung, die den erwirtschafteten Erfolg ermitteln soll, käme zu keinem anderen Ergebnis als die ex-ante-Rechnung unter B.
Das ist ebenso unmittelbar einsichtig wie die Erfahrung, daß es im Zeitablauf Beeinträchtigungen gibt, die den Handlungsvollzug gegenüber dem Plan zum Abweichen bringen.

IV. Daten-Änderung/Abweichung

Mit „Daten-Änderung" bezeichnen wir die überraschende Änderung einer Größe, die in den Plan eingegangen war, der gegenwärtig verwirklicht wird. Mithin stellt sich die Frage, ob der laufende Planvollzug trotzdem unverändert fortgesetzt werden soll oder ob - im Rahmen des Möglichen - eine Anpassung der gegenwärtigen Handlungsweise angesichts der Daten-Änderung erfolgen soll: Nehmen wir an, der Lieferant erhöht seinen Preis für das Einsatz-Material im Zeitpunkt $t_Ä$, so daß die Grenzkosten von bisher $K'_1 =$

400,- auf $K'_2 = 420$,- steigen.

Aufgabe: Lohnt es, den bisherigen Planvollzug mittels einer Anpassungs-Entscheidung zu ändern?

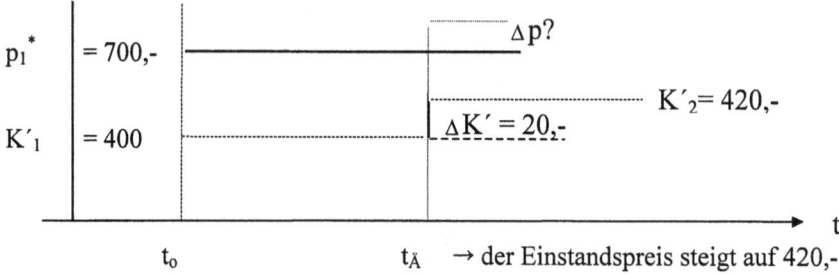

D. Anpassungs-Rechnung: erneute Optimierungs-Rechnung

Der Anbieter verwendet das Optimal-Kalkül „Grenzerlös gleich Grenzkosten" mit K'_2

$$1\,000 - 2x_2 = 420$$
$$x_2^* = 290 \text{ Stück}$$
$$p_2^* = 710,- \rightarrow \Delta p = \Delta K'/2$$

Vorausgesetzt, daß der Anbieter seinen Angebotspreis ohne Hinderungen - z.B. Bindung durch eine verbindliche Preisliste - erhöhen könnte, schließt sich die Frage an, was die Anpassung einbringt gegenüber den Anpassungskosten, d.h. den Kosten infolge des Vorgangs der Anpassung.

E. Erfolgsermittlungs-Rechnung ex ante bei unterstellter Anpassung

1) ohne Anpassung wird angesichts der Grenzkosten K'_2 im Jahr erzielt:
   $(p_1^* - K'_2) \cdot x^* = (700 - 420) \cdot 300 = 84\,000$,-,
   d.h. der Deckungsbeitrag ist um $\Delta K' \cdot x^* = 20 \cdot 300 = 6.000$,- niedriger, die Preisstellung bleibt unverändert.
2) mit Anpassung hingegen (aufs Jahr gerechnet):
   $(p_2^* - K'_2) x_2^* = (710 - 420) \cdot 290 = 84\,100$,-.

D.h. mit Anpassung wird auf das Jahr ein um 100,- höherer Deckungsbeitrag bzw. Gewinn erzielt als ohne Anpassung. Dieser „Ertrag" der Anpassung ist den Kosten des Anpassungsvorgangs gegenüber zu stellen. Die unter D. vorgegebene Anpassungsfähigkeit besagt, daß im Handlungsbereich keine zeitliche Interdependenz zwischen dem bisherigen Verkaufspreis (p_1 = 700,-) und dem etwas höheren Angebotspreis (p_2 = 710,-) besteht.

Nach der unter E. durchgeführten Rechnung kann man nach dem ökonomischen Aspekt „lohnt die Anpassung?" darüber entscheiden, ob man die gegebene Anpassungsfähigkeit auch tatsächlich nutzt, um einen Anpassungsvorgang durchzuführen.

73. Absatzpreis-Modelle für das Polypol

Das vollkommene Polypol, das in der Literatur als „vollkommene Konkurrenz" bezeichnet wird und den Anbieter als „Mengenanpasser" darstellt, wird in Abschnitt 73.1 einer knapp gehaltenen Kritik unterzogen. Die Bedeutung, die der „vollkommenen Konkurrenz" als wirtschaftspolitisches Referenzmodell angefügt wird, steht im Mißverhältnis zur fehlenden Folgerichtigkeit der Modellsituation. Mit Abschnitt 73.2 wenden wir uns dem unvollkommenen Polypol zu. Es bereitet Schwierigkeiten,[5] die bekannte doppelt geknickte Preis-Absatzmengen-Funktion widerspruchsfrei zu erklären. Von zwei Preisen, deren zugehörige Absatzmengen zwecks Δx verglichen werden, ist einer als der bisher geforderte Preis zu verstehen und der andere als begründet neu festzusetzender Preis für die damit beginnende nächste Absatzperiode.

Der Abschnitt 73.3 legt das sogenannte akquisitorische Potential des betrachteten Anbieters in der graphischen Darstellung der doppelt geknickten Preis-Absatzmengen-Funktion fest. Dessen preispolitischer Wirkungsbereich ist strikt zu unterscheiden von dem monopolistischen Bereich, dem steilen Mittelstück (deshalb Bereich II) der Funktion, denn die beiden Bereiche decken sich nicht.

---

5   Vgl. den Hinweis bei Wied-Nebbeling (1993) S. 109.

73.1 Das Absatzpreis-Modell für das vollkommene Polypol

„Viele Anbieter und viele Nachfrager" werden von der Marktstruktur her als Polypol bezeichnet; vgl. Abschnitt 41. Werden die Merkmale des vollkommenen Marktes hinzugefügt, dann wird die resultierende Marktverfassung unterschiedlich benannt: vollständiger Wettbewerb, vollkommene Konkurrenz, homogene Konkurrenz, atomistische Konkurrenz. Die Unklarheit der Voraussetzungen widerspricht den weitreichenden Schlußfolgerungen zum einheitlichen Marktpreis aller Anbieter und zur Festlegung ihrer unterschiedlichen Produktions- und Absatzmengen. Während die Absatzbedingungen für alle Anbieter gleich sind, haben sie unterschiedliche Produktionsbedingungen. Jeder Anbieter bestimmt seine optimale Produktions- und Absatzmenge über seine Kostenfunktion mit der Optimalbedingung:
„Grenzkosten gleich dem einheitlichen Marktpreis". Das setzt voraus, daß die Grenzkosten mit der Produktionsmenge steigen, was nicht einsichtig ist. Die fixen Kosten (Abschreibungskosten für die Kapazität und Lohnkosten) sind demzufolge ohne belang für die zu bestimmende Produktions- und Absatzmenge. Über die Menge wurde jedoch bereits bei der Beschaffung der Potentialfaktoren (Betriebsmittel und Arbeitskräfte) mitentschieden, so daß dem Leser die Lösung eines nicht (mehr) existierenden Problems erklärt wird. Bei planmäßigem Verlauf wird deshalb naheliegenderweise die Produktionsmenge von der geplanten Kapazität her bestimmt, während die Literatur dies als Ergebnis bei konstanten Grenzkosten nachweist.[6] Bei folgerichtigem Verständnis der Handlungszusammenhänge erweisen sich die fixen Kosten als die Folge aus geplanten Entscheidungen des Wirtschaftens, hier bei angenommen vollkommenem Absatzmarkt, und müssen anteilig verrechnet ebenfalls über den einheitlichen Marktpreis abgedeckt werden. Die Kennzeichnung der vollkommenen Konkurrenz, daß der Preis gleich den Grenzkosten sei, ist ein Fehlschluß infolge der zugrundegelegten Ausgangssituation, daß die Bestände der Potentialfaktoren vorhanden sind und deren „fixe Kosten" als irrelevant anzusehen sind. Ist anderenfalls der Preis als vollkostendeckender Preis zu verstehen, dann ist die Betragsgleichheit von (ansteigenden) Grenzkosten und Vollkosten/Preis abwegig.

---

6   Vgl. z.B. Wöhe (2000) S. 557-560; Schierenbeck (1995) S. 269-271; Kistner/Steven (1999) S. 146-150; Meffert (2000) S. 522 f.; Nieschlag/Dichtl/Hörschgen (1997) S. 353-356.

Fazit: die mikroökonomische Beschreibung des Mengenanpassers bei vollkommener Konkurrenz genügt nicht den Ansprüchen einer wissenschaftlichen Analyse.

73.2 Das Absatzpreis-Modell für das unvollkommene Polypol

Die Marktverfassung des unvollkommenen Polypols besagt, daß der betrachtete Anbieter zwar viele Konkurrenten hat, diese jedoch nicht auf die absatzpolitischen Maßnahmen des Anbieters reagieren - anderenfalls liegt ein Oligopol vor. Die so beschriebene Marktverfassung schaltet also Konkurrenten-Reaktionen aus und beschränkt sich auf die Reaktionen der Nachfrager. Diese reagieren in zweifachem Sinne:

a) Wahl des Anbieters
Die Existenz von Konkurrenten zum betrachteten Anbieter führt aus der Sicht der Nachfrager zur Wahl-Möglichkeit und -Entscheidung angesichts einer Mehrzahl von Anbietern - das ist der Unterschied zum zuvor behandelten Monopol. Die unterschiedlichen Produktionsbedingungen und die unvollkommenen Marktbedingungen bedeuten Gestaltungsfreiraum für jeden Anbieter, woraus unterschiedliche Angebote selbst für gleichartige Leistungen folgen. Kurz: Der Gestaltungsfreiraum des einzelnen Anbieters verlangt die absatzpolitischen Entscheidungen des „Wie", d.h. zu welchen Bedingungen er anbietet (= Angebotspolitik im Betrachtungszeitpunkt).

b) Wechsel-Reaktionen
Die einmal getroffene Entscheidung über absatzpolitische Maßnahmen legt den Anbieter nicht auf Dauer fest. Aus verschiedenen Gründen wie Zieländerung, Erwartungsabweichungen und Datenänderungen folgen der Anlaß bzw. die Notwendigkeit darüber zu entscheiden, „ob" eine Änderung der bisherigen überplanten Handlungsweise erfolgen soll oder nicht. Diese Fragestellung ist jedoch unspezifisch, wie Abschnitt 72.3 mit der Daten-Änderung unter IV zeigt.

Ein Anlaß folgt jedoch aus der Marktverfassung „unvollkommenes Polypol" heraus: mit dem Einsatz absatzpolitischer Instrumente auf dem unvollkommenen Markt ändert sich das akquisitorische Potential des Anbieters, wie es in seiner zweimal geknickten PAF zum Ausdruck kommt. Damit ist im unvollkommenen Polypol ein eigenständiger Anlaß gegeben, erneut zu rechnen. Mit einer infolgedessen vorgenommenen Änderung des bisherigen Angebotspreises würde eine neue Absatzperiode beginnen. Diese Konstellation wird nachfolgend unter (20) eingeordnet. Infolge der Verbindung mit der bisherigen Absatzpolitik werden die Reaktionen der Nachfrager zu „Wechsel-Reaktionen": Kunden wechseln zum betrachteten Anbieter hin bzw. unzufrieden von ihm weg oder sie bleiben und wechseln nur auf die Neuerung im Angebot hin.

Wie so häufig, wird dem Leser nicht präzise beschrieben, welche Situation des Anbieters mit Hilfe der doppelt geknickten Preis-Absatzmengen-Funktion beurteilt werden soll. Erst-Auswahl aus Alternativen und Änderung der bisherigen Handlungsweise gehen durcheinander. Wie beim Monopol wird auch beim unvollkommenen Polypol die mathematische Ermittlung des optimalen Angebotspreises auf der Grundlage alternativer Preisforderungen vollzogen, während die doppelt geknickte Preis-Absatzmengen-Funktion als Abfolge von Preiserhöhungen bzw. von Preissenkungen - ausgehend von dem mittleren, sogenannten monopolistischen Bereich - erklärt wird.[7]

Unvollkommenes Polypol
Es ist wie folgt beschrieben:
a) ein betrachteter Anbieter mit seiner Angebotspolitik;
b) er hat viele Konkurrenten, d.h. es gibt andere Anbieter von gleichen oder ähnlichen Leistungen; die Konkurrenten reagieren ein jeder und jeweils nicht auf die Angebotspolitik eines anderen Anbieters;
c) es gibt viele Nachfrager; sie reagieren ungleichmäßig - was immer dies heißt -, so daß der einzelne Anbieter einen sogenannten monopolistischen Bereich - in der graphischen Darstellung II - hat; diese literaturübliche Bezeichnung erweist sich als schon deshalb als undurchsichtig, weil das Beziehungsverhältnis zum sogenannten akquisitorischen Potential im Dunkeln bleibt.

---

7 Vgl. z.B. Wöhe (2000) S. 560-564; Schierenbeck (1995) S. 271; Kistner/Steven (1999) S. 151 f.; Meffert (1977) S. 281-284 bzw. (2000) S. 523-527; Wied-Nebbeling (1993) S. 105-122.

73. Absatzpreismodelle für das Polypol

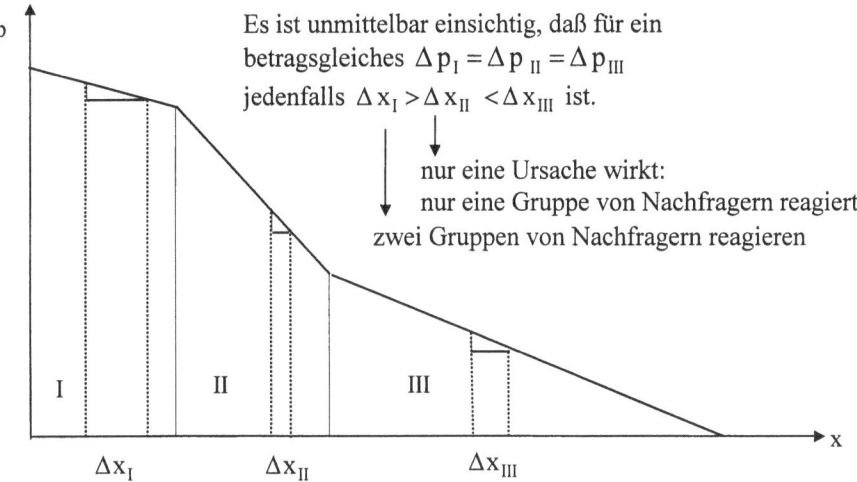

Für die Erklärung dieser zweimal geknickten Preis-Absatzmengen-Funktion benötigen wir drei Unterteilungen:
1. Auf der Seite des betrachteten Anbieters behandeln wir drei mögliche Situationen/Fragestellungen, und zwar mit
   (10) die erstmalige Preissetzung zu Beginn der Geschäftstätigkeit,
   (20) die ändernde Preissetzung zu Beginn der nächsten Absatzperiode, und
   (30) die Preisänderung während der laufenden Absatzperiode.
2. Auf Seiten der Nachfrager unterscheiden wir zwei Gruppen, und zwar
   (21) die ungebundene Laufkundschaft und
   (22) die vom Anbieter gebundene Stammkundschaft.
3. Die vom Verlauf der zweimal geknickten PAF überdeckten Bereiche werden auf zweifache Weise unterteilt, und zwar
   (31) vom Verlauf ausgehend wie üblich die Bereiche I bis III, und
   (32) als Ergebnis die Bereiche A bis D einschließlich ihres Verhältnisses zueinander:
   A das unvollkommene Polypol,
   B der seinerseits in IIa und IIb aufgeteilte monopolistische Bereich,
   C der Wirkungsbereich des akquisitorischen Potentials, und
   D die erlösmäßige Ausnutzung dieses Potentialbereiches infolge der Entscheidung über den Angebotspreis für die nachfolgende Angebots- und Absatzperiode.

Preissetzung versus Preisänderung seitens des Anbieters
In die drei möglichen Situationen (10) bis (30) werden die beiden Gruppen der Nachfrager einbezogen.

(10) Die erstmalige Preissetzung zu Beginn der Geschäftstätigkeit
Diese Fragestellung kann mit der (bereits) doppelt geknickten Preis-Absatzmengen-Funktion nicht (mehr) behandelt werden. Denn die zweimal geknickte PAF ist die Folge der vorangegangenen Absatzpolitik des betrachteten Anbieters. Der Beginn und damit die Fragestellung (10) erfordert deshalb, daß wir die noch unberührte Preis-Absatzmengen-Situation mit einer eigenen PAF hinzufügen: das ist die durchgehend fallende PAF des Angebotsmonopolisten; vgl. den nächsten Abschnitt.

Die nachfolgende präzisierte Problemstellung (20) trägt der bereits vorangegangenen Absatzpolitik Rechnung; nur sie kann mit der doppelt geknickten PAF verbunden werden.

(20) Die ändernde Preissetzung zu Beginn der nächsten Absatzperiode
Wenn wir nun die gezeichnete doppelt geknickte Preis-Absatzmengen-Funktion mit der Fragestellung verknüpfen, welchen Preis der Anbieter einheitlich und für die Dauer der anstehend zu planenden Absatzperiode fordern soll, dann ist zu klären, warum ein gegebener Preisunterschied Δp aus alternativer Preissetzung im mittleren Bereich II mit einem geringeren Mengenunterschied Δx_{II} verbunden ist als in den beiden Außenbereichen I und III.
Dafür werden die Nachfrager in zwei Gruppen unterschieden:
(21) Die „Laufkunden" orientieren sich am geforderten Preis.

Ein um Δp alternativ höher angesetzter Angebotspreis hat einen um Δx_{II} geringeren Periodenabsatz zur Folge. In diesem Umfang werden die gleichen/ähnlichen Leistungen bei Konkurrenten erworben.[8] Die Laufkunden sind jedoch bindungslose und „vergangenheitslose" Käufer und sie sind deshalb keine Wechsler. Der Zusammenhang zwischen der (alternativ entschiedenen) Preisforderung und der Perioden-Ab-

---

8 Angesichts der Konkurrenzangebote ist nicht einsichtig, daß im Umfang von Δx diese Leistung gar nicht erworben wird, diese Nachfrage also in die Latenz übergeht; vgl. so Wöhe/Kaiser/Döring (1996) S. 250; Wied-Nebbeling (1993) S. 107. Bei Schierenbeck (1995, S. 271), Wöhe (2000, S. 561 f.) und Meffert (2000) S. 523-525 wird jeweils die Aussage geschickt umgangen, wie Δx im mittleren monopolistischen Bereich zu verstehen ist.

satzmenge spezifisch an die Laufkundschaft begründet allein die Steigung im mittleren Bereich II der zweimal geknickten Preis-Absatzmengen-Funktion.

(22) Daneben hat der Anbieter „Stammkundschaft", was voraussetzt, daß er auch schon bisher angeboten und vermarktet hat. Im monopolistischen Bereich II reagieren die Stammkunden nicht.[9]

Präziser: die Stammkunden erwerben stets die gleiche Periodenmenge unabhängig davon, welcher Preis ab Beginn der Absatzperiode gefordert wird, sofern dieser im Bereich II liegt.

Nunmehr können wir den Verlauf der Preis-Absatzmengen-Funktion in den Bereichen I und III erklären. Die Differenz zwischen zwei Preisen bezieht sich stets auf den bisherigen Preis verglichen mit dem (alternativ) zu planenden Preis für die anstehende Absatzperiode und ist streng zu unterscheiden von der Preisänderung während der Periode.[10] Die Preis-Differenz zwischen der bisherigen und der künftigen Absatzperiode hat die vermutete Gesamtdifferenz Δx_I zur Folge. In ihr addieren sich die zu erwartenden Reaktionen der Laufkundschaft und der Stammkundschaft, auf die gesamte geplante Absatzperiode bezogen. Analog faßt eine Gesamtdifferenz $+\Delta x_{III}$ die Reaktionen der Laufkunden und der von den Konkurrenten herwechselnden Stammkunden zusammen.

Folglich: Die zweimal geknickte Preis-Absatzmengen-Funktion repräsentiert die alternativen Wahlmöglichkeiten des betrachteten, seit längerem am Markt tätigen Anbieters im unvollkommenen Polypol, *den Absatzpreis zu Beginn einer Absatzperiode festzusetzen*. Seine bisherige Absatzpolitik hat Kunden gebunden, deren Preisunempfindlichkeit im monopolistischen Bereich II zum Ausdruck kommen soll. In diesem Bereich wird die Δp-Δx-Beziehung ausschließlich von der Reaktion der anbieter-ungebundenen Nachfrager begründet. Der Vergleich zwischen zwei Preisen auf der doppelt geknickten Preis-Absatzmengen-Funktion bezieht sich auf den Vergleich zwischen dem

---

9   Die Aufteilung zwischen Laufkundschaft und Stammkundschaft mit ihrem ungleichen Reaktionsverhalten findet sich bei Wied-Nebbeling (1993) S. 106 Fn. 25 und Kistner/Steven (1999) S. 155-157.
10 Nur bei E. Schneider (1963) S. 142 f. werden die preispolitischen Entscheidungen unter Rückgriff auf die geplante Absatzperiode voneinander unterschieden: z.B. die (geplante) zeitliche

bisherigen Angebotspreis und einen ins Auge gefaßten Preis für die anstehende Plan-Absatzperiode. Über die Festsetzung eines anderen Preises anstelle der Fortsetzung des bisherigen Angebotspreises nachzudenken, bedarf eines Anlasses.

(30) Die Preisänderung während der Absatzperiode
Die andere und übliche Erklärung der zweimal geknickten Preis-Absatzmengen-Funktion verwendet die schrittweise Preisänderung. Im Bereich II wirkt die Vergangenheit der bisherigen Absatzpolitik sich in der Gegenwart als der „monopolistische Bereich" aus: die Bindung der bisherigen Kunden verringert ihre Empfindlichkeit bei einer vom Bereich II ausgehenden gedanklichen Erhöhung des Angebotspreises, bis mit dem oberen Knick die Fühlbarkeit zunimmt, so daß die Mengenverringerung $\Delta x_I > \Delta x_{II}$ wird für ein jeweils betragsgleiches Δp. Folglich: die Begründung mit dem „monopolistischen Bereich" erfordert den Zeitablauf, dem sich die Preiserhöhung mit dem sich verschärfenden Mengenrückgang verbindet. Beginnt man jedoch im Bereich II mit einer gedanklich-schrittweisen Preissenkung, dann ist die unterschiedliche Steigung im Bereich II gegenüber Bereich III mit $\Delta x_{II} > \Delta x_{III}$ so zu erklären, daß erst eine Preissenkung ab dem unteren Knickpunkt die Bindung von Nachfragern an konkurrierende Anbieter überwindet und zum Wechsel hin zum betrachteten Anbieter veranlaßt.[11] Dabei unterstellt der gezeichnete Verlauf der zweimal geknickten Funktion, daß die Konkurrenten ihrerseits nicht reagieren, weil die wechselnden Stammkunden sich auf eine Vielzahl von Anbietern verteilen.[12] Die literaturübliche Beschreibung der doppelt geknickten Funktion liest sich als die Erörterung einer Preisänderung ohne Anlaß und während der laufenden Angebotsperiode, wobei offen bleibt, ob es sich nur um eine gedankliche Abfolge im Zeitpunkt oder um eine tatsächliche Abfolge im Zeitablauf handeln soll. Der erstgenannte Fall ist die ungenaue Situationsbeschreibung zur Preis-Absatzmengen-Funktion, der letztgenannte Fall ist mit ihr unvereinbar: die verbale Beschreibung widerspricht einer gegebenenfalls ausgeführten Optimierungsrechnung für den Angebotspreis.[13] Diese Rechnung hat die für die nächste Absatzperiode als gültig angesehene PAF verwendet und den optimalen Preis für diese Planperiode ermittelt. Eine Änderung des

---

    Preisdifferenzierung von der (nicht geplanten) Preisänderung während der Absatzperiode.
11 Vgl. so Kistner/Steven (1999) S. 157.
12 Vgl. den Hinweis bei Wied-Nebbeling (1993) S. 122.
13 Hinweis auf die notwendige Unterscheidung zwischen alternativer und sukzessiver Preissetzung bei Lehmann (1975) S. 186 f.

Preises während der Periode steht also als Problem gar nicht an oder bedarf des Anlasses – z.B. eine Daten-Änderung oder Erwartungsabweichung –, der jedoch zur Situation (20) zurückführt.

73.3 Marktunvollkommenheiten und das darauf aufbauende akquisitorische Potential

In dem Bemühen, die zweimal geknickte Preis-Absatzmengen-Funktion als das Verhältnis von bisherigem Angebotspreis und der Entscheidung über den Angebotspreis für die nächste Absatzperiode zu erklären, blieb bislang die der Funktion zugrunde liegende Konstellation unbeachtet.

Wir hatten im Abschnitt 23.1 unterschieden zwischen der Unsicherheit der Zukunft und was daraus als Risiken für das Wirtschaften Gestalt annimmt. Analog müssen wir für die Preispolitik im Polypol unterscheiden zwischen den Unvollkommenheiten des Marktes und dem sogenannten akquisitorischen Potential des einzelnen Anbieters. Es entwickelt sich im positiven Sinne aus der im Zeitablauf vollzogenen Absatzpolitik und im Sinne des absatzpolitischen Entscheidungsfreiraums, der hier ausschließlich als preispolitischer Entscheidungsfreiraum beschrieben wird. Allerdings schweigt sich die Literatur darüber aus, wo und wie er bei der doppelt geknickten Preis-Absatzmengen-Funktion auszumachen ist.

Die Modellsituation geht nicht von der Marktverfassung des vollkommenen Polypols aus, das der betrachtete Anbieter mit Hilfe des Einsatzes absatzpolitischer Instrumente zu seinen Gunsten unvollkommen macht,[14] denn dann wäre der Beginn die Waagrechte des Einheitspreises des vollkommenen Polypols (vgl. 73.1). Um von dieser Ausgangssituation zur zweimal geknickten Preis-Absatzmengen-Funktion zu gelangen, müßte sowohl die Änderung des Konkurrentenverhalten hin zu ihrer Nicht-Reaktion als auch die Änderung des Nachfragerverhaltens erklärt werden.

Im Gegensatz dazu gehen wir von der Marktverfassung „unvollkommenes Polypol" aus: daraus folgt bereits die Nicht-Reaktion der Konkurrenten angesichts der absatzpolitischen Aktivitäten des betrachteten Anbieters. Infolgedessen ist die Ausgangssituation dieses Anbieters zu Beginn seiner

Geschäftstätigkeit die fallende Preis-Absatzmengen-Funktion des Monopolisten. Kurz: Im unvollkommenen Polypol mit seinen nicht-reagierenden Konkurrenten entspricht die Absatzsituation des Anbieters zu Beginn dem Monopol. Zu erörtern bleibt (lediglich) das Zusammenwirken der Absatzpolitik des Anbieters und das Verhalten der Nachfrager auf der Grundlage der unvollkommenen Marktbedingungen und im Zeitablauf. Der Unterschied zum Anbieter-Monopol besteht in den Nachfragern, die zwischen den Anbietern wechseln können und aus der Sicht des betrachteten Anbieters kurz mit Weg-Wechslern und Her-Wechslern benannt werden.

Mithin haben wir für den Beginn der Geschäftstätigkeit unseres Anbieters und für den Vergleich im Zeitablauf betreffend die Auswirkungen seines absatzpolitischen Bemühens eine Bezugslinie: die durchgezogene Linie vom Prohibitivpreis auf der Ordinate zur Sättigungsmenge auf der Abzisse, vgl. die nachfolgende Graphik. Diese gleichmäßig fallende Preis-Absatzmengen-Funktion steht für das unvollkommene Polypol als solches und bevor sich das akquisitorische Potential des betrachteten Anbieters entwickelt hat. Er beginnt mit seiner Marktteilnahme und muß sich sein akquisitorisches Potential erst aufbauen. Ersichtlich haben wir eine dem Zeitablauf verbundene Marktbetrachtung.[15] Wir können die durchgezogene Linie jedoch auch als gedanklich-fiktive Vergleichsgrundlage verstehen, um in der graphischen Darstellung das akquisitorische Potential ausweisen zu können.

Die so ergänzte nachfolgende Graphik führt zu überraschenden Feststellungen:
1. Die gedankliche Preis-Absatzmengen-Linie (1) schneidet - bei unserer Konstellation - den monopolistischen Bereich II und teilt ihn so in IIa und IIb auf.
2. Das akquisitorische Potential deckt sich nicht mit dem monopolistischen Bereich II, sondern überdeckt die Bereiche I und IIa.
3. Die Marktunvollkommenheiten und damit die Marktverfassung „unvollkommenes Polypol" beschränken sich nicht auf den monopolistischen Bereich, sondern gelten für den Gesamtbereich I bis III.
4. Auf die gedankliche Preis-Absatzmengen-Funktion bezogen, zeigt die doppelt geknickte PAF die Unvollkommenheit des Polypols: im Bereich I

---

14 Vgl. so Wöhe (2000) S. 560.
15 Vgl. die Hinweise bei Wied-Nebbeling (1993) S. 122 bzw. S. 113.

und IIa zahlen die Abnehmer einen vergleichsweise höheren Preis infolge der Unvollkommenheit, im Bereich IIb und III hingegen zahlt der Abnehmer einen niedrigeren Preis, weil die zusätzlichen Käufer mittels negativer Preisdifferenz aus der Bindung durch den jeweiligen Konkurrenten gelöst werden müssen, falls der betrachtete Anbieter seine Absatzmenge im Bereich jenseits von x_{II} ausdehnen möchte.

5. Die Literatur hingegen erklärt den Bereich II (= IIa + IIb) nur einheitlich und nennt ihn den monopolistischen Bereich, in welchem die Kunden nur als Laufkunden (bzw. – nicht zutreffend – über die Latenz) reagieren und nicht auch über den Wechsel: Es fehlt mithin, daß bei IIa der Wegwechsel verhindert wird (obgleich $+\Delta p$ dazu Anlaß gäbe) und daß bei IIb der Hinwechsel nicht erreicht wird (obgleich $-\Delta p$ dazu Anlaß gäbe).

6. Im Bereich bis x_{II} kann der Anbieter die Treue seiner Kunden aus der Differenz der beiden Kurven (1) und (2) entweder (passiv) in $+\Delta x$ messen oder (aktiv) in $+\Delta p$ preispolitisch ausschöpfen. Anders formuliert: Soweit der Anbieter darauf verzichtet, sein akquisitorisches Potential preismäßig auszunutzen, wirkt es sich in der Absatzmenge aus. Diese Substitution zwischen preis- oder mengenmäßiger Ausnutzung des akquisitorischen Potentials ist auf die gedankliche (= durchgezogene) Preis-Absatzmengen-Funktion bezogen, welche die Null-Begrenzung des Potentialbereiches angibt.

Zur Erläuterung der Unterschiede:

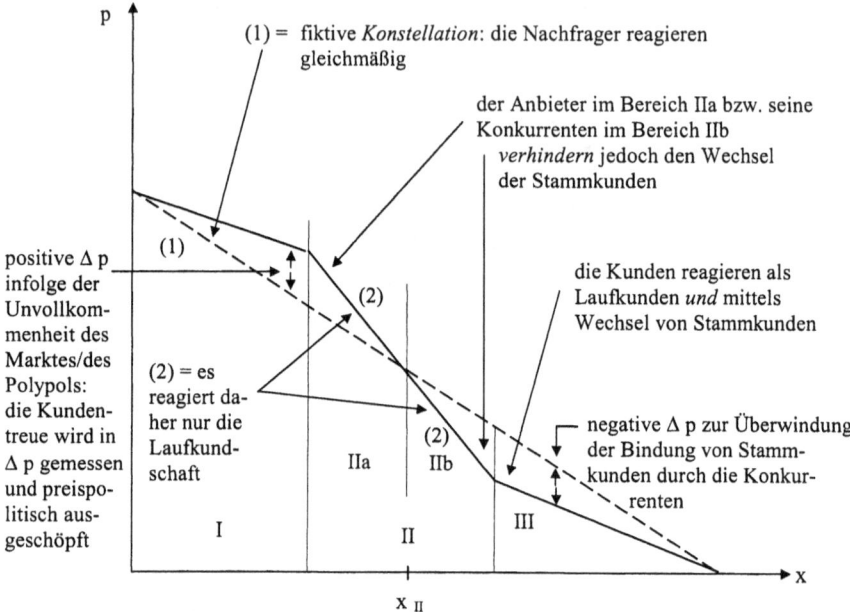

7. Will der Anbieter eine Absatzmenge größer als x_{II} realisieren, dann muß er eine erhebliche negative Preisdifferenz hinnehmen, um ab Beginn des Bereiches III Stammkunden seiner Konkurrenten zum Wechsel zu ihm hin zu veranlassen.
8. Die Marktverfassung „unvollkommenes Polypol" ist die Grundlage, um das akquisitorische Potential aufzubauen. Die Preisstellung ist demgegenüber erst die Folge daraus. Sie wertet das präferenzpolitische Bemühen preispolitisch aus und ist als Instrument zur Markterweiterung[16] bei unvollkommenem Polypol „viel zu teuer".
9. Auch die Marktunvollkommenheiten haben zwei Seiten. Zum einen baut der Anbieter darauf sein akquisitorisches Potential, das einen differentiellen Vorteil zu erzielen ermöglicht. Andererseits verfahren die Konkurrenten ebenso. Der Wettbewerb um die Käufer, der Zugewinn an Kunden wird infolge der Marktunvollkommenheiten mühsamer und aufwendiger.

---

16 Zu einer derartigen „originären Preispolitik" vgl. Abschnitt 77.5.

73.4 Zusammenfassende Übersicht über das unvollkommene Polypol

Die Bausteine, die Grundlagen und der Aufbau der Argumentation rechtfertigen eine strukturierende Zusammenfassung.

Das unvollkommene Polypol
① Die Marktstruktur des Polypols: viele Anbieter und viele Nachfrager
② das Marktverhalten der Markt-Teilnehmer:
- die Konkurrenten reagieren untereinander nicht wegen ① und ③ auf das Agieren des einen Anbieters
- die Nachfrager reagieren wegen ③
   α) auf die Preissetzung hin unterschiedlich als „Laufkundschaft" durchgängig und als „wechselnde Stammkundschaft" in den Bereichen I und III
   β) auf die eingesetzten absatzpolitischen Instrumente hin unterschiedlich, indem sie sich infolge ihrer Präferenzen „binden" lassen und zu Stammkunden werden – sie bilden das Kunden-Clientel im Bereich II.
③ die Marktbedingungen unvollkommener Märkte:
- die Angebote unterscheiden sich
- die Nachfrager haben bzw. entwickeln Präferenzen
- die Informationen sind unvollkommen und asymmetrisch
- die Anpassungen sind mit Schwierigkeiten (Kosten, Mühen, Bindungen) verbunden.

Infolge der mit ① mit ③ beschriebenen Marktverfassung gibt es für den Anbieter Entscheidungsfreiraum hinsichtlich (1) des gesetzten Absatzpreises und/oder (2) des Einsatzes absatzpolitischer Instrumente, z.B. Qualität der Leistungen, Vertragskonditionen, Erforschung und Berücksichtigung der Präferenzen der Nachfrager, Informationen an den Markt, Beachtung von Kundenwünschen, Behandlung von Mängelrügen u.a.
Es ergeben sich drei mögliche Fragestellungen (10) bis (30):
(10) Der betrachtete Anbieter setzt erstmals seinen Preis: die Unvollkommenheiten des Polypolmarktes sind noch nicht wirksam.
(20) Die bisherige Absatzpolitik hat eine Stammkundschaft begründet: der Anbieter hat zu entscheiden, ob er die Früchte seines absatzpolitischen

Bemühens preispolitisch abschöpft oder einfach über die resultierende höhere Absatzmenge verwirklicht.

Für die preispolitischen Möglichkeiten in den Bereichen I und IIa bzw. für die absatzmengen-politischen Möglichkeiten in den Bereichen IIb und III wird die doppelt geknickte PAF gezeichnet! Sie bildet die Grundlage, um eine ändernde Preissetzung für den Beginn der nächsten Absatzperiode zu erörtern. Die Reaktion der Nachfrager ist entlang der doppelt geknickten PAF ungleich:

(21) im Bereich II ist die Reaktion schwächer:
- (1) es handelt sich nicht um die Reaktion über die latente Nachfrage wie beim Angebotsmonopolisten, weil es andere Anbieter gibt;
- (2) auf die Preisstellung reagiert nur eine eigene Kundengrupe: die „Laufkundschaft", die abhängig vom geforderten Preis bei diesem oder einem anderen Anbieter kauft;

(22) in den Bereichen I und III ist die Reaktion stärker, weil in I bei um $+\Delta p$ höher gesetztem Preis einige Stammkunden wegwechseln bzw. in III bei $-\Delta p$ einige Stammkunden der Konkurrenz herwechseln.

Zusammengefaßt zu (20): Es wird (α) die ändernde Preissetzung (β) in alternativer Höhe für (γ) die nächste Angebotsperiode erörtert.

(30) Eine Preisänderung während der laufenden Absatzperiode gehört aus zwei Gründen nicht in den Erklärungszusammenhang:
- (1) es müßte ein akuter Grund (Datenänderung, Erwartungsabweichung) aufgetaucht sein, der als Plan-Abweichung die Überlegungen zur Preisänderung veranlaßt, denn anderenfalls
- (2) widerspricht die Erörterung der Änderung des bisherige Angebotspreises der vorausgegangenen Optimierungsrechnung: die von ihr verwendete PAF gibt die alternativen Wahlmöglichkeiten für jeweils eine Absatzperiode an.

Als Ergebnis der Analyse können wir vier Bereiche A bis D für die doppelt geknickte PAF kennzeichnen:

74. Die mikroökonomische Absatztheorie

Zur Erläuterung der Unterschiede:

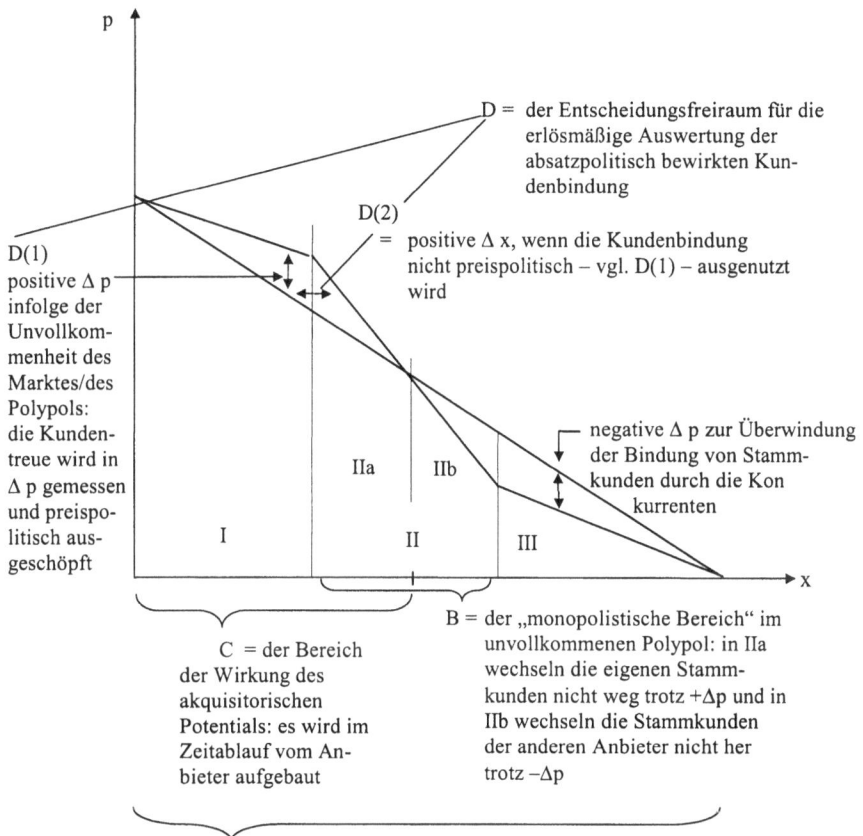

Damit ergibt sich die Marktverfassung „unvollkommenes Polypol":
A gibt den Bereich der unvollkommenen Marktbedingungen an,
B erklärt den monopolistischen Bereich mit den preis-unempfindlichen Stammkunden,
C zeigt den Wirkungsbereich des akquisitorischen Potentials, und
D zeigt den dadurch ermöglichten Bereich, das absatzpolitische Bemühen in zusätzliche Erlös-/Umsatz-Einnahmen umzusetzen.

74. Die mikroökonomische Absatztheorie und ihr Ausbau zur betriebswirtschaftlichen Absatzwirtschaft

Die knappe Definition: „Absatz ist die marktliche Verwertung von Betriebsleistungen" läßt die Frage folgen: Wie bewerkstelligt ein Unternehmen diese Aufgabe? Die Mikrotheorie antwortet: die Absatzmenge ist eine Folge und Funktion des eigenen Angebotspreises (p_A) und der Preise des Konkurrenten: $x = f(p_A, p_K)$.

Betrachtet wird das „nackte" Gut, d.h. nur die (Haupt-)Leistung. Der Preisbildungsprozeß führt zum einheitlichen Marktpreis aller Anbieter unter Vorgabe der Marktverfassung „vollkommener Markt". Dieser Marktpreis ist das Gleichgewicht von Angebot und Nachfrage, d.h. der Markt wird (infolgedessen) geräumt. Die unterschiedlichen Absatzmengen der Anbieter müssen ausschließlich von den unterschiedlichen Produktionsbedingungen her erklärt werden. Der Betriebswirt kann solcher „Asymmetrie" von „unvollkommenen Produktionsbedingungen" und „vollkommenem Markt" naheliegenderweise wenig abgewinnen.

Das Verhalten der Konkurrenten und die Reaktionen der Nachfrager werden ausschließlich mit Preis und Absatzmenge beschrieben, weshalb die mikroökonomische Absatztheorie mit Preistheorie gleichgesetzt werden kann. Die folgende Struktur gibt das Grundmuster der mikroökonomischen Absatztheorie/Preistheorie wieder.

Die mikroökonomische Absatztheorie ordnet zusammen:

der Anbieter ——————————————— seine Konkurrenten:
↓   ihre Anzahl und Verhalten:
                                                     ↓ Reaktion nur mit
der Markt-Gegenstand   Preis und Menge
das angebotene   die Angebotsmenge
„nackte" Gut

            die Preisbildung → einheitlicher Marktpreis
            ↑   auf vollkommenem Markt für
            die Nachfrager: das Gleichgewicht aus Angebot
            Reaktion nur mit der bot und Nachfrage:
            abgenommenen   zu diesem Preis wird der
            Menge   Markt geräumt

Die mikroökonomische Absatztheorie kennt nur die Variablen „Menge" und „Preis" für den Absatz des vorgegebenen Markt-Gegenstands, der als einheitliches = homogenes Gut ohne die Hülle des Absatzvertrages verstanden wird. Die grundlegende Beziehung „der Anbieter - die Nachfrager" wird mit Hilfe des Bausteins „Konkurrenten" zu den drei Grundmodellen ausgebaut:
1) es existieren keine Konkurrenten = Monopol
2) die existierenden Konkurrenten reagieren nicht = Polypol
3) die Konkurrenten reagieren auf die Preisstellung des betrachteten Anbieters = Oligopol.

Der Anbieter, seine Konkurrenten und die Nachfrager werden in Beziehungsverhältnisse gebracht mit ausschließlich dem Zweck, die jeweilige Preisbildung zu erklären. Wir verwenden nun dieses Grundmuster, um die betriebswirtschaftlichen Erweiterungen einzubauen und auf diese Weise von der mikroökonomischen Absatztheorie zur betriebswirtschaftlichen Absatzwirtschaft zu gelangen. Und zwar können wir sieben Erweiterungen zusammenstellen, die dann im Schema auf der nachfolgenden Seite mit ① bis ⑦ ausgewiesen sind.

Betriebswirtschaftliche Erweiterungen:

bei den Nachfragern tritt an die Stelle des Preis-Reaktionsmechanismus
① das Kaufentscheidungsverhalten

bei dem angebotenen Gut wird erweitert um
② die Leistungsmerkmale und um
③ die Produktdifferenzierung, sowie um
④ die weiteren Merkmale des Angebotenen;

die Preisvorstellung des Anbieters - wenn sie in der Mikroökonomie überhaupt Bedeutung hat - wird zur
⑤ Entgeltpolitik ausgebaut;

} das Vertragsangebot →die Angebots-politik

eingefügt wird sodann
⑥ der Einsatz von absatzpolitischen Instrumenten zur Unterstützung der Angebotspolitik;

schließlich wird die „Angebotsmenge" als Aktionsvariable der Konkurrenz erweitert zu
⑦ dem Entscheidungsverhalten der anderen Anbieter.

Die nächste Übersicht zeigt das Ergebnis: die betriebswirtschaftliche Absatzwirtschaft.

Die mikroökonomische Absatztheorie und ihr Ausbau zur betriebswirtschaftlichen Absatzwirtschaft

mikroökonomische Absatztheorie:
in Abhängigkeit von Marktform und Verhaltensweisen der Konkurrenten bildet sich der einheitliche Marktpreis für das „nackte" Gut

seine Konkurrenten: die Markt-Gegenseite
   ihre Existenz: nein/ja
   ihre Aktion: nein/ja
   ihre Reaktion: nein/ja

der betrachtete Anbieter
  ⑥ der Einsatz der anderen absatzpolitischen Instrumente, die nicht Merkmale des Angebots sind

der Markt-Gegenstand:
„das Angebotene" aus betriebswirtschaftlicher Sicht:
  ② die Eigenarten/Merkmale der Betriebsleistung gegenüber der Konkurrenz
  ③ die Produktdifferenzierung im eigenen Sortiment und Angebot
  ④ die weiteren Merkmale des Angebotenen

die Preisvorstellung des Anbieters
  ⑤ die Entgeltpolitik statt Preispolitik, in den Varianten
    (1) Einheitspreis, (2) Preisdifferenzierung,
    (3) Entgeltspaltung
    (4) fallweise Preisforderung

die Angebotsmenge als ihre Aktions- und Reaktionsvariable
  ⑦ betriebswirtschaftliche Aspekte der Markt-Nebenseite, insbesondere Verhaltensweisen

die Preisbildung für gleiche und ähnliche Güter

die Nachfrager = seine Markt-Gegenseite
ihre Reaktion auf Preis und Preisänderung:
  ① das Kaufentscheidungsverhalten der Nachfrager und Empfänger der Angebote

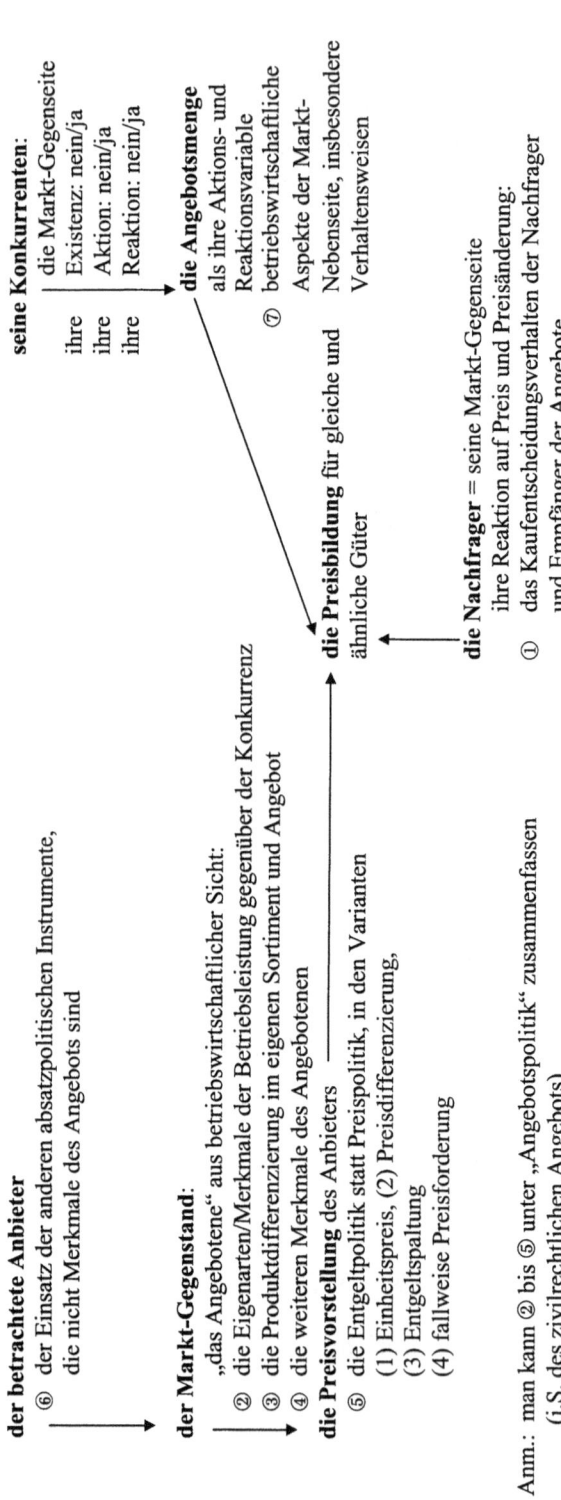

Anm.: man kann ② bis ⑤ unter „Angebotspolitik" zusammenfassen (i.S. des zivilrechtlichen Angebots)

Die mikroökonomische Absatztheorie und die sieben betriebswirtschaftlichen Erweiterungen führen zur „Absatzwirtschaft" der Betriebswirtschaft. Der Absatzwirtschaft entsprechen Anbieter-verschiedene Entgelte bzw. Preise, die zum einen das Angebote und zum anderen das Entscheidungsverhalten sowohl der Markt-Gegenseite (= Nachfrager) als auch der Markt-Nebenseite (= Konkurrenten) reflektieren.

75. Die Absatzwirtschaft

Im vorangegangenen Abschnitt hatten wir die mikroökonomische Preistheorie erweitert zur betriebswirtschaftlichen Absatzwirtschaft. Unter „Absatzwirtschaft" verstehen wir den auf „Leistung gegen Entgelt" bezogenen Bereich einer Betriebswirtschaft. Als die Schwerpunkte der Absatzwirtschaft unterscheiden wir – hier nur erst aufgelistet:
(1) die Absatzpolitik im Sinne des Einsatzes der sogenannten absatzpolitischen Instrumente;
(2) die Angebotsrechnung („Preisrechnung") und die Angebotsplanung bis zur Vertrags-Offerte an die bzw. den interessierten Nachfrager;
(3) den „Absatz"(vorgang) der Betriebsleistungen mit seiner rechtlichen Zwei-Teilung in Vertragsabschluß und Vertragsdurchführung, letztere auch als den Absatzleistungsvorgang bezeichnet.

Diese schlichte Aufzählung verdeckt die Schwierigkeiten, die „Absatzwirtschaft" in eine Ordnung ihrer Darstellung zu bringen, die die sachlichen Zusammenhänge und zeitlichen Verhältnisse zum Ausdruck bringt.

Der Mittelpunkt unseres Ordnungsgefüges ist die Angebotspolitik. Ihr geht die Preisrechnung und die Angebotsplanung voraus. Wenn wir mit (1) die umfassendere Absatzpolitik voranstellen, so ist dies der literaturübliche Beginn mit der Beschreibung der absatzpolitischen Instrumente. Wir zweiteilen diese danach, ob sie zu Merkmalen der Vertragsangebote werden oder (nur) das Umfeld beeinflussen, das so zum Möglichkeitsbereich der Angebotspolitik wird.
Daraus erklärt sich die Abfolge von (1) Absatzpolitik und (2) Angebotpolitik mit den Abschnitten 76 und 77. Vom Sachzusammenhang her dominiert die Angebotspolitik nicht nur die Absatzpolitik (im Sinne ihres üblichen Anhäufens der absatzpolitischen Instrumente), sondern auch die Absatzwirtschaft insgesamt.

Das ist nur die Konsequenz unserer „markt-orientierten Betriebswirtschaftslehre": sie rückt das Handeln auf den Leistungsmärkten mit dem Vorgang „Leistung gegen Entgelt" in den Vordergrund und damit das Angebot zum Abschluß eines gegenseitigen Vertrages. Diesen Vorgang haben wir hinsichtlich der „Leistung" als Folge der Arbeitsteilung erklärt und hinsichtlich des erstrebten Entgelts als die Voraussetzung, um Gewinn/Einkunft zu erzielen.

Wie angesprochen, gehört das entscheidungsbezogene Rechnen im Bereich der Absatzwirtschaft zur Angebotsplanung. Trotzdem – und nur aus praktischen Gründen – haben wir die „Preisrechnung" mit Abschnitt 78 an den Schluß gestellt.

Der nachfolgende Abschnitt geht auf die möglichen Reihenfolgen aus Vertragsabschluß, Produktion und Absatz ein und entzieht sich deshalb einer Einordnung in die Abschnitte 76 bis 78. Ihm folgt mit 75.2 die Kennzeichnung der Absatzwirtschaft unter Einschluß des gegenseitigen Vertrages.

75.1 Die Aufteilung des Absatzes in „Vertragsabschluß" und „Absatzleistungsvorgang"

Fürs erste definieren wir: Der „Absatz" ist die marktliche Verwertung erstellbarer und/oder erstellter Betriebsleistungen.

Damit ist recht nüchtern eine Aufgabe beschrieben, ohne das aktive wirtschaftende Handeln hervortreten zu lassen. Andererseits wird der Absatz-Akt in den Mittelpunkt gerückt, der darin besteht, daß mit einem Nachfrager *ein Absatzvertrag abgeschlossen wird.* Erst die Aufteilung des „Absatzes" in den Vertragsabschluß einerseits und den erfüllenden Vollzugsvorgang andererseits ermöglicht es, das Stellungsverhältnis zwischen Produktion und Absatz zu erörtern.

Dabei zeigt sich, daß die Literatur zur ABWL nur den Industriebetrieb im Blickfeld hat und zusätzlich auf die Konstellation „Produktion vor Verkauf" einschränkt, weil hier der Vertragsabschluß unauffällig in den Liefervorgang hineingedacht werden kann.[17] Deutlicher formuliert: da der Vertragsabschluß gar nicht beachtet und berücksichtigt wird, bleibt nur die traditionelle Abfolge „Produktion vor Absatz".

Der rechtlichen Zweiteilung des Absatzes setzen wir eine Zweiteilung der Produktion zur Seite, so daß wir insgesamt vier Aspekte zu Fall-Typen kombinieren können, und zwar

(1) steht für die jeweilige Art der Leistung, um später z.B. die Güterproduktion vom Transport, die Leistung des Friseurs von der der Sparkasse usw. nach ökonomischen Kriterien unterscheiden und in Kategorien einteilen zu können;
(2) steht für den Vorgang der Erstellung der Marktleistung, gleichfalls nach Merkmalen unterteilbar;
(3) steht für den Abschluß des Absatzvertrages, und
(4) steht schließlich für den leistungswirtschaftlichen Vollzug des Absatzvertrages seitens des Anbieters, d.h. für die „Erfüllung" des Juristen bzw. für den Absatzleistungsvorgang des Ökonomen.

Die Ziffern (2) bis (4) werden nun eingesetzt zur Kennzeichnung von fünf Fall-Typen, um die möglichen Konstellationen zwischen Produktion und Absatz zu zeigen.

Fünf Fall-Typen, um den Möglichkeitsbereich für das Verhältnis von Produktion und Absatz abzustecken:

bei den Sachleistungen müssen wir zwei Fälle unterscheiden:

1. Fall: (2) Produktion → Absatz   = Markt-Produktion
                                 (3) + (4)
2. Fall: (3) Vertrag → (2) Produktion → (4) Lieferung   = auftragsabgedeckte
                                                           Fertigung

bei den Dienstleistungen haben wir durchweg:

3. Fall: (3) Vertrags-→ einmaliger Leistungsvorgang   = das Einmal-
          abschluß | Rechts-
                          Vollzug von Leistungs-Erstellung verhältnis,
                          und Absatzvorgang sind identisch: z.B. Friseur
                          (2) + (4) einmalig in einem   Stadtrundfahrt
                          Vorgang

4. Fall: (3) Vertrags-→ wiederholter Leistungsvorgang = das Dauerrechts-
          abschluß | Verhältnis,
                          zeitverteilter Leistungs-Erstel- z.B. Bankkonto,
                          lungsvorgang und zugleich Ab-   Miete, Darlehen
                          satzvorgang:
                          (2) + (4) fortlaufend-wiederholt

---

17 Anders vor allem der lesenswerte Aufsatz von Riebel (ZfbF 1965).

5. Fall: (3) Vertrags-→ keine betriebswirtschaftlichen = untypische gegen-
          abschluß   Absatzleistungen, es werden   seitige Verträge,
                         andere ökonomische Funktionen
                         erledigt/Aufgaben   z.B. Versicherungen,
                         erfüllt/Geschäfte besorgt, so daß Bürgschaft, Verlust-
                         weder (2) noch (4) vorkommen   übernahme; reine
                                                        Rechtsleistungen
                                                        wie Verzicht, Dul-
                                                        dung; Unterlassung

Auch wenn wir die Einzelheiten hier nicht weitergehend beachten, so läßt sich als Ergebnis doch festhalten:
a) Die literatur-übliche Abfolge „Produktion - Absatz" ist nur die eine mögliche Reihenfolge „Güterproduktion vor Verkauf und Lieferung", d.h. der 1. Fall in der Übersicht.
b) Bereits die auftragsabgedeckte Güterproduktion - 2. Fall - und der gesamte Bereich der Dienstleistungen hat die Reihenfolge „Vertragsabschluß vor Leistungs-Erstellung".
c) Mithin sind wir nicht nur von der Ziel-Ebene her, sondern deutlich auch vom tatsächlichen Geschehensablauf her zu der gewählten Abfolge „Absatz" (mit seiner ersten Phase) vor „Produktion" berechtigt.
d) Ersichtlich ist dies (nur) die Folge der ausdrücklichen Berücksichtigung des Abschlusses des Absatzvertrages, der sich - wie die eingangs verwendete Definition zeigt - in den Vordergrund drängt gegenüber dem Absatzleistungsvorgang, der üblicherweise mit „Absatz" gleichgesetzt wird, obgleich er nur der Vollzug des zuvor abgeschlossenen Vertrages ist. Auch für den Buchhalter beginnt der Absatz erst mit der Rechnung an den Kunden, die den Vollzug begleitet bzw. ihm nachfolgt.
e) Naheliegenderweise gehen wir noch einen Schritt weiter nach vorn: Absatz beginnt nicht mit dem Vertragsabschluß, sondern endet beinah damit!

75.2 Neue Definitionen im Bereich der Absatzwirtschaft

Schon lange wurde der „Absatz" von dem „Marketing" verdrängt. Worauf es ankommt, wurde damit jedenfalls nicht präziser gefaßt - eher umgekehrt: es fehlt die Erkenntnis, daß es auf den Vorgang „Leistung gegen Entgelt" ankommt. Von der Entgelt-Erzielung ist in den gängigen Marketing-Definitionen kein Wort zu finden.

Um diesem Mangel abzuhelfen, definieren wir: (1) *„Absatz/Marketing* ist die Gestaltung des eigenen Leistungsangebotes (i.w.S.) im Verhältnis zum geforderten Entgelt/Preis, um Vertragsabschlüsse mit Nachfragern zu erreichen."

Auf diese Weise rückt die Vertragsangebotspolitik in den Mittelpunkt der Absatzwirtschaft: das Gegenverhältnis von Angebotenem zum Geforderten in der Offerte, einen Vertrag abzuschließen, ist der Kern der Absatzpolitik!

Damit ist der Vertragsabschluß selbst bereits Vollzug der vorausgegangenen Planung der Angebotspolitik, und der Absatzleistungsvorgang ist Vollzug sowohl der ökonomischen Planung als auch der vertraglichen Leistungsverpflichtung.

Einmal soweit, bietet es sich an, den gegenseitigen Vertrag voll in das ökonomische Planen und Handeln zu integrieren, so daß wir definieren können: (2) *Der gegenseitige Vertrag* (des Schuldrechts) ist die auf zwei Personen/ zwei Rechtszuständigkeiten verteilte und vorab rechtlich orientierte Planung und dann rechtlich fixierte Durchführung des Vorgangs „Leistung gegen Entgelt".

Diese Definition des Vertrages ist natürlich keine juristische, sondern eine ökonomische. Sie baut den Vertragsabschluß als Knoten und seinen Bestand als rechtliche Begleitung seines Vollzuges und damit des wirtschaftenden Handelns ein in den umfassenderen Zusammenhang des Erwerbswirtschaftens. Das wird deutlich mit der angesprochenen Vorphase der Planung.

„Planung" ist ein Sammelbegriff für alle Aktivitäten (wie Informieren, Abwägen, Rechnen, Ausscheiden und Verdichten) bis zur abschließenden Plan-Entscheidung.[18] (3) *„Planung"* bezeichnet den zweckgerichteten Prozeß des Verdichtens der Vorstellungen über Künftiges zu einem *Konzept* des nachfolgenden Handelns, welches als *Plan* bezeichnet wird.[19]

Dementsprechend: (4) „Angebotsplanung" ist der zweckgerichtete Prozeß des Verdichtens der Vorstellungen zum Plan, wie das eigene Leistungs-

---

18 Bei Schneeweiß (1991) S. 8 kurzerhand „Planentscheid" bezeichnet.
19 Lehmann/Moog (1996) S. 110.

angebot im Verhältnis zum geforderten Entgelt zu gestalten ist, um Vertragsabschlüsse mit Nachfragern zu erreichen.

Das Verhältnis von Planung, Plan für die Angebotsperiode, Vertragsangebotspolitik und Vertragsabschluß kombinieren wir zu den Konstellationen (1) bis (3) mit Hilfe der beiden Kriterien
(a) die Anzahl der gleichzeitig geplanten Angebote und
(b) der Grad der Bestimmtheit der Planung.

Dadurch ergeben sich:
(1) Die gleichzeitige Planung einer Mehrzahl von Angeboten, um ökonomische Interdependenzen eingehen zu lassen - z.B. beim Versicherungsvertrag wegen der unterschiedlich zu erwartenden Schadensbeträge je Vertrag. Bekannter ist die „kalkulatorische" oder „preisrechnerische" Interdependenz: die Verteilung der fixen Kosten aus einer sogenannten Gemeinschaftsposition, die von einer Mehrzahl von Aufträgen zugleich oder nacheinander genutzt wird.[20] Wir ergänzen, daß diese Mehrzahl von Angeboten exakt durchgeplant wird bis hin zum konkreten Vertragsangebot im Einzelfall zwecks unverändertem Vertragsabschluß. Diese Planung korrespondiert zur „Markt-Produktion", vgl. Abschnitt 54, Typ (7).

(2) Die gleichzeitige Berücksichtigung einer Mehrzahl von Angeboten, jedoch im Wege nur einer Rahmenplanung für die Angebotspolitik mit nachfolgender Spezifikation zum fallweisen Vertragsangebot. Der verbliebene Entscheidungsfreiraum dient im einfachsten Fall zur Verhandlung über den Preis und anderenfalls, um Kundenwünsche betreffend die Leistungsmerkmale oder/und die Nebenleistungen zu berücksichtigen. Diese Rahmenplanung entspricht der Fertigung von Bau-Elementen in den ersten Abschnitten und dem „Fertigstellungsgrad" mit Zwischenlagerung in der Güterproduktion[21] ebenso wie dem Massengeschäft ähnlicher Dienstleistungen.

(3) Die fallweise Planung des Angebotes setzt sich im Regelfall in Vertragsverhandlungen mit dem Nachfrager fort. Ihr entspricht die Einzelfertigung im Großmaschinen- und Anlagenbau bzw. der spezifische Dienstleistungsauftrag, vgl. Abschnitt 54, Typen (6) und (10).

---

20 Vgl. Lehmann/Wagner, BFuP 1991, S. 63; Moog (1999) S. 149 ff.
21 Vgl. Wagner (1978) S. 171-186.

Es bietet sich an, die bisherigen Überlegungen zu einer Übersicht zu ordnen:

Die Angebotsplanung und ihre fallweise Verwirklichung mittels der Absatzverträge

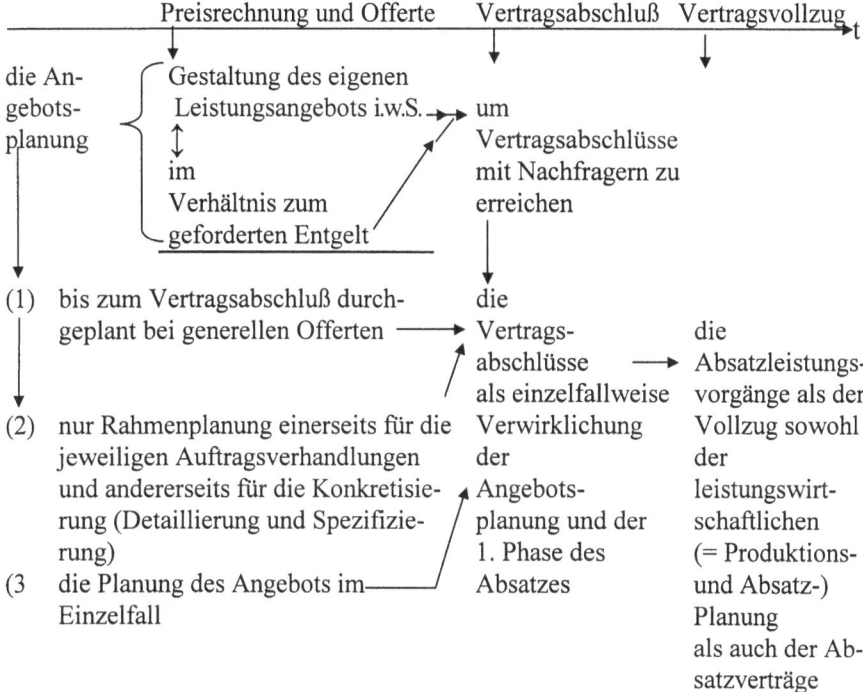

Mit (1) und (2) sind zwei Vorgehensweisen der Angebotsplanung und des Vertragsangebots angesprochen. Die „generelle Offerte" unter (1) meint das gleiche Vertragsangebot für viele Nachfrager entweder als Einheitsangebot oder als generell differenziertes Angebot zur Auswahl für die Interessenten. Die „Rahmenplanung" unter (2) berücksichtigt die zwischengelagerte Phase der Auftragsverhandlungen. Infolgedessen ist die Angebotspolitik vorweg ein abstraktes und zivilrechtlich unverbindliches Leistungsversprechen. Dem Vertragsangebot folgen die Auftragsverhandlungen mit dem interessierten Nachfrager, d.h. das Festlegen der Leistungsmerkmale und anderer Vertragsmerkmale sowie die Preisverhandlungen. Mit dem Vertragsabschluß wird dann das konkrete Leistungsversprechen vertraglich fixiert.

Die Planung von generellen Offerten und die Rahmenplanung sind über die Mehrzahl der Angebote einem Zeitraum verbunden: der Plan- bzw. der Angebotsperiode. Daraus können sich zwei Anlässe für erneutes Angebotsrechnen/"Kalkulieren" ergeben: infolge von Abweichungen, und zwar bei einer negativen Datenänderung/Erwartungsabweichung oder bei einer besseren Entscheidungsmöglichkeit im Zeitablauf.

Wie für die Konstellationen (1) bis (3) skizziert, verbinden sich Einheitlichkeit und Bestimmtheit der Angebote mit den Aspekten der Leistungs-Erstellung. Abschnitt 78.3 ergänzt für die Entgelt-Seite: Einheitspreispolitik, Preisdifferenzierung und Preisverschiedenheit.[22]

76. Die Absatzpolitik als der Einsatz der absatzpolitischen Instrumente

Die mikroökonomische Absatztheorie kennt nur den Preisbildungsprozeß, der zum einheitlichen Marktpreis/zum Gleichgewichtspreis hin abläuft. Das ernährt keine Diplom-Kaufleute! Der Dipl.-Kfm. im Absatzbereich des Unternehmens X steht vor den täglichen Fragen:
Wie erreiche ich,
- daß normale Menschen zu Interessierten werden für die Leistungen des Unternehmens X,
- daß Interessierte zu Nachfragern werden gerade für die Leistungen des Unternehmens X,
- daß Nachfrager zu Vertragsabschließenden werden gerade mit dem Unternehmen X,
- daß die Abnehmer mit den Leistungen des Unternehmens X zufrieden sind und gegebenenfalls erneut zu Kunden werden!

Die Mittel und Wege, um den Endzweck „Kunde" zu erreichen, bezeichnet man als die „absatzpolitischen Instrumente"; das sind z.B.

Einrichtungen	⇒	Laden, Agentur, Vertreter
Nebenleistungen	⇒	Gewährung eines Lieferantenkredits, Angebot des Antransportes
andere Konditionen	⇒	die Zusage der Lieferzeit.

---

22 Vgl. die Bildung von Fall-Typen nach den beiden Kriterien, ob der Anbieter oder der Nachfrager die Merkmale der Leistung bzw. des Entgelts festlegt, bei Moog (1999) S. 99.

Die absatzpolitischen Instrumente sind mithin benannte Handlungsmöglichkeiten, um den Absatz zuwege zu bringen bzw. um dieses Bemühen zu unterstützen.

Das Konzept der absatzpolitischen Instrumente stammt von Erich Gutenberg, Grundlagen der Betriebswirtschaftslehre, Bd. 2: Der Absatz, 1955[1], 1984[17]. Die Vielzahl der absatzpolitischen Instrumente kann man naheliegenderweise unterschiedlich ordnen:

Abschnitt 76.1 behandelt die traditionelle Gliederung, indem auf einfache Weise (vier) Gruppen gebildet werden.

Diese nur erst schlichte Ordnung läßt sich im Wege einer weitergehenden Berücksichtigung der Bestimmungsgrößen des Einsatzes entsprechend den Teil-Fragen: welche?-wie?-wo?-wann? zu einer instrumentell-orientierten Vorgehensweise zur Gliederung der absatzpolitischen Instrumente fortentwickeln.

Abschnitt 76.2 ordnet in diesem Sinne die Instrumente nach den Phasen ihres Einsatzes im Vollzug des Absatzvorganges, d.h. des Kauf-Entscheidungsprozesses;

Abschnitt 76.3 schließlich ordnet mit Hilfe des gegenseitigen Vertrages danach, ob das absatzpolitische Instrument zu einem Bestandteil des Absatzvertrages wird oder außerhalb des Vertrages in dessen Umfeld wirkt.

76.1 Das absatzpolitische Instrumentarium: traditionell

Jeder absatzpolitische Schriftsteller, der berühmt werden möchte, entwickelt eine eigene Gliederung des absatzpolitischen Instrumentariums. Gute Lehrbücher zur ABWL stellen dann diese Versuche unter Nennung des Autors zusammen. Dabei handelt es sich um „Kataloge" im Sinne von additiver Auflistung mit schwacher Ordnung i.S. von Gruppenbildungen; eine ökonomische Grundlegung und Systematik ist nicht zu erkennen! Die insoweit bemerkenswerte Zweiteilung von Banse,[23] die (1) Preispolitik der (2) Präferenzpolitik als allem anderen gegenüber zu stellen, ist in der ABWL lange von Wöhe[24] fortgesetzt worden. Nunmehr hingegen darf die von Gutenberg

---

23 Banse (1962).
24 Wöhe (16. Aufl. 1986) S. 539 f.

herstammende Aufteilung in vier Gruppen als „die herrschende Meinung" angesehen werden.[25] Ihre von Meffert[26] übernommene Version steht in der nachfolgenden Übersicht als Katalog von vier Gruppen und ihren Bestandteilen in der Mitte.

Die den vier Gruppen hinzugefügten Zählziffern (1) bis (4) sind ein Vorgriff auf Abschnitt 76.2 und die dort konzipierte Phasenabfolge. Ebenso haben wir diese Zusammenstellung sogleich für den Abschnitt 76.3 genutzt und auf der linken Außenseite aussortiert, was zum Bestandteil des Vertrages wird - Gruppe 10. -, und auf der rechten Außenseite, was außerhalb des Vertrages wirkt - Gruppe 30. Das Entgelt/der Preis gehört zu den Vertragsmerkmalen, steht jedoch im Gegenverhältnis zum Angebotenen und gehört daher der eigenen Gruppe 20. zu.

---

25 Wöhe (19. Aufl. 1996) S. 634 f. bzw. (2000) S. 517-519.
26 Meffert (1977) S. 82 bzw. (1998) S. 884 bzw. (2000) S. 972.

76. Die Absatzpolitik als der Einsatz der absatzpolitischen Instrumente

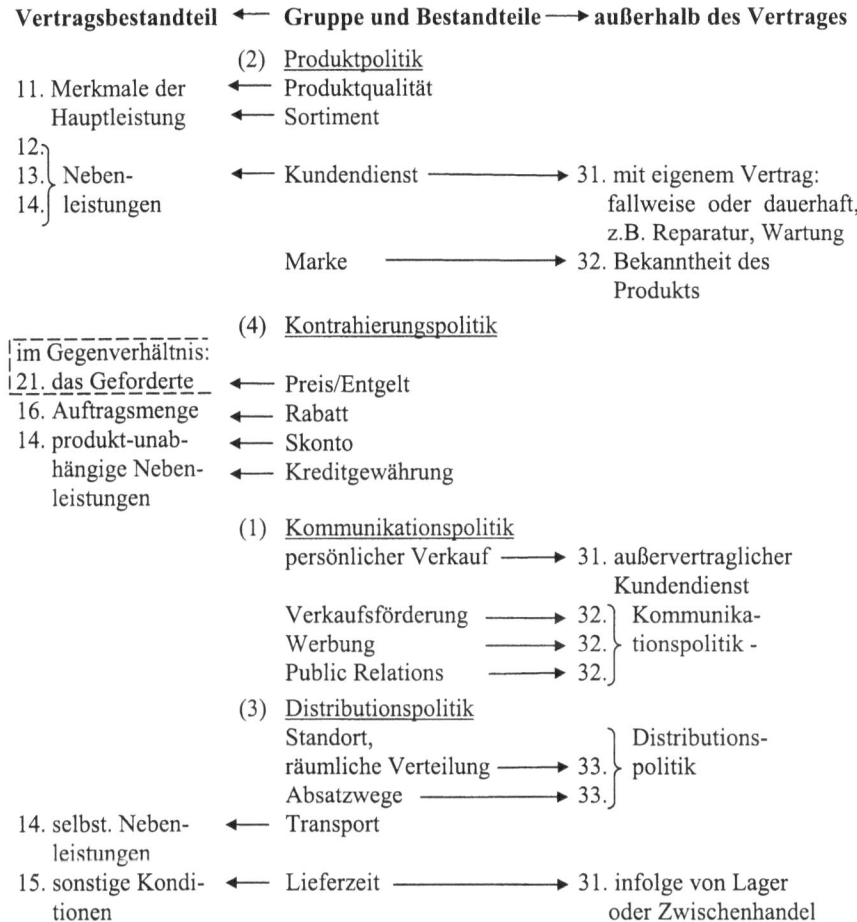

76.2 Die phasen-orientierte Gliederung der absatzpolitischen Instrumente

Es liegt nahe, die absatzpolitischen Instrumente mit Entscheidungen zu verbinden. Stellt man dabei auf die Entscheidungen des Anbieters ab, gelangt die Literatur zu der Forderung, die absatzpolitischen Instrumente im optimalen Mix einzusetzen. Infolge der fehlenden Ordnung im absatzpolitischen Instrumentarium läuft dieses Postulat jedoch ins Leere!

70. Die Teilnahme des Anbieters am Markt

Die Gliederung der absatzpolitischen Instrumente nach den vier Phasen der Kaufentscheidung

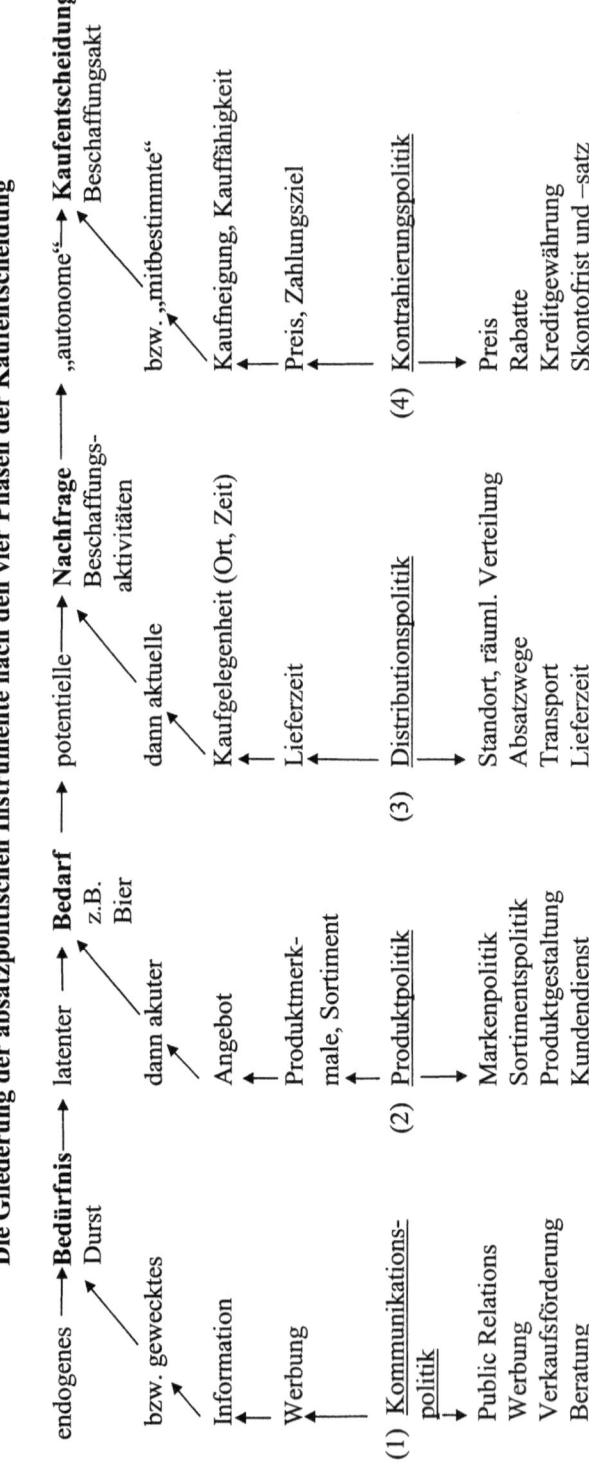

Die Aufgliederung jeweils von Meffert, Marketing (1977, S. 82) bzw. Wöhe (2000), S. 518 übernommen.

Alternativ dazu kann man auf die Entscheidung des Nachfragers abstellen. Dazu unterteilen wir dessen Kauf-Entscheidungsprozeß in die vier Phasen: Bedürfnis - Bedarf - Nachfrage - Kauf-Entscheidung und ordnen nun der jeweiligen Phase diejenigen absatzpolitischen Instrumente zu, deren Einsatz sich typischerweise dafür anbietet. Wir erhalten damit zwar keine strenge Ordnung und Struktur des absatzpolitischen Instrumentariums, jedoch immerhin die phasenablauf-orientierte Abfolge der vier Gruppen des traditionellen Katalogs der absatzpolitischen Instrumente; vgl. die Übersicht.

76.3 Die vertragsverbundene Ordnung der absatzpolitischen Instrumente

Wir setzen den gegenseitigen Absatzvertrag dazu ein, die absatzpolitischen Instrumente zu ordnen. Auf diese Weise bilden wir drei Gruppen, die zwecks Unterteilung mit 10. bis 30. gezählt werden:

Zu Gruppe 10. gehören diejenigen absatzpolitischen Instrumente, die zu Bestandteilen bzw. zu Merkmalen des „Angebotenen" der konkreten Vertragsofferte werden, d.h. des Leistungsangebots i.w.S.

Zu Gruppe 20. gehört die dem gegenüberstehende Entgeltforderung bzw. der geforderte Preis. Der Betrag des Entgelts ist ausschließlich durch das Gegenverhältnis zum Angebotenen bestimmt. Wird dieser Betrag durch andere Überlegungen modifiziert - z.B. ein Sonderangebot zur Räumung eines Lagerbestandes -, dann sprechen wir vom Preis; vgl. ausführlich Abschnitt 77.5.

Das konkrete Vertragsangebot vereint mithin Gruppe 10. in Gegenüberstellung zu Gruppe 20. und faßt so die vertragsbezogenen absatzpolitischen Instrumente zusammen; vgl. die Ausarbeitung in Abschnitt 77.

Zu Gruppe 30. gehört der „Rest", das sind die absatzpolitischen Instrumente, die das Umfeld/den Möglichkeitsbereich der Vertragsangebotspolitik gestalten. So gehört z.B. ein nicht vertraglich zugesagter Service als Kulanz zur Gruppe 30. oder das Außenlager im Ort Z. ermöglicht die Vertragsklausel „ab Z" betreffend die Transportkosten zu Lasten des Käufers. In der Gruppe 30. sind diejenigen absatzpolitischen Instrumente zusammengefaßt, die die räumliche, zeitliche und persönliche Nähe der Angebotspolitik und damit des Vertragsangebots bereits an den möglichen Interessenten zur Folge haben.

Die nachfolgende Übersicht gliedert das absatzpolitische Instrumentarium in eine sachlogische Struktur von drei Gruppen in räumlicher Darstellung. Das Viereck steht für die Angebotspolitik mit ihrem Möglichkeitsbereich, während das linierte Feld den gegenseitigen Vertrag repräsentiert: ex ante als das konkrete Vertragsangebot bzw. ex post als der vereinbarte Vertragsinhalt. Die Abweichungen zwischen den beiden Zeitpunkten sind im Regelfall gleich Null bei generellen Offerten, die dem Nachfrager nur die ja - nein - Entscheidung überlassen. Das Gegenteil gilt bei zwischengeschalteten Auftragsverhandlungen.

Die Absatzpolitik mit Hilfe des Rechts und des Rechnens

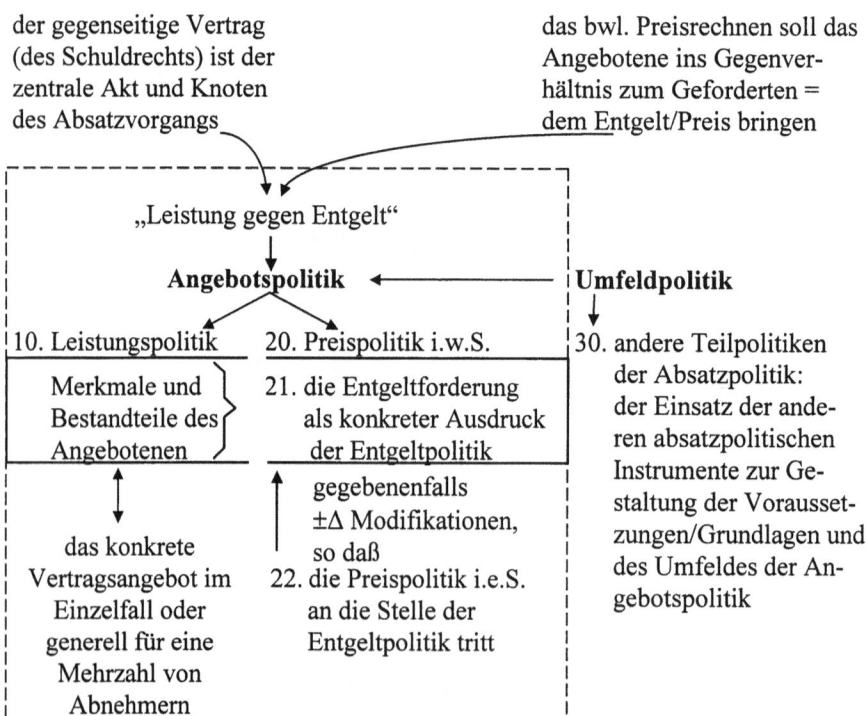

Diese am Absatzvertrag orientierte Grundstruktur wird nun in der nachfolgenden Übersicht ausgeführt. Im Anschluß daran werden einzelne absatzpolitische Instrumente erläutert.

76. Die Absatzpolitik als der Einsatz der absatzpolitischen Instrumente

Das Ordnungsverhältnis der absatzpolitischen Instrumente

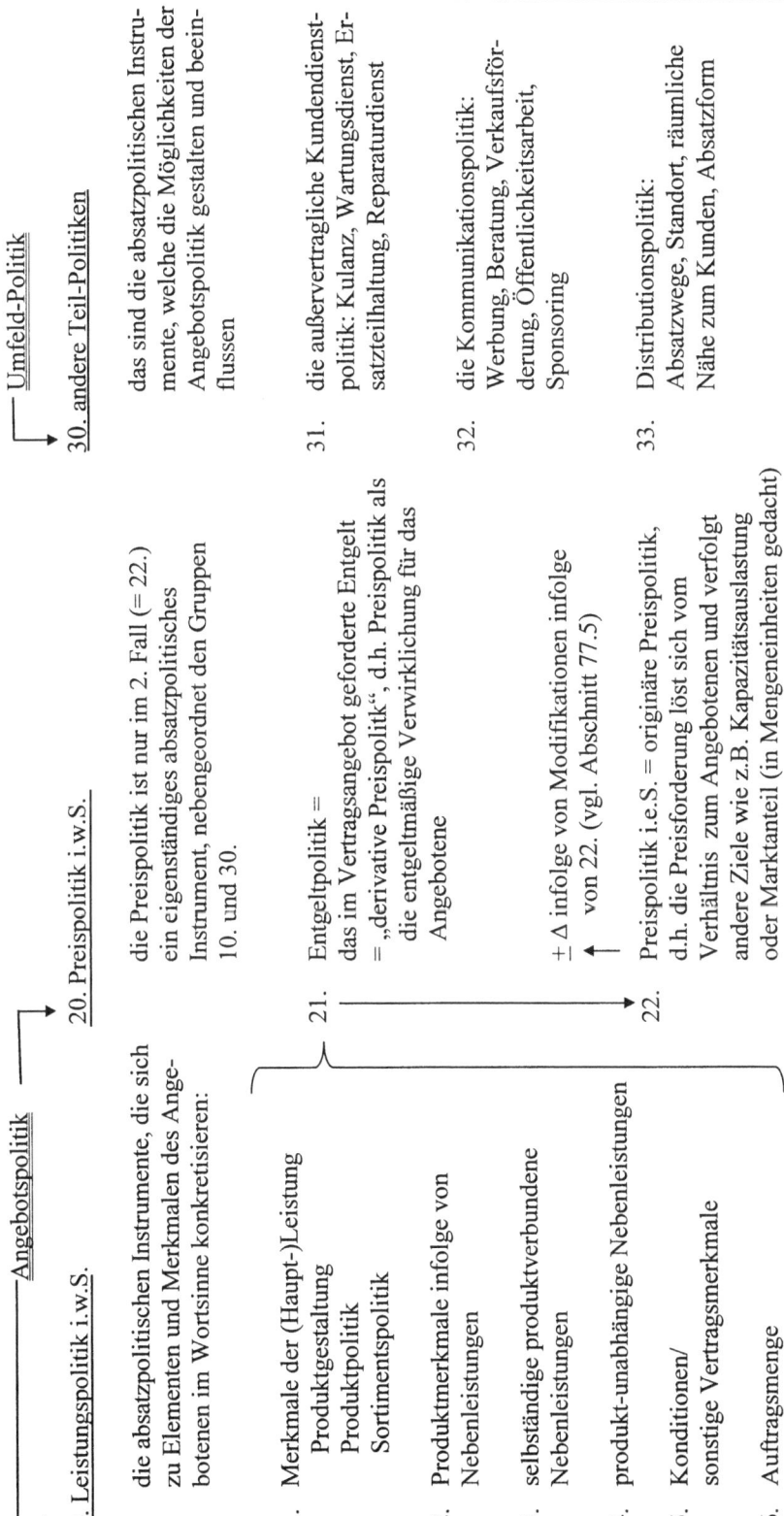

Angebotspolitik

10. Leistungspolitik i.w.S.

die absatzpolitischen Instrumente, die sich zu Elementen und Merkmalen des Angebotenen im Wortsinne konkretisieren:

11. Merkmale der (Haupt-)Leistung
    Produktgestaltung
    Produktpolitik
    Sortimentspolitik

12. Produktmerkmale infolge von Nebenleistungen

13. selbständige produktverbundene Nebenleistungen

14. produkt-unabhängige Nebenleistungen

15. Konditionen/ sonstige Vertragsmerkmale

16. Auftragsmenge

20. Preispolitik i.w.S.

die Preispolitik ist nur im 2. Fall (=22.) ein eigenständiges absatzpolitisches Instrument, nebengeordnet den Gruppen 10. und 30.

21. Entgeltpolitik =
    das im Vertragsangebot geforderte Entgelt
    = „derivative Preispolitik", d.h. Preispolitik als die entgeltmäßige Verwirklichung für das Angebotene

    ± Δ infolge von Modifikationen infolge von 22. (vgl. Abschnitt 77.5)

22. Preispolitik i.e.S. = originäre Preispolitik, d.h. die Preisforderung löst sich vom Verhältnis zum Angebotenen und verfolgt andere Ziele wie z.B. Kapazitätsauslastung oder Marktanteil (in Mengeneinheiten gedacht)

Umfeld-Politik

30. andere Teil-Politiken

das sind die absatzpolitischen Instrumente, welche die Möglichkeiten der Angebotspolitik gestalten und beeinflussen

31. die außervertragliche Kundendienstpolitik: Kulanz, Wartungsdienst, Ersatzteilhaltung, Reparaturdienst

32. die Kommunikationspolitik: Werbung, Beratung, Verkaufsförderung, Öffentlichkeitsarbeit, Sponsoring

33. Distributionspolitik:
    Absatzwege, Standort, räumliche Nähe zum Kunden, Absatzform

Erläuterungen und Beispiele zum voranstehenden Schema:

zu 10. das Leistungsangebot i.w.S.:

14. produkt-unabhängige Nebenleistungen als Voraus-, Zusatz-, Nachleistungen, z.B. Transport, Lieferantenkredit, Teilzahlung, Abnehmer-Darlehen, Versicherung, Garantie: Umtausch, Reparatur, Funktionsfähigkeit, Wartung, Verpackung, Rücknahme von Verpackung, Leergut

15. Konditionen: Leistungsort, Lieferzeit, Leistungszeitpunkt

16. Auftragsmenge

hinsichtlich selbständiger
13. produkt-verbundener oder
14. produkt-unabhängiger Nebenleistungen ist ein eigenständiges Vertragsangebot möglich: Vertragsspaltung versus Vertragsbündelung

zu 21. Entgeltforderung:

wie reflektiert sich das Gegebensein von 11. bis 16. in der Entgeltforderung?

⇓

.1 nicht: d.h. „umsonst gewährt"
.2 kalkuliert im Einheitspreis
.3 im Preis differenziert
.4 als Preiszuschlag angeboten
.5 als eigenständiges Entgelt angefordert

⇓

Verbundeffekte im Entgelt bei nachfolgenden Vertragsabschlüssen:
„Entgeltverkettung" z.B. mittels Bonus, Kundenformen (vgl. 78.3)

⇓

Entgeltaspekte aus der Auftragserteilung: Ort, Zeitpunkt oder der Person des Abnehmers: mit der Folge einer örtlichen, zeitlichen bzw. persönlichen Preisdifferenzierung

Anmerkung:

In der Literatur werden die Zahlungsbedingungen, Rabatt und Bonus mit dem Preis zusammengefaßt zur „Preispolitik"; vgl. z.B. Wöhe (2000) S. 545. Das ist sachlich unzutreffend, weil es sich um entgeltmäßige Auswirkungen des Leistungsangebots i.w.S. handelt, wie unsere Gliederung deutlich macht. Unsinnig ist die Einordnung des Preises als ein Produktmerkmal, vgl. Nieschlag/Dichtl/Hörschgen (1994) S. 295 f., die Autoren verwechseln „Produkt" und „Angebot"/ Vertrag (S. 297). Ebensowenig spricht etwas für die Zusammenfassung von „Preis" und „Konditionenpolitik" zu den „kontrahierungspolitischen Entscheidungen" bei Meffert (1977) S. 84 f. bzw. (1998) S. 467 bzw. (2000) S. 581.

Abschließend erscheint uns eine begriffliche Festlegung für den ökonomischen gegenüber dem juristischen Sprachgebrauch zweckmäßig. Wir folgen dem Juristen, daß das Vertragsangebot/die Vertragsofferte sowohl das Angebotene als auch die Entgeltforderung umfaßt. Für „das Angebotene" findet sich kein besserer Begriff. Wenn wir von „Leistungspolitik i.w.S." sprechen, dann werden davon zwar Haupt- und Nebenleistungen abgedeckt, nicht jedoch die Konditionen und die Auftragsmenge (Zählziffern 15. und 16.). Welche Merkmale und Merkmalsausprägungen vom Anbieter im Rahmen des „Angebotenen" zugesichert worden sind, wird häufig zum Anlaß von Streit nach Vertragsabschluß.[27]

Wir folgen dem Juristen jedoch nicht, wenn einmal der Anbieter und ein andermal der Nachfrager das Angebot im rechtlichen Sinne macht. Der normale Mensch geht davon aus, daß der Anbieter der (Nichtgeld-)Leistung auch das juristische Angebot zum Abschluß des Vertrages macht und der Nachfrager derjenige ist, der dazu bzw. nach modifizierender Verhandlung „ja" sagt.

Dem Juristen hingegen genügt die konkrete Präsenz des Leistenden am Markt nicht: die Ware im Schaufenster und die Speisekarte neben der Eingangstür versteht er rechtlich nur als die Aufforderung an den Interessierten, doch bitte seinerseits dem Leistenden ein Angebot auf Vertragsabschluß und Akzeptanz des Preises zu machen. Davon verunsichert, fragt der Kunde sich, wer denn nun auf welche Art und Weise und zu welchem Zeitpunkt der Anbieter wird und ist, wenn er den Friseurladen betritt und sich auf den Wartestuhl niederläßt, um sich (später) den Zustand der bisherigen Frisur verändern zu lassen?

Diese Veränderung haben wir als „Leistung" vom Ergebnis her bezeichnet und die bewirkende Aktivität als die Leistung im Sinne des Vorganges. Der Anbieter, diese Veränderung vorzunehmen, ist immer der Friseur (er oder sie) und nicht der Kunde. Denn dessen „Angebot", das Entgelt zu entrichten, ist in der Sprache des Ökonomen eine Zahlung und keine Leistung (anders der Jurist mit seinem Durcheinander von Leistung und Gegenleistung). Auch wenn wir damit juristische Dogmatik verletzen, legen wir den „Anbieter" und das „Vertragsangebot" auf den Leistenden fest und verkoppeln folglich den Nachfrager mit dem Abnehmer der Leistung und dem Entgeltzahlenden.

---

27 Vgl. dazu z.B. Graf von Westphalen (1996).

77. Das Vertragsangebot und die ihm zugehörenden absatzpolitischen Instrumente (= Gruppen 10. und 20.)

Wir hatten im Abschnitt 76.3 den Absatzvertrag dazu eingesetzt, die absatzpolitischen Instrumente in eine dreiteilige Gliederung zu ordnen:
10. die absatzpolitischen Instrumente, die zum Bestandteil der vertraglichen Vereinbarungen werden können,
20. das diesen gegenüberstehende Entgelt bzw. der Preis, und
30. die absatzpolitischen Instrumente, die das Umfeld der Vertragsangebotspolitik (betreffend 10. und 20.) gestalten und diese zu fördern geeignet sind.

Zum anderen haben wir fortlaufend zwischen Angebotspolitik, Vertragsangebot im Einzelfall und Vertragsabschluß unterschieden. Mit dem einzelnen Vertrag wird ein Ausschnitt aus dem Möglichkeitsbereich des Anbieters fallweise und konkret festgelegt. Im Hinblick auf den einzelnen Vertragsabschluß sind die absatzpolitischen Instrumente sachliches und zeitliches Vorfeld. Die zur Gruppe 30. gehörenden Instrumente möchten die Bedingungen für den Einsatz und die Entfaltung der Instrumente der Gruppe 10. gestalten bzw. verbessern, um diese dann entgeltmäßig umzusetzen/auszunutzen.

Wir können den gestuften Zusammenhang auch so formulieren: die absatzpolitischen Instrumente des Umfeldes (= Gruppe 30.) bereiten den Einsatz der Instrumente der Angebotspolitik (= Gruppen 10. und 20.) vor, die ihrerseits den fallweisen Vertragsabschluß vorbereiten. So unbestritten wichtig der Vertragsabschluß wenn nicht schon für die Produktion, so doch und notwendig für den Absatz ist, so liegt er doch für die Behandlung der absatzpolitischen Instrumente zu spät. Das ist unmittelbar einsichtig: mit dem Vertragsabschluß werden die Merkmale der Absatzleistung festgelegt, jedoch aus welchem Möglichkeitsbereich heraus - als Leistungs- und Sortimentspolitik bezeichnet - und aus welcher Angebotspolitik heraus die Entscheidung erfolgte, muß dabei offenbleiben.

Wir behandeln in den Abschnitten 77.1 bis 77.4 einerseits mit dem Leistungsangebot i.w.S. die „eigene Seite" der Angebotspolitik eines Anbieters und fügen dann mit 77.5 die Entgeltpolitik als die „geforderte Gegenseite" hinzu. Diese reihende Vorgehensweise ist ausgesprochen lehrbuch-üblich und kommt über Beschreibungen nicht hinaus. Erst die funktionale Verbindung zwischen dem Angebotenen und dem Geforderten im Abschnitt 78 geht die Absatzwirtschaft als Aufgabe des Rechnens, des Planens und der Entscheidung über die (Vertrags-)Angebotspolitik an. Damit wird dann auch die Zweckmäßigkeit deutlich, die absatzpolitischen Instrumente mit Hilfe des Absatzvertrages zu ordnen und zu gliedern. Die Zweckmäßigkeit ihres Einsatzes läßt sich ohne die preisrechnerische Verbindung zum Erlös nicht beurteilen.

77.1 Leistungs- und Sortimentspolitik (= Zählziffer 11.)

Ohne eine scharfe Abgrenzung zu erreichen, liegt es doch nahe, zwischen den Leistungsmerkmalen, der Leistungspolitik (im Zeitablauf) und der Sortimentspolitik (im Zeitpunkt) zu unterscheiden.
1. Das Festlegen der Leistungsmerkmale wird in der Literatur unter dem Stichwort „Produktgestaltung" behandelt.
   Bei Stückgütern: Form, Größe, Farbe, Qualitätsmerkmale;
   bei Fließ- und Schüttgütern: die Verpackung, sie verbindet zur Auftragsmenge;
   bei Dienstleistungen: die Qualität, auf sehr verschiedene Weise beschreibbar.
2. Die Leistungspolitik wird in der Literatur als Produktpolitik bezeichnet. Gemeint sind Änderungen im Zeitablauf mit den Stichworten Produktvariation, Produktinnovation (– neues Produkt), Produkteliminierung (= Ausscheiden aus dem Sortiment). Dem neuen Produkt wird das Konzept des Produktlebenszyklus angeschlossen (vgl. Abschnitt 46).
3. Die Sortimentspolitik wird in der Literatur einschränkend einmal auf den Handelsbetrieb, ein andermal auf den Dienstleistungsbetrieb festgelegt. Das ist nicht einsichtig.
   Mit „Sortiment" wird das in einem bestimmten Zeitpunkt angebotene Leistungsprogramm bezeichnet, das um Handelswaren ergänzt sein kann. Das potentielle Sortiment schließt kurzfristige Aktualisierungen ein (insbesondere auf fallweise Kundenwünsche hin verstanden), das aktuelle Sortiment ist vor allem im Ladenhandel auf die vorrätige Ware bezogen.
   Der Sortimentspolitik ist seit je die Frage verbunden, welche Bestimmungsgründe die Bildung des Sortiments prägen. Das Stichwort hierzu ist vor allem der „Verbund": von der Produktion oder Beschaffung her,

im Hinblick auf die Kunden, auf die Art des Bedarfes, auf Substitution und Komplementarität zwischen den angebotenen Absatzleistungen hin; aber auch der Risiko- und der Beschäftigungsausgleich lassen sich anführen.

Ein besonderer Aspekt sind *ähnliche* Leistungen im Sortiment, als Produktdifferenzierung bezeichnet und naheliegenderweise als Grundlage der sogenannten qualitativen Preisdifferenzierung eingesetzt.

Das Sortiment/das Leistungsprogramm einer Betriebswirtschaft ist insbesondere bei Dienstleistungen eine Quelle von Betriebsgründungen im Hinblick auf entdeckte Lücken im Marktangebot. Aus der Sicht der vorhandenen Wirtschaftseinheiten wird häufig die bisherige Selbsterledigung ersetzt durch den Fremdbezug vom Spezialisten, sei es seiner besseren Kenntnis wegen, sei es seiner niedrigen Preise wegen infolge der geringeren Stück-Kosten aufgrund der Bündelung vieler Aufträge zur intensiven Ausnutzung von Beständen, die sich rechnerisch in fixen Kosten/Gemeinkosten niederschlagen.

Die Sortimentspolitik läßt sich im Zeitablauf zum internen bzw. externen Wachstum des Unternehmens erweitern.

77.2 Nebenleistungen (= Zählziffern 12. bis 14.)

Auch als Sekundärleistungen bezeichnet, kann man zeitlich zwischen vorausgehenden, gleichzeitigen und nachlaufenden Nebenleistungen unterscheiden.[28] Sie sind den beiden Aspekten verbunden

1. ihrer vertragsrechtlichen Verbindung bzw. Einbindung im Verhältnis zu außervertraglichen Nebenleistungen, und
2. ihrer entgeltmäßigen Berücksichtigung im Preis bzw. ihrer entgeltmäßigen Verselbständigung alternativ zur unentgeltlichen Erbringung, z.B. der Plan des Architekten (im Verhältnis zur Bauausführung); der Rat des Rechtsanwalts (im Verhältnis zur Prozeßführung); Garantieleistungen und Wartungsvertrag ohne oder mit Ersatzteilen; Eintrittsgeld, Katalogpreis, Parkgebühren jeweils in Anrechnung dann auf den Preis einer erworbenen Hauptleistung.

Eine andere Sichtweise ordnet die Nebenleistungen nach ihrer Nähe zur vertraglichen Hauptleistung:

---

28 Vgl. dazu z.B. Hammann (1974).

a) Nebenleistungen können durch Einbau u.ä. zu Produktmerkmalen werden, z.B. das mit Nebelscheinwerfern oder mit Dachluke bestellte Auto.
b) Produktverbundene Nebenleistungen behalten ihre Selbständigkeit und sind folglich Bestandteil im Nutzungsverbund der Hauptleistung, z.B. Kopfhörer zur Musikanlage.
c) Artverschiedene Nebenleistungen sind z.B. Transport und Lieferantenkredit. Die bei der Produktgestaltung erwähnte Verpackung kann auch als Nebenleistung konzipiert sein. Eigenständige Berechnung oder Pfandnahme verbindet zur Entgelt- bzw. zur Lenkungsfunktion.

Die Nebenleistung kann „umsonst" vom Anbieter erbracht werden, sie kann gegen Entgeltdifferenz (beim Lieferantenkredit) oder gegen Kostenersatz (bei Versand durch die Post) oder gegen eigenes Entgelt (Änderung im Textilkaufhaus) erbracht werden.

Die Nebenleistungen werden in der Literatur häufig nicht von den Konditionen einerseits und von den außervertraglichen Kundendienstleistungen andererseits unterschieden.

77.3 Konditionen/sonstige Vertragsmerkmale (= Zählziffer 15.)

Sie bilden den „Rest" der Vertragsmerkmale, die nicht als (Haupt- und Neben-)Leistungen greifbar sind. So ergibt sich die Zusage auf den Lieferungs-/Leistungszeitpunkt - mit den beiden Aspekten der Exaktheit des Termins und der rechtlichen Verbindlichkeit - aus der betrieblichen Situation und Organisation heraus und ist zweifelsfrei eine Vertragsbedingung, jedoch keine Nebenleistung des Absatzvorgangs. Dasselbe gilt für eine vertraglich zugesagte Bereitschaft, z.B. eines Reparaturdienstes. In beiden Fällen kann die Kondition als absatzverbundener „Service" (formal) unentgeltlich oder aber gegen Entgeltdifferenz oder eigenes Entgelt vereinbart werden.[29]

77.4 Die Auftragsmenge (= Zählziffer 16.)

Die mit dem einzelnen Vertragsabschluß vereinbarte Leistungsmenge/das reale „Auftragsvolumen" hat sowohl in der Angebotspolitik wie im fallwei-

---

29 Vgl. Wagner (1978) S. 304-319

sen Vertragsabschluß eine zentrale Bedeutung. Trotzdem fehlt die Auftragsmenge im Katalog der Marketing-Instrumente (z.B. bei Meffert) und als Stichwort im HWA. Statt dessen taucht eine ihrer Wirkungen als „Rabatt" im Rahmen der Preispolitik als Preisdifferenzierung nach der Auftragsmenge auf. Ersichtlich wird hier nicht zwischen den Merkmalen des Angebotenen und seinem erlösmäßigen Reflex im geforderten Entgelt unterschieden.

Die Auftragmenge im isolierten Vertragsabschluß ist zu unterscheiden vom Rahmenvertrag mit Teillieferungen (zu festen Terminen oder auf Abruf) einerseits und von der rechnerischen Zusammenfassung aller Aufträge seitens eines Kunden über die Zeit andererseits, wenn der Anbieter nachträglich einen zu Beginn angekündigten Treuerabatt/Bonus gewährt.
Den Zusammenhang zwischen zunehmender Auftragsmenge und abnehmendem Stück-Preis nennt man Bestellmengen-Rabatt. Wenn der Abnehmer nur die Freundlichkeit hat, pro Bestellung eine höhere Menge zu disponieren und dafür weniger häufig zu bestellen - so daß die Jahresmenge in etwa gleichbleibt -, bekommt er für diese Änderung seines Bestellverhaltens die Belohnung in Form des Bestellmengen-Rabatts. Die Verringerung des Leistungspreises/die eingesparte Entgeltdifferenz ist die Belohnung für eine „Verhaltensleistung" des Abnehmers (vgl. Abschnitt 55.2).

Beispiel:
p = 700,-- der Preis bei Bestellung von einem Stück
AEK = 60,-- die Auftrags-Einzelkosten je Auftrag unabhängig von der Auftragsmenge

Auftragsmenge	1 Stück	2 Stück	3 Stück
Preis	700,--	670,--	660,--
Auftrags-Erlös	700,--	1.340,--	1.980,--
Verringerung des Auftrags-Erlöses	0,--	60,--	120,--
eingesparte Auftrags-Einzelkosten infolge höherer Auftragsmenge	0,--	60,--	120,--
Vorteil für den Anbieter aus der Rabattgewährung im Beispiel	0,--	0,--	0,--

Der Anbieter verfolgt mit dem Bestellmengenrabatt nicht die Steigerung der Jahresabsatzmenge an den Kunden mit Hilfe eines niedrigeren Preises -

denn dann hätte er bisher nicht die optimierende Preis-Absatzmengen-Konstellation verfolgt -, sondern er möchte die pro Stück der Auftragsmenge gerechneten Kosten verringern, die fix sind pro Auftragserhalt und Auftragsabwicklung. Die vermiedenen Auftrags-Einzelkosten bei größerer Bestellmenge sollten allerdings - anders als im obigen Beispiel - den Rückgang des Auftragserlöses infolge der Rabattgewährung übersteigen!

Das Beispiel zeigt auch, daß bei einer an der Kostenersparnis orientierten Rabattgewährung die Rabattstufen kleiner werden. Welche Auftragsmenge der Nachfrager bestellt, hängt einerseits von dem erlangten Rabatt als Vorteil und andererseits insbesondere von seinen Lagerkosten, von seiner finanziellen Situation und von seiner Gewißheit hinsichtlich der Verwendung der zusätzlichen Einheiten ab. Eine höhere Jahresabnahmemenge setzt voraus, daß der geringere Einkaufspreis bei einem Wiederverkäufer seinerseits in einen geringeren Angebotspreis fortgesetzt wird bzw. daß der geringere Einkaufspreis zu einer höheren Verbrauchsmenge führt.

Darüber hinaus hat das Beispiel gezeigt, daß die Auftragsmenge als Merkmal des Angebotenen über das (Preis-)Rechnen mit dem geforderten Entgelt verbunden ist - vgl. Abschnitt 78.3.

77.5 Die Entgelt- bzw. die Preisforderung (Gruppe 20.)

Die betriebswirtschaftliche Literatur unterscheidet nicht zwischen Preis und Entgelt.[30] Dies zeigt sich zum einen darin, daß sie die Preispolitik als nebengeordnetes Instrument im Katalog der absatzpolitischen Instrumente führt, und zum anderen darin, daß sie vorzugsweise Preisbildung bei verschiedenen Marktformen abhandelt. Das ist eine schlichte und phantasielose Übernahme der „mikroökonomischen Absatztheorie" gleich Preistheorie - vgl. Abschnitt 74 - in die Betriebswirtschaftslehre. Mithin hat die Allgemeine Betriebswirtschaftslehre an einer ganz entscheidenden Stelle eine Lücke, die mit Hilfe der Mikrotheorie gestopft wird.

---

30 Vgl. z.B. Nieschlag/Dichtl/Hörschgen (1985) S. 234 ausdrücklich, (1994) S. 298 gestrichen; zudem wird die „Entgeltpolitik" durch die „Preispolitik" ersetzt; vgl. das Stichwortverzeichnis (1997) S. 1094.

Die betriebswirtschaftliche Sicht beginnt damit, daß das Angebotene im Gegenverhältnis zur Entgeltforderung gesehen wird.[31] Dieser Ausgangspunkt darf nicht mißverstanden werden:

1. Es handelt sich nicht um die Suche nach der „Gleichwertigkeit" zwischen dem Angebotenen und dem geforderten Entgeltbetrag. Diese Vorstellung wird als Äquivalenztheorie bezeichnet und findet sich in der Geschichte der wirtschaftswissenschaftlichen Lehrmeinungen als die Aussage bzw. Forderung nach dem *wertgleichen Tausch*. Ein später Ableger davon lebt in der Bilanzliteratur bis heute weiter mit der Behauptung, daß schwebende Geschäfte - d.h. von beiden Seiten noch unerfüllte Verträge - ausgeglichen seien und deshalb nicht zu verbuchen seien.
2. Es handelt sich zum anderen auch nicht darum, daß der Entgeltbetrag an den Kosten (plus Gewinnzuschlag) des Angebotenen zu orientieren sei.[32] Man könnte die gemeinte Vorstellung als *kosten-orientierte Äquivalenz* bezeichnen[33] und findet sie wiederholt in der juristischen Literatur und bei der Beurteilung einer Preisdifferenzierung: „Kosten rechtfertigen entsprechende Preisbeträge" (bzw. –differenzen).

Positiv formuliert, ist mit dem Gegenverhältnis gemeint, daß der Anbieter seine Vorstellungen über die Entgeltbereitschaft der (potentiellen) Nachfrager betreffend sein Leistungsangebot i.w.S. umsetzt in Überlegungen, welches Entgelt er zweckmäßigerweise fordert unter Berücksichtigung der Erwartungen zur jeweiligen Nachfragemenge einerseits und der durch die Existenz von Konkurrenten mitbestimmten Marktsituation andererseits. Wir hatten diese Situation bereits dahingehend präzisiert, daß die Konkurrenten zwar existieren, jedoch nicht auf die Angebotspolitik des von uns betrachteten Anbieters hin reagieren. Die Mitberücksichtigung solcher möglichen Konkurrentenreaktionen ist eine Möglichkeit, um die Modifikation der Entgeltvorstellung zur Preisvorstellung/Preispolitik zu erklären. Wir sprechen nachfolgend von extern bedingter Modifikation, während Auftragsmangel bzw. Überbeschäftigung eine intern bedingte Modifikation der Entgeltvorstellung des Anbieters darstellt.

Kurz zusammengefaßt: die ausschließliche Orientierung an den Verhaltensweisen der Nachfrager bezeichnen wir mit „Entgeltpolitik". Unter Ein-

---

[31] Vgl. Nieschlag/Dichtl/Hörschgen (1997) S. 303.
[32] Entgolten wird jedoch die Leistung und nicht die Kosten der Leistung! - so Nieschlag/ Dichtl/ Hörschgen (1997) S. 298.
[33] Vgl. Diller (2000) S. 57.

bezug der Modifikationen infolge der Berücksichtigung auch der möglichen agierenden bzw. reagierenden Verhaltensweisen der Konkurrenten sprechen wir von „Preispolitik". Wenden wir diese Unterscheidung an, so beschäftigt sich die Mikrotheorie mit Markt-Preisbildung und gegebenenfalls mit Preispolitik des Anbieters. Da es im Cournot-Preis-Modell keine Reaktionen von (möglicherweise existierenden) Substitutions-Konkurrenten gibt, decken sich hier (Monopol-)Preissetzung und Entgelt. „Entgelt" ist - wie ausgeführt - nicht an eine Angemessenheitsvorstellung gebunden, sondern an die erwartete Nicht-Reaktion der Konkurrenten und an das Fehlen innerbetrieblicher, modifizierender Determinanten (z.B. Auftragsmangel, hohe Lagerbestände, knappe Liquidität u.a.).

Bevor wir diese Grundstruktur weiterverwenden und ausbauen, soll festgehalten werden:

a) Der gegenseitige Vertrag ist die Basis, um die absatzpolitischen Instrumente zu ordnen (vgl. Abschnitt 76.3).

b) Die Preispolitik, die ausschließlich das im Vertrag Angebotene erlösmäßig reflektiert, bezeichnen wir als Entgeltpolitik, als „derivative Preispolitik".

c) Eine Preispolitik hingegen, die davon ablöst, bezeichnen wir als Preispolitik i.e.S., als „originäre Preispolitik". Nur in dieser Funktion, die z.B. auf die Auslastung der Kapazität, auf die Verwertung eines Lagerbestandes oder auf das Konkurrenzverhalten abzielt, kann man die Preispolitik als neben-geordnetes absatzpolitisches Instrument sehen.

d) Zwangsläufig münden (b) die Entgeltpolitik und (c) die Preispolitik i.e.S. in einen Preisbetrag im jeweiligen Vertragsangebot und -abschluß. Wir haben sie deshalb in der einen Gruppe 20. zur Preispolitik i.w.S. zusammengefaßt.

e) Der „Preis" ist mithin die allgemeinere Bezeichnung und trifft stets den im Vertragsangebot geforderten bzw. im Vertragsabschluß dann vereinbarten Geldbetrag. Dabei schließt der „Preis" gegebenenfalls (±)-Modifikationen der Entgeltvorstellung/des Entgeltbetrages ein, die aus besonderen internen oder/und externen Situationen auf das Vertragsangebot einwirken.[34]

---

34 Zutreffend haben Nieschlag/Dichtl/Hörschgen (1985, S. 234) die Entgeltpolitik dahingehend beschrieben, daß sie die Gesamtheit aller Entscheidungen im absatzpolitischen Instrumentarium reflektiert, die der zielorientierten Gestaltung des Preis-Leistungsverhältnisses dienen. Der begriffliche Ersatz der „Entgeltpolitik" durch die „Preispolitik" (1994, S. 298) ist nicht sachgerecht. Besondere Bedingungen wie z.B. „scharfer Preiswettbewerb" oder „Unterbe-

f) Die erklärte Gewichtsverteilung zwischen derivativer und originärer Preispolitik deckt sich nicht mit der Unterteilung in abhängige und autonome Preispolitik, denn hier wird das Verhältnis zur Preispolitik der Konkurrenten angesprochen, das im Mittelpunkt der mikroökonomischen Preistheorie steht.
g) Die Bezeichnungen „originäre" bzw. „derivative Preispolitik" beziehen sich also auf das betriebs*interne* Abhängigkeitsverhältnis der Preispolitik, während die Bezeichnungen „autonome" bzw. „abhängige Preispolitik" sich auf das betriebs*externe* Abhängigkeitsverhältnis der Preispolitik vom Verhalten der Konkurrenten beziehen.
h) Die zusammenfassende Übersicht möchte zweierlei zeigen:
  (1) Die durchgeführte Preispolitik kann entweder als 21. Entgeltpolitik oder als 22. Preispolitik i.e.S. beurteilt werden.
  (2) Ausgehend von der Entgeltpolitik werden die (möglichen bzw. tatsächlichen) Modifikationen hinzugefügt, um das Ergebnis zu benennen:
    - derivative = autonome Preispolitik
    - originäre Preispolitik
    - abhängige Preispolitik $\Biggr\} =$ Preispolitik i.e.S.
    - originäre Preispolitik + abhängige Preispolitik

Die so beschriebene Ausgangssituation für die Bestimmung des Entgelts läßt sich als die Vorstellung des Anbieters von der Reaktion der Marktgegenseite/der Nachfrager auf das eigene Angebot hin bezeichnen. Der nächste und naheliegende Schritt besteht darin, diesen Reaktionszusammenhang in eine Reaktionsfunktion umzusetzen und dann rechenbar zu machen.

---

schäftigung" gehören nicht zu den absatzpolitischen Instrumenten und werden deshalb von uns hinsichtlich ihrer Wirkung als Entgelt-Modifikationen hin zum „Preis" eingeordnet. Erst die Entscheidung für eine Modifikation berechtigt dazu, die Preispolitik insoweit nebengeordnet zu den anderen absatzpolitischen Instrumenten zu verstehen.

77. Das Vertragsangebot und die zugehörenden Instrumente 351

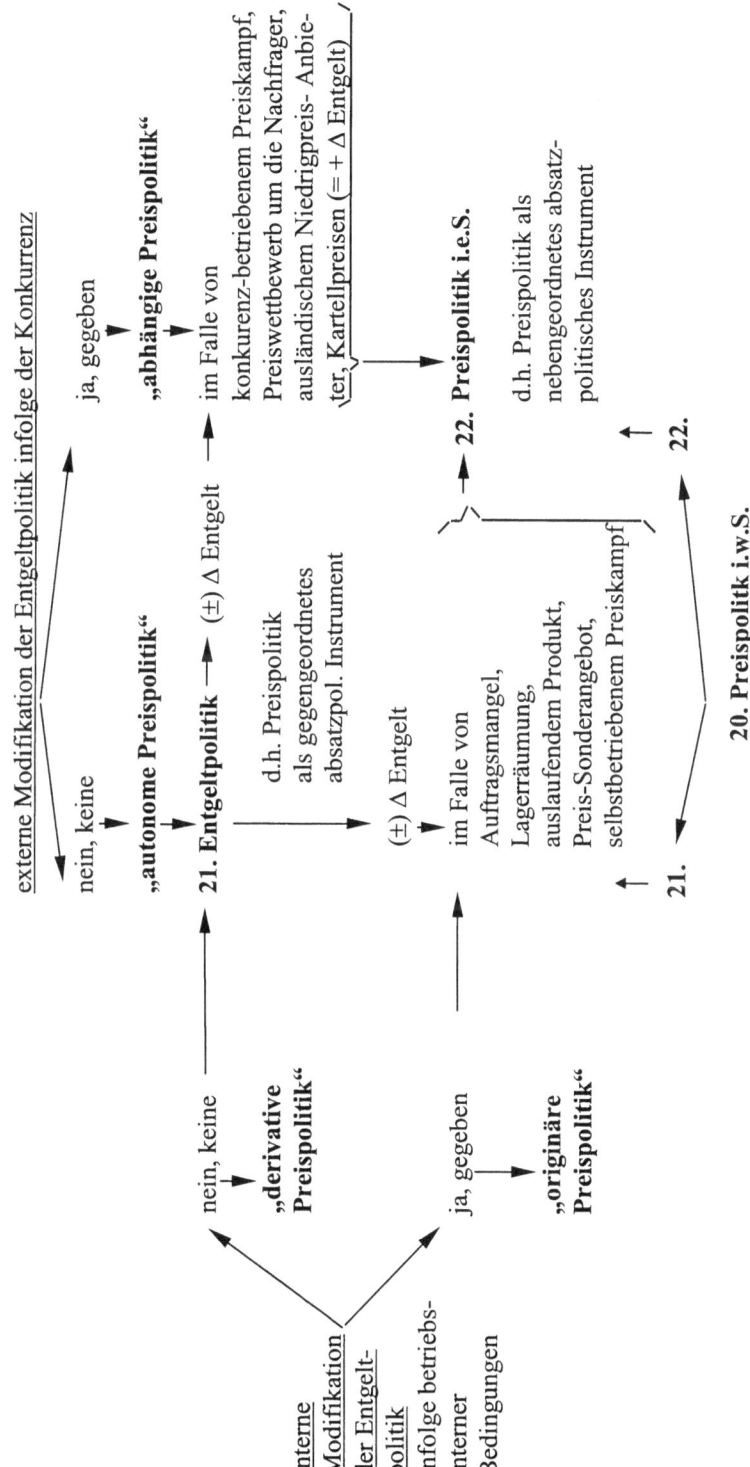

Wir kommen damit auf das bereits im Abschnitt 72 behandelte Preis-Rechenmodell von Cournot zurück. Denn dieser „Erkenntnis-Baustein zur Entgeltwirtschaft" enthält nicht nur die Reaktionsfunktion, sondern auch die sich anschließende Preisrechnung, welche die Anbietersituation - abgebildet mittels der Kostenfunktion - mit der Nachfragersituation in ihrer Beurteilung durch den Anbieter - abgebildet mittels der Erlösfunktion - verknüpft, um einen Hinweis zu erhalten, wie zweckmäßigerweise, d.h. im Sinne der Verwirklichung der vorgegebenen Zielsetzung anzubieten ist.

Die damit beschriebene Integration aus der Sicht der Vertragsangebotspolitik bzw. - anders formuliert - die betriebswirtschaftliche Interdependenz zwischen den beiden im Wechsel- und Gegenverhältnis stehenden Komponenten des Angebots legt den Übergang auf den nächsten Abschnitt nahe.

78. Das Vertragsangebot als Aufgabe der Preisrechnung

Das einzelne Angebot zum Abschluß eines Absatzvertrages ist der konkrete Ausdruck der Angebotspolitik. Diese verstehen wir als beschlossenen Plan, wie in der überplanten Absatzperiode gehandelt werden soll. Der dem Plan-Beschluß vorausgehende Planungsprozeß schließt das entscheidungsvorbereitende Rechnen mit ein, hier als „Preisrechnen" bezeichnet.

Folglich ist neben dem bekannten Rechenelement „Kosten" die unbekannte positive Rechengröße „Erlös" und die wertmäßige Erlösrechnung zu kennzeichnen, was unter Verwendung des mikroökonomischen Preis-Rechenmodells von Cournot erfolgt (Abschnitt 78.1). So auf- und vorbereitet, ist die Stellung der betriebswirtschaftlichen Preisrechnung rasch beschrieben (Abschnitt 78.2). Ein Beispiel dafür wird im abschließen den Abschnitt 78.3 ausgeführt.

78.1 Die Kennzeichnung des Rechenelements „Erlös" und der wertmäßigen Erlösrechnung mit Hilfe des Cournot-Modells

(1) „Erlös" ist eine Rechengröße, ein Rechenelement. Es ist die Gegenseite zu den „Kosten". Die „wertmäßige Erlösrechnung" quantifiziert rechnerisch aus der Sicht des Anbieters die folglich vermutete Entgeltbereitschaft der potentiellen Nachfrager hinsichtlich der Merkmale des von ihm Angebotenen/seines Leistungsangebotes i.w.S.:

Anbieter:

1) realökonomisch als Reaktionszusammenhänge erfaßt und
↓
2) rechnerisch quantifiziert zu Erlösfunktionen

aus der Sicht des Anbieters
←
vermutete Zusammenhänge zwischen dem Angebotenen und dem Reaktionsverhalten der potentiellen Nachfrager

→ der rechnerische Ausdruck von Entgelt-Erwartungen

Nachfrager:
Vorstellungen über den Wert des Angebotenen, die ihre Entgeltbereitschaft mitbestimmen (neben dem Budget und den Alternativen)

↓
Erlös als Rechengröße[35]

ex ante: wertmäßiger Erlös
Herkunft: vom Wert *der* Leistung
↓
entscheidungsbezogene Erlösrechnung
+ Kosten der Leistungs-Erstellung und -Vermarktung
= betriebswirtschaftl. Preisrechnung zwecks

1) Bestimmung des zu fordernden Entgelts (= Optimierungs-Rechnung) und
2) Ermittlung des erwarteten Erfolges aus dieser Handlungsweise (= Erfolgs-Ermittlung ex ante); vgl. Abkschnitt 72.3.

ex post: pagatorischer Erlös
Herkunft: vom Entgelt *für die* Leistung
↓
das Rechnen geht von den erzielten Preisen aus und rechnet im Nachhinein von diesen rückwärts auf Deckungsbeiträge hin; der Rechenzweck ist ungeklärt.

---

35 Vgl. dazu Lehmann/Moog (1996) S. 238-248.

(2) Angewendet auf die Preisrechnung des Cournot-Modells:

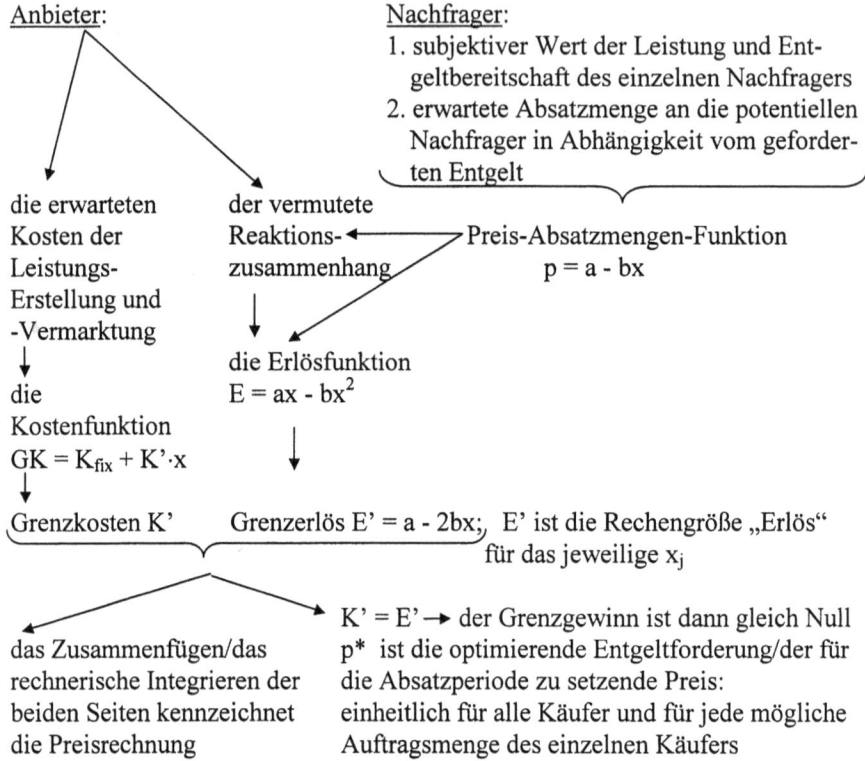

(3) Die außergewöhnliche Qualität des Modells von Cournot wird deutlicher, wenn wir die beiden Bereiche/Ebenen der Realökonomie und der Rechenökonomie trennen und damit den zielbezogenen Aufbau des Modells in Schritte aufteilen:
1. Im realökonomischen Bereich wird zwischen „Produktion" und „Absatz" unterschieden.
2. Die „Produktion" wird produktionstheoretisch als Zusammenhang von Einsatz und Ausbringung konzipiert: eine Innenbeziehung.
3. Analog wird für den „Absatz" die Preis-Absatzmengen-Reaktionsfunktion entwickelt: eine Außenbeziehung.
4. Durch Einbringen der Faktorpreise wird die Produktionsfunktion zur Kostenfunktion in Abhängigkeit von der Ausbringungsmenge (x) umgewandelt.
5. Durch Multiplikation des Preis-Mengen-Zusammenhanges mit der jeweiligen Menge wird die Reaktionsfunktion zur Erlösfunktion in Abhängigkeit von der Absatzmenge (x) umgewandelt.

78. Das Vertragsangebot als Aufgabe der Preisrechnung 355

6. Mit den Schritten 4. und 5. erfolgte der Übergang in den rechenökonomischen Bereich.
7. Hier stehen - verallgemeinert formuliert - mikroökonomische Kostentheorie und mikroökonomische Erlöstheorie nebeneinander. Jeweils handelt es sich um rechnerisch quantifizierte Zusammenhänge, welche vermutete/erwartete Zusammenhänge im Realbereich ausdrücken - für das Wort „abbilden" fehlt ersichtlich das Objekt!
8. Dieser Vorlauf des Rechnerischen gegenüber der Funktion des (nachvollziehenden) Abbildens mit Hilfe des betrieblichen Rechnungswesens kennzeichnet das entscheidungsbezogene Rechnen im Jahr 1838, das die Betriebswirtschaftslehre erst nach 1960 entdeckte.
9. Die für „Produktion" und „Absatz" erreichte Rechenbarkeit erlaubt nun die Verknüpfung (unter Gleichsetzung von produzierter und abgesetzter Menge), um die Zielsetzung „Gewinn"/Deckungsbeitrag rechnerisch zu maximieren und die dem Maximum zugehörenden Parameterwerte für Preis bzw. Menge zu errechnen.
10. Beschließt der Anbieter nun p* als Plan seiner Angebotspolitik, dann schließt sich „planmäßiges Anbieten" an, während erst die einzelnen Verkäufe den Plan verwirklichen.

Die vorangegangenen Überlegungen lassen sich in eine Übersicht zusammenfassen, um zu verdeutlichen, daß die mikroökonomische Theorie die beiden Bereiche „Produktion" und „Absatz" über die beiden Bereiche des Real- und des Rechenökonomischen zusammenfaßt, um zielbezogenes und überplantes Handeln zu ermöglichen:

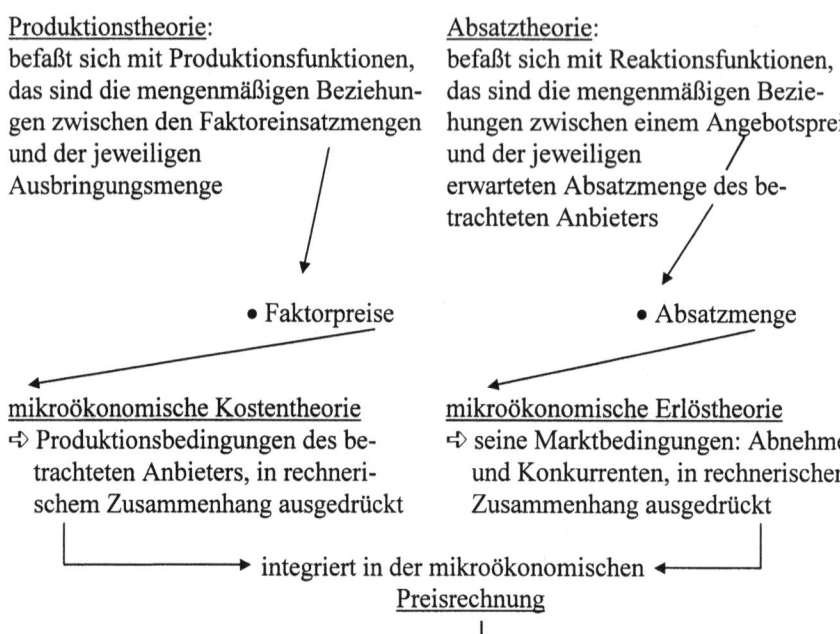

78.2 Kennzeichnung und Stellung der betriebswirtschaftlichen Preisrechnung

Die im Modell von Cournot konzipierte Preisrechnung bedeutet gegenüber der betriebswirtschaftlichen Kostenrechnung eine Verschiebung „nach rechts" zum Absatzmarkt. Diese Kostenrechnung erfaßt vorwärtsrechnend den Faktor-Einsatz in der Produktion, ist dem Denken in der Verursachung verbunden und schafft die Verbindung zur Absatzwirtschaft nicht. Die betriebswirtschaftliche Preisrechnung korrespondiert zur markt-orientierten Betriebswirtschaftslehre, beginnt mit der Zwecksetzung des erwerbswirt-

78. Das Vertragsangebot als Aufgabe der Preisrechnung

Die Zusammenfassung der bislang isolierten Kostenrechnung und Erlösrechnung mittels des Rechenzwecks „Betriebswirtschaftliche Preis-Rechnung"

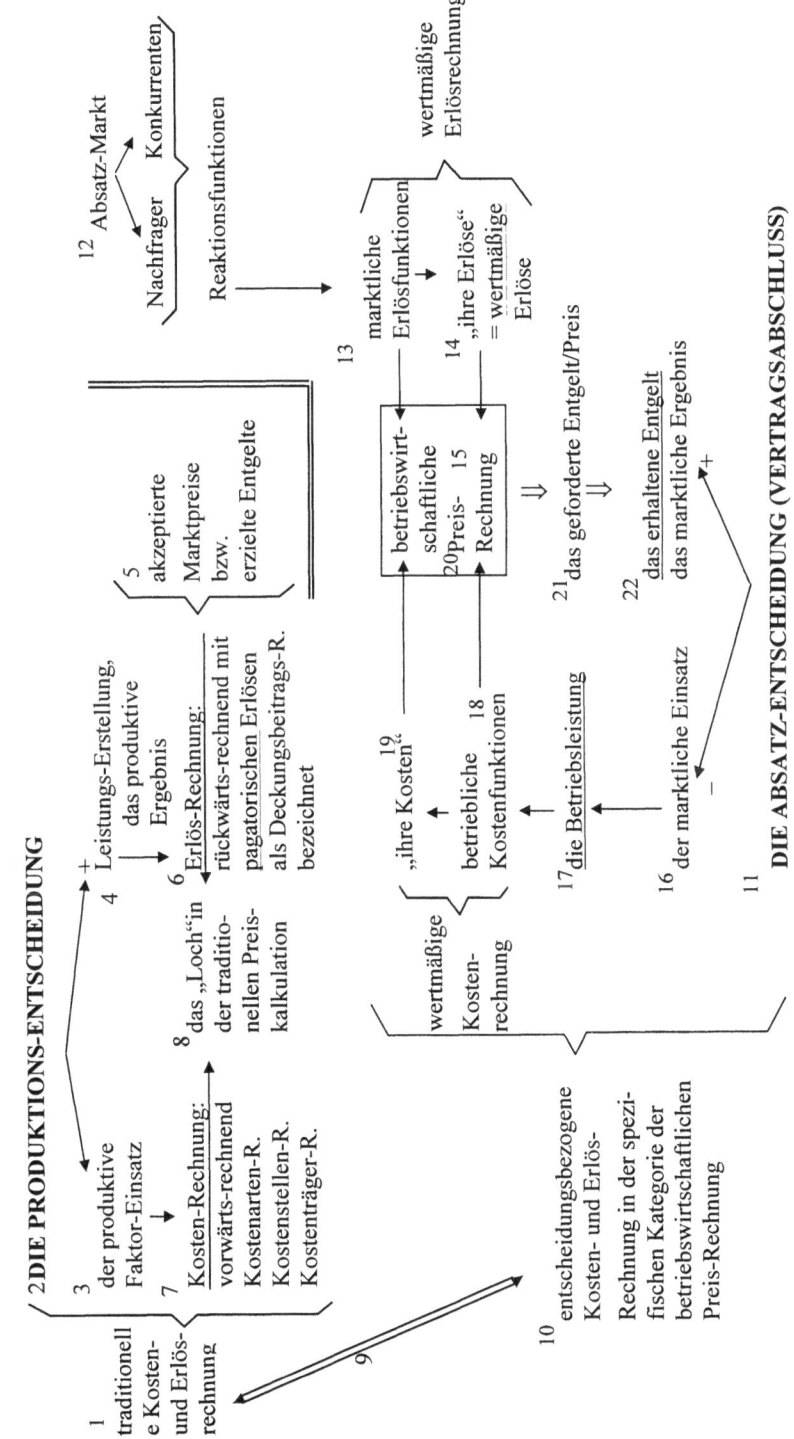

schaftlichen Handelns, Entgelt-Einnahmen zu erzielen, und ist zwangsläufig eine entscheidungsbezogene Rechnung. Die Übersicht auf der Vorseite zeigt diese Verschiebung „nach rechts" als dem Verhältnis der traditionellen Kostenrechnung (obere Hälfte) zur Betriebswirtschaftlichen Preisrechnung (untere Hälfte).

Deren Aufgabenbereich möchten wir in einer weiteren Übersicht präziser beschreiben. Sie verwendet zu diesem Zweck unsere Gliederung der absatzpolitischen Instrumente und betont die Variationsbreite des eigenen Leistungsangebots. Die Stichworte „gleich", „ähnlich" und „verschieden" lassen sich sowohl den Merkmalen der Hauptleistung als auch den Nebenleistungen (Existenz und Merkmalsausprägung) und (sonstigen) Konditionen der Angebotspolitik verbinden.

Daraus folgen die drei Konstellationen des „gleich", „differenziert" und „verschieden" Angebotenen (mit „Offerte" gleichgesetzt.). Die im Gegenverhältnis dazu stehende Entgeltpolitik ist nicht - wie bereits oben ausgeführt - einfach die „äquivalente Umsetzung" des Angebotenen in ein „dementsprechend angemessenes Entgelt", sondern hat eigenen Freiheitsgrad, der zu den möglichen Ausprägungsformen der Entgeltpolitik (21.1 bis 21.5) führt.[36] Die so aufbereitete und strukturierte Grundlage wird nun dem betriebswirtschaftlichen Preisrechnen vorgegeben (rechte Spalte). Die bereits im Abschnitt 72.3 für das Beispiel vorgeführte Unterscheidung zwischen Optimierungs-Rechnung und Erfolgsermittlungs-Rechnung finden wir als typisch für entscheidungsvorbereitendes Rechnen auch beim betriebswirtschaftlichen Preisrechnen wieder.[37]

---

36 Zu 21.4 der Entgeltvielheitspolitik oder „Preis-Entbündelung" vgl. Simon (1995) S. 141-143; zu 21.5 der Entgelteinheitspolitik oder „Preisbündelung" vgl. Wübker (1998); zur Leistungsbündelung vgl. Engelhardt/Kleinaltenkamp/Reckenfelderbäumer (ZfbF 1993).
37 Weitergehend Lehmann/Moog, S. 473-483.

78. Das Vertragsangebot als Aufgabe der Preisrechnung

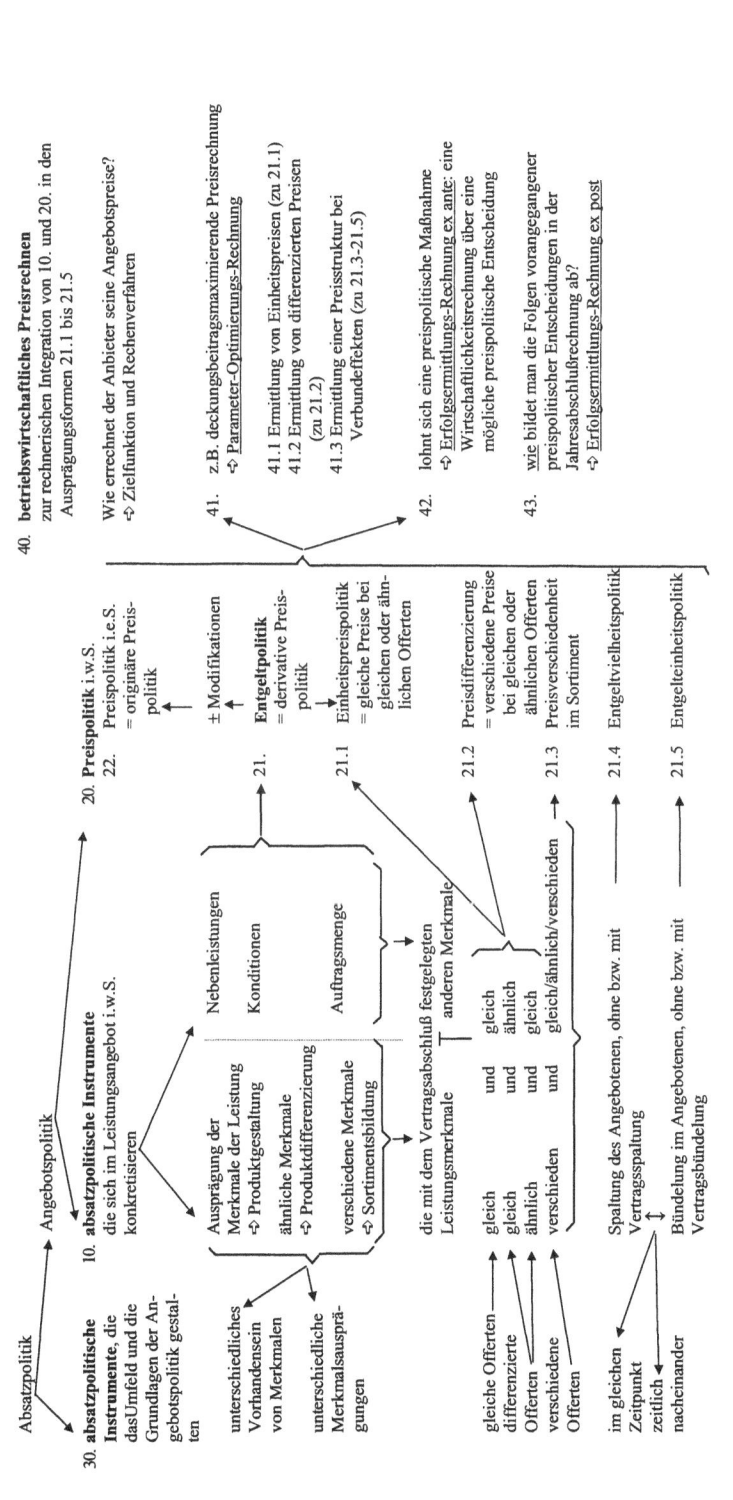

78.3 Ein Beispiel zur Gestaltung der Angebotsbedingungen

Das Rechnen zur Ermittlung des einheitlichen Marktpreises auf vollkommenen Märkten hat in der mikroökonomischen Preistheorie mit dem Beginn im Jahre 1838 eine lange Tradition. Die räumliche Preisdifferenzierung liegt wegen der gegebenen Marktunterschiede auf der Hand. Die Preisdifferenzierung zur Ausnutzung der unterschiedlichen Entgeltbereitschaft der Nachfrager - anders formuliert: zur entgeltmäßigen Ausnutzung der sogenannten Konsumentenrente - war vorab ein mathematisches Problem. Dessen Lösung ließ nicht erkennen, auf welche Art und Weise es (kostenlos) erreicht werden könnte, daß jeder Abnehmer zugleich seinen Grenzpreis seiner subjektiven Preisobergrenze entsprechend bezahlt.

Die betriebswirtschaftliche Sicht beginnt damit, daß eine solche Preisdifferenzierung einer ökonomischen Grundlage bedarf, z.B. differenzierte Produktmerkmale verwendet und so zur qualitativen Preisdifferenzierung gelangt. Das hat zwei Folgen: nämlich zum einen kostet die Preisdifferenzierung etwas und zum anderen ergibt sich deshalb nur eine geringe Anzahl von Preisstufen (vgl. Jacob/Jacob 1962).

Mit der schlichten Angebotsbedingung „Lieferung zur Ansicht" anstelle fester Bestellung ohne Kenntnis der Ware haben wir die Bedeutung einer Kondition für den Erfolg des Absatzwirtschaftens gezeigt.[38] In diesem Sinne erörtert die nachfolgende Aufgabe das Differenzieren der Angebotsbedingungen für streuende Bedarfsmengen der Nachfrager.

Die Preispolitik als Instrument der Risiko-Verteilung zwischen Anbieter und Nachfragern

Was auf den ersten Blick als ein abseits gelegenes Problem der Praxis erscheint,[39] erweist sich als ein Musterfall, Angebotspolitik greifbar an einem Beispiel zu erörtern:
Die Chemie-AG stellt in einem Betrieb Kunststoffteile (Werkstücke) nach Kundenwunsch her. Die dazu notwendigen Formen sind nicht nur sehr teuer, sondern in ihrer Verwendbarkeit auch davon abhängig, ob der jewei-

---

38 Vgl. Abschnitt 45.2 und Lehmann/Moog (1996) S. 249-273.
39 Vgl. jedoch H.-H. Prützel/H. Brönner, Das Formenrecht in der kunststoffverarbeitenden Industrie, Frankfurt, 5. Aufl. 1989.

lige Kunde später Aufträge über dasselbe Werkstück erteilt. Die hohen Formkosten und das Nutzungsrisiko geben Anlaß, einige absatzpolitische Handlungsmöglichkeiten zu prüfen:

(0.) Man behält die bisherige Preispolitik bei, d.h. die Werkstücke werden zu einheitlichem Preis verkauft, unabhängig von der Auftragsgröße und den Aussichten, ob der Kunde Werkstücke in gleicher Form später nachbestellen wird.

(10) Man gibt einen Rabatt, abhängig von der Auftragsgröße bei geringer Stückzahl.

(20) Der Kunde gibt bei dem ersten Auftrag über Werkstücke mit einer neuen Form einen verlorenen Zuschuß von 400,- € für die Herstellung der Form, die im Eigentum der AG verbleibt. Der Preis für das Werkstück wird mit $p_w = 600,-$ festgesetzt.

(30) Der Kunde kauft die neue und nur von ihm verwendbare Form von der AG für 1.000,- €. Beim ersten und späteren Aufträgen über dasselbe Werkstück erhält er einen Preisnachlaß auf den Preis für die Werkstücke.

Diese Angaben reichen naheliegenderweise nicht aus, um die Überlegungen zur Angebotspolitik rechnerisch zu quantifizieren. Der skizzierte Sachverhalt „kunden-bestimmte" oder „kunden-gebundene Formen" wurde über seine strittige Behandlung im Jahresabschluß bekannt:[40]

a) Wie sind zum einen die beim Erstauftrag erhaltenen Zuschüsse angesichts (1) ausgelieferter, (2) gefertigter und noch nicht ausgelieferter sowie (3) bestellter und noch nicht gefertigter Werkstücke im externen Rechnungswesen zu behandeln?[41]

b) Wie sind zum anderen die beim Erstauftrag erhaltene Einnahme aus der

---

40 Vgl. z.B. G. Gläßner/B. Leineweber, Zweifelsfragen zur steuerlichen Behandlung von kundengebundenen Werkzeugen, in: Die steuerliche Betriebsprüfung 1985, S. 97-100 und S. 125-132.

41 Die Vorentscheidung liegt darin, den Zuschuß beim Hersteller nicht mit der Form zu verknüpfen und mit ihren Kosten zu saldieren, sondern (trotzdem) als zusätzliches Entgelt für die Werkstücke anzusehen und entsprechend deren Phasen (1) bis (3) zu verrechnen; vgl. so Gläßner/Leineweber (1985 S. 128 r.Sp.). Infolgedessen wird der erhaltene Zuschuß als Anzahlung zwangsläufig nur für die Werkstücke des Erst-Auftrags verbucht und ihnen entsprechend ausgewiesen. Unberücksichtigt bleibt folglich, daß der Zuschuß auch den Weg zu den möglichen Nachbestellungen sachgerecht öffnet. Zudem widersprechen die Autoren sich (S. 129), wenn sie für den Zuschuß einen Passivposten gegenbuchen und diesen entsprechend der Nutzungsdauer der Form zeitanteilig auflösen. Auf den Widerspruch weisen Brönner/Bareis (1991) S. 1025 unten hin. Mit dem Urteil vom 1.6.1989 - IV R 64/88 - BStBl. II 1989, S. 830 = DB 1989, S. 1750 = BB 1989, S. 1591 f. entschied der Bundesfinanzhof, daß der Zuschuß nicht als Anzahlung auf die Werkstücke, sondern als immaterielles Wirtschaftsgut beim Kunden und als Passivposten beim Hersteller zu bilanzieren sei: zu dessen Bilanzierung vgl. Urteil des BFH vom 8.10.1970 - IV R 125/69 - BStBl. II 1971, S. 51 = BB 1971, S. 31.

verkauften Form im Jahresabschluß auszuweisen angesichts der Verpflichtung zum Preisnachlaß bei Nachbestellungen? Der Bundesfinanzhof verwehrte es dem steuerpflichtigen Unternehmen, dieser Verpflichtung zum Preisnachlaß durch das Bilden einer Rückstellung Rechnung zu tragen.[42] War der Preis für die Form mit „Konto Bank an Konto Ertrag 1.000,-" im Jahr ihres Verkaufes erfolgswirksam verbucht worden, so hätte die Jahresabschluß-Buchung mit „Konto Aufwand an Konto Rückstellungen" berücksichtigt, daß Preis und Ertrag nur vorläufig sind angesichts der vertraglichen Verpflichtung zum Preisnachlaß auf - noch unbekannte - Nachbestellungen von formgleichen Werkstücken. Das Urteil des BFH schneidet von der verkauften Form ab und verknüpft den Preisnachlaß mit der jeweiligen Nachbestellung. Es verkennt damit den Zusammenhang im wirtschaftenden Handeln des Steuerpflichtigen.

Wiederholt hatten wir auf die zwei Ebenen hingewiesen, auf denen das wirtschaftende Handeln abläuft: Planung und ihr Vollzug. Wir setzen die Beschreibung des Sachverhalts fort, indem wir den Buchhalter den Geschehensablauf des letzten Geschäftsjahres berichten lassen:
Die bisherige Absatzpolitik verkaufte das Werkstück einheitlich zum Preis von $p_W = 600,-$. Dieser Preis war unabhängig davon, wieviel Werkstücke der erste, mit dem Herstellen einer neuen Form verbundene Auftrag umfaßte, und auch unabhängig davon, ob Aussicht auf eine Nachbestellung bestand. Von der Notwendigkeit, eine Form herstellen zu müssen und von deren Herstellungskosten war dem jeweiligen Kunden gegenüber gewissermaßen keine Rede.

Daten für die Werkstücke:

K' = 200,- die Grenzkosten/Stück-Einzelkosten
p_W = 600,- der Verkaufspreis bei völlig undifferenzierter Absatzpolitik
p_W = $a-bx = 1000-x$ der vermutete Preis-Absatzmengen-Zusammenhang für die Werkstücke, alle Nachfrager zusammengenommen und für eine Absatzperiode (= Jahr) gerechnet
$x_W = 400$ die abgesetzte Menge an Werkstücken
$DB_{brutto} = 160.000,-$ aus $(p_W - K') \cdot x_W = (600-200) \cdot 400$
= der Deckungsbeitrag vor Abzug der Formkosten.

---

42 Urteil des BFH vom 31.1.1973 - I R 205/69 - BStBl. II, 1973, S. 305 = DB 1973, S. 853.

Daten für die kunden-bestimmten Formen:

K_F = 700,- die Selbstkosten/Herstellungskosten für eine Form
x_F = 25 die Anzahl der hergestellten Formen.

Die im Abrechnungsjahr angefallenen Formkosten betragen mit $K_F \cdot x_F$ = 17.500,-. Danach beträgt der Netto-Deckungsbeitrag DB_{netto} = 142.500.

Sieht man davon ab, daß ein Teil der x_W = 400 verkauften Werkstücke als Nachbestellungen mit bereits vorhandenen Formen hergestellt worden sind, so ergibt sich ein Durchschnitt von 17.500/400 = 43,75 Formkosten je Werkstück. Andererseits werden je Form durchschnittlich 16 Werkstücke hergestellt.

Sachverhaltsanalyse und Problemlage

Auch wenn die Geschäftsleitung sich daraufhin keine weitergehenden Gedanken machen möchte, werden ihre Kunden sie dazu zwingen. Wer bereits mit seinem ersten Auftrag oder im Wege von Nachbestellungen formgleicher Werkstücke eine größere Anzahl von Werkstücken abnimmt, wird darauf hinweisen, daß sich die Mehrfachnutzung der Form auch für ihn als Kunden günstig auswirken müsse.

Die Geschäftsleitung erwägt deshalb, den „großen Kunden" auf irgendeine Weise entgegenzukommen. Der Kalkulator hingegen weist auf folgendes entschieden hin: Bislang seien die Formkosten gar nicht in der Preisrechnung angesetzt worden, so daß bei den größeren Erst-Aufträgen bzw. bei den höheren Stückzahlen infolge von Nachbestellungen auch nichts nachgelassen werden könne. Es liege andererseits kein Versäumnis der Kalkulations-Abteilung vor, denn auch bei einem Preis p_W = 620,- - d.h. abgerundet um die Hälfte der durchschnittlichen Formkosten erhöht - oder gar von p_W = 640,- werde kein höherer Deckungsbeitrag als bei p_W = 600,- erzielt, wie jeder leicht nachrechnen könne. Folglich: so oder so trage die Chemie-AG die Formkosten voll.[43] Der Vorteil einer Mehrfachnutzung einer Form bei höheren Stückzahlen formgleicher Werkstücke stehe deshalb ihr zu und gleiche

---

43 Literatur und Rechtsprechung unterstellen für die Alternativen des rückverrechneten Zuschusses bzw. des rückverrechnetne Entgeltes für die verkaufte Form, daß im Preis für die Werkstücke die durchschnittlichen Formkosten je Werkstück bereits einkalkuliert seien. Dem liegt die verbreitete Milchmädchen-Vorstellung zugrunde, daß + Δ Selbstkosten identisch + Δp werde bei unveränderter Absatzmenge, als ob es weder Käuferreaktionen noch Wettbewerb gebe.

nur den Nachteil bei den niedrigeren Stückzahlen aus. Hinsichtlich der bezogenen Werkstücke werden die kleinen wie die großen Kunden mit dem einheitlichen Werkstück-Preis p_W gleich behandelt. Die produktionstechnisch erforderlichen Formen seien zwar kundenwunsch-bestimmt und daher stets mit einem Auftrag verkoppelt, was jedoch nichts daran ändere, daß die Formen ausschließlich eine Angelegenheit der Chemie-AG seien. Deren Markt-Aufgabe seien Werkstücke und nicht auch kundenabhängige Formen. Der Mitarbeiter Herr Rabiat ist da anderer Ansicht. Spontan äußert er: Jeder Kunde muß für die Kosten, die er verursacht, auch einstehen. Wenn ein Auftrag eine neue Form erfordert, muß der Kunde deren Selbstkosten von 700,- auch zusätzlich zu den Werkstücken bezahlen.[44]

„Das kommt nicht in Frage", unterbricht ihn der Absatz-Chef, „das vergrault nicht nur die kleinen Einmal-Aufträge, sondern auch die kleinen Erst-Aufträge mit Nachbestellungen." Er habe allerdings keine Unterlagen über die Streuung der Mengen der Erst-Aufträge und der Nachbestellungen, aber es sei unvertretbar, die kleinen Aufträge über die volle Belastung der Formkosten abzuwehren, wenn sie trotzdem noch zur Deckung der Gemeinkosten des Bereiches „kundenbestimmte Werkstücke" beitrügen.

Der Geschäftsführer faßt die bisherigen Überlegungen und die Situation zusammen:
(1.) Die kundenbestimmten Formen kann man als ausschließlich innerbetriebliche Leistungs-Erstellung und -Verwendung auffassen. Gemessen am Netto-Deckungsbeitrag bringt es nichts, die Kosten der Formen mit dem Preis p_W für die Werkstücke zu verbinden.
(2.) Sollen jedoch die Formkosten nicht wie bisher voll beim Anbieter „hängen bleiben", dann muß man im Gegenteil zu (1) die Eigenständigkeit der Formen auch als Betriebsleistungen sehen: selbständige Produkte mit der Funktion der Formgebung für die Werkstücke eines jeweils vorliegenden Auftrags und für mögliche Nachbestellungen formgleicher Werkstücke.
(3.) Was die möglichen Nachbestellungen betrifft, hat der Kunde auf jeden Fall die bessere Kenntnis.[45] Damit der Anbieter diese zu seinem Vorteil nutzen kann, muß er seine Angebotspolitik differenzieren und den Kun-

---

44 Dem entspricht die mögliche rechtliche Trennung in Formenvertrag und in Liefervertrag für die Werkstücke; vgl. Gläßner/Leineweber (1985) S. 97 f.
45 Zu dieser sogenannten asymmetrischen Information vgl. Abschnitt 45.

den Alternativen zur Selbst-Einwahl anbieten.[46] Sie veranlassen den Kunden, daß er nicht einfach seinen akuten Bedarf bestellt, sondern zuvor mögliche Nachbestellungen formgleicher Werkstücke überdenkt und dann erst unter ihrer Berücksichtigung die vorteilhafteste Alternative wählt. Problemgerechte Ausgestaltung der Alternativen durch den Anbieter vorausgesetzt, beteiligt sich der einzelne Kunde nun am Risiko „Nachbestellungen": unterschätzte er die nachbestellte Menge, hat er ex post Nachteile nicht vermieden, überschätzte er seine nachbestellte Menge, hat er ex post Nachteile in Kauf genommen. Die Nachteile aus einer (±) Fehleinschätzung durch den Kunden werden zu Vorteilen des Anbieters! Mittels differenziertem Angebot verwandelt der Anbieter seine bisher einseitige Hoffnung auf Nachbestellungen (bei vorab voll übernommenen Formkosten) in Risiko für die Kunden um.

(4.) Neben den unsicheren Nachbestellungen sollte der Anbieter den unterschiedlichen Werkstückzahlen bei den formverbundenen Erst-Aufträgen Rechnung tragen. Wie den Aufträgen mit geringer Stückzahl nicht die Übernahme der vollen Formkosten zugemutet wird, so wird den Kunden mit hoher Stückzahl nur ein geringer werdender Anteil an den Formkosten belastet werden können. Der „große Kunde" sieht den stückzahl-unabhängigen Werkstück-Preis p_W angesichts der Form als einer Kostenposition mit degressivem Verlauf der Stückkosten bei zunehmender Anzahl der Nutzungen derselben Form.

(5.) Folglich wird die Geschäftsleitung eine in Alternativen differenzierte Angebotspolitik entwickeln, die sowohl die unterschiedlichen Stückzahlen des Erstauftrags wie die möglichen Nachbestellungen berücksichtigt und den Kunden die Selbsteinwahl überläßt. In diesem Sinne werden die eingangs aufgeführten Varianten[47] abgestimmt und nebeneinander angeboten:

(10) Auftragsmengen-Rabatt für die kleinen „Aufträge",

(20) Zuschuß des Kunden zu den Formkosten für die mittleren „Aufträge", und

(30) Verkauf der Form und Rückverrechnung des Kaufpreises für die großen „Aufträge".

---

46 Indem Gläßner/Leineweber (1985, S. 99) unterstellen, daß die erwartete Gesamtmenge (aus Erst- und Nachbestellungen) im voraus bekannt ist, erlischt das Besondere des Problems, das aus der Unsicherheit und der asymmetrischen Information resultiert. Infolgedessen weisen alle Varianten der Angebotspolitik den gleichen Gewinn aus, d.h. es gibt keine Entscheidungs- und Gestaltungsprobleme!

47 Sie sind durchgängige Praxis, vgl. z.B. Gläßner/Leineweber (1985) S. 98 r.Sp.

Dabei meint "Auftrag" jeweils die Zusammenfassung von Erst-Auftrag und möglichen Nachbestellungen formgleicher Werkstücke.

Übersicht:

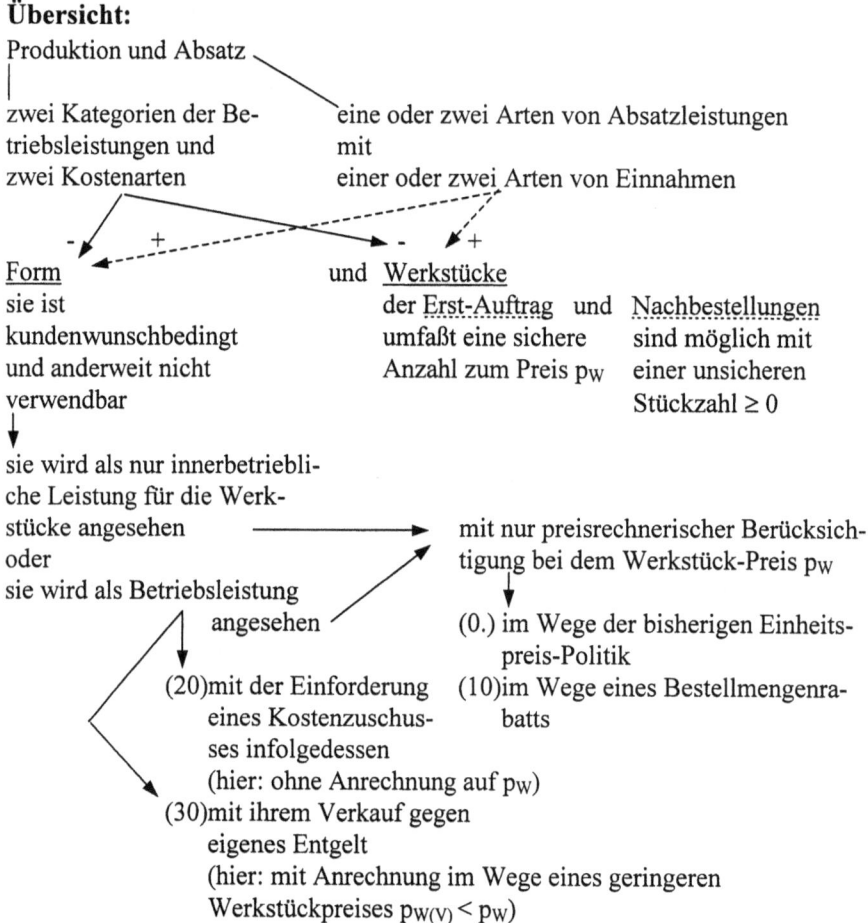

Der Lösungsvorschlag

Einige Tage später legt der Absatz-Chef seinen Vorschlag auf den Tisch, der die Angebotspolitik für kundenbestimmte Werkstücke in drei parallele Alternativen zur Selbsteinwahl („self-selection") durch die Kunden gestaltet. Er erläutert ihn anhand der beigefügten Übersicht:

78. Das Vertragsangebot als Aufgabe der Preisrechnung

Vorschlag für die dreiteilige Angebotspolitik bei kundengebundenen Formen und der damit herzustellenden Werkstücke

Stückzahl:	Auftragsgrößen im Bereich „Rabatt"			Auftragsgrößen im Bereich „Zuschuß"					Auftragsgrößen im Bereich „Verkauf der Form"					
Alternative:	1	2	3	4	5	6	7	...	14	15	16	17	18	19	20
(10) Rabattstaffel															
(11) je Stück Preis	900	750	720	700	700	700	700								
(12) Kosten je Stück	900	750	720	700	700	700	700								
(13) Summe jeweils	900	1.500	2.160	2.800	3.500	4.200	4.900								
(14) Formkosten netto	400	400	340	300	200	100	0								
(20) Zuschuß von 400,-															
(21) je Stück Preis	600	600	600	600	600	600	600	usw.	600	600	600	600	600	600	
(22) Kosten je Stück	1.000	800	733	700	680	666	657	usw.	628	626	625	624	622	621	
(23) Summe jeweils	1.000	1.600	2.200	2.800	3.400	4.000	4.600	usw.	8.800	9.400	10.000	10.600	11.200	11.800	
(24) Formkosten netto immer 300,-					Δ jeweils p_W = 600,-										
(30) Verkauf der Form für 1.000,-												Δ jeweils $p_{W(V)}$ = 560,-			
(31) je Stück Preis									560	560	560	560	560	560	560
(32) Kosten je Stück									631	626	622	619	615	613	610
(33) Summe jeweils									8.840	9.400	9.960	10.520	11.080	11.640	12.200
(34) Formkosten netto									260	300	340	380	420	460	500

(10) Die Alternative „Bestellmengenrabatt" ist nur für die Aufträge von einem bis vier Stück vorgesehen und ist unabhängig davon, ob dafür eine neue Form benötigt wird oder infolge Nachbestellung nicht. Der hohe Preis für die Ein-Stück-Bestellung soll diese möglichst verhindern oder zum Übergang auf die Zwei-Stück-Bestellung veranlassen. Rechnet ein Kunde mit geringem Erstbedarf damit, daß er nachbestellen wird, bietet es sich an, bereits für den Erstauftrag die zweite Alternative zu wählen. Ersichtlich schneidet die erste Alternative „Rabatt" sowohl ex ante von der Möglichkeit einer Nachbestellung ab als auch ex post von einer Berichtigung des Preises für den Erst-Auftrag wegen einer tatsächlichen Nachbestellung. Der kleine Auftrag steht sich mit der „Rabattstaffel" zwar günstiger, als wenn auch ihm der „Zuschuß" von 400,- zu den Formkosten zugemutet werden würde, aber er wird andererseits von dem Kostenvorteil bei zeitverteilter Mehrfach-Nutzung derselben Form im Wege einer Nachbestellung abgeschnitten.

(20) Die Alternative „Zuschuß" von 400,- zu den Kosten der notwendigen Form bietet sich auf jeden Fall ab vier Stück Erstbedarf an und reicht bis zu einem (erwarteten) Gesamtbedarf von (höchstens) 15 Stück. Im Umfang des Zuschusses von 400,- zu den Selbstkosten der Form hat der Anbieter das Formkosten-Risiko auf den Kunden verschoben. Anders formuliert: bleiben Nachbestellungen aus, verteilt sich dieser ex post-Nachteil auf Anbieter und Abnehmer.

(30) Die Alternative „Verkauf der Form" für 1.000,- richtet sich an die Kunden mit voraussichtlich mehr als 14 Stück Gesamtbedarf aus Erst-Auftrag und Nachbestellungen. Sie beginnt etwas unterhalb des rechnerischen Durchschnitts von 16 Werkstücken je hergestellter Form. Mit dem Verkaufserlös von 1.000,- werden die Selbstkosten von 700,- für das Herstellen der Form bewußt überdeckt mit der Absicht, einen Ausgleich über den niedrigeren Werkstück-Preis von $p_{W(V)} = 560$,- (anstatt $p_W = 600$,- bei Zahlung des Zuschusses von 400,-) herzustellen. Ab 16 Stück Gesamtmenge wird die Alternative „Kauf" günstiger als die Alternative „Zuschuß". Nur und erst im Wege tatsächlich größerer Gesamtmengen behält der Anbieter im Ergebnis weniger aus dem Form-Verkaufserlös zur teilweisen Deckung seiner Formkosten zurück als im Falle des erhaltenen Zuschusses von 400,-. Bei 25 Stück Gesamtbedarf trägt der Anbieter die Formkosten allein,[48] der Kunde hat über die Preisdifferenz

---

48 Das ist nicht zwangsläufig so, sondern kann hier als Folge des Wettbewerbs um die Kunden mit hohem Gesamtbedarf verstanden werden. Der Preis für die Form, der Betrag der Preisdifferenz zu p_W und gegebenenfalls eine Obergrenze für die Anzahl (bzw. den Umsatz) mit $p_{W(V)}$ begünstigten Werkstücke sind die Gestaltungsvariablen zur Alternative (30).

von 40,- bei den Werkstücken die bezahlten 1.000,- für die Form vollständig „zurückgeholt". Der Alternative „Verkauf der Form" liegt die Vorgabe zugrunde, Kunden mit einem formgleichen Gesamtbedarf über dem Durchschnitt (von 16 Stück) nicht endgültig mit dem Zuschuß von 400,- zu belasten. Jedoch wird nicht die tatsächliche Gesamtabnahme erst nachträglich entlastet,[49] sondern im voraus als Entscheidungsmöglichkeit angeboten. Infolgedessen kann ein Nachfrager mit einem erwarteten Gesamtbedarf zwischen in etwa 13 und 17 Werkstücken auf eigenes Risiko zwischen Zuschuß und Kauf der Form entscheiden.[50]

In der Gesamtschau der drei abgestimmten Alternativen (10) bis (30) gibt die Abfolge der Preise (11), (21) und (31) das Bild einer eigenwilligen Preisdifferenzierung nach der von einem Kunden abgenommenen Gesamtmenge. Es geht jedoch nicht um Preisdifferenzierung, sondern um Konditionen-Differenzierung. Den zutreffenden Eindruck vermittelt daher erst die Abfolge (12), (22) und (32) mit den „Kosten je Stück" aus der Sicht des Kunden, d.h. seinen Einstandskosten unter Einbezug des Zuschusses bzw. des Kaufpreises für die Form: eine mit $p_{W(1)} = 900,-$ beginnende und zunächst scharf fallende, ab 5 Stück (680,-) dann bis 25 Stück (600,-) verlangsamend fallende Abfolge. Der deutliche Vorteil dieser strukturierten Offerte liegt darin, daß nicht erst die Gesamtabnahmemenge und damit ex post der zugehörige Vorteil verwirklicht wird, sondern der jeweils niedrigere Preis $p_W = 600,-$ bzw. $p_W = 560,-$ für die Nachbestellung dazu führt, daß ausschließlich die (jeweils) nachbestellte Menge den Vorteil für den Abnehmer einbringt. Ex ante muß der Nachfrager mit seiner besseren Kenntnis seines wahrscheinlichen Gesamtbedarfes nur seine Einwahl in eine der drei Alternativen entscheiden, nicht jedoch auch den Gesamtbedarf bereits bestellen, um sich den Vorteil seiner Wahlentscheidung zu sichern. Aus der bisherigen und hilflos wirkenden

(0) Angebotspolitik zum Einheitspreis von $p_W = 600,-$
(a) unabhängig von der Stückzahl des Erst-Auftrags und möglicher bzw. dann tatsächlicher Nachbestellungen, sowie mit
(b) der vollen Übernahme der Formkosten und
(c) des vollen Nutzungsrisikos der hergestellten Form durch den Anbieter
wird mit dem Vorschlag der drei abgestimmten Alternativen für die Kunden eine aktive, parallel strukturierte Angebotspolitik des Herstellers, die sich passend an

---

49 Das wäre ein Bonus analog zum jahresbezogenen „Treue"-Rabatt - der erfahrungsgemäß erst ex post festgestellt werden kann.
50 In Verkennung dieser Zusammenhänge bezeichnen Gläßner/Leineweber (1985) S. 127 die Alternative (30) als wenig sinnvoll.

Nachfrager mit nur geringem Bedarf wie an solche mit großem Bedarf wendet. Bei der Alternative „Zuschuß" faßt der Anbieter nur die teilweise Deckung der Formkosten ins Auge und öffnet diese Möglichkeit der ex post endgültigen Gesamtzahl formgleicher Werkstücke. Bei der Alternative „Verkauf der Form" wird zunächst weitergehend aus der bisherigen innerbetrieblichen Leistung eine selbständige Absatzleistung, deren Entgelt dann allerdings geplant vorläufig vereinnahmt wird, um es über einen niedrigeren Werkstückpreis ($p_{W(V)}$ = 560,-) gewissermaßen „zurückzugewähren". Diese Parte der Angebotspolitik überdeckt nicht nur vorab die angefallenen Formkosten, sondern bindet den Kunden hinsichtlich seiner Nachbestellungen und gewährt das Entgelt für die Form in Abhängigkeit von der dann tatsächlich abgenommenen Gesamtzahl formgleicher Werkstücke zurück an den Kunden und Käufer der Form und dies für den umfangreichen Gesamtbedarf (gegen 25 Werkstücke) so, daß der Anbieter die vollen Kosten der Form trägt.

Die Abfolge der Zeilen (14), (24) und (34) zeigt die dem Hersteller jeweils verbleibenden Formkosten. Im Bereich (10) „Rabatt" ist vorgegeben, daß die kleinen Aufträge weder rechtlich mittels einer Mindest-Bestellmenge noch ökonomisch über die volle Einverlangung der Formkosten ausgeschlossen werden. Im Bereich (20) „Zuschuß" verbleiben dem Hersteller jeweils 300,- der Formkosten. Im Bereich (30) „Verkauf der Form" wird die Gestaltung der Angebotsbedingungen dazu verwendet, daß der Hersteller mit im Zeitablauf zunehmender Gesamtabsatzmenge formgleicher Werkstücke an einen Kunden die zunächst voll abgewälzten Formkosten Stück für Stück auf sich zurücknimmt.

Als Ersatz für die bisherige Einheitspreis-Politik umfaßt der Vorschlag des Absatz-Chefs also gleichzeitig:
(10) Preisdifferenzierung mit dem Rabatt für kleine Aufträge,
(20) Erlösspaltung mit dem Zuschuß im Bereich mittlerer Gesamtabnahmemengen zwischen 4 und 15 Werkstücken, und
(30) Entgelt-Teilung mit dem Verkauf der Form für erwartete Gesamtabnahmemengen ab 15 Werkstücken.

Bleibt die Hoffnung, daß der Leser ebenso überzeugt und zufrieden mit dem Vorschlag ist wie der Geschäftsführer der Abteilung „Kunststoffverarbeitung" der Chemie-AG.

Literaturverzeichnis

100 Jahre Betriebswirtschaftslehre in Deutschland, hrsg. von Michael Lingenfelder, München 1999

Adler, Jost, Informationsökonomische Fundierung von Austauschprozessen, Wiesbaden 1996

Alewell, Karl/Rittmeier, Bernd, Dienstleistungsbetriebe als Gegenstand von Regionalförderungsmaßnahmen. Ein Diskussionsbeitrag aus betriebswirtschaftlicher Sicht, Saarbrücken 1977

Altenburger, Otto A., Rechnungslegung und Unsicherheit, Berlin 1995

Bamberg, Günter/Coenenberg, Adolf Gerhard, Betriebswirtschaftliche Entscheidungslehre, 9. Aufl. München 1996

Bamberg, Günter, Stichwort „Unsicherheitstheorie", Handwörterbuch Unternehmensrechnung und Controlling (HWU), 4. Aufl. Stuttgart 2002, Sp. 1997-2007

Banse, Karl, Stichwort „Vertriebs-(Absatz-)politik", Handwörterbuch der Betriebswirtschaft, hrsg. von Hans Seischab und Karl Schwantag, 3. Aufl. Bd. 4, Stuttgart 1962, Sp. 5988 ff.

Beckmann, Michael/Kräkel, Matthias/Schauenberg, Bernd, Der deutsche Auktionsmarkt: Ergebnisse einer empirischen Studie, Zeitschrift für Betriebswirtschaft (ZfB) 1997, S. 41-65

Bea, Franz Xaver/Dichtl, Erwin/Schweitzer, Marcell (Hrsg.), Allgemeine Betriebswirtschaftslehre, Bd. 1: Grundfragen, 8. Aufl., Stuttgart/Jena 2000, Bd. 2: Führung, 8. Aufl., Stuttgart/Jena 2001, Bd. 3: Leistungsprozeß, 7. Aufl., Stuttgart/Jena 1997

Beschorner, Dieter/März, Thomas/Peemöller, Volker H., Allgemeine Betriebswirtschaftslehre, 2. Aufl., München 1988

Bode, Jürgen, Der Informationsbegriff in der Betriebswirtschaftslehre, Zeitschrift für betriebswirtschaftliche Forschung (ZfbF) 1997, S. 449-468

Bössmann, Eva, Weshalb gibt es Unternehmungen? Der Erklärungsansatz von Ronald H. Coase, Zeitschrift für die gesamte Staatswissenschaft, 1981, S. 667-674

Bössmann, Eva, Unternehmungen, Märkte, Transaktionskosten, Wirtschaftswissenschaftliches Studium 1983, S. 105-111

Bössmann, Eva, Stichwort „Informationsökonomik", in: Wirtschaftslexikon, hrsg. von Artur Woll, 7. Aufl. München/Wien 1993, S. 334-336

Corsten, Hans, Die Produktion von Dienstleistungen, Berlin 1985

Corsten, Hans, Zur Diskussion der Dienstleistungsbesonderheiten und ihre ökonomischen Auswirkungen, in: Jahrbuch der Absatz- und Verbrauchsforschung, 1986, S. 16-41

Corsten, Hans, Dienstleistungsmanagement, 4. Aufl. München 2001

Deppe, Hans-Dieter (Hrsg.), Geldwirtschaft und Rechnungswesen, Göttingen 1989

Diederich, Helmut, Verkehrsbetriebslehre, Wiesbaden 1977

Diederich, Helmut, Allgemeine Betriebswirtschaftslehre, 7. Aufl. Stuttgart u.a. 1992

Diller, Hermann, Preispolitik, 3. Aufl. Stuttgart u.a. 2000

Eisele, Wolfgang, Stichwort „Buchhaltung", Handwörterbuch Unternehmensrechnung und Controlling (HWU), 4. Aufl. Stuttgart 2002, Sp. 219-231

Eisenführ, Franz, Einführung in die Betriebswirtschaftslehre, Stuttgart 1996

Ellinger, Theodor, Industrielle Einzelfertigung und Vorbereitungsgrad, Zeitschrift für handelswissenschaftliche Forschung 1963, S. 481-498

Engelhardt, Werner Hans/Kleinaltenkamp, Michael/Reckenfelderbäumer, Martin, Leistungsbündel als Absatzobjekte, Zeitschrift für betriebswirtschaftliche Forschung 1993, S. 395-426

Feess, Eberhard, Mikroökonomie, Marburg 1997

Franke, Dietmar-Peter, Dienstleistungsinnovationen, Bergisch-Gladbach u.a. 1991

Funk, Paul, Vorauszahlungen von Abnehmern, Bern u.a. 1976

Gläßner, Günter/Leineweber, Bernhard, Zweifelsfragen zur steuerlichen Behandlung von kundengebundenen Werkzeugen, Die steuerliche Betriebsprüfung, 25. Jg. 1985, Teil I S. 97-100, Teil II S. 125-132

Göbel, Elisabeth, Neue Institutionenökonomik, Stuttgart 2002

Göppl, Hermann/Zoller, Klaus, Allgemeine Betriebswirtschaftslehre, Bd. 1, 4. Aufl. Frankfurt am Main 1988

Güth, Werner, Theorie der Marktwirtschaft, 2. Aufl. Berlin u.a. 1996

Gutenberg, Erich, Einführung in die Betriebswirtschaftslehre, Wiesbaden 1975 bzw. Nachdruck 1990 der 1. Aufl. 1958

Gutenberg, Erich, Grundlagen der Betriebswirtschaftslehre, 1. Bd.: Die Produktion, 1. Aufl. 1951, 24. Aufl. Berlin u.a. 1983

Gutenberg, Erich, Grundlagen der Betriebswirtschaftslehre, 2. Bd.: Der Absatz, 1. Aufl. 1955, 17. Aufl. Berlin u.a. 1984

Hammann, Peter, Sekundärleistungspolitik als absatzpolitisches Instrument, in: Neuere Ansätze der Marketingtheorie - Festschrift für O. Schnutenhaus, hrsg. von Peter Hammann, Werner Kroeber-Riel und Carl W. Meyer, Berlin 1974, S. 135-154

Hax, Herbert/Laux, Helmut (Hrsg.), Die Finanzierung der Unternehmung, Köln 1975

Heinen, Edmund, Einführung in die Betriebswirtschaftslehre, 9. Aufl. Wiesbaden 1985

Jacob, Herbert/Jacob Marlis, Preisdifferenzierung bei willkürlicher Teilung des Marktes und ihre Verwirklichung mit Hilfe der Preisdifferenzierung, Jahrbücher für Nationalökonomie und Statistik 1962, S. 1-46

Kaas, Klaus Peter, Marktinformationen: Screening und Signaling unter Partnern und Rivalen, Zeitschrift für Betriebswirtschaft 1991, S. 357-370

Kern, Werner, Industrielle Produktionswirtschaft, 3. Aufl. Stuttgart 1980

Kistner, Klaus-Peter/Steven, Marion, Betriebswirtschaftslehre im Grundstudium, Bd. 1: Produktion, Absatz, Finanzierung, 3. Aufl. Heidelberg 1999

Kosiol, Erich, Einführung in die Betriebswirtschaftslehre - Die Unternehmung als wirtschaftliches Aktionszentrum, Wiesbaden 1968, bzw. unter umgekehrter Titelfolge 2. Aufl. Reinbek bei Hamburg 1972

Kromschröder, Bernhard/Lehmann, Matthias, Die Leistungswirtschaft des Versicherungsbetriebes, in: Information und Produktion - Festschrift für Waldemar Wittmann, hrsg. von Siegmar Stöppler, Stuttgart 1985, S. 171-209

Larenz, Karl/Canaris, Claus-Wilhelm, Methodenlehre der Rechtswissenschaft, 3. Aufl. Berlin u.a. 1995

Le Coutre, Walter, Vom allgemein-betriebswirtschaftlichen Ideengehalt der Bilanzauffassungen, in: Die Bilanzen der Unternehmungen. Festgabe für Julius Ziegler, hrsg. von Karl Meithner, 1. Aufl. Berlin 1933, Bd. 1, S. 406-429

Lehmann, Matthias, Zur Theorie der Zeitpräferenz. Ein Beitrag zur mikroökonomischen Kapitaltheorie, Berlin 1975

Lehmann, Matthias, Kommunale Beitragserhebung, Siegburg 1983

Lehmann, Matthias, Das Ende der ehelichen Zugewinngemeinschaft aus ökonomischer Sicht, Zeitschrift für betriebswirtschaftliche Forschung 1989, S. 991-1012

Lehmann, Matthias, Das Teilwert-Konzept und das Bilanzieren von Änderungen zwischen Entscheidungszeitpunkt und Bilanzstichtag, Der Betrieb 1990, S. 2481-2486

Lehmann, Matthias, „Verdeckte Gewinnausschüttungen" - Eine Analyse aus der Sicht der betriebswirtschaftlichen Steuerlehre, in: Bilanz und Kapitalmarkt, Festschrift für Adolf Moxter, hrsg. von Wolfgang Ballwieser u.a., Düsseldorf 1994, S. 1029-1067

Lehmann, Matthias, Stichwort „Erfolgsermittlung", Handwörterbuch Unternehmensrechnung und Controlling (HWU), 4. Aufl. Stuttgart 2002, Sp. 392-402

Lehmann, Matthias/Wagner, Gerd Rainer, Die Disponierbarkeit von Gemeinkosten in rechnungstheoretischer Sicht, Betriebswirtschaftliche Forschung und Praxis 1981, S. 37-69

Lehmann, Matthias/Kirchgesser, Karl, Meinungsverschiedenheiten zur verdeckten Gewinnausschüttung, in: Der Betrieb 1994, S. 2052-2058

Lehmann, Matthias/Moog, Horst, Betriebswirtschaftliches Rechnungswesen Bd. 1: Real-, wert- und rechenökonomische Grundlagen, Berlin u.a. 1996

Lehmann, Matthias/Kirchgesser, Karl/Rückle, Dieter, Versicherungsvertrag und Versicherungs-Treuhand, Ertragsbesteuerung, Überschußermittlung und -verwendung, Baden-Baden 1997

Lehmer, Gisela, Theorie des wirtschaftlichen Handelns der privaten Haushalte. Haushaltsproduktion und Informationstechniken im Wechselspiel, Bergisch Gladbach und Köln 1999

Lieb, Manfred, Die Ehegattenmitarbeit im Spannungsfeld zwischen Rechtsgeschäft, Bereicherungsrecht und gesetzlichem Güterstand, Tübingen 1970

Loitlsberger, Erich, Grundkonzepte der Betriebswirtschaftlehre, München und Wien 2000

Luckenbach, Helga, Theorie des Haushalts, Göttingen 1975

Mag, Wolfgang, Was ist ökonomisches Denken?, Die Betriebswirtschaft 1988, S. 761-776

Maleri, Rudolf, Grundlagen der Dienstleistungsproduktion, 4. Aufl. Berlin u.a. 1997

Mankiw, N. Gregory, Grundzüge der Volkswirtschaftslehre, 2. Aufl. Stuttgart 2001

Meffert, Heribert, Marketing, Grundlagen der Absatzpolitik, 1. Aufl. Wiesbaden 1977, 8. Aufl. Wiesbaden 1998, 9. Aufl. 2000

Meffert, Heribert/Bruhn, Manfred, Dienstleistungsmarketing, 3. Aufl. Wiesbaden 2000

Methfessel, Barbara, Arbeit und Zeit als Abstimmungsproblem zwischen Haushaltsmitgliedern und deren Lebenschancen, in: Haushalten in Geschichte und Gegenwart, hrsg. von Irmintraut Richarz, Göttingen 1994, S. 221-230

Modigliani, Franco/Miller, Merton H., The cost of capital, corporation finance, and the theory of investment, The American Economic Review Vol. 48, 1958, S. 261-297; Übersetzung in Hax/Laux (1975) S. 86-119

Miller, Merton H./Modigliani, Franco, Dividend policy, growth, and the valuation of shares, Journal of Business Vol. 34, 1961, S. 411-433; Übersetzung in Hax/Laux (1975) S. 270-300

Moog, Horst, Rechnerische Fundierung der Preisfindung, Wiesbaden 1999

Müller, Ursula, Kriterien für den Ausweis von Ertrag und Aufwand, Ludwigsburg/Berlin 1992

Müller, Ursula, Finanzbuchhaltung. Vom Geschäftsvorfall bis zum Jahresabschluß, Herne/Berlin 2001

Müller-Merbach, Heiner, Schönheitsfehler der Betriebswirtschaftslehre, Zeitschrift für Betriebswirtschaft 1983, S. 811-830

Müssig, Peter, Wirtschaftsprivatrecht, 2. Aufl. Heidelberg 1999

Nieschlag, Robert/Dichtl, Erwin/Hörschgen, Hans, Marketing, 14. Aufl. Berlin 1985; 17. Aufl. Berlin 1994, 18. Aufl. 1997

Raffée, Hans, Grundprobleme der Betriebswirtschaftslehre, Göttingen 1974 (und unveränderte Nachdrucke)

Raffee, Hans, Gegenstand, Methoden und Konzepte der Betriebswirtschaftslehre, in: Vahlens Kompendium der Betriebswirtschaftslehre, hrsg. von Michael Bitz u.a., Bd. 1, 3. Aufl. München 1993, S. 1-46

Riebel, Paul, Die Elastizität des Betriebes, Köln/Opladen 1954

Riebel, Paul, Typen der Markt- und Kundenproduktion in produktions- und absatzwirtschaftlicher Sicht, Zeitschrift für betriebswirtschaftliche Forschung 1965, S. 663-685

Rieger, Wilhelm, Einführung in die Betriebswirtschaftslehre, Nürnberg 1928

Rück, Hans R.G., Dienstleistungen - ein Definitionsansatz auf der Grundlage des „Make or buy"-Prinzips, in: Dienstleistungsmarketing, hrsg. von Michael Kleinaltenkamp, Leverkusen 1995, S. 1-31

Schäfer, Hans-Bernd/Ott, Claus, Lehrbuch der ökonomischen Analyse des Zivilrechts, 3. Aufl. Berlin u.a. 2000

Schauenberg, Bernd, Stichwort „Theorien der Unternehmung", in: Handwörterbuch der Betriebswirtschaftslehre, hrsg. von Waldemar Wittmann u.a., 5. Aufl., Teilband 3, Stuttgart 1993, Sp. 4168-4182

Schauenberg, Bernd, Gegenstand und Methoden der Betriebswirtschaftslehre, in: Vahlens Kompendium der Betriebswirtschaftslehre, hrsg. von Michael Bitz u.a., 4. Aufl. München 1998, Band 1, S. 1-56

Scheuch, Fritz, Dienstleistungsmarketing, 2. Aufl. München 2002

Schierenbeck, Henner, Grundzüge der Betriebswirtschaftslehre, München/Wien 12. Aufl. 1995, 15. Aufl. 2000

Schmidt, Matthias, Anpassungsfähigkeit als Systemziel von Unternehmungen, Spardorf 1987

Schmidt, Reinhard H./Terberger, Eva, Grundzüge der Investitions- und Finanzierungstheorie, 3. Aufl. Wiesbaden 1996

Schmidt, Reinhard H., Erich Gutenberg und die Theorie der Unternehmung, in: Die Theorie der Unternehmung in Forschung und Praxis, hrsg. von Horst Albach u.a., Berlin 1999, S. 59-91

Schmölders, Günter, Der Umgang mit Geld im privaten Haushalt, Berlin 1969

Schneider, Dieter, Allgemeine Betriebswirtschaftslehre, München/Wien 1987

Schneider, Dieter, Betriebswirtschaftslehre, Band 3: Theorie der Unternehmung, München/Wien 1997

Schneider, Erich, Einführung in die Wirtschaftstheorie, II. Teil: Wirtschaftspläne und wirtschaftliches Gleichgewicht in der Verkehrswirtschaft, 8. Aufl. Tübingen 1963

Schünemann, Wolfgang B., Wirtschaftsprivatrecht, 3. Aufl. Stuttgart 1998

Schweitzer, Rosemarie von, Einführung in die Wirtschaftslehre des privaten Haushalts, Stuttgart (UTB) 1991

Seel, Barbara, Ökonomik des privaten Haushalts, Stuttgart (UTB) 1991

Simon, Hermann, Preismanagement kompakt, Wiesbaden 1995

Smith, Adam, Der Wohlstand der Nationen. Eine Untersuchung seiner Natur und seiner Ursachen, aus dem Englischen übertragen von Horst Claus Recktenwald, München 1974

Spremann, Klaus, Wirtschaft, Investition und Finanzierung, 5. Aufl. München 1996

Springer's Handbuch der Betriebswirtschaftslehre, hrsg. von Ralph Berndt, Claudia Fantapié Altobelli, Peter Schuster, zwei Bände, Berlin/Heidelberg/New York 1998

Stackelberg, Heinrich von, Grundlagen der theoretischen Volkswirtschaftslehre, Tübingen-Zürich 1951

Steffens, Heiko/Boland-Mayat, Birgit, Wirtschaftsgemeinschaft Familie, in: Hauswirtschaft und Wissenschaft 1994, S. 106-112

Stützel, Wolfgang, Stichwort „Wert und Preis", in: Handwörterbuch der Betriebswirtschaft, hrsg. von Erwin Grochla und Waldemar Wittmann, 4. Aufl. Band III, Stuttgart 1976, Sp. 4404-4425

Stützel, Wolfgang, Entscheidungstheoretische Elementarkategorien als Grundlage einer Begegnung von Wirtschaftswissenschaft und Rechtswissenschaft, Zeitschrift für Betriebswirtschaft 1966, S. 769-789

Tipke, Klaus, Die Steuerrechtsordnung, Bd. II, Köln 1993

Tipke, Klaus/Lang, Joachim, Steuerrecht, 14. Aufl. Köln 1994, 17. Aufl. 2001

Tolle, Elisabeth, Informationsökonomische Erkenntnisse für das Marketing bei Qualitätsunsicherheit der Konsumenten, Zeitschrift für betriebswirtschaftliche Forschung 1994, S. 926-938

Tschammer-Osten, Berndt, Der private Haushalt in einzelwirtschaftlicher Sicht, Berlin 1973

Vahlens Kompendium der Betriebswirtschaftslehre, hrsg. von Michael Bitz u.a., 4. Aufl. München Band 1 1998, Band 2 1999

Vogel, Joachim, Juristische Methodik, Berlin/New York 1998

Wagner, Gerd Rainer, Lieferzeitpolitik, 2. Aufl., Wiesbaden 1978

Wagner, Franz W., Stichwort „Steuersysteme", Handwörterbuch Unternehmensrechnung und Controlling (HWU), 4. Aufl. Stuttgart 2002, Sp. 1847-1858

Westphalen Graf von, Friedrich, Teil B „Zivilrecht" in: „Das Recht zur Qualität", hrsg. von Carl-Otto Bauer und Friedrich Graf von Westphalen, Berlin u.a. 1996, S. 87-208

Wied-Nebbeling, Susanne, Markt- und Preistheorie, Berlin u.a. 1993, 2. Aufl. 1994

Wittmann, Waldemar, Unternehmung und unvollkommene Information, Köln und Opladen 1959

Wittmann, Waldemar, Betriebswirtschaftslehre, Bd. I: Grundlagen, Elemente und Instrumente, 1982 sowie Bd. II: Beschaffung, Produktion, Absatz, Investition und Finanzierung, Tübingen 1985

Wöhe, Günter, Einführung in die Allgemeine Betriebswirtschaftslehre, 20. Aufl. München 2000

Wöhe, Günter/Kaiser, Hans/Döring, Ulrich, Übungsbuch zur Einführung in die Allgemeine Betriebswirtschaftslehre, 8. Aufl. München 1996

Wübker, Georg, Preisbündelung, Wiesbaden 1998

Zameck, Walburga von, Ökonomische Theorie der Frau. Eine mikroökonomische Analyse von Markt- und Nichtmarktentscheidungen, Berlin 1997

Stichwortverzeichnis

Absatz 63, 219-222, 329
Absatzleistungsvorgang 326-328
Absatzpolitik 332-352
absatzpolitische Instrumente 332-347
Absatztheorie, mikroökonomische 322 f.
Absatzvertrag 134, 203, 219-222
Absatzvorgang 204, 220-222
Absatzwirtschaft 323-332
akquisitorisches Potential 315-318, 321
Aktivität, leistungswirtschaftliche 11-14, 207
alternative Betrachtungsweise 82, 97, 297-300, 312-314
Änderungen,
  leistungsbewirkte 207-216, 248-250
  anders bewirkte 213-216
Angebot und Nachfrage 288-292
Angebotsbedingungen 360-370
Angebotsplanung 329-331, 338
Angebotspolitik 140, 323
Anpassung 83-86, 94-96, 161, 163 f., 301 f., 306 f.
Äquivalenz 348, 358
Arbeitsteilung 99-150
  Begriff 99 f., 123
  Beschreibung 100, 104-106, 117-127
  Entwicklung 109, 122 f.
  externe 101, 123-150, 177 f., 288
  interne 102, 106-117, 148, 177 f.
Arbeitsvertrag 111-115
Arbeitswert 185, 259 f.
Aufgabengemeinschaft 101, 110, 112 f.
Auftragsmenge 335, 339 f., 345-347

Bedarf 13-15, 253, 258, 336
Bedürfnis 252 f., 258, 261, 336
Beschaffung 62, 263-275
Bestellmengenrabatt 345-347, 361, 367 f.
Betätigung
  betriebswirtschaftliche 51-54, 58-69
  erwerbswirtschaftliche 18-26, 48-51
Betrieb 55
Betriebsbereitschaft 56, 58, 65, 241 f., 289, 292, 300
Betriebsgrößenstruktur 146, 148, 154 f.
Betriebsleistungen 7, 25, 55, 63
Betriebsprozeß 52, 58-66
Betriebswirtschaft 27, 31-34, 44-69, 145 f., 184
Betriebswirtschaftslehre 31, 33, 55
  marktorientierte 1-3, 7, 100
Bevorratung 10-15
Bruttoerfolgsrechnung 184, 283-286

Chance 79, 87 f., 91 f.
Cournot, Antoine Augustin 293-295

Darlehensvertrag 139 f., 215
Dienstleistung(en) 223-235
　Begriff 227
　Beschreibungen 222-228
　als Geschäftsbesorgung 228-235, 241
Dienstleistungsproduktion 238-242 f.

Effektivität 116
Effizienz 142 f., 181
Ehegemeinschaft 36, 124 f.
Eigenfertigung versus Fremdbezug 117-122, 147, 149
Eigenkapitalgeber 48, 55, 126 f., 190
Eigenkapitalkosten 191-195
Einkommen 8-20
Einkommensbesteuerung 19, 21-26, 109, 198
Einkunft 21-26, 114
Einlagen, Entnahmen 41 f., 126, 190
Einsatzfaktoren 17
Einzelunternehmen 23, 25, 31, 34, 39, 48, 53, 189
Entgelt 1, 55, 59
Entgeltbereitschaft 263, 274 f., 290-292
Entgeltpolitik 55, 164, 349-352
Entgeltwirtschaft 7, 29 f., 63, 102, 123 f., 133, 135, 280, 288-292
Entgeltzahlung 19 f., 55, 139, 206
Entgeltziel 49f., 56
Entscheidung(en)
　Plus-minus-Entscheidung 60-69
　mit Risiken 72-79

　risikopolitische 74, 77-79, 89-91, 170
Erfolgsgemeinschaft 31, 101, 111-114
Erfüllung 289-292
Erledigungsgemeinschaft 110, 112 f.
Erlös 292, 353-355
Erlösspaltung 368-370
Ermittlung der Einkünfte 21-26, 39
Ertrag 59, 65, 282 f., 295
Erwartungswert 83, 87 f., 91 f.
Erwartungswert-Abweichungen/ Erwartungsabweichungen 88
Erwerbswirtschaftliche Betätigung, 18-26, 48-51

Finanzierung 62
Finanzprozeß 59
Formalziel 49f., 56
Fortrechnung 25

Gefahr 90 f.
Gegenleistung 139
Gegenverhältnis 140, 335, 337-340, 348 f.
Geschäftsbesorgung 178, 228-235, 241
Geschäftsführung 178, 189
Geschäftsrisiken 190-192
Geschäftsvorfall 69
Gewinnbegriff 186 f.
Gewinnermittlung 19, 23-25, 28, 45, 50-52, 56 f., 64 f., 294 f.
Gewinn-Erwirtschaften 19, 28, 50-52, 59 f., 181-183, 187-195
Gewinn-Verwendung 28
Grenzpreis 258, 263-272, 281

Gut/Güter 216 f., 260-262
   wirtschaftliche(s) 212 f., 262
Haftungsübernahmen 190-192
Haushaltswirtschaft 27, 31-34,
   36-45
Humanvermögen 38, 40, 42, 62
Information 150 f., 165 f.,
   asymmetrische 166, 169,
   171
Informationsökonomie 165-178
Institution 30 f., 34, 106-108, 112
Investition 62, 181 f.

Kapital 62
Kauf-Entscheidung 252-257
Kaufrisiko 172, 175
Knappheit 67, 262-269, 273 f.
Konditionen 345
Konsumentenrente/-überschuß
   270-275, 360
Koordinationskosten 103, 147-150
Kostenrechnung 300 f., 303 f.,
   357 f.
Kundenformen 360-370
Kursrisiken 190, 194 f.

Leistung gegen Entgelt 1-3, 61-63, 198
Leistungen 197-250
   Arten 238-250
   Bedeutung 234
   Begriff 214-216
   einfache 25, 37 f., 40-42,
   238-240
   im Vertragsrecht 243 f.
   Kennzeichnung 199, 207-212,
   223-228
   wirtschaftliche 212 f.
   Typen wirtschaftlicher L. 235,
   -237, 243 f.
Leistungserstellung, Arten der
   203, 238-242
Leistungserstellung und
   Absatzvorgang 204
Leistungslehre 197-216
   Komponenten der .. 200-207
Leistungspolitik 335 f., 338 f.,
   343 f.
Leistungsprozeß 58 f.
Leistungsqualität 175, 254
Leistungsvorgang und Ergebnis
   205
leistungswirtschaftliche
   Aktivitäten 12-15
Lohnveredelung 225-227

Markt 103, 127 f., 148-183
   dynamischer 178-180, 188,
   192-195
   statischer 188-192
   unvollkommener 163-178,
   192-195, 309-321
   vollkommener 159-162, 189-192, 308
Marktbedingungen 152, 159-178
Marktbelieferung 117-123
marktbezogenes Handeln 133,
   141-145
Marktgegenstände 142
Marktökonomie 168
Marktrecht 141-145
Marktstrukturen 148, 152-155
Marktverfassungen 151-178
Marktverhalten 152, 155-159
Meta-Ebene 51, 66
Miller/Modigliani 191-195

Mindestrendite 191 f.
Mittel 19 f., 261
Monopol 154, 156 f.
Monopolpreis-Modell 295-307

Nachfrage 255, 258, 273-275, 336
Nachfrager als Marktteilnehmer
 251-286
Nebenleistungen 335, 339 f.,
 344 f.
Nominal-Einkommen 18-20, 24
Nutzen 8, 253, 255, 257 f., 260-
 275
Nutzenentgang 256
Nutzungsüberlassung 189, 235

Oligopol 154, 157 f.
Organisation 43, 50, 116 f., 177 f.
Organisationskosten 103, 117,
 147-150

Personengemeinschaft 23, 31,
 34, 39, 48, 53
Planung 50-52, 329
Plus-minus-Entscheidungen 60-
 63, 67-69, 135, 143
 Verkettung/Stufung 64-66
Polypol 154, 158 f., 307-321
 unvollkommenes 309-321
 vollkommenes 308
Potentialfaktor 62
Preis 276 f.
Preis-Absatzmengen-Funktion
 118-120, 156-159, 296-299
 einfache 156 f., 296-299
 einfach geknickte 157 f.
 doppelt geknickte 158 f., 309-
 321
Preispolitik 164, 338 f., 347-352

Preisrechnung 290-292, 295,
 352-370
 des Cournot-Modells 293-307
Prinzip Brücke 289
Produktion 63, 199, 217-219,
 238-242, 259 f., 279-282
 landwirtschaftliche 15-18, 20
Produktionsmenge 117-122
Produktivität 109, 182 f., 186
Produktlebenszyklus 178-180
Qualitätsrisiko 172-174

Real-Einkommen 12-20
Realökonomie 28, 51 f., 56 f.,
 64-66, 301-306
Realprozeß 52, 58-66
Rechenelemente 24, 53, 69
Rechenökonomie 8, 16, 28, 51 f.,
 56 f., 59, 64-66, 111, 301-307
Rechnungswesen, betriebswirt-
 schaftliches 45, 52, 56 f., 290-
 292
Rechtsbereich der Unternehmung
 56 f.
Rechtsfolgen 143
Rechtsform 55-57, 101, 111-
 115
Rechtsgemeinschaft 101 f., 111-
 115
Rechtsplanung 134-136, 140
Rechtswirkungen 143, 176
Risiko/Risiken 70-97, 150
 Begriff 79
 Bindungsrisiko 70 f., 95 f.
 Entscheidungsrisiken 70 f., 77,
 90-92, 96
 Erfolgsrisiko 92
 Ergebnisrisiko 70, 96
 Existenzrisiken 70 f., 89-91, 96

Handlungsrisiken 70 f., 78, 85 f., 96
Opportunitätsrisiko 70 f., 93, 96
Plan-Abweichungsrisiko 70 f., 75 f., 94, 96
... und Gewinnerzielung 187-195
Risikopolitik 74, 77-79, 89-91, 170, 360-362
Risikoprämie 173, 175
Risikoverteilung 360-362

Sachleistung(en) 219-222
Sachziel 49 f., 54, 56
Selbstbedarfsdeckung 117-123
Selbsteinwahl 366-369
Signalgebung 174
Smith, Adam 104-105, 293, 295
Sortimentspolitik 343 f.
Spezialisierung 102, 107 f., 123
Steuern 30
Stoffumwandlung 217-219
Stückkosten 117-123
Stufenleiter 65-66, 289
subjektiver Wert 8
sukzessive Betrachtungsweise 82, 97, 298 f.

Tauschwirtschaft 2, 63
Theorie der Unternehmung 145-150
Transaktion 128-130
Transaktionskosten 103, 147, 176
Transformationen 13-15, 64, 200 f., 203, 239, 245-247
    artmäßige .. 17, 217-222
    rechnerische .. 246 f.
    rechtliche .. 219-222, 246

Überschuß 16-20, 23, 28
Umsatzsteuer 19, 40, 43, 57, 109, 198, 274 f.
Unsicherheit 70 f., 90 f., 167 f., 170
Unternehmen 31, 34, 54-58
    ... sverfassung 57, 112
Unternehmertätigkeit 189
Unvollkommenheiten 167 f., 171, 315-318

Vertrag, gegenseitiger 131-145, 290-292, 329
    Absatzvertrag 134, 139
    Beschaffungsvertrag 133 f., 139
Vertragsabschluß 135 f., 138, 281, 288-292, 326-328
Vertragsangebot 135-137, 156 f., 329, 342-352
Vertragsgemeinschaft 115
Vertragsphasen 134-138, 203
Vertragsrecht 115, 127-131, 142-144, 198, 290
vertragsverbundene Ordnung der absatzp. Instrumente 337-341
Verzichtsnutzen 256, 258, 265-272
Volkswirtschaft 29-31

Währung 18, 127
Werbungskosten 23, 25 f., 34, 39, 41
Wert,
    objektiver 259 f., 280
    subjektiver 8, 254, 258, 260-272, 280 f., 293, 295
Wert-Entstehung 182, 277-286, 289-292

Wertabsicherung 279, 281 f.
Wertbegründung 279, 281 f.
Werterwartung 279, 281 f.
Wertfundierung 260, 279, 281 f.
Wertökonomie 28
Wertschöpfung 184-186, 282-286
Wert-Verwirklichung 281-283
Wettbewerb 182-184, 192
Wirtschaften 7 f., 26-28, 67
  auf gemeinsame Rechnung 21, 24, 34, 41, 113 f.
  Mittel, Zweck und Ziel 19 f., 23, 53 f., 60
  wirtschaftlich 212 f.
Wirtschaftseinheiten 29-34
Wirtschaftsgemeinschaft 31, 43, 102, 111-116
Wirtschaftsgesetze 57, 143
Wirtschaftsprivatrecht 143

Xenephon 44

Zahlung(en) 19 f., 139 f., 214-216
Ziel, Zweck, Mittel 19 f., 23, 53 f., 60
Zugewinngemeinschaft 36 f.
Zuschuß 361, 367-370
Zustand 66, 223-227
Zuständigkeit 29-31, 34, 43, 100 f., 115, 125, 140, 202, 213
Zuständigkeitsgemeinschaft 101, 110
Zuweisung 100, 108, 110
Zweckgemeinschaft 111-116

DIE Bücher für Ihr BWL-Studium

2002. XI, 167 S.
(Springer-Lehrbuch)
Brosch. € 14,95;
sFr 23,50
ISBN 3-540-43027-X

U. Leopold-Wildburger, J. Schütze

Verfassen und Vortragen

Wissenschaftliche Arbeiten und Vorträge leicht gemacht

Es behandelt alle wichtigen Fragen beim Erstellen und Präsentieren wissenschaftlicher Arbeiten. Die Darstellung erstreckt sich vom Entwurf eines Arbeitsplans bis hin zur Ausarbeitung. Geeignet für:
- Schüler - Diplomanden - Doktoranten

3., verb. Aufl. 2002.
VII, 254 S. 55 Abb.,
36 Tab. (Springer-Lehrbuch) Brosch.
€ 19,95; sFr 31,-
ISBN 3-540-42531-4

J. Hülsmann, W. Gamerith, U. Leopold-Wildburger, W. Steindl

Einführung in die Wirtschaftsmathematik

Das vorliegende Buch vermittelt alle wesentlichen, in den wirtschafts- und sozialwissenschaftlichen Studienrichtungen benötigten mathematischen Kenntnisse auf dem Gebiet der Linearen Algebra, Analysis und Optimierung.

2., verb. Aufl. 2002. X,
211 S. 80 Abb.,
12 Tab. Brosch.
€ 19,95; sFr 31,-
ISBN 3-540-43170-5

G. Schmidt

Prozeßmanagement

Modelle und Methoden

Es führt in grundlegende Modelle und Methoden für die Planung, Steuerung und Überwachung von Unternehmensprozessen ein. Im Mittelpunkt der Diskussion steht die Analyse der Abläufe mit dem Ziel der Optimierung.

2002. X, 259 S.
(Springer-Lehrbuch) Brosch.
€ 22,95; sFr 35,50
ISBN 3-540-42758-9

S. Bühler, F. Jaeger

Einführung in die Industrieökonomik

Dieses Lehrbuch vermittelt eine umfassende Einführung in die theoretischen und empirischen Grundlagen der Industrieökonomik. Einleitend werden die verschiedenen Elemente der Theorie der Firma diskutiert.

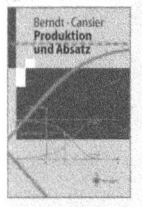

2002. X, 239 S.
125 Abb. (Springer-Lehrbuch) Brosch.
€ 19,95; sFr 31,-
ISBN 3-540-43206-X

R. Berndt, A. Cansier

Produktion und Absatz

Dieses Lehrbuch ist insbesondere für das Grundstudium der BWL gedacht. Es umfaßt die Grundlagen der betrieblichen Entscheidungsfindung, die Produktions- und Kostentheorie. - mit Übungsaufgaben - und Lösungen

8., verb. u. erw. Aufl.
2002. XVIII, 384 S.
114 Abb., 9 Tab.
(Springer-Lehrbuch)
Brosch. € 19,95;
sFr 31,-
ISBN 3-540-43192-6

C. Schneeweiß

Einführung in die Produktionswirtschaft

Die Planung der Leistungserstellung und deren organisatorische Einbindung in die Führungsebenen eines Unternehmens steht im Vordergrund. - Übungen - und Lösungen

Besuchen Sie unser Studentenportal:
www.brains.de

Springer · Kundenservice
Haberstr. 7 · 69126 Heidelberg
Tel.: (0 62 21) 345 - 217/-218
Fax: (0 62 21) 345 - 229
e-mail: orders@springer.de

Springer

Die €-Preise für Bücher sind gültig in Deutschland und enthalten 7% MwSt.
Preisänderungen und Irrtümer vorbehalten. d&p · BA 43387/1

U. Leopold-Wildburger, J. Schütze

Verfassen und Vortragen

Wissenschaftliche Arbeiten und Vorträge leicht gemacht

Der Band "Verfassen und Vortragen" behandelt alle wichtigen Fragen beim Erstellen und Präsentieren wissenschaftlicher Arbeiten. Die Darstellung erstreckt sich vom Entwurf eines Arbeitsplans bis hin zur Ausarbeitung. Dabei werden insbesondere Textverarbeitungssysteme, Datenmanagement mit neuen Medien und das Internet berücksichtigt. Auf diese Weise entstand ein unentbehrlicher Leitfaden für Diplomanden und Doktoranden sowie für Schüler höherer Jahrgangsstufen.

2002. XI, 167 S. (Springer-Lehrbuch) Brosch. € **14,95**; sFr 23,50 ISBN 3-540-43027-X

G. Disterer

Studienarbeiten schreiben

Diplom-, Seminar- und Hausarbeiten in den Wirtschaftswissenschaften

Dieses Buch hilft Studenten und Studentinnen der Wirtschaftswissenschaften, Studienarbeiten erfolgreich zu schreiben. Es gibt detailliert Auskunft über die qualitativen und formalen Anforderungen, die an Diplom-, Seminar- und Hausarbeiten gestellt werden, und erläutert die Gründe für strenge formale Regularien in Prüfungsordnungen und Zitierrichtlinien.

1998. VIII, 170 S. 9 Abb. (Springer-Lehrbuch) Brosch. € **14,95**; sFr 23,50 ISBN 3-540-64407-5

Besuchen Sie unser Studentenportal:

www.brains.de

Springer · Kundenservice
Haberstr. 7 · 69126 Heidelberg
Tel.: (0 62 21) 345 - 217/-218
Fax: (0 62 21) 345 - 229
e-mail: orders@springer.de

Die €-Preise für Bücher sind gültig in Deutschland und enthalten 7% MwSt.
Preisänderungen und Irrtümer vorbehalten. d&p · BA 42466/2

GPSR Compliance

The European Union's (EU) General Product Safety Regulation (GPSR) is a set of rules that requires consumer products to be safe and our obligations to ensure this.

If you have any concerns about our products, you can contact us on

ProductSafety@springernature.com

In case Publisher is established outside the EU, the EU authorized representative is:

Springer Nature Customer Service Center GmbH
Europaplatz 3
69115 Heidelberg, Germany

www.ingramcontent.com/pod-product-compliance
Lightning Source LLC
Chambersburg PA
CBHW071716100426

42873CB00016B/307